W0281630

OPTIMUM

Collection dirigée par Fabien Fichaux

Le grand guide des entretiens de motivation

Les secrets des membres de jurys

- Écoles de commerce : CPGE ou AST
- Toutes les questions types détaillées
- Tous les types d'entretiens analysés
- Un programme de travail clés en main

Robin Morth

ellipses

Remerciements

Merci à Brieuc Bénézet et Fabien Fichaux pour leur confiance.

Merci à Christine Melous et Elora Beaulieu pour leur aide rédactionnelle.

Merci à Lisette Garrigue, Anouck et Lucie Mugnier pour leur précieux travail de relecture.

Merci à Marie Mugler, Frédéric Brossard, Hugo Billard pour avoir accepté de partager leur expérience et leur vision de l'entretien de motivation.

Merci à mes anciens étudiants qui ont pris le temps de témoigner dans cet ouvrage : Martin, Tiphanie, Nora, Bérénice, Jean-Corentin, Warren et Ilyes.

Merci également à Mustapha Benkalfate, pour avoir placé une si grande confiance dans un gamin de 21 ans. Ce livre lui doit beaucoup.

Mes pensées à l'achèvement de ce livre vont à tous les étudiants de PGE-PGO, aux parcours et aux projets si différents, qui rendent depuis le début chaque instant en classe unique.

Merci enfin à vous, chers lecteurs, de me faire confiance dans la préparation de cette épreuve si importante.

ISBN 9782340-024298

www.editions-ellipses.fr

Aux échecs, jamais définitifs.

« [...] Ô lumière ! c'est le cri de tous les personnages placés, dans le drame antique, devant leur destin. Ce recours dernier était aussi le nôtre et je le savais maintenant. Au milieu de l'hiver, j'apprenais enfin qu'il y avait en moi un été invincible. »

Albert Camus, tiré de « L'Eté », extrait du *Retour à Tipasa* (1952)

« J'ai le sentiment que toute ma vie dépend de cet instant précis. Si je le rate... Moi je pense le contraire. Si on rate ce moment, on essaie celui d'après, et si on échoue on recommence l'instant suivant. On a toute la vie pour réussir. »

Boris Vian, *L'écume des jours* (1947)

« Il suffit de passer le pont. C'est tout de suite l'aventure. »

Georges Brassens, *Il suffit de passer le pont* (1953)

Avant-Propos

J'ai moi-même présenté les concours des grandes écoles de commerce, et ai donc été confronté aux entretiens de motivation. Plusieurs fois. Lors de mes premières expériences de concours, j'ai toujours réussi à passer la barre des épreuves écrites sans trop d'encombres. À titre d'exemple, j'ai obtenu, durant mes années de classes préparatoires l'école souhaitée à l'écrit avec plus de 2,5 points d'avance après les épreuves écrites. Mais, bien qu'ayant touché mon objectif du doigt, l'entretien de motivation ne m'a pas permis d'entrer dans l'école.

Mon échec n'était pas la preuve d'une incompatibilité entre ma personnalité et mes études souhaitées. Pas plus d'une incompatibilité d'humeur ou de personnes entre le jury et moi-même.

Je ne savais simplement pas ce qu'était un entretien de motivation. Pire, je m'en faisais une fausse idée, tant sur ses objectifs que sur son exigence. Après tout, qui me connait mieux que moi-même ? Pourquoi réviser une matière dont je suis le sujet ?

Une fois que j'ai pu comprendre ce qu'était un entretien, quels étaient ses attentes, ses codes, sa finalité, je savais que je maîtrisais tout et que rien ne pouvait m'arriver. Tout ne dépendait que de moi et de mon travail.

La première leçon que j'en ai donc tirée, et qui guide maintenant mes formations à cette épreuve, est qu'un entretien de motivation se travaille. Il n'y a aucune « bonne recette » pour réussir, sinon de s'investir entièrement et sincèrement dans la préparation. L'introspection nécessaire, la maturation des envies et des projets, la capacité à synthétiser et à prendre du recul sur ses expériences passées, la connaissance de ce que proposent les écoles de commerce, la connaissance des métiers qui intéressent, tout cela demande du temps et de l'investissement. À la fin, quelles que soient la richesse des expériences passées et la brillance des projets futurs, il restera toujours deux catégories de candidats en entretien : ceux qui ont bien travaillé et ceux qui n'ont pas, ou mal, travaillé.

C'est dans le but de vous éviter ce sentiment d'incompréhension face à une épreuve jamais étudiée durant votre parcours que j'ai construit cet ouvrage. Ainsi, son objectif est d'abord de vous faire prendre conscience de l'étendue du travail nécessaire pour briller à coup sûr dans cet exercice, puis de vous accompagner dans chaque étape de vos révisions.

Le premier chapitre vous permettra de comprendre les grands préceptes des entretiens de motivation. Les chapitres 2 et 3vous aideront à réfléchir sur vous et construire efficacement vos réponses. Les chapitres 4 et 5 vous donneront l'occasion d'appréhender les différents types d'entretiens et les supports utilisés par les écoles. Enfin les chapitres 6 et 7 fournissent des informations diverses sur les écoles de commerce et les métiers à leur sortie. Vous y trouverez également des témoignages d'étudiants et de jurys, ainsi que des vidéos qui se révèleront précieux.

Vous êtes à un pas de la récompense finale, de l'admission dans l'école de vos rêves. Ce serait idiot d'échouer maintenant ; les regrets sont trop forts.

Mais rassurez-vous, en suivant scrupuleusement les conseils et le travail fourni par cet ouvrage, vous réussirez les entretiens de motivation.

Chapitre 1
Comprendre l'entretien de motivation

1. Qu'est-ce qu'un entretien de motivation ?

A) Son rôle dans la sélection : Analyse par école

Pour tous les concours d'entrée aux écoles de commerce, l'entretien de motivation présente un coefficient si fort que la réussite de cette épreuve est une condition *sine qua non* à l'intégration de l'école.

C'est une épreuve que je me plais à appeler une « épreuve GO/NO GO ». De sa réussite dépend souvent la réussite du concours. Chaque année, je constate que certains de mes étudiants classés dans les dix premiers à l'issue des épreuves écrites sont finalement refusés après une mauvaise note à l'entretien. À l'inverse, et fort heureusement de manière beaucoup plus régulière, des étudiants placés dans les derniers admissibles ont réussi à remonter parfois jusqu'à 1000 places pour être finalement acceptés dans l'école de leurs rêves. À titre d'exemple, le premier livre paru à ma connaissance sur l'entretien de motivation, en 1988 (!), écrit par Sonia Bangladore, se titrait *Le Deuxième Concours*. Ce titre permet merveilleusement bien de saisir l'enjeu de cet exercice. Tout est remis en jeu après les épreuves écrites.

J'ai ainsi pris l'habitude de commencer mes formations aux entretiens par cette prise de conscience nécessaire. **Après des mois de révisions acharnées pour les épreuves écrites, il est naturel mais dangereux d'être moins actif dans la révision des entretiens de motivation.** En jetant un rapide coup d'œil sur les coefficients de l'épreuve en 2018, vous vous rendrez compte de l'hérésie que constitue cette attitude.

Ce coefficcient important part du principe, sur lequel nous reviendrons longuement, que dans l'esprit des écoles de commerce, **la personnalité et les motivations du candidat comptent autant voire plus que ses qualités intellectuelles dans la sélection.**

Bien entendu, ces coefficients étant amenés à évoluer au cours des années, je vous demande de regarder aussi par vous-même si des changements ont pu avoir lieu pour les écoles qui vous intéressent.

En CPGE (toutes filières confondues)

	Poids du coefficient de l'entretien de motivation	Total des coefficients de l'ensemble des épreuves	% du poids de l'entretien de motivation dans le concours
ESSEC BS	10	60	16,7 %
ESCP	12	60	20 %
Emlyon BS	9	45	20 %
EDHEC BS	15	55	27 %
Audencia BS	8	53	15 %
Grenoble EM	10	50	20 %
Neoma BS	7	40	18 %
Kedge BS	12	44	27 %
Skema BS	20	60	33 %
Toulouse BS	11	50	22 %
Montpellier BS	20	60	33 %
Rennes SB	20	60	33 %
Strasbourg EM	20	60	33 %
EM Normandie	20	60	33 %
ICN	20	60	33 %
ESC La Rochelle	20	60	33 %
Burgundy School or Business	20	60	33 %
INSEEC	18	60	30 %
South Campagne BS	20	60	33%
Groupe ESC Clermont	20	60	33 %
ISC Paris Business School	15	60	25 %
Brest Business School	20 (12 individuel 8 collectif)	60	33 %
Groupe ESC Pau	20	60	33 %
Télécom École de Management	12	50	24 %

NB : HEC ne propose plus d'entretien de motivation dans sa sélection

En admissions parallèles à Bac+2 (AST1)

	Poids du coefficient de l'entretien de motivation	Total des coefficients de l'ensemble des épreuves obligatoires	% du poids de l'entretien de motivation dans le concours
EDHEC BS	6	22	27 %
Grenoble EM	20	60	33 %
Neoma BS	2	10	20 %
Kedge BS	3	11	27 %
Skema BS	12	45	27 %
Toulouse BS	4	10	40 %
Montpellier BS	24	60	40 %
Rennes BS	20	60	33 %
Strasbourg EM	20	60	33 %
EM Normandie	22	60	37 %
ICN	20	60	33 %
ESC La Rochelle	22 (16 individuel 6 collectif)	60	37 %
Burgundy BS	20	60	33 %
Groupe ESC Pau	22	60	37 %
Groupe ESC Clermont	22	60	37 %
South Champagne BS	24	60	40 %
Télécom École de Management	20	60	33 %
Inseec	15	40	37,5 %

En admissions parallèles à Bac+3 et plus (AST2)

	Poids du coefficient de l'entretien de motivation	Total des coefficients de l'ensemble des épreuves obligatoires	% du poids de l'entretien de motivation dans le concours
HEC	Informations non disponibles		
ESSEC			
ESCP	4	4	29 %
Emlyon BS	9	21	43 %
EDHEC BS	15	50	30 %
Audencia BS	8	25	32 %
Grenoble EM	20	60	33 %
Neoma BS	2	9	22 %
Kedge BS	3	10	30 %
Skema BS	12	47	27 %
Toulouse BS	4	11	36 %
Montpellier BS	24	60	40 %
Rennes SB	20	60	33 %
Strasbourg EM	20	60	33 %
EM Normandie	22	60	37 %
ICN	20	60	33 %
ESC La Rochelle	22 (16 individuel 6 collectif)	60	37 %
Burgundy BS	20	60	33 %
Groupe ESC Pau	22	60	37 %
Groupe ESC Clermont	22	60	37 %
South Champagne BS	24	60	40 %
Télécom École de Management	20	60	33 %

B) Qu'est-ce qu'une bonne note en entretien ?

Beaucoup d'entre vous se posent la question de la note minimale à obtenir en entretien pour être admis « à coup sûr », ou bien ce que représente une bonne note en entretien.

Pour vous aider, je pourrais vous proposer la grille de lecture suivante :

- **Entre 1 et 10 : note éliminatoire.** Le jury vous fais comprendre que votre prestation ne l'a pas convaincu ou que l 'école n'est à ses yeux pas celle adéquate pour réaliser vos projets.
- **Entre 11 et 13 : note moyenne.** Le jury ne se positionne pas vraiment. Vous perdez des places dans le classement général mais vos notes d'écrits vous sauveront si elles sont très bonnes.
- **Entre 14 et 16 : bonne note.** Le jury a été convaincu malgré quelques manques constatés. Sauf gros handicap de départ après les écrits, vous avez de bonnes chances d'être admis dans l'école.
- **Entre 17 et 20 : très bonne note.** Vous avez totalement convaincu le jury. Cette note permet en général même aux candidats mal classés de rattraper leur retard et d'être admis dans l'école.

Vous le constatez donc, une bonne note à l'oral n'est pas la même qu'à l'écrit. Un 13/20 en entretien est une note moyenne alors que 13/20 aux écrits vous offre l'admissibilité à presque toutes les écoles !

Pour illustrer mon propos, je m'appuierais sur la barre d'admissibilité de Grenoble EM au concours BCE qui était en 2016 de 345/600, soit 11,5/20, quand sa barre d'admission (sa moyenne totale nécessaire pour être admis) était de 12,85/20. Une bonne note à l'oral est bien supérieure à ce que représente une bonne note aux écrits !

Enfin, je terminerais en mettant en avant une spécificité de la notation à l'oral : son important écart-type. Une grande majorité des écoles donne pour consigne aux membres de jury de ne pas hésiter à donner des notes très basses ou très hautes, afin que seuls les candidats ayant réussi leur entretien puissent avoir l'occasion de rejoindre l'école. C'est à la fois une bonne et une mauvaise chose. Une bonne car vous avez l'occasion de rattraper un retard conséquent en cas de performance réussie. À l'inverse, cela veut aussi dire que vous pouvez perdre toute l'avance de l'écrit par une note éliminatoire.

C) Ses différents formats

À l'origine, les entretiens des écoles de commerce étaient très homogènes dans leur format. Il s'agissait d'un échange libre entre le candidat et deux à trois membres du jury.

HEC a été la première école à renoncer à l'entretien de motivation. Plus récemment, des écoles telles que l'emlyon BS, Grenoble EM, Audencia BS, EDHEC BS ou encore ICN ont modifié le format de leurs entretiens et diversifié le contenu.

On peut aujourd'hui séparer en quatre grandes catégories les entretiens de motivation. Je reviendrai sur chacune d'entre elles école par école dans un chapitre dédié.

1) L'entretien de motivation « classique »

Il s'agit encore du format le plus courant. Vous êtes amené à répondre aux questions d'un jury durant 20 à 30 minutes. Ainsi, vous aurez à évoquer votre passé tel que vous l'analysez et le futur (académique et professionnel) tel que vous l'envisagez.

Ce n'est surtout pas un interrogatoire, ni à l'inverse une discussion de café. C'est un échange formel durant lequel le jury essaiera, en utilisant tout un panel de questions qui ne sont que des outils, de mieux vous connaître. Pour cela, il interrogera votre passé en essayant de savoir de quelle manière vous l'analysez et ce qu'il vous a apporté. Il tentera aussi de comprendre ce qui vous motive dans votre futur en école de commerce et en entreprise. Il pourra enfin vous interroger sur votre connaissance et analyse d'un ou plusieurs faits d'actualité.

Par ailleurs, selon les écoles, vous pourrez être amené à remettre au jury une fiche d'information préalablement remplie par vos soins. Ce support, auquel le chapitre 5 est dédié, doit d'abord vous permettre de tendre vos perches vers des éléments importants de votre candidature, et constitue ensuite un moyen pour le jury de guider l'entretien en s'appuyant sur vos réponses. Il ne casse pas le rythme de l'entretien mais permet au jury de changer de sujet plus facilement quand un thème a été épuisé.

Cependant, de plus en plus d'écoles utilisent un entretien « mixte », en intégrant autour ou en plus d'un entretien classique des moments plus codés, plus formalisés. Ces formats atypiques peuvent être classés en trois catégories que j'introduis ici tout en les développant dans le chapitre 4 de l'ouvrage. Vous pourrez ainsi être confronté selon les écoles à des questions tirées au sort et non posées par le jury ; à des exposés d'un sujet préparé en amont ; et enfin à des entretiens collectifs.

2) La réponse à des questions ou situations tirées

Dans ce format, vous répondez à des questions tirées au sort par vos soins et non posées directement par le jury. Il s'agit du même type de questions que l'on retrouve dans un entretien classique, mais le format évoqué ici lui fait perdre l'aspect naturel de ses échanges. Le jury peut tout à fait intervenir, rebondir sur ce que vous dites, vous poser une question associée ou vous demander de détailler. Cependant, il peut difficilement changer de sujet et diriger l'entretien comme il en a la possibilité dans le format précédent.

Parmi les écoles qui proposent ce format, on retrouve Montpellier BS, dont l'entretien est une succession de réponses à une « liste de situations » proposées par le jury dans laquelle vous choisissez celles que vous souhaitez traiter. De la même manière, l'emlyon BS change son format en 2017 (pour les étudiants en admissions parallèles) et 2018 (pour les étudiants de classes préparatoires) pour proposer à tous ses candidats une première partie d'entretien basée sur la réponse à quatre questions tirées au sort parmi quatre thèmes (Expérience, Personnalité, Créativité, Projet). S'ensuit un échange classique entre le candidat et le jury. Enfin, l'ESSEC demande depuis peu à ses candidats de réfléchir à une situation inspirée de cas réels et de partager avec le jury des recommandations d'actions.

3) Les exposés préparés

Je l'évoquais dans les lignes susdites ; plusieurs écoles, en premier lieu Audencia BS, Grenoble EM, Toulouse BS, Strasbourg EM, vous demandent de commencer l'entretien par un exposé de cinq à dix minutes.

Pour Audencia et Grenoble EM, ce sera un commentaire à partir d'un sujet tiré ; pour Toulouse BS, d'un article de journal choisi entre trois proposés ; pour Strasbourg EM, d'une présentation d'un objet choisi par vos soins qui traduit une passion ou un centre d'intérêt.

Vous l'avez compris en lisant ces lignes, il n'y a pas un seul type d'exposé. À Grenoble EM, Audencia BS et Toulouse BS, vous découvrez les sujets au moment de les préparer alors que pour Strasbourg EM, vous pouvez préparer votre exposé les jours précédents.

Je détaillerai les manières d'appréhender ces parties de l'entretien et d'y briller dans le chapitre 4 de cet ouvrage.

4) L'entretien collectif

Plus récemment, l'entretien collectif a fait son apparition dans le paysage des oraux d'entrée aux écoles de commerce. Si des écoles Post-Bac l'utilisaient déjà, Rennes SB pour ses étudiants aux concours d'entrée en admissions parallèles et l'EDHEC BS proposent maintenant une partie collective dans leur entretien. L'objectif peut être de résoudre collectivement une problématique d'entreprise ou une épreuve de créativité.

Des formats divers pour un objectif unique

Mon objectif ici n'est pas de traiter en détail les exigences et les clés de chacun de ces formats. Cela est l'objectif du chapitre 4 de ce livre. Mais je souhaite vous sensibiliser au fait que vous n'allez pas vous préparer à UN type d'entretien de motivation, mais bien à plusieurs variantes qui ont chacune leurs spécificités et leurs attentes propres.

Malgré cette diversité, les quatre formats identifiés ont le même objectif pour le jury et pour l'école : mieux vous connaître. Seuls les outils diffèrent. Tous demandent également de la pratique en amont et une réflexion importante sur soi et ses motivations que nous mènerons ensemble dans cet ouvrage.

D) Pourquoi existe-t-il une épreuve d'entretien de motivation ?

La raison d'être de l'entretien de motivation à l'entrée des écoles de commerce n'a jamais fait sens chez les étudiants. J'ai même déjà rencontré des membres de jurys sceptiques ! À tort ou à raison, la question de sa légitimité se pose toujours. Trop irrationnelle dans son évaluation ; trop injuste dans sa sélection ; trop importante dans son poids relativement aux douze mois (ou vingt-quatre pour les étudiants de prépa) de bachotage pour les épreuves écrites... Beaucoup d'étudiants ont un regard sévère sur l'épreuve !

Alors, pourquoi toutes les écoles de commerce, sauf la renommée jovacienne, lui accordent-elles une place si importante dans leur processus de sélection ?

Avant de commencer à répondre à la question (j'y arriverai), il convient de rappeler que cette épreuve n'est pas née en même temps que les écoles de management. Elle est apparue réellement durant les années soixante-dix, parallèlement à une évolution des prérequis pour réussir dans la vie professionnelle. Avant cette décennie, les entreprises recherchaient principalement des compétences techniques dans leur recrutement, sans insister sur les compétences managériales. À la sortie des Trente Glorieuses et au début du phénomène aujourd'hui qualifiée de Mondialisation, les entreprises accordèrent une part de plus en plus importante aux compétences managériales, au-delà des compétences uniquement techniques.

Durant les décennies suivantes, les profondes mutations sociales et l'ouverture à l'international des entreprises se sont traduites par des pratiques managériales plus consensuelles. Ainsi, les profils et les qualités recherchés par les écoles de commerce, dont le nom a muté sans surprise vers « écoles de management » ont-ils évolué. **Ces dernières ne recherchent plus des compétences techniques, preuves d'un savoir-faire, mais surtout des qualités humaines, preuves d'un savoir-être.**

Et c'est bien là que se trouve la raison d'être des entretiens de motivation, épreuve reine des concours : recruter des étudiants en essayant de repérer leur « savoir-être » et leur potentiel d'adaptation aux exigences (mutantes, je vous l'accorde) des entreprises. Nous, membres de jurys, avons pour mission d'analyser chez vous, candidat, votre recul sur vos expériences passées ainsi que votre capacité à vous projeter dans le futur (école et entreprise) à travers la qualité de vos recherches. C'est à partir de ces deux éléments que nous pourrons évaluer la maturité de votre discours et votre capacité à vous insérer convenablement et durablement non seulement dans la vie de l'école (elle ne durera que quatre années en moyenne), mais surtout dans la vie active. Capacité à travailler en groupe, sens de l'écoute, capacité à convaincre, qualités d'adaptation, mobilité physique, intérêt pour l'actualité et finesse de l'analyse (comment vouloir travailler « à l'international » sans s'intéresser à ce qui se passe dans le monde ?)... autant d'exemples de critères que nous recherchons pour nous convaincre que vous saurez vous adapter à un environnement professionnel incertain et en constante évolution. Pour illustrer ce propos, l'agence canadienne de conseil Wagepoint a affirmé en 2015 que 65 % des élèves de maternelle exerceront en 2030 un métier qui n'existe pas encore ! Des qualités (présentes ou à développer) humaines, managériales, créatives, constitutives d'un « savoir-être », ont donc pris une part de plus en plus importante dans la sélection.

De plus, un autre aspect intéresse particulièrement les jurys de concours : **comprendre vos motivations à rejoindre non seulement une école de commerce, mais LEUR école de commerce.** À l'heure où la compétition entre les différentes institutions (françaises comme étrangères) s'accélère, le souci de rencontrer un candidat qui a mûri les raisons de son choix d'entrer en école (et encore une fois, dans LEUR école) est fortement présent chez le jury.

Le désir d'évoluer, de grandir en école de commerce et grâce à l'école de commerce, en montrant la qualité de vos recherches (et donc votre motivation) sur l'école dans laquelle vous passez l'entretien constitue une part importante de la note finale.

Ainsi, les entretiens de motivation ont émergé afin de déceler chez vous un potentiel autre que celui purement intellectuel, strict apanage des épreuves écrites. Finalement, leur existence se base sur l'acceptation du fait qu'il n'y a pas de lien purement bijectif entre qualités intellectuelles et compétences professionnelles. Et une fois les épreuves académiques passées, leur objectif est de vérifier la présence chez vous de ce fameux « savoir-être », actuel ou potentiel, qui permettra de rassurer le jury sur votre candidature. Les écoles ne veulent pas recruter de simples machines intellectuelles mais bien des « personnalités ».

Par ailleurs, l'adéquation entre ces qualités et vos aspirations au sein de l'école (parcours, matières suivies, association, etc.) et le projet professionnel constitue une facette non-négligeable des éléments recherchés par les jurys en entretiens.

La capacité à « se révéler » aux jurys, sans se fermer ou livrer une fausse image de soi (qui vous trahira toujours) constitue donc un prérequis essentiel, mais pas simple, à la réussite de cette épreuve si particulière.

E) L'objectif de l'entretien de motivation

Maintenant que vous savez ce qui a fait naître les entretiens de motivation, enchaînons sur les attentes de celui-ci. **Que souhaite observer le jury chez un candidat** ?

La réponse ici sera double, et fera forcément écho aux paragraphes précédents. **Le jury veut d'abord vous connaître à travers l'analyse de votre passé, et ensuite comprendre vos projections dans le futur en école et en entreprise.** Pour illustrer mes propos ici, j'ai sélectionné pour vous les verbatims d'un grand nombre d'écoles quant à la présentation de leur vision de l'entretien de motivation.

ESSEC : « *[...] se présenter, d'expliquer ses motivations, de donner à voir ses principales qualités et de* ***partager ses réflexions sur ses actions passées et ses projets futurs.*** »

ESCP : « *[...] permettre au jury de découvrir votre personnalité. [...]* ***Un entretien de personnalité se prépare à l'avance en réfléchissant sur soi, sa personnalité, ses aspirations et ses expériences.*** »

Emlyon BS : « *[...] Il n'y a pas de portrait idéal ni de profil type, c'est* ***pourquoi le jury apprécie les candidats qui apprennent à réfléchir sur leurs expériences (exemples précis*** *dans le cadre scolaire, familial, associatif, sportif ou autres),* ***sur leur avenir*** *en cherchant à bien se connaître et en* ***s'informant sur ce que propose l'École****, plutôt que de se construire un personnage conforme à des stéréotypes imaginaires. Il est important que* s'établisse un réel dialogue afin que le jury soit en mesure d'*estimer, dans l'intérêt de tous, les potentialités des candidats à s'intégrer, à participer, à* **s'**épanouir dans l'***École et à terme dans sa future carrière.*** »

Audencia BS : « *[...] Gardez en tête que cet entretien n'est pas un test de connaissances mais plutôt un moment pour* ***découvrir votre personnalité et votre motivation.*** »

Kedge BS : « *[...]* ***Apprécier vos qualités personnelles ainsi que vos motivations.*** *Il permet également de montrer au jury que vous avez* ***des connaissances sur l'École*** *pour laquelle vous postulez (programme, associations, etc.) et que vous êtes motivé par son projet pédagogique.* »

Neoma BS : « *[...] Ce qui va importer au jury, c'est votre capacité à donner du sens à votre vie et aux événements qui vous ont marqués et* ***interpréter vos expériences et de les relier éventuellement entre elles****, pour donner une certaine cohérence à l'ensemble.* »

Que peut-on en déduire ?

Ainsi, vous le constatez dans les présentations de l'épreuve des écoles, l'objectif de l'entretien de motivation est triple.

D'abord il est l'occasion pour le jury de connaître votre personnalité. Cela fait écho au « savoir-être » présenté dans les pages précédentes. Ainsi, les attitudes fermées sont éliminatoires. Il faut bien que vous compreniez que la seule matière sur lequel le jury peut fonder sa décision est celle que vous lui donnez. Si vous ne voulez pas vous ouvrir au jury, celui-ci ne pourra prendre le risque de vous accepter dans l'école.

Ensuite, le jury a besoin de comprendre ce qui vous motive dans l'école et en entreprise, pour être certain que vous vous y épanouirez.

Enfin, le jury veut vérifier que vous avez travaillé cette épreuve et que vos connaissances sur vous, les écoles, les métiers rendent votre candidature crédible. L'emlyon business school et Kedge BS le formulent même clairement dans leur présentation de l'entretien.

Finalement, je prux résumer cette partie en une seule phrase : vous devez rassurer le jury sur les aspects personnels et professionnels de votre candidature, déterminants pour votre bonne intégration en école et en entreprise. Un jury qui n'est pas rassuré ne pourra jamais vous accepter dans l'école. En effet, un jury qui met une excellente note à un candidat fait un pari sur ce dernier. Et il ne prendra jamais le risque de tenter ce pari s'il n'a pas été rassuré sur votre candidature.

F) Ses critères d'évaluation

Je peux maintenant formaliser sans bien sûr être totalement exhaustif des points précis qui constituent des critères d'évaluation d'un jury.

Ce dernier va mesurer :

- La qualité de votre introspection. C'est-à-dire le recul que vous pouvez avoir sur toutes vos expériences, ce que vous en tirez.
- La qualité de la réflexion sur votre projet professionnel, les connaissances que vous en avez et la cohérence de ce dernier. C'est-à-dire vérifier que vos connaissances sur le sujet sont à la hauteur de vos ambitions, sans faire de vous bien entendu un érudit du métier. Le jury veut vérifier également que l'école peut vous accompagner dans votre projet actuel et que vous savez ce qu'elle peut concrètement vous apporter dans cet objectif.
- Vos connaissances sur l'école pour juger de votre crédibilité. Attention, ce qui intéresse le jury est ce que vous souhaitez vivre dans l'école, ce qui répond à vos attentes personnelles et professionnelles. Une récitation de la plaquette de l'école, sans lien avec vos envies, serait totalement contre-productive.
- Votre bonne intégration dans une école de commerce, et en entreprise. C'est-à-dire que votre personnalité et vos qualités sont en cohérence avec les spécificités de la vie en école et en entreprise, qui ont leurs caractéristiques (travaux de groupe, prises de décisions, adaptation à différentes situations, etc.). Bien entendu, ne cherchez pas à rentrer dans un moule que vous aurez identifié. Partez de vous et regardez quels sont les éléments de votre personnalité les plus à même de rassurer le jury sur votre intégration en école et en entreprise.
- L'intelligibilité du discours. C'est-à-dire la précision de votre vocabulaire, votre niveau de langue, et votre capacité à structurer un discours et une réponse. Je vous invite à lire la partie de l'ouvrage « le vocabulaire en entretien » pour plus de détails sur cette exigence du jury.

À l'inverse, celui-ci ne va pas prendre en compte dans son évaluation :

- La qualité de vos expériences. Le jury ne va pas privilégier des candidats ayant des expériences extra-scolaires conséquentes au détriment de ceux qui n'en ont pas, ni ceux qui ont vécu un séjour à l'étranger au détriment des autres. Encore une fois, vos expériences comptent moins que ce que vous en faites. J'ai connu nombre de candidats dont l'expérience extra-scolaire se limitait à des baby-sittings ou à des cours particuliers, mais qui parvenaient à valoriser avec une grande pertinence les qualités révélées par ces activités. Vos expériences comptent moins que le recul que vous avez sur ces expériences.

- Votre projet professionnel. Ici aussi, le jury ne va pas juger votre projet professionnel en soi, sauf bien sûr si celui-ci est totalement hors-sujet. Peu importe qu'il soit classique ou original, ce qui va compter est la cohérence de celui-ci avec vous et ce que propose l'école et le niveau de connaissances sur celui-ci, qui va crédibiliser votre discours.
- Votre personnalité. Si celle-ci ne doit pas être en totale contradiction avec ce que propose la vie d'école ou d'entreprise, les jurys ne recherchent surtout pas UN type de candidat. Alors, peu importe que vous soyez timide ou extraverti, désorganisé ou rigoureux... L'important est que vous vous assumiez, que vous connaissiez vos forces, vos faiblesses, et comment corriger ces dernières. En d'autres mots, que vous ayez réussi votre introspection !
- Votre aisance oratoire. Encore une fois, si l'intelligibilité du discours est un réel critère d'évaluation, les timides ne sont en aucun cas désavantagés, tant qu'ils font l'effort (d'autant plus apprécié) de s'ouvrir au jury et que le fond de leur discours est solide et cohérent. Je détaille cet aspect dans la partie « Les timides n'ont aucune chance » à la fin de ce chapitre. L'ESSEC l'explique d'ailleurs clairement sur son site, en affirmant que « *L'évaluation de la tolérance au stress (qui peut entraver l'évaluation d'autres compétences) [n'est pas] spécifiquement évaluées lors de l'entretien.* ».

Pour illustrer mes propos, je vous propose, en scannant ce QR Code, de prendre connaissance de la fiche d'évaluation à l'ESSEC, qui en formalise quelques-uns. Ne vous faites pas d'illusions, ce sur quoi j'insiste mais qui n'apparaît pas nommément dans cette fiche fait tout de même, consciemment ou non, partie de la note que vous attribuera le jury.

G) Qui sont les membres de jurys ?

Durant vos entretiens de motivation, vous aurez à échanger avec plusieurs types de jurys.

D'abord, **le jury interne à l'école**. Celui-ci est employé de l'école, enseignant ou dans le personnel administratif ou de direction. Vous pouvez donc avoir affaire à un professeur de Marketing, à la documentaliste comme au directeur général !

Ensuite, vous trouverez **le jury dit « professionnel »**, qui intervient uniquement dans le cadre des entretiens mais qui n'est pas un employé de l'école. Il a donc une activité professionnelle à côté. Ce jury peut avoir une casquette supplémentaire, tout sauf anodine, en étant un ancien de l'école.

Enfin, beaucoup plus rarement sauf à l'ESSEC où sa présence est imposée, vous pourrez trouver **des étudiants actuels de l'école.**

Ce profilage des membres de jurys veut d'abord dire que vous devez vous adapter en évoquant à la fois votre futur en école et votre futur en entreprise. En tant que jury « professionnel », quand j'exerce dans une école dont je ne suis pas diplômé, je suis beaucoup plus concerné quand le candidat évoque son futur en entreprise que son futur dans l'école que je connais beaucoup moins. À l'inverse, une professeure de Marketing de l'école ou le Directeur des Relations Internationales seront logiquement plus concernés par l'évocation de votre futur dans l'école. Pour résumer grossièrement, un jury « professionnel » aura tendance à se poser la question « Aurais-je envie de l'accueillir comme collègue ou stagiaire ? ». Le jury de l'école se posera plus aisément la question « Ai-je envie de l'avoir en cours ou dans mon école ? ».

Cela me permet de faire la transition avec **une attente commune** à **tous les membres de jurys, celle de passer un bon moment**. Or, voir plusieurs candidats à la suite qui, sous l'effet du stress, laissent leur sourire à l'entrée de la salle, frustre un jury. Tout membre de jury a envie de voir en face de lui – et valorise donc – un candidat avec ses qualités et ses défauts, mais dont le sourire, preuve de sa joie de défendre sa chance dans cette école, lui permet prendre plaisir à échanger avec lui. Pour cela, il faut évidemment être à l'aise avec son discours et avec qui nous sommes, et donc avoir travaillé !

À la fin de la journée, le jury quitte l'école et mesure sa satisfaction à la fraîcheur et à la motivation des candidats reçus. À travers eux, c'est aussi la volonté d'être enthousiasmé sur les prochaines générations qui animeront les entreprises (dont la sienne) qu'il a voulu constater, le temps d'une journée.

Pour appuyer mon propos, je prendrais le verbatim de Skema BS dans la présentation de son épreuve : « *L'idéal est que votre entretien soit agréable : vous avez éprouvé du plaisir à échanger et à communiquer avec votre jury. Celui-ci doit même penser que 30 minutes c'est trop court !* ».

Alors, comment rendre agréable pour un jury un entretien de motivation ? Je vous donnerai deux clés pour donner envie au jury de vous prendre. D'abord celui de jouer le jeu de l'entretien, **de vous ouvrir au jury, et de répondre sincèrement à l'ensemble de ses questions.** Rien de plus insupportable pour un jury qu'un candidat fermé qu'on doit aller chercher durant trente minutes ! De plus, je remarque au fil des années que **le sourire joue un rôle très important en entretien.** Bien sûr, je ne vous demande pas de sourire pendant tout l'entretien (vous ferez peur au jury !), mais d'agrémenter les réponses aux questions qui vous mettent à l'aise ou très importantes de dynamisme, d'enthousiasme et de sourires.

Consciemment ou non, un jury note toujours un candidat selon deux aspects, un rationnel, et l'autre irrationnel. Le premier s'appuie sur le fond de vos réponses, sur la force et la cohérence de vos arguments. Le second se base sur un « ressenti » d'un jury, sur le fait qu'il ait envie malgré tous vos défauts de travailler avec vous ou de vous donner une chance dans l'école. Et seuls les candidats dynamiques et agréables sont valorisés et bénéficient de ces points en plus. En pratique, un candidat dynamique, agréable et souriant aura en moyenne 2 à 3 points de plus qu'un candidat équivalent sur le fond mais beaucoup plus terne et moins souriant.

Et pour vous y aider, de plus en plus de jurys ont pour consigne des écoles de mettre à l'aise le candidat.

D'abord parce l'école ne veut pas tester en entretien votre capacité « à prendre des coups », à résister aux attaques, à savoir gérer des situations déstabilisantes, mais bien connaître votre personnalité, votre « savoir-être » ainsi que votre potentiel. Un jury peu bienveillant aura comme conséquence de vous renfermer sur vous-même, et n'aura donc jamais la possibilité de vous découvrir.

La deuxième raison tient à la concurrence que se livrent les écoles. Il ne faut pas être dupe : lors de votre tour de France des oraux, vous devrez séduire les écoles tout comme les écoles devront vous séduire. Et si les écoles rivalisent de moyens pour vous accueillir dans de bonnes conditions sur leur campus, la qualité du moment passé avec le jury lors de votre entretien va également peser pour certains d'entre vous dans le choix de l'école. **Et les écoles n'ont aucun intérêt à ce que vous gardiez un souvenir douloureux de votre oral si, en cas d'admission, vous avez le choix entre celle-ci et d'autres écoles.**

Enfin, les membres de jurys forment une équipe durant l'entretien. Et comme dans toute équipe, chacun joue un rôle durant l'entretien. Il arrive que ces rôles soient formellement définis à l'avance entre les jurys ; mais la plupart du temps, ils se définissent naturellement durant l'entretien. Ainsi, **un membre de jury va souvent prendre la parole quand son ou ses collègues prendront eux beaucoup de notes sans jamais vous regarder. Un membre du jury peut jouer le rôle du « méchant » et poser uniquement des questions déstabilisantes quand un autre aura pour mission de vous rassurer et de vous remettre dans votre zone de confort.** Dans tous les cas, gardez en tête qu'il s'agit de rôles joués et que vous devez garder non seulement une attitude irréprochable en ne montrant aucun signe d'agacement mais aussi une concentration permanente. J'y consacre quelques lignes dans ce chapitre : aucune information définitive ne peut être tirée de l'attitude d'un jury. Quelle que soit son attitude, son objectif reste le même : vous connaître.

2. Déconstruire quelques mythes...

L'entretien de motivation fait partie des épreuves les plus mystifiées par les candidats. Internet n'aidant en rien, je retrouve souvent des candidats en début de préparation empreints de quelques mythes totalement inféconds sur la préparation, l'exigence et les modalités de l'entretien.

Il me paraît important d'y consacrer une partie et déconstruire chacun d'entre eux.

Je vous demanderai, en refermant ce chapitre, de chasser définitivement chacun d'entre eux de votre esprit. Tous constitueront dans le cas contraire un vrai frein à votre progression.

A) Un entretien ne se travaille pas

J'ai fréquemment rencontré des candidats qui se définissaient « à l'aise à l'oral », sans jamais questionner les exigences profondes d'un entretien. Ce dernier ne peut se résumer à un concours oratoire ! Il n'est certainement pas nécessaire de beaucoup argumenter pour dire **qu'être à l'aise à l'oral présente peu de points communs avec la présentation de son parcours et ses motivations face à trois professionnels, dans le cadre d'un concours sélectif**. Pour les étudiants de classe préparatoires, je constate chaque année que l'impréparation aux épreuves orales coûte leur admission à de trop nombreux candidats méritants par ailleurs aux épreuves écrites.

Je dis fréquemment aux étudiants, au risque de paraître provocateur, qu'un entretien se travaille peut-être plus que les écrits, ou en tout cas plus intensément. En effet, votre période de révision entièrement dédiée à l'entretien n'excède jamais un mois, alors que l'idéal est d'y réfléchir tout au long de l'année ! À titre de comparaison, cette période est d'un an pour les épreuves écrites en admissions parallèles et de deux à trois années en classes préparatoires.

Ceux qui ont bien compris l'enjeu d'un entretien, et c'est l'objectif de cet ouvrage, connaissent l'étendue du travail. Il s'agit d'arriver à se définir, de parler avec recul de ses expériences passées, de formaliser et formuler des motivations futures, scolaires et professionnelles... Si la première exigence demande une forte introspection qui ne se fait ni d'une traite ni rapidement, la seconde demande un vrai travail d'acquisition de connaissances. En effet, comment exprimer convenablement et pertinemment des motivations pour rejoindre une école de commerce, et en particulier celle dont on passe l'entretien, si on ne sait pas ce que l'on y trouve ? Quand je passais mes entretiens, je m'enfermais dans une bibliothèque pour réfléchir à ma personnalité et à mon parcours, mais aussi pour établir des fiches écoles et des fiches métiers, tout en faisant l'effort de les relier à mes qualités, mes envies, etc. Je compte ce travail en journées ! Les fiches métiers et fiches écoles présentes dans cet ouvrage sont là pour vous guider dans votre travail. Mais n'étant pas personnalisées, elles ne constituent en aucun cas des supports « prêts à l'emploi ». Il s'agit d'une base de travail qui ne vous épargne pas la nécessité de parler à des étudiants et des professionnels !

Pour effectuer ce minutieux travail de recherche, vous avez une ressource importante : internet et les réseaux sociaux. Vous pouvez aujourd'hui trouver rapidement tous les renseignements souhaités sur la toile. De la même manière, entrer en contact via les groupes Facebook avec des étudiants de toutes les écoles de commerce de France ou parler à un professionnel sur LinkedIn est à portée de clic. Ne pas en profiter serait profondément idiot, et vous ne l'êtes pas.

De manière plus générale, je termine en présentant une réflexion simple mais cartésienne : on ne peut pas envisager de ne pas travailler une épreuve si décisive par son coefficient. Une bonne note assurant à coup sûr l'admission, le jeu en vaut la chandelle, et les regrets seront trop profonds en cas d'échec.

Cependant, cette épreuve ne se prépare pas n'importe comment.

B) Un entretien se prépare en écrivant les réponses

Les écoles de commerce et les jurys dénoncent chaque année certains candidats « formatés », « récitant des réponses ».

Avec l'expérience, je constate que ce défaut – récurrent chez bon nombre de candidats – provient en fait d'une mauvaise préparation. Cette dernière se traduit par la **rédaction intégrale des réponses aux questions anticipées**, que les candidats récitent souvent à la lettre. Si l'on peut dans tous les cas questionner la pertinence d'une préparation à des questions uniquement écrite pour une épreuve orale. Cette mauvaise préparation présente pour ces derniers un double aspect négatif. Non seulement l'échange perd en naturel mais le candidat est en difficulté sur des questions pas toujours piégeuses mais pas préparées.

D'abord, quand le jury pose une question travaillée par les candidats en amont, ces derniers, dans leur réponse, s'attachent davantage à réciter au mot près, et perdent pied à la moindre faille de mémoire. L'absence de naturel est évidente, et rien n'est pire pour un jury que d'avoir l'impression d'avoir en face de lui un candidat qui appuie sur le bouton « On » pour réciter sa réponse !

Ensuite, cette méthode enferme les candidats dans une unique réponse qui leur fait perdre une qualité essentielle le jour J : la capacité à s'adapter. Or, s'ils ont écrit UNE réponse à une question du jury sur leur expérience de pratique du Hockey sur Glace, comment pourront-ils s'adapter aux multiples questions qui sont possibles sur ce thème : « Racontez-nous votre expérience de Hockey sur Glace ? » ; « Que vous a apporté votre expérience de Hockey sur Glace ? » ; « Avez-vous une anecdote à propos de votre expérience de Hockey sur Glace ? », etc. ?

Il s'agit ici de la raison d'être de la « méthode des cercles » enseignée à mes étudiants à PGE-PGO, qui leur permet de ne rien oublier sur chaque expérience tout en ayant la capacité à s'adapter à chaque situation et à chaque question et de garder la spontanéité de la réponse.

S'il faut certes écrire certaines choses au cours de sa préparation, notamment les informations glanées sur les écoles et les métiers envisagés, je vous demande d'être très vigilant lorsque vous réfléchissez à certaines questions de l'entretien. Je n'interdis jamais de coucher sur papier des idées, des pistes, une trame pour chaque question. Mais je déchire chaque feuille sur laquelle je vois une réponse écrite avec des phrases, au mot près, et que le candidat apprend toujours par cœur.

C) Les timides n'ont aucune chance

J'ai commencé à évoquer cette contre-vérité dans la partie « Un entretien ne se travaille pas ». Il est nécessaire que ceux d'entre vous qui se reconnaissent dans cette crainte aient bien conscience que **l'aisance oratoire, comme bien d'autres qualités, est rarement innée mais peut toujours s'acquérir**. Et les années en école de commerce offrent de formidables opportunités de développer cette qualité. Les présentations orales, les événements associatifs, les stages sont autant de moment où chacun peut travailler son aisance oratoire en public.

Pour revenir à l'entretien, un jury ne pénalisera jamais un candidat timide qui arrive à exprimer ses idées, ses projets, ses expériences. Ceux d'entre vous qui seraient timides peuvent très bien expliquer qu'ils comptent travailler sur ce défaut en école (cf. le chapitre 5 et la question dédiée aux défauts).

Par ailleurs, un jury va très volontiers valoriser une personne timide qui fait l'effort de sourire, de s'ouvrir au jury, d'être dynamique... bref de lui faire passer un bon moment. Les efforts seront récompensés !

Par contre, si un jury ne juge pas l'aisance avec laquelle vous parlez, **il va évaluer l'intelligibilité de votre discours, la structure de vos réponses, la richesse et la précision du vocabulaire**. Ces derniers points sont d'ailleurs l'objet de lignes spécifiques dans les fiches d'évaluation des écoles. Et ceci est accessible aux timides comme aux moins timides !

D) Un jury froid (*chaleureux*) pose des questions déstabilisantes (*aisées*) et donne une mauvaise (*bonne*) note

Je ne compte plus depuis les années le nombre d'étudiants qui m'ont contacté au téléphone après leur entretien en m'annonçant : « Robin, le jury n'a jamais souri, ne me regardait jamais. Ils ont posé des questions déstabilisantes pendant les dernières minutes de l'entretien... Franchement, je ne le sens pas. ». Et un mois plus tard, ils arboraient fièrement un 19/20 !

L'attitude d'un jury en entretien dépend souvent plus de lui que de vous. Il peut très bien être de nature chaleureuse, sachant que les écoles donnent la consigne de vous mettre à l'aise, mais ne pas être convaincu par vos réponses. J'ai même assisté un jour à un entretien durant lequel un jury que le candidat devait juger bienveillant car ne posait que des questions basiques a dit « À l'année prochaine » à ce dernier, avant de lui attribuer une mauvaise note ! À l'inverse, un jury paraître froid mais tout à fait apprécier les échanges. À ce titre, une telle attitude peut être un moyen de tester votre réaction face à des interlocuteurs peu chaleureux. J'ai souvent eu affaire à des co-jurys nonchalants, jouant avec leur stylo tout au long des trente minutes, faisant une moue à chacune de vos réponses. Or, non seulement ceux-ci écoutaient attentivement vos réponses, mais de plus leur attitude était leur manière de tester votre capacité de concentration et la maîtrise de vos nerfs. À la fin, si le candidat était convaincant, ils étaient eux aussi convaincus sans problème !

De la même manière, **un entretien durant lequel le jury pose uniquement des questions classiques, jugées faciles par les candidats, et ne tente jamais de creuser un sujet est en général mauvais signe pour un candidat**. C'est très souvent le signe soit qu'il s'ennuie, soit qu'il juge que vous êtes trop fragile sur les questions dites classiques pour qu'il ne vous pose des questions plus compliquées. À l'inverse, si **le jury vous pose des questions déstabilisantes ou creuse un sujet en profondeur pour vous mettre en difficulté, c'est aussi qu'il juge que vous êtes suffisamment armé pour pouvoir y faire face**. Généralement, en entretien, vous avez les questions que vous méritez.

Bien entendu, dans un sens comme dans l'autre, aucune règle certaine et définitive ne peut être tirée de l'attitude d'un jury. L'essentiel est de garder votre cap, de placer les points clés de votre candidature et de savoir faire face aux différents types et personnalités de jurys que vous rencontrerez dans votre tour de France.

E) Une expérience anodine n'intéresse pas un jury

On touche ici à une des différences clés entre un bon candidat et un candidat moyen, entre un candidat qui intègre sans aucun doute et un autre qui sera en danger. Et paradoxalement, je retrouve ce défaut chez la majorité des étudiants que je forme et que je rencontre dans les écoles. **Ces derniers, avant d'arriver face au jury, ont travaillé uniquement les expériences qu'ils jugent intéressantes, sans jamais se poser la question de l'avis du jury sur la pertinence de leur sélection**. En règle générale, les stages de 3e, les expériences de baby-sitting, les cours particuliers ou les sports / loisirs pratiqués au début de l'adolescence sont laissés ainsi de côté.

Durant l'entretien, cela se traduit par une incapacité à valoriser ces expériences personnelles, avec la justification que cela « fait longtemps », « ne m'a rien apporté » voire « est inintéressant ». Dans ce dernier cas, le jury est ravi de constater qu'il pose des questions sur des sujets jugés inintéressants !

Pour vous sensibiliser à cet écueil, je fais souvent le parallèle avec les écrits. Pour moi, ne pas travailler une de ses expériences passées équivaut à faire une impasse sur un chapitre en mathématiques pour les écrits. Et j'imagine que cette idée ne vous est jamais venue à l'esprit pendant que vous prépariez les épreuves écrites...

Dans l'esprit d'un jury, **vous interroger sur une expérience qu'il sait pertinemment moins importante à vos yeux est surtout une manière de juger la qualité de votre introspection, donc de votre préparation à cette épreuve**. C'est aussi une manière de voir la maturité du candidat en face. En règle générale, c'est une manière pour un jury de repérer les bons candidats, qui n'ont laissé de côté aucune expérience lors de leur préparation et peuvent parler de chacune d'entre elles, en mettant en avant ses apports.

Bien entendu, je ne vous demande pas de placer vos expériences les moins importantes en haut de votre liste de sujets prioritaires, mais bien d'être prêt à parler de tout en entretien. Vous démontrerez une qualité de préparation, une maturité, une capacité à prendre du recul et à analyser vos expériences que le jury n'oubliera pas.

F) Il faut adapter son projet professionnel en fonction de l'école que l'on passe

Si vous avez bien travaillé vos fiches écoles dont je dédie un chapitre dans l'ouvrage, vous aurez remarqué que chaque école communique davantage sur certaines filières sur lesquelles elle tente d'être référente. On peut citer la finance à l'EDHEC BS, l'entrepreneuriat à l'emlyon BS, la culture ou l'hybridation des compétences business-ingénieur à Audencia BS, la géopolitique ou le digital à Grenoble EM, les vins et spiritueux ou les achats à Kedge BS...

Chez certains candidats dont vous ne ferez maintenant plus partie, on retrouve la tendance à moduler son projet professionnel en fonction des spécificités remarquées dans l'école. Bien sûr, cette stratégie est constamment perdante. Déjà, le jury sait pertinemment que le projet professionnel changera sûrement en cours de cursus, et cela serait normal. De plus, les écoles de commerce françaises sont avant tout des écoles généralistes, avec spécialisation en fin de cursus. Elles forment donc à tous les métiers et ne filtrent pas les étudiants selon l'adéquation entre leur projet professionnel annoncé en entretien et leurs spécialités académiques.

De manière plus générale, adapter son discours entier à chaque école revient à renier sa personnalité et ses envies profondes, et relève ainsi d'une stratégie très dangereuse. Si bien sûr vous pouvez adapter les points d'insistance dans votre discours à certaines spécificités des écoles (valeurs mises en avant, entreprises partenaires ou échanges spécifiques...), cela ne revient absolument pas à moduler sa stratégie d'entretien, dont son projet professionnel, à chaque école.

G) Il faut absolument présenter un projet professionnel classique (*ou original*)

De la même manière, une erreur proche de la précédente mais peut-être plus récurrente consiste pour les candidats à se construire absolument un projet professionnel classique (ou original) en pensant que c'est ce que les écoles recherchent. Ici aussi, cette tentative de rentrer dans la tête des jurys est au mieux vaine, au pire contreproductive.

Je ne cesserai de le répéter tout au long de ce livre, et un chapitre y est même dédié, **vous devez construire votre projet professionnel en fonction de votre personnalité (qualités/défauts) et vos envies**. Toute autre stratégie sera perdante. Peu importe que votre projet professionnel se retrouve chez d'autres candidats. Si tel est le cas, ce sera une formidable opportunité d'être directement comparé à d'autres étudiants dans l'esprit d'un jury. Et si vous avez été plus convaincant en parlant de votre projet, vous serez d'autant plus valorisé.

Dans tous les cas, un jury ne jugera jamais votre projet professionnel en soi, mais bien son adéquation avec vous (personnalité et aspirations) et avec ce que peut proposer l'école. C'est la cohérence de ce triptyque Vous – Métier – École qui sera juge de paix.

H) Le jury a connaissance des notes d'écrits

Cette crainte se rencontre souvent chez les candidats aux concours d'entrée en admissions parallèles qui pour certains concours doivent envoyer un dossier de candidature dont la note compte dans l'admissibilité.

Rassurez-vous, le jury n'a aucune information sur les notes d'écrits du candidat. La seule chose qu'il peut avoir sous les yeux est la fiche de renseignement que vous lui remettez dans certaines écoles, en début d'entretien ; ou bien pour les candidats en admissions parallèles, votre lettre de motivation.

Surtout, le jury se fiche de vos résultats écrits ! Les capacités académiques ont été le strict apanage des épreuves écrites, et dans l'esprit du jury, un candidat admissible est un candidat apte intellectuellement à intégrer l'école. Ce que veut maintenant évaluer le jury chez vous est tout autre.

3. Les règles de l'entretien de motivation

A) La maîtrise de la forme en entretien de motivation

1) Présenter une tenue adaptée

La première règle de forme en entretien de motivation est la tenue. Cette dernière doit fournir la preuve d'**une prise en compte du caractère solennel et déterminant de l'épreuve**. Un candidat qui viendrait en basket et jean troué démontrerait une désinvolture qui n'a pas sa place en entretien. Même si ces tenues d'entretiens ne vous sont pas (encore) familières et peuvent vous sembler inconfortables, elles constituent un prérequis de l'entretien. Vous pouvez avoir face à vous un jury qui est très à cheval sur la question de la tenue, et celui-là ne vous pardonnera pas un écart qu'il considérera comme un manque de considération pour l'épreuve. **Ainsi, la tenue en entretien doit suivre la politique du Zéro Risque** !

Je conseille donc le costume-cravate (bien nouée !) pour ces messieurs, et la veste-pantalon ou tailleur pour ces dames. La couleur doit être sobre et adaptée encore une fois à la situation. Bannissez enfin les chaussettes de sport et enlevez les piercings. Finalement, les exigences sont les mêmes que pour un entretien d'embauche !

Cette exigence de sobriété est d'autant plus présente pour ceux d'entre vous qui ambitionnent et présentent en entretien un projet professionnel tourné vers des métiers très codifiés sur le plan vestimentaire. Je parle notamment du contrôle de gestion, du consulting ou des métiers financiers.

Finalement, peu de candidats peuvent se permettre une fantaisie, sans faire fi de tout code. J'ai un jour rencontré en entretien un étudiant qui souhaitait travailler dans la mode, et le nœud papillon qu'il portait en lieu et place de la cravate n'était qu'une manière de montrer au jury sa passion pour la mode et de tendre une perche sur ce sujet. Ces cas sont rares mais peuvent exister. Il faut simplement que l'écart vestimentaire soit bien pesé et aille dans le sens d'une mise en valeur d'un de vos thèmes durant l'entretien.

2) Soigner son entrée dans la salle

Le jury doit avoir une première bonne impression visuelle dès votre entrée dans la salle. Après l'éventuelle lecture de votre questionnaire ou du CV projectif, ce moment marque la possibilité de faire une première bonne impression physique. À ce moment, **vous ne pouvez pas gagner de points mais vous pouvez en perdre**.

D'abord, laissez les goodies des autres écoles à l'accueil ou dans un espace approprié. Imaginez ce que pense un jury d'un candidat qui arrive avec le matériel d'une autre école. Un jour, j'ai observé avec amusement un candidat me dire combien il voulait l'école pour laquelle j'officiais... en tenant dans sa main le stylo d'une autre école ! De même, sacs à dos ou à main, téléphones portables, n'ont pas leur place en entretien de motivation.

Ainsi, emmenez avec vous uniquement une pochette plastifiée ou cartonnée sobre. À l'intérieur, votre convocation, votre pièce d'identité, vos éventuels questionnaires ou CV projectifs, une feuille blanche au cas où et un stylo.

Ensuite, vous allez devoir attendre généralement quelques minutes devant votre salle d'entretien, moment éminemment stressant. Pour faire bonne impression au jury et lui montrer que vous êtes en situation d'attente « active », je vous conseille d'attendre debout à côté de la porte. Lorsque vous entrez dans la salle, ne serrez la main au jury que si celui-ci vous la tend, et prohibez les envies de faire des bises à celui-ci (situation vécue !). Asseyez-vous également sur votre chaise uniquement lorsque le jury vous y autorisera. Rassurez-vous, celui-ci n'est pas farceur et ne tardera pas à vous demander de vous asseoir !

Une fois assis, prenez quelques secondes pour vous installer confortablement sur votre chaise. Nous allons le voir dans cette partie, votre attitude corporelle est essentielle en entretien.

Votre entrée en scène constitue alors une manière de vous calmer et d'entrer dans l'entretien. Veillez à ce que des oublis ou des attitudes inappropriées ne viennent vous pénaliser avant même que vous ayez commencé à prendre la parole.

3) Établir une relation avec le jury

Votre attitude et votre capacité à créer un lien avec le jury va également compter dans l'esprit du jury. Dans certaines écoles, le dynamisme et l'enthousiasme sont même des critères explicites de notation à l'intérieur des feuilles de notation.

Cela veut d'abord dire que, quel que soit votre caractère, vous devez montrer au jury que vous avez une folle envie d'intégrer l'école, que vous êtes fier d'être arrivé là où vous en êtes. Pour créer une relation avec le jury, il faut d'abord avoir dans l'idée de lui faire passer un bon moment. Et même les timides peuvent y arriver, ainsi que je le détaille dans la partie « *Déconstruire quelques mythes* ». **Pour cela, vos principaux atouts sont la voix, qui doit être le vecteur de votre enthousiasme, et votre sourire, à utiliser régulièrement et à bon escient.**

Par ailleurs, **une bonne relation avec un jury passe aussi par le regard.** D'abord via la nécessité de regarder tous les membres de jurys en montrant que vous leur accordez la même importance. Même si un ou plusieurs membres du jury ont le nez dans leurs notes, continuez à les regarder en répondant. Ils vous observent plus que vous ne pensez. Par ailleurs, **le regard sert également à doser la longueur de vos réponses.** En observant l'attitude des jurys durant vos réponses, vous observerez les moments où ils montrent des micro-signes de déconcentration, par exemple regarder furtivement sa montre, arrêter de prendre des notes, jouer avec son stylo... Cela signifie que leur attention décroît et donc que vous devez très vite arrêter votre réponse et leur redonner la parole. N'oubliez jamais qu'il existe des personnalités de jury. Certains aiment parler, d'autres se plaisent à vous écouter longuement... En vous adaptant à leur attitude par le regard, vous les mettrez dans un confort qui vous valorisera – le plus souvent inconsciemment – à leurs yeux.

Ce dynamisme, dans l'attitude, dans le regard et dans la voix, a d'ailleurs comme impact positif d'attirer l'attention du jury. Difficile pour lui de détourner son attention face à un candidat qui montre une réelle envie dans ses réponses. **Cette attitude vous sera particulièrement utile dans certains moments de la journée où vous devrez beaucoup plus aller chercher l'attention du jury qu'à l'accoutumée.** Je pense notamment à la fin de matinée, quand le jury a faim, au début d'après-midi, quand il digère, et en fin de journée, quand il est épuisé, comme tout le monde.

4) Avoir le bon état d'esprit

Pour illustrer l'importance de l'état d'esprit d'un candidat aux yeux du jury, je vous propose de partager l'anecdote vécue voilà quelques années, durant un entretien en école pour lequel j'étais jury. Nous avions face à nous une candidate motivée et qui avait bien travaillé son entretien puisque son discours était cohérent. Puisque cette candidate nous paraissait solide sur le fond, nous avons jugé utile de poser une question dite déstabilisante au cours de l'entretien pour connaître sa capacité de réaction face à des situations inconfortables. Et la candidate, après quelques secondes de blêmissement, nous a expliqué ne pas pouvoir répondre à la question, sans même essayer. Pire, après ces quelques secondes, celle-ci était totalement démobilisée et ne cherchait même plus à répondre aux questions. Elle avait abandonné car elle pensait avoir raté son admission après notre question ardue. Finalement, **cette candidate a été refusée non pas pour ne pas avoir répondu à une question difficile, mais bien pour l'état d'esprit peu combatif dont elle avait fait preuve** durant la deuxième moitié de l'entretien.

Ce point fait d'abord écho à la page précédente et à l'importance de garder le sourire et un enthousiasme constant – dit autrement, montrer une réelle envie d'intégrer l'école – tout au long de l'entretien. Gardez à l'esprit que chaque entretien, même celui jugé réussi par un jury, ne passe pas sans quelques moments de turbulence. Vous pouvez avoir à répondre à des questions déstabilisantes (c'est souvent bon signe !), vous aurez des moments durant lesquels vous ne serez pas satisfaits de vous... Et c'est à ce moment-là que vous devez montrer au jury un état d'esprit irréprochable. Je regarde souvent les candidats quand ils sont en difficulté. Vous avez bien lu : je ne les écoute pas, je les regarde. J'observe leur attitude non seulement durant leur réponse à la question qui les embête, mais surtout dans les minutes qui suivent. Je souhaite, et je ne suis pas le seul, observer la capacité du candidat à se remobiliser, à laisser de côté ce qui s'est mal passé, et à tout donner dans la suite de l'entretien. Ne vous y trompez pas, c'est une manière, et sans doute la meilleure, de mesurer votre volonté de rejoindre l'école. Une petite difficulté ne vous démobilise pas et ne vous détourne pas de votre objectif. **Votre attitude est plus éloquente que tous vos mots.**

5) Utiliser un vocabulaire adapté

Par ailleurs, il me paraît essentiel de vous exposer l'enjeu d'un vocabulaire adapté en entretien de motivation. Celui-ci s'appuie sur le registre courant, et non soutenu ou familier. J'ai l'habitude de dire aux étudiants que vous devez vous adresser aux jurys comme à vos beaux-parents. Vous n'adoptez pas face à eux un vocabulaire trop familier, mais vous ne faites pas non plus des phrases au passé simple...

En entretien, évitez donc tout d'abord le langage familier. Cela peut paraître évident, mais il est toujours bon de le rappeler. Des candidats trop sûrs d'eux ou influencés par un jury trop chaleureux se font piéger chaque année. Ne parlez donc pas de « boîte » mais d'« entreprise », pas de « jobs » mais d'« emplois saisonniers » ou de « missions » selon la nature... De la même manière, bannissez de votre langage les abréviations telles que « fac », « foot », « prépa », « assos », etc.

De la même manière, méfiez-vous grandement des mots soutenus, des temps peu usités à l'oral, des tournures de phrases dignes de livres... Le jury pensera surtout que nous n'êtes pas naturel dans vos propos, donc dans votre entretien, et vous en tiendra rigueur. Avec l'expérience, j'ai découvert que les candidats qui manifestent ce défaut en entretien sont souvent ceux qui ont écrit leurs réponses au mot près, en ayant travaillé de belles tournures de phrases, et qui ne font que réciter en entretien. Face à ce profil, le jury a souvent une arme peu appréciée des candidats : les questions déstabilisantes auxquelles il ne s'attend pas le candidat.

Et, *last but not least*, faites attention aux mots trop forts que vous employez sans vous en rendre compte, et qui vous pénalisent. L'exemple le plus frappant est le recours au mot « passion » quand il s'agit tout au plus d'un centre d'intérêt. Je pourrais aussi citer « un voyage qui m'a marqué » alors que vos souvenirs sont imprécis. Le recours à de tels mots induit chez le jury une très forte attente, et c'est là le premier risque. Le jury, qui s'attend à des propos précis et enthousiastes, constate que vous vous êtes emballé, et que vous avez essayé d'embellir votre expérience. Dit autrement, que vous avez essayé de le berner. Après avoir voulu creuser le sujet avec réel intérêt, il sera déçu. Restez donc mesuré mais surtout sincère dans vos propos et dans vos qualificatifs, pour ne pas introduire dans l'esprit du jury une attente démesurée.

Bien entendu, si vous abordez de réelles passions ou des moments marquants de votre vie, alors qualifiez-les tels quels. Mais n'utilisez jamais, pour reprendre la belle expression de Paul Valery, des « mots qui chantent plus qu'ils ne parlent ».

6) Maîtriser la gestuelle

Tout comme votre vocabulaire, vos gestes seront analysés par le jury et participeront à votre évaluation globale.

La première exigence concerne votre posture. Je relève en général deux types de postures à bannir :

- **La posture trop détendue.** Vous êtes « avachi » sur votre chaise, les mains sous la table. Le jury vous tiendra rigueur de cette attitude qui peut témoigner d'un dilettantisme à proscrire.
- **La posture de stress.** Vous êtes dans ce cas presque collé à la table, les mains encore sous cette dernière. Le corps est penché en avant, comme si vous souhaitiez allonger votre buste sur la table. Une telle manifestation du stress provoque de la gêne chez le jury et vous fera perdre des points.

En entretien, une posture convenable consiste à poser les mains à plat sur la table et à se tenir droit contre sa chaise, le buste droit sans être raide comme un piquet.

De la même manière, une manifestation du stress vous entraîne le plus souvent à bouger frénétiquement vos jambes et vos mains. Cette attitude a dans 100 % des cas le don d'agacer prodigieusement le jury qui ne peut finalement se concentrer totalement sur vos réponses.

Comprenez qu'il ne s'agit pas d'éliminer le stress, mais de le contrôler. Et cela s'apprend... en pratiquant ! Pour les étudiants en classe préparatoire, les kholles peuvent vous y aider. Pour les étudiants en admissions parallèles, vos éventuels entretiens de stage doivent vous servir de répétition en conditions (quasi) réelles.

Enfin, pour ceux d'entre vous qui présenteraient des tics, efforcez-vous de les bannir. En effet, rien de plus agaçant pour un jury ! Face à un candidat qui déploie toute sa panoplie de tics (jouer avec une bague, tortiller ses cheveux...), le jury ne porte ici aussi son attention que sur ceux-ci et non plus sur vos réponses.

De la même manière, je vous conseille très fortement d'enlever les bijoux qui pourraient agacer le jury ou faire du bruit au contact de la table. Ne perdez pas de points inutilement !

Finalement, tous mes conseils dans cette partie pourraient se résumer en une phrase. Veillez à ce que la forme ne prenne le pas sur le fond. Veillez à ce que votre attitude, si elle est sujette à reproche, ne détourne pas le jury du fond de votre discours.

B) Éviter les principaux pièges de fond en entretien

1) Assumer de se placer en sujet

Le caractère fortement impudique de l'épreuve constitue souvent la première difficulté, notamment pour les plus timides d'entre vous. En effet, ni vous ni moi n'avons été exercés durant notre parcours scolaire à parler de soi ! C'est pourtant ce qu'il va falloir faire ici. **Je dis souvent que chaque question posée par le jury, même la plus anodine, est une manière d'en savoir un peu plus sur vous.**

Alors, vous devez jouer le jeu et accepter le fait que vous êtes l'unique sujet de l'entretien. Bien entendu, vous pourrez évoquer divers thèmes vous concernant, vos goûts, vos qualités, vos voyages, vos envies, etc. Mais tous ces éléments doivent permettre au jury d'avoir une connaissance plus fine de vous, sans jamais rentrer dans l'intime. **Toute question du jury n'a qu'une finalité : vous connaître davantage.**

Nous verrons dans ce livre que même les questions qui paraissent aborder un sujet autre que vous-même (les questions d'actualité, un jury qui vous demande de le faire rire...), doivent finalement vous permettre de parler de vous *in fine*.

Pour remplir cette exigence, il faut évidemment en premier lieu ne rien vouloir cacher de sa personnalité, de ses expériences et de ses envies au jury. Plus profondément, il faut effectuer une réelle introspection, à partir de son vécu et de sa personnalité pour pouvoir ensuite arriver à formaliser ses envies. Il faut enfin travailler son discours, sa manière de présenter ses éléments personnels (même les moins valorisants), savoir faire des ponts entre chacune de vos expériences, vos qualités, et vos projets futurs. Les chapitres 2 et 3 vous aideront dans cette démarche.

J'insiste enfin sur le fait que parler de soi ne signifie pas « manquer d'humilité », comme je l'entends souvent dans la bouche des candidats. Il y a une différence très marquée entre celui qui parle de soi pour apprendre des choses au jury et celui qui manque d'humilité. Le premier évoque uniquement des faits (« j'ai remotivé l'équipe à ce moment-là de telle manière... », « j'ai remporté le titre de champion régional... ») ; le second interprète des faits à sa manière (« l'équipe a remporté le match grâce à mon discours », « j'ai été le meilleur... »). Attention donc à rester dans la première catégorie. Le jury ne comprendra pas un manque d'humilité dans la bouche d'un candidat de 20 ans. N'oubliez pas que le jury, en vous recrutant, se pose aussi la question de savoir s'il aimerait travailler avec vous, et ce genre d'attitude ne vous aidera jamais.

2) Assumer ses faiblesses

Vous le lirez tout au long de cet ouvrage, un entretien ne peut se réussir sans une réelle sincérité de votre part, notamment lorsque le jury vous interroge sur vos échecs ou vos défauts. Cependant, il est tout à fait possible de valoriser ces points négatifs, et minimiser leur portée en entretien.

D'abord, vous pouvez rebondir sur quelque chose de positif lorsque vous êtes interrogé sur un fait peu valoriisant. Ainsi, s'il vous est demandé d'expliquer un échec ou bien de reconnaître un fait peu valorisant (par exemple, si vous n'êtes pas sportif), plutôt que de répondre uniquement à la question, embrayez rapidement sur un aspect positif du sujet pour amener le jury vers votre zone de confort.

Par exemple, si le jury vous demande vous avez fait du sport et que vous n'en avez jamais pratiqué, commencez par l'admettre puis embrayez sur les autres activités qui ont jalonné votre jeunesse en expliquant ce qu'elles vous ont apporté. De même, si le jury vous demande de justifier un échec, n'essayez pas de le cacher ou de le minimiser mais expliquez rapidement l'analyse que vous en avez faite et les actions que vous avez mises en place pour progresser. L'objectif est de pouvoir admettre les manques ou aspects négatifs de votre parcours (et tout le monde en a !) tout en pouvant rebondir dessus de manière positive. Tous ces aspects sont abordés dans le chapitre 5, « 42 questions clés décortiquées », dans les questions traitant des défauts en entretien.

Enfin, **soyez intelligent dans le choix des échecs que vous porterez à la connaissance du jury quand celui-ci vous les demandera**. Ne les sous-estimez pas, mais choisissez ceux avec lesquels vous êtes le plus à l'aise et sur lesquels vous avez su le mieux rebondir ou corriger des manques. Pour les défauts également, choisissez des défauts professionnels, et uniquement professionnels, sur lesquels vous avez des exemples de moments où vous avez su les maîtriser. Donnez en résumé aux jurys des éléments véridiques mais intelligemment choisis.

3) L'équilibre des expériences en entretien de motivation

Une bonne maîtrise de l'entretien de motivation se mesure à travers la capacité à savoir « prendre de la hauteur » après quelques minutes, analyser ce qui a été dit et ce qu'il reste à dire, puis à pouvoir équilibrer les expériences abordées pour ne pas donner au jury une image imparfaite ou déséquilibrée de votre passé ou de votre personnalité.

À ce titre, j'ai trois exemples récurrents à vous donner qui constituent autant de mises en garde.

Premièrement, beaucoup de candidats sortent de l'entretien en ayant seulement porté à la connaissance du jury des expériences uniquement individuelles ou uniquement d'ordre collectif. Cela est-il le reflet de leur personnalité ou d'un panel représentatif de leurs expériences passées ? En général non. À y réfléchir, il est très rare que toutes nos expériences soient uniquement individuelles ou uniquement collectives. Nous avons d'ailleurs besoin des deux pour notre équilibre personnel. Finalement, en partant d'une mauvaise stratégie (par exemple : « il faut que je montre que je sais travailler en équipe, je vais donc placer le plus d'expériences collectives possibles ») ou bien inconsciemment, de nombreux candidats ne mettent en avant qu'une partie de leurs expériences. C'est un manque que regrette le jury à la fin de l'entretien. Pour éviter cet écueil, commencez par travailler les deux types d'expériences (des sports collectifs et individuels, des emplois saisonniers en équipe chez Mc Donald's ou seul en tant que caissier, des voyages avec des amis ou en solitaire...). Puis, durant l'entretien, pensez à varier les expériences proposées pour porter à la connaissance du jury à la fois vos références collectives et individuelles et lui révéler toutes les facettes de votre personnalité. Si vous pensez avoir convaincu le jury sur vos expériences et vos qualités d'ordre individuel, valorisez à présent ce qui relève du collectif. Ne vous y trompez pas, les deux sont utiles en école et en entreprise. Vous travaillerez en équipe comme individuellement, et le jury veut être rassuré sur ces deux aspects !

Par ailleurs, beaucoup d'étudiants ne laissent paraître qu'un seul extrême dans l'équilibre Détente – Sérieux. Pour étayer leurs qualités, défauts, expériences ou projets, ils s'attachent uniquement à révéler leur sérieux et leur rigueur ; c'est une vision incomplète de ce qu'ils sont (qui est uniquement sérieux tout au long de sa vie ?!). Si le côté sérieux est important en école ou en entreprise, il est nécessaire pour le jury de savoir qu'ils peuvent également vivre des moments de détente ou sortir de leur côté trop sérieux. D'ailleurs, les questions du type « faites-nous rire » s'adressent souvent à ce profil de candidats. Elles sont un signe que le jury veut savoir si vous êtes capable de lui proposer un profil autre qu'uniquement sérieux ou rigoureux. Encore une fois, en entreprise, les deux aspects sont essentiels. Le sérieux est évidemment important chez un futur cadre, mais on attend également de ce dernier qu'il sache rire avec ses collègues, partager des moments de détente, résoudre des problèmes par l'humour, etc. Faites attention enfin bien évidemment à ne pas équilibrer maladroitement cet axe en évoquant des anecdotes qui n'ont rien à faire en entretien !

Enfin, le problème d'équilibrage le plus courant chez les candidats est l'entretien mono-sujet. Dans ce type d'entretien, le candidat ne parle que d'un thème, en général sa passion, laissant totalement de côté ses autres expériences qui révèlent la richesse de sa personnalité. Prenons l'exemple d'un candidat passionné de rugby. L'expérience principale qu'il va aborder va être ses quatorze années de pratique, sa qualité principale de courage est illustrée par des anecdotes rugbystiques, son principal échec est une finale de rugby perdue, son regret est de n'avoir pas su concilier passion du rugby et année de Terminale, sa volonté future est de travailler à la Fédération Française de Rugby, et bien entendu il souhaite s'investir dans l'équipe de rugby de l'école ! Le jury peut partager son goût mais ne pourra lui mettre une bonne note car il ne lui aura pas donné assez d'éléments pour juger s'il peut s'épanouir en école, et *a fortiori* en entreprise. Il peut se demander « Et si son projet échoue, que lui restera-t-il ? Sera-t-il à sa place en école ? ». Une passion peut constituer le fil directeur de l'entretien, surtout si elle joue un rôle dans le votre projet professionnel, à condition de ne pas cannibaliser les autres expériences, qui révèlent au jury un candidat plus équilibré.

Pour conclure, profitez des quelques moments de silence en entretien, notamment quand le jury cherche une question, pour vous poser mentalement et faire le point sur les sujets abordés par vos soins. Faites ensuite en sorte d'équilibrer votre profil aux yeux du jury, et finalement de lui donner une meilleure vision de vous (qui n'est que collectif ou sérieux ?). D'ailleurs, les candidats qui n'arrivent pas à équilibrer leur personnalité ou leurs expériences aux yeux du jury doivent souvent répondre à la délicate question « Surprenez-nous ! », qui n'est dans ce cas qu'un appel à l'équilibrage de votre profil. N'oubliez jamais que vous avez les questions que vous méritez !

4) Valoriser à leur juste valeur les expériences

Pour terminer ce chapitre, je souhaite mettre en lumière un équilibre essentiel pour votre crédibilité en entretien. Il s'agit de savoir mettre en valeur à leur juste manière les expériences qui ont marqué votre vie.

Cet équilibre est finalement difficile à trouver et les candidats naviguent souvent entre **deux extrêmes totalement inféconds** :

- **La sous-valorisation de certaines expériences.** Je vous invite à relire sur ce sujet la partie « Déconstruire quelques mythes » de ce même chapitre, et le sujet « Une expérience anodine n'intéresse pas un jury ». En effet, un écueil fréquent chez les candidats est celui de minimiser leurs expériences, d'affirmer qu'elles sont sans importance et qu'elles ne leur ont rien apporté. Plus que gâcher des cartouches, ce discours agace profondément un jury car c'est un frein à sa mission : vous découvrir.
- **La survalorisation des expériences** qui ressemble souvent au mensonge. Inutile d'allonger la durée des expériences, d'inventer une anecdote, de développer une qualité que vous n'avez pas... Le jury s'en rendra toujours compte ! Cela peut aussi se matérialiser par des qualificatifs démesurés tels que « passions » pour un simple centre d'intérêt ou « expérience marquante » pour quelque chose qui ne l'était pas. J'ai déjà traité ce point dans les pages précédentes et n'y reviendrai donc pas.

Finalement, tout l'art d'une introspection féconde consiste à se remémorer les anecdotes enfouies dans une expérience, à prendre conscience de ses apports réels et à trouver le juste équilibre entre un discours réaliste et valorisant, sans tomber dans l'irréel et le mensonge.

Lorsqu'avec l'aide du Chapitre 2, vous démarrerez le travail sur vos expériences, gardez à l'esprit la juste valorisation des expériences qui est absolument nécessaire pour votre crédibilité, et votre intégration finale dans l'école.

Chapitre 2
Préparer l'entretien de motivation

Ce chapitre se révèle plus technique et demande plus de travail pour arriver à une complète maîtrise. Il est divisé en trois parties.

La première va traiter d'une technique d'entretien essentielle, qui consiste à lier dans presque toutes vos réponses les trois temps de votre vie.

La seconde traite d'un sujet éminemment compliqué pour un candidat de 20 ans : le projet professionnel. J'y détaillerai la manière de l'appréhender et de le préparer.

Enfin, la troisième partie constitue une proposition d'agenda de préparation tout au long de l'année, dans l'objectif de ne pas concentrer tout le travail d'une épreuve si importante sur un seul mois.

1. L'incontournable lien « Passé – Présent – Futur »

Cette partie est peut-être la plus importante pour votre préparation aux entretiens. Elle met en valeur une technique importante de l'entretien mal maîtrisé chez les candidats, quand il n'est pas totalement absent. Sa compréhension et le travail qu'elle requiert sont absolument nécessaires avant de passer au chapitre 3.

Elle part du constat que la plupart des questions posées par le jury dans un entretien de motivation va vous demander de lier les trois temps de votre vie : le Passé, le Présent et le Futur.

En effet, chacun de ces trois temps joue un rôle essentiel et distinct en entretien :

- Le Présent, apprend au jury des choses sur vous : qualités, défauts, envies, projets, peurs, rêves, etc.
- Le Passé, par le récit de vos expériences et d'anecdotes vécues et l'éclairage qu'elles apportent, donne des preuves au jury de la véracité de vos propos.
- Le Futur rassure le jury sur vos années en école de commerce et en entreprise. Un candidat veillera à évoquer non seulement son futur proche (l'école, les stages, les échanges, les associations...) mais également à se projeter à plus long terme (projet professionnel, responsabilités en entreprise, management d'équipe...).

Le jury, pour être totalement convaincu, a besoin de vous entendre manier ces trois temps sur un grand nombre de questions essentielles. Voici quelques exemples, que vous retrouverez en nombre plus important dans le chapitre suivant :

- À la question, basique, « Quelle est votre principale qualité ? », un jury attend :
  - La réponse à la question. Vous devez donc donner votre principale qualité, celle qui vous caractérise aujourd'hui (**présent**).
  - La justification de votre réponse. Vous devez donc donner une preuve de cette qualité en évoquant une anecdote **passée** qui la met en lumière.
  - Des garanties sur la suite. Vous devez ainsi dire au jury en quoi cette qualité présente, mise en lumière par une anecdote passée, va vous permettre de pouvoir briller dans un moment précis dans le **futur**.
- À une question, non moins courante, « Racontez-nous votre expérience de baby-sitting », un bon candidat évoque :
  - La réponse à la question : le récit de cette expérience **passée** en évoquant le contexte de celle-ci et quelques anecdotes concrètes.
  - Le recul sur cette expérience : quelques qualités **présentes** développées ou renforcées lors de cette expérience.
  - Des garanties sur la suite : comment ces qualités développées ou ces défauts corrigés vont vous permettre de réussir les prochaines étapes déterminantes pour concrétiser vos projets **futurs**.
- Enfin, à une question tout aussi traditionnelle « Qu'allez-vous apporter à l'école ? », une réponse satisfaisante comporte :
  - La réponse à la question : ce que vous apporterez concrètement dans le **futur**, et à quels moments.
  - Les qualités ou projets **présents** qui vous permettrons de pouvoir apporter ces choses.
  - Si vous avez la possibilité, les anecdotes **passées** qui permettent au jury de comprendre d'où vous détenez ces qualités/projets.

Ce ne sont que quelques exemples de questions qui appellent un lien, dans un sens comme dans un autre, entre les trois temps de votre vie. Et, sans grande surprise, Ces questions, qui portent sur vous, sont parmi les plus importantes.

Lorsque j'évoque le temps du Passé dans les exemples ci-dessus, je parle plus volontiers d'anecdotes que d'expériences, l'anecdote faisant partie d'une expérience. En effet, je constate la grande difficulté des étudiants à évoquer concrètement le Passé. Conséquence : le jury éprouve à son tour des difficultés à percevoir les messages que le candidat souhaite transmettre. Aussi, je vous invite à voir l'« expérience » en question non pas comme UNE expérience, unique et homogène, mais bien comme une somme de plusieurs « mini-expériences », des anecdotes, qui, mises bout à bout, constituent une grande expérience qui intéresse le jury ! **Toutes ces anecdotes, ces mini-expériences, mises bout à bout, constituent finalement la « grande » expérience à laquelle le jury s'intéresse**

lorsqu'il vous pose cette question. Et celles-ci disent des choses importantes et différentes sur vous, et il conviendra donc de les hiérarchiser, puis de les travailler presque séparément.

Avec l'expérience, il m'a d'ailleurs été possible de diviser ces « mini-expériences » en plusieurs catégories :

1) Les succès
2) Les échecs / difficultés
3) La relation avec le supérieur (manager, entraîneur, professeur...)
4) La relation avec les autres
5) Mes prises d'initiatives

Pour bien préparer les questions traitant de vos expériences, voici une technique efficace pour chacune d'identifier des anecdotes dans chaque expérience et les travailler en utilisant le Passé, le Présent et le Futur.

Je vous propose ainsi, pour **chaque expérience vécue** (sport, voyage, travail rémunéré ou non...), de construire un tableau de ce type. Aidez-vous des catégories de « mini-expériences » ci-dessus pour trouver des anecdotes dans la case « Passé ».

NOM DE L'EXPÉRIENCE		
PASSÉ	**PRÉSENT**	**FUTUR**
Anecdote 1 basée sur cette expérience : quelques mots clés	Qualité développée ou renforcée / Défaut travaillé	Situation future lors de laquelle je donnerai au jury des garanties sur ma réussite grâce à la qualité développée ou défaut travaillé
Anecdote 2 basée sur cette expérience : quelques mots clés	Qualité développée ou renforcée / Défaut travaillé	Situation future lors de laquelle je donnerai au jury des garanties sur ma réussite grâce à la qualité développée ou défaut travaillé
Anecdote 3 basée sur cette expérience : quelques mots clés	Qualité développée ou renforcée / Défaut travaillé	Situation future lors de laquelle je donnerai au jury des garanties sur ma réussite grâce à la qualité développée ou défaut travaillé
Anecdote 4 basée sur cette expérience : quelques mots clés	Qualité développée ou renforcée / Défaut travaillé	Situation future lors de laquelle je donnerai au jury des garanties sur ma réussite grâce à la qualité développée ou défaut travaillé
Anecdote 5 basée sur cette expérience : quelques mots clés	Défaut mis en exergue	Situation future lors de laquelle je donnerai au jury des garanties sur ma réussite grâce à la qualité développée ou défaut travaillé
Etc.	Etc.	Etc.

Il est possible de faire des dizaines de lignes pour chaque expérience, mais pour des raisons évidentes de concision, je vous conseille de vous arrêter à 6 ou 7. À ce titre, développez dans la deuxième colonne davantage vos qualités que vos défauts (1 défaut par expérience suffit).

Complétez ce tableau en vous appuyant sur des mots clés ou des bouts de phrases, cela vous évitera de vous enfermer dans un discours et des verbatim artificiels qui trahissent une mauvaise préparation.

Voici un exemple de tableau basé sur une expérience inventée : un emploi saisonnier en tant que caissier à Décathlon :

CAISSIER A DÉCATHLON		
PASSÉ	**PRÉSENT**	**FUTUR**
Anecdote 1 : mon premier jour avec une formation courte et imparfaite et le sentiment d'être livré à moi-même (*type Difficulté*)	Qualité d'autonomie	Stages en entreprise : l'autonomie fera partie de mes qualités
Anecdote 2 : ma candidature spontanée en allant directement candidater sur place (*type Prise d'initiative*)	Qualité de prise d'initiative	Projet pro : travailler dans le e-sport, avec peu de postes. Qualité importante pour rechercher et démarcher un stage
Anecdote 3 : un conflit avec un client impoli (*type Difficulté/Relation avec les autres*)	Défaut travaillé : garder mon calme	Vie associative en école, volonté d'intégrer le BDE : des conflits sur des décisions apparaîtront
Anecdote 4 : journées répétitives et peu intéressantes (*type difficulté*)	Qualité : pouvoir aussi s'appliquer sur ce qui m'intéresse moins	Droit m'intéresse a priori moins : mais même application dans le travail de cette matière en école
Anecdote 5 : reconduit pour un mois supplémentaire (*type succès*)	Qualité : fiable et consciencieux	Travaux de groupe en école (cas marketing, business games...) : le groupe pourra compter sur mon application

À ce stade, attachez-vous à recenser tout ce qui est important. Il n'est pas nécessaire de hiérarchiser ou de classer le contenu des tableaux (remarquez que rien n'est chronologique dans mon tableau). La hiérarchisation et le choix de ce qui sera évoqué viendront avec les préparations spécifiques à chaque question. Ainsi, selon les questions travaillées, vous aurez à reprendre et à vous inspirer des informations dans ces tableaux.

Avant de vous attaquer cependant à l'ébauche de ces tableaux, je me permets d'attirer votre attention sur quelques caractéristiques de chacun de ces temps :

- En réalité, une anecdote peut mettre en valeur plusieurs qualités. Ainsi, pour reprendre l'exemple de réussite à la troisième tentative de la 2e étoile de Ski, celui-ci peut servir à mettre en valeur des qualités de persévérance, d'écoute, de capacité à se remettre en question, etc. Pour simplifier l'exercice, vous pouvez lier une seule qualité à chaque anecdote. L'important est qu'au final, en réunissant les tableaux pour chaque expérience, vous puissiez retrouver l'ensemble de vos qualités.

- Le Passé, lorsqu'il est évoqué en entretien, se doit d'être précis, concret. Un récit vague, surtout lorsque vous souhaitez le rattacher à une qualité, a pour conséquence de perdre et d'agacer le jury. Par exemple, si vous souhaitez mettre en avant la persévérance, il est plus clair pour un jury d'entendre le récit d'une situation précise (une anecdote !) durant laquelle vous avez fait preuve de cette qualité (exemple : la 2e étoile de Ski réussie à la troisième tentative) que sur une expérience globale (ex : les cinq années de pratique du Ski).
- Notez d'ailleurs qu'au risque de me répéter, je ne vous ai pas demandé de lier une expérience et une qualité, mais bien une anecdote sur cette expérience et une qualité !
- L'évocation du Futur exige, comme celle du Passé, de la précision dans le discours. Un jury ne pourra jamais se satisfaire d'une phrase telle que « ma qualité de calme sera utile en école, dans les associations », mais sera beaucoup plus convaincu par « ma qualité de savoir garder mon calme sera utile en école, notamment dans l'association Isegoria que je souhaite intégrer. En effet, pour avoir parlé à des membres actuels de cette association, ils doivent gérer pour chaque événement organisé un nombre considérable d'imprévus, notamment des problèmes techniques. Et je suis convaincu que pour trouver les bonnes solutions en situation de stress, le calme est nécessaire ». Cela nécessite donc de s'être renseigné !
- Finalement, quand vous évoquez votre projection dans le Futur, il faut que le jury puisse vous imaginer. Un étudiant qui aura compris l'exercice de projection dans le Futur donnera beaucoup plus de détails pour que le jury puisse se projeter dans le récit, comme j'ai tenté de le faire dans mon exemple précédent ! On touche ici à une caractéristique forte des temps du Futur : il faut que le jury puisse vous imaginer en vous écoutant. Et pour ce faire, vous ne devez pas lui épargner les détails et les précisions essentiels à ce processus mental. Un étudiant qui parlera avec précision et justesse de certaines situations futures dans lesquelles il se projette aura réussi à transporter le jury. Et celui-ci lors du débriefing, ne pourra dire : « Je ne vois pas ce candidat en école ou en entreprise ».
- Les liens avec le futur que vous allez préparer tout au long de la lecture de cet ouvrage doivent évoquer à la fois le futur scolaire (cours, association, travail de groupe, séjours à l'étranger...) et le futur professionnel (stage, projet professionnel, position managériale...). En effet, les membres du jury sont composés de membres de l'école et de professionnels extérieurs. Les premiers vont être peut-être plus sensibles aux liens avec l'école quand les seconds se reconnaîtront plus dans les liens avec l'entreprise, surtout s'ils ne sont pas diplômés

de l'école en question ! N'oubliez pas qu'à la fin, tous les membres du jury participent à la note finale !

- Enfin, les liens avec le futur en école doivent être spécifiques à chacune. Il vous faut citer le nom des Masters, le nom des associations, le nom des entreprises partenaires, des universités partenaires de l'école en question. Ainsi, les liens avec le futur pour l'école X ne seront peut-être pas les mêmes que pour l'école Y, si vous voulez faire des choses différentes dans chaque école !

Je ne vais pas vous mentir, et vous l'avez sûrement déjà constaté, bien maîtriser ces trois temps demande un travail conséquent. Sortir plusieurs anecdotes de chaque expérience, les lier à des qualités ou des défauts travaillés, projeter ces qualités ou défauts à des situations précises dans le futur demande un travail d'introspection et des échanges avec des personnes en écoles et en entreprise (comment se projeter dans ce que l'on ne connaît pas ? !).

Mais ce travail, aussi exigeant soit-il, se révèle absolument fécond en entretien ! Non seulement vous mettez le jury dans une situation de confort en évitant qu'il ne vous relance constamment pour développer votre propos, mais vous lui donnez spontanément des garanties sur le futur. **Durant mes expériences de jurys, j'ai constaté que la principale différence entre les bons candidats et les autres tenaient principalement à la capacité des premiers à se projeter spontanément et précisément dans leur vie future, en école ou en entreprise**. Si vous avez passé une bonne partie de l'entretien à rassurer le jury sur le futur, comment celui-ci pourrait-il vous refuser ?

Cela méritait donc bien d'y consacrer un chapitre...

2. Le projet professionnel en entretien : le construire, en parler

La question du projet professionnel en entretien figure toujours en bonne place parmi les craintes des étudiants en entretien. En effet, lorsque vous commencez à travailler sur votre projet professionnel, vous êtes souvent confrontés à trois difficultés principales :

- Vous avez un projet mais n'êtes pas totalement certain qu'il ne changera pas, ni qu'il vous convienne tout à fait.
- Vous avez plusieurs projets, parfois très différents, et êtes actuellement incapable de choisir.
- Vous n'avez aucun projet à l'heure actuelle.

Je passe rapidement sur la dernière difficulté car il s'agit en réalité d'une fausse excuse. Un candidat qui a fait l'effort de se renseigner à minima sur les métiers accessibles après une école ne peut pas ne rien trouver qui l'intéresse a priori. Ou bien, il lui faut se réorienter !

Passons donc maintenant aux 2 premières difficultés. Celles-ci ont une même origine : à ce stade de votre « jeune carrière », vous ne connaissez pas suffisamment les métiers pour être sûr de votre choix. On vous le pardonnera, car c'est normal, sinon l'école serait bien peu utile après tout. **Puisque vous ne pouvez pas avoir une connaissance parfaite de tous les métiers, vous devez partir de ce que vous connaissez le mieux : vous, vos centres d'intérêts, vos aptitudes, vos expériences.** C'est la clarté de ce point de départ qui va rendre votre projet crédible pour vos interlocuteurs et rassurant pour vous-même. Et soyez en certain : on ne vous demande pas de signer un CDI ! Tout le monde a conscience que vous allez changer de projet au fil de vos études, de vos stages, de vos rencontres. C'est normal et parfaitement sain. Bernard Ramanantsoa, ancien directeur d'HEC avait d'ailleurs cette phrase pleine de sens : « **Celui qui, à 20 ans, me dit qu'il sait déjà ce qu'il veut faire en sortant de l'école... Je lui réponds qu'il a bien préparé l'entretien de l'ESSEC !** ».

Alors, commençons par dédramatiser cette question du projet professionnel. Je parle d'ailleurs aux candidats plus volontiers à ce stade de « pistes professionnelles ».

Mais pourquoi vous interroge-t-on alors sur votre projet professionnel, alors que nous avons tous conscience qu'il n'est pas définitif ? Quel peut être l'objectif de l'école en posant cette question ?

Il y a plusieurs réponses à cette question.

Tout d'abord, il faut garder en tête que cette question de l'activité professionnelle est une question assez classique quand on veut faire la connaissance de quelqu'un. En règle générale, après avoir posé les questions habituelles (du nom, de la ville d'origine, etc.) on demande très vite : et vous faites quoi dans la vie ? Dans la « vraie » vie, cela ne choque personne. La question du projet professionnel peut, donc, tout à fait être une question posée par un jury qui cherche juste à mieux vous connaître.

Il y a ensuite une autre raison, beaucoup plus importante. Pour la comprendre, il faut s'interroger sur **la mission d'une école, qui est de vous « donner » un métier.** Les cours, les stages, les échanges à l'étranger, les associations ne sont que des moyens pour arriver à cet objectif. Pour le confirmer, rappelez-vous que les écoles sont souvent jugées sur « l'employabilité » de leurs diplômés, c'est-à-dire le temps qu'ils vont mettre à trouver un emploi et leur niveau de rémunération. C'est une bonne nouvelle, puisque l'école et vous, vous avez le même objectif !

Vous comprenez donc que si la mission de l'école est que vous ayez un emploi à votre sortie, cette dernière va chercher à vérifier que vous allez mettre toutes les chances de votre côté pour y parvenir. Concrètement, cela signifie plusieurs choses :

- D'abord, que vous connaissez un minimum les métiers auxquels elle prépare réellement. **Attention** à ceux qui veulent faire de l'hôtellerie, par exemple, on leur demandera systématiquement pourquoi ils ne s'orientent pas directement vers une école spécialisée en hôtellerie. Cela vaut également pour tous les secteurs d'activité pour lesquels il existe des écoles spécialisées : assurance, communication, sport... Préparez donc une réponse sur les atouts d'une école de commerce généraliste.

- Ensuite, que votre projet semble réaliste par rapport au marché. **Attention** à ceux qui se focaliseront sur un métier très niche. Un exemple fréquent rencontré en entretien est le marketing dans un club de football, et rien d'autre ! Attention également aux métiers qui disparaissent.
- Enfin, et surtout, que votre projet vous ressemble et que vous pourrez donc convaincre vos futurs recruteurs. **Attention** à ceux qui pourraient se dire intéressés par les métiers du commercial alors qu'ils n'ont que des activités solitaires, ou passent leurs après-midi, rivés à leur console de jeu. Ces comportements ne semblent pas être ceux d'un futur commercial, dont on attend qu'il soit tourné vers les autres et qu'il aime partager ses idées et convaincre. Utilisez donc d'autres expériences pour rassurer le jury à ce propos.

Pour conclure cette introduction de manière très simple, **vous devez avoir en tête quand vous allez présenter votre projet professionnel que pour rassurer le jury, il vous faudra vous appuyer sur votre passé pour lui montrer que le futur** métier **que vous imaginez exercer vous ressemble.**

Pour achever de le convaincre, **il faudra lui expliquer que vous avez compris comment l'école va vous aider à réaliser ce projet, et que vous connaissez au moins une partie des opportunités qu'elle offrira dans ce but.**

C'est ce triptyque Vous – Métiers – École qui va être la clé de voûte d'un discours réussi sur le projet professionnel.

En résumé, la réflexion autour de votre projet professionnel doit s'articuler autour de 4 étapes

- Vous connaître, c'est-à-dire identifier vos envies et qualités à partir de vos expériences passées.
- Faire le lien avec votre projet professionnel.
- Améliorer votre compréhension du métier.
- Faire le lien avec l'école en comprenant ce qu'elle peut concrètement vous apporter.

A) Partir de soi

La première étape de votre travail consistera à vous remémorer et lister toutes vos expériences qui viendront inspirer votre futur projet professionnel. C'est à partir de cette liste que vous pourrez d'abord **identifier les raisons de vos choix, vos envies** et inversement ce dont vous ne voulez pas. C'est aussi à partir de celle-ci que vous pourrez préciser les expériences en lien avec votre projet, en **déterminant les qualités, comme les défauts, qu'elles démontrent et qui peuvent, eux aussi, être reliés à votre projet.**. Repartez donc des tableaux d'expériences que je vous demande de construire dans la partie « L'incontournable lien Passé – Présent – Futur » pour commencer cette réflexion, et regardez les qualités (et défauts) qui reviennent le plus.

À ce stade de votre préparation, je vous conseille d'avoir la réflexion la plus « large possible » en réfléchissant à partir de toutes vos expériences car, à l'instar des peintres pointillistes, c'est la juxtaposition de toutes ces différentes idées qui permettra au projet final de se dessiner. Ne négligez donc rien dans votre recherche.

Bien sûr, utilisez vos expériences professionnelles, qui sont parmi toutes vos expériences celles les plus proches de ce que vous vivrez par la suite. J'attire également votre attention sur l'importance d'inclure dans votre réflexion des activités dont vous pourriez penser qu'elles ne sont ni importantes, ni valorisantes. Pour illustrer ce point, je cite souvent le babysitting. Beaucoup d'entre vous en ont fait et souvent, vous n'en parlez pas. C'est dommage car cela donne des informations sur vous comme le fait de pouvoir inspirer confiance à des parents, le fait d'avoir des talents « d'animation », de « conteur », de la patience, de l'autorité, etc. qui pourront être utiles dans votre future carrière. Cela illustre également le fait que vous vous intéressiez aux autres, qualité essentielle dans beaucoup de métiers.

Au-delà de ce premier registre, pensez « large » et posez-vous les bonnes questions, sur vos envies et vos talents :

- Vos expériences sportives : aimez-vous les sports collectifs ou individuels ? aimez-vous l'endurance ou la rapidité ? êtes-vous capitaine de votre équipe ? avez-vous l'esprit de compétition ?
- Vos expériences associatives : êtes-vous tourné vers les autres ? la recherche de sens ? êtes-vous passionné de technologie ? d'art ?
- Vos voyages : aimez-vous découvrir de nouvelles choses, ou préférez-vous vous concentrer sur quelques activités que vous allez approfondir ? avez-vous un talent créatif ? un talent d'organisation ?

Attention, il ne s'agit pas de faire « une liste à la Prévert » de toutes les compétences ou talents que vous aimeriez avoir, mais bien de cerner ceux qui vous caractérisent le mieux à travers les tableaux des expériences construits par vos soins.

Une fois vos qualités (et défauts !) principales mises en lumière, vous pouvez regarder celles qui sont en adéquation avec ce que requiert le ou les métiers auxquels vous aspirez actuellement. Finalement, un mot doit guider votre travail : la cohérence entre vous et le(s) métier(s) !

Par exemple, je reconnais parmi tous mes tableaux d'expériences qu'une de mes principales qualités est la rigueur. C'est quelque chose que je mettrai alors en avant en entretien car, souhaitant exercer des métiers de contrôle de gestion, c'est une qualité qui est indispensable pour ce type de métiers. Cette cohérence crédibilise mes propos. Bien entendu cet exercice est à répéter pour plusieurs qualités. De la même manière, j'ai effectué un stage d'observation de 3e dans le département finance de l'entreprise familiale. Je suis depuis intéressé par ces métiers, et notamment le contrôle de gestion. Je peux donc justifier une envie par une expérience passée. Encore une fois, la cohérence qui rassure le jury est présente.

Pour vous guider si besoin dans cette réflexion des liens entre qualités et métiers, je vous propose de vous inspirer du modèle du RIASEC, imaginé par le psychologue John Holland. Celui-ci reste le modèle le plus utilisé par les spécialistes de l'orientation. Il liste six types de personnalités que l'on peut mettre en relation avec des intérêts professionnels. L'acronyme RIASEC permet de rappeler ces différents types :

- **R vaut pour réaliste**, c'est-à-dire le besoin de concret, parfois même d'implication physique (bouger, se dépenser).
- **I pour investigateur**, le besoin de comprendre et le goût pour l'analyse et la résolution de problèmes.
- **A pour artistique**, qui sous-entend aussi l'originalité, le besoin d'exprimer ses émotions, l'intuition.
- **S pour social**, naturellement attiré par des activités favorisant le contact avec les autres, ayant le sens de l'écoute et le goût pour aider les autres.
- **E pour entreprenant**, qui aime les défis, recherche des responsabilités, déborde d'énergie, a l'esprit de décision.
- **C pour conventionnel**, qui aime les règles, les consignes, est minutieux et précis

Holland a écrit que le choix d'une carrière exprime la personnalité d'un individu, elle-même étant l'association de plusieurs de ces types. En règle générale, on cherche à identifier pour chacun les 3 types les plus prégnants dans notre personnalité, que vous pourrez ensuite associer à une famille de métiers.

Si vous voulez aller plus loin, vous trouverez sur internet des sites proposant des tests gratuits. Vous pouvez les utiliser pour préciser votre profil, mais rien ne remplacera votre propre analyse pour le choix des métiers vous correspondant car il y a bien d'autres critères dont vous allez devoir tenir compte, par exemple le type d'études (écoles ou université), la nature des entreprises dans lesquelles vous vous projetez (start-up, TPE/PME ou multinationale), etc.

Sans trop de risque de nous tromper, nous imaginons les profils suivants selon les fonctions exercées,

- Les fonctions marketing : des personnalités artistiques pour pouvoir innover, entrepreneuses pour savoir convaincre de la pertinence d'une action et motiver sur le travail à réaliser.
- Les fonctions commerciales : des personnalités ayant le sens de l'autre pour développer le relationnel qui facilitera la négociation, entrepreneuse pour résister aux réponses négatives (parfois véhémentes) d'un responsable de magasin.
- Les fonctions RH : des personnalités ayant le sens de l'autre et le goût de s'en occuper, le côté investigateur pour ses grandes qualités de rigueur nécessaires dans la partie juridique du métier.
- Les fonctions financières : des personnalités ayant le goût de la rigueur et de l'analyse des chiffres, le sens de l'ordre et du détail (conventionnel et investigateur).
- Etc.

Pour effectuer cet exercice très simplificateur, nous vous conseillons, pour chaque métier qui vous intéresse :

- De clarifier quels sont les profils RIASEC auquel il correspond (autrement formulé, les aptitudes qu'il requiert).
- De vous interroger si cela correspond à votre propre profil, à vos envies et à vos talents.

Cette recherche d'alignement est fondamentale pour valider votre projet professionnel et le rendre crédible auprès des jurés auxquels vous le présenterez

En conclusion, la réflexion que vous êtes en train de mener sur vos expériences passées a pour objectif de vous aider à identifier vos motivations et aptitudes naturelles, sur lesquelles vous allez vous appuyer pour construire votre projet et, ce qui est essentiel, pour le justifier auprès du jury. Le RIASEC n'est qu'une aide ou un prétexte pour vous obliger à lier vos expériences / envies / qualités à un ou des métiers.

B) Comprendre les métiers

Comme nous venons de le voir, la première partie de votre travail vous permettra d'identifier une famille de métier, voire un ou plusieurs métiers susceptibles de vous convenir. **La deuxième partie du travail consiste à développer la compréhension de ces différents métiers afin de valider votre futur choix et d'affiner votre discours en entretien.**

Pour cela, vous allez mettre en place plusieurs approches.

Vous pouvez **commencer par une étude « documentaire »** de ces métiers grâce à des sites comme www.jobteaser.com, www.jobirl.com, www.onisep.fr ou encore en consultant des offres d'emplois. Cela vous donnera une idée plus claire des différentes missions au sein d'une fonction donnée, ainsi que des compétences que l'on doit posséder pour les mener de manière optimale.

Néanmoins, cela reste une étude « documentaire » dont l'objectif est de vous permettre d'affiner votre choix. Vous devrez aller plus loin dans votre recherche pour le (ou les 2) métier(s) qui vous intéresse(nt) réellement. Pour cela, il n'existe qu'une seule méthode, **échanger avec des professionnels**. Il y a plusieurs avantages à cela :

- Cela vous permettra d'abord de **mettre plus de concret dans votre compréhension**, de toucher du doigt le quotidien d'un métier. Quand on lit les différentes missions qui composent un poste, on a rarement l'opportunité de comprendre quel est leur poids respectif, le temps à leur accorder, leur répartition dans la journée, la semaine, le mois ou l'année. Quand on lit les compétences requises, on a aussi du mal à comprendre réellement ce qu'elles recouvrent. Par exemple la compétence « commerciale » d'un acheteur (quand il négocie un contrat avec un fournisseur) n'est pas du tout la même que celle d'un commercial quand il rencontre son interlocuteur de la grande distribution. On peut être à l'aise dans une situation, mais absolument pas dans l'autre. En ayant, dans les deux cas, une fibre commerciale. Ces échanges vous apporteront une finesse de compréhension à laquelle aucune lecture ne vous donnera jamais accès.

- **Vous pourrez dire, lors de l'entretien « *d'après les échanges que j'ai eus avec...* »** et je vous promets que cela fait la différence. Chaque année, quand je dispense ce cours sur le projet professionnel, je demande aux candidats quels sont ceux qui ont eu l'occasion d'échanger avec des professionnels... en général 1 ou 2 seulement lèvent le doigt. En outre, si la personne avec laquelle vous avez discuté se trouve être un ancien de l'école. Double Bingo devant le jury !

Il vous reste donc à vous mettre en chasse de vos interlocuteurs et toutes les pistes sont bonnes à prendre. Vous commencerez par votre entourage, famille, amis, amis d'amis, famille d'amis, etc. Ensuite, pour aller plus loin, vous pourrez utiliser les outils extraordinaires que sont les réseaux sociaux professionnels tels que LinkedIn. Mon propos n'étant pas de rédiger un guide d'utilisation de ce réseau, je vais être rapide et vous donner juste les principales astuces sur ce sujet.

Sachez d'abord, qu'il est désormais indispensable de posséder un profil sur ces réseaux sociaux et en particulier sur LinkedIn. Vous devez remplir soigneusement ce profil car il vous sera utile en permanence, pour chercher des informations comme pour en donner sur votre situation.

Dans le cadre de la recherche que vous menez pour construire votre projet professionnel, voici ce que je vous suggère :

- Faites une recherche par métier ET école (celles auxquelles vous allez postuler) : je m'intéresse au métier de contrôleur de gestion et rêve d'entrer à l'EDHEC BS, je vais donc rechercher des contrôleurs de gestion qui ont fait l'EDHEC BS.
- Soyez suffisamment précis sur le métier afin d'avoir des réponses le plus pertinentes possible.
- Une fois quelques contacts identifiés, demandez-leur une mise en relation ; vous pouvez rédiger cette demande ainsi :

  « *Bonjour, je suis étudiant admissible au concours de XXXX (l'école du contact) – ou plus généralement admissible aux concours des grandes écoles de commerce – et je passe prochainement mon entretien de motivation. Votre métier et votre parcours m'intéressent beaucoup et j'aurais quelques questions à vous poser ainsi que des conseils à vous demander. Pensez-vous pouvoir me consacrer quelques minutes pour un entretien téléphonique* ?
  Je vous en remercie par avance.
  Bien cordialement. »

- Respectez les règles classiques du réseautage :
  - Être courtois, toujours répondre, toujours remercier.
  - Demander un conseil plutôt qu'un service.
  - Régulièrement mettre à jour votre profil.
  - Savoir qu'il faut beaucoup d'envois pour obtenir une réponse

- Savoir qu'il faut relancer (avec courtoisie) pour avoir une réponse... et donc s'y pendre à l'avance.
- Toujours remercier et tenir au courant des résultats de vos recherches / de vos concours.

C) Définir le rôle de l'école

Je l'ai déjà évoqué, les membres du jury vont vouloir vérifier que « vous n'êtes pas là par hasard » et la seule façon de le prouver, c'est d'être parfaitement renseigné sur l'école à laquelle vous postulez. **Tout l'enjeu sera de montrer au jury que vous avez compris ce que chaque école va vous apporter et comment elle va participer à la concrétisation de votre projet professionnel.**

Soyons clair, c'est un travail considérable puisque vous allez probablement passer une petite dizaine d'entretiens et devrez donc reproduire ce travail pour chacun d'entre eux.

Avant toute chose, et vous n'y pensez pas toujours, **il faut parler des enseignements** car n'oubliez jamais que c'est le cœur de métier d'une école. Vous ne pouvez pas, et je l'entends trop souvent, expliquer que vous choisissez telle école pour les projets associatifs qu'elle propose, ou pour les séjours à l'étranger... pas devant un jury composé forcément d'un professeur ou d'un responsable pédagogique !

Commencez donc par citer les cours que vous allez choisir pour développer les compétences nécessaires au métier auquel vous vous destinez. En règle générale, la première année vous permettra d'assister à un panel de cours très varié (finance, marketing, droit, logistique, management, etc.) dont l'objectif sera de vous permettre de découvrir les différents départements de l'entreprise et d'en découvrir le fonctionnement. À l'inverse, la dernière année devra vous permettre de suivre la spécialisation correspondant au premier emploi que vous visez. C'est en parlant de cette spécialisation que vous aurez d'ailleurs également les éléments de réponse à la fameuse question « pourquoi notre école plutôt qu'une autre école ? », dont les opportunités offertes pour votre projet professionnel seront une partie de la réponse.

Vous avez souvent du mal avec cette question et il est vrai que les écoles, à première vue, se ressemblent beaucoup. À première seulement. En effet, elles ne proposent pas toutes les mêmes masters, et vous pourrez parfois citer un master que vous n'avez trouvé nulle part ailleurs. Mais vous n'aurez pas cette chance à chaque fois, et le master que vous allez choisir pourra être un master que l'on retrouve dans d'autres écoles. Ce n'est pas un problème car, **si vous rentrez dans le détail de n'importe quel programme vous pourrez découvrir que tous présentent de réelles différences entre les écoles** et la raison est simple à comprendre.

En règle générale, un master propose environ 400 heures de cours, c'est peu pour couvrir tous les aspects d'un programme de finance ou de marketing, et l'école va donc devoir faire des choix, soit sur les modules proposés (par exemple intégrer, ou pas, des cours en RSE dans les masters de finance), soit sur la pondération donnée à chaque module (consacrer 20 heures ou 50 heures à l'internationalisation des marchés dans ce même master en dit beaucoup sur la priorité de l'école), soit sur la langue d'enseignement, soit sur les entreprises partenaires des Masters, soit sur des possibles professeurs « stars », etc.

C'est en rentrant dans ce niveau de détail que vous allez, encore une fois, faire la différence.

Par exemple, vous pourrez expliquer que toutes les écoles proposent un master en Marketing Management, mais que l'école X est la seule à mettre autant l'accent sur la gestion de marque (par exemple). Ce sujet est fondamental pour vous si vous voulez travailler dans le marketing et plus précisément si vous êtes intéressé par les stratégies de marques développées par les entreprises A ou B.

Le problème, me direz-vous, est que **ce niveau d'information est rarement disponible sur le site ou les plaquettes de l'école**. Vos concurrents ne demandent jamais ce niveau de détails : tant mieux, car vous allez le faire. Pour cela, **il est probable que vous deviez appeler l'école** pour leur demander le programme détaillé du master qui vous intéresse. Ce document s'appelle un schéma pédagogique ou un syllabus. Il liste l'ensemble des cours et précise pour chacun d'entre eux, le nombre d'heures, l'objectif de formation et en résume les principaux points abordés. N'hésitez pas non plus à **contacter des étudiants de l'école via les groupes Facebook** dédiés. Grâce à ces informations vous aurez tous les arguments pour justifier votre choix

Une fois le sujet des programmes couvert, vous aurez, bien évidemment, le loisir de compléter vos arguments en abordant les autres éléments de différenciation entre les écoles.

Pensez donc également aux entreprises partenaires (en particulier si l'une d'entre elles vous intéresse particulièrement), aux associations, aux échanges à l'étranger, aux professeurs reconnus, à l'accompagnement des career centers, **etc.**

Enfin, même si cela ne vous paraît pas aussi essentiel, pensez à vous renseigner sur la région et les entreprises présentes. Leur présence influencera probablement certains cours, ou ouvrira des possibilités de stages.

D) Quelques derniers conseils

Je vais clore cette partie par quelques derniers conseils inspirés des erreurs fréquentes que j'observe chaque année lors des entretiens auxquels je participe en école, ainsi que des questions habituelles que les candidats me posent.

Ayez en tête que vous avez plusieurs façons de présenter votre projet professionnel :

- Le secteur d'activité (industrie textile, par exemple).
- Le métier (contrôleur de gestion).
- Le domaine d'activité (les métiers de la finance).

Tout ceci dépendra de la maturité de votre projet et celle-ci sera fonction de votre parcours. On se contentera du domaine d'activité si vous avez choisi un parcours en classe prépa. Vous pourrez donc vous contenter d'un discours de la forme : « *Je suis intéressé par les métiers de la finance, de préférence dans le secteur de l'industrie du textile car...* ». Les jurys seront plus exigeants si vous finissez un DUT ou une Licence et vous devrez ainsi être plus précis. Vous pourrez par exemple dire : « *J'ai comme objectif de commencer ma carrière en tant qu'assistant contrôleur de gestion avant d'évoluer vers une direction financière. Même si ce n'est pas la seule possibilité, j'aimerais tout particulièrement rejoindre une entreprise comme Z qui m'a toujours attiré dans le secteur du textile car...* ».

Attention également à ne pas tomber dans quelques pièges classiques :

- Manager n'est pas un métier mais une responsabilité (humaine et financière) à laquelle vous aurez accès après quelques années d'expérience.
- Chef de projet ou consultant ne sont pas suffisamment précis. Le métier d'un chef de projet en informatique est très différent de celui d'un chef de projet en évènementiel. Même chose pour un consultant, bien évidemment. Dans ces deux cas, précisez le domaine dans lequel vous souhaitez pratiquer votre métier tout en le justifiant.

Et pour finir, double vigilance si vous parlez d'entreprenariat. Il arrive assez souvent que nous ayons l'impression que certains candidats nous parlent d'entreprenariat parce qu'ils n'ont pas d'autre idée, ou parce qu'il pense que cela sera valorisé par l'école, ou pire « pour être leur propre patron ». C'est une erreur grave. Un jury ne valorisera aucun projet par rapport à un autre, ne juge aucun projet car son seul objectif est de s'assurer que le projet est pertinent par rapport aux enseignements de l'école et correspond à ce qu'il perçoit du candidat. Néanmoins il peut arriver qu'un candidat soit réellement intéressé par l'entreprenariat. Dans ce cas, il ne faut pas avoir d'hésitation. Il est probable que vous serez soigneusement questionné sur ce projet. Se lancer dans un projet entrepreneurial est exigeant, souvent risqué, et les jurés prendront donc le temps de vérifier que vous en avez pleinement conscience.

Là encore, il sera important d'avoir sérieusement travaillé ce projet, pour montrer que, si vous n'avez pas toutes les réponses (on ne peut pas vous les demander !), vous vous êtes posé les questions essentielles et avez en tête d'y répondre le moment venu

Pour défendre un projet entrepreneurial, voici quelques éléments à avoir en tête :

- Un produit ou un service qui apporte quelque chose de nouveau à une cible précisément identifiée.
- La conscience des investissements nécessaires pour le lancement, et des coûts opérationnels ensuite.
- La conscience du besoin de financement.

- Et, au-delà, du support d'une équipe, en particulier d'interlocuteurs plus expérimentés qui pourront vous challenger sur des sujets auxquels vous ne penserez pas toujours.
- La conscience de l'investissement personnel (7 jours sur 7 et presque jour et nuit) et de la persévérance nécessaire car tout est toujours beaucoup plus long que prévu !

Enfin, dans un registre voisin, il peut arriver que vous soyez mal à l'aise si vous souhaitez reprendre l'entreprise familiale. Ne soyez pas gêné par la situation. Vos parents ont réussi et pourront vous transmettre leur entreprise, tant mieux pour eux et pour vous. Mais ne tombez pas dans le piège de ne parler que d'eux, les jurés s'intéressent à VOUS et vous devez donc vous attacher à expliquer pourquoi VOUS avez l'intention de reprendre le flambeau. Vous pourrez peut-être par exemple apporter votre touche à l'entreprise en changeant certaines choses ou en créant de nouvelles. Cette décision doit avoir réellement été mûrie car la reprise d'une entreprise reste une aventure tout aussi exigeante que la création d'entreprise et tout le monde n'en a pas les capacités. Vous devrez prendre soin d'expliquer ce qui vous attire dans cette aventure et pourquoi vous pensez que vous pourrez réussir.

3. Préparer l'entretien durant l'année

Vous avez commencé j'espère à le comprendre dans ces premières pages, une bonne préparation à l'entretien de motivation s'entame bien en amont des échéances. Jusqu'au jour J, je vous propose ici un séquençage de vos révisions, pour vous aider à distinguer les thèmes qui nécessitent une maturation plus importante, et ceux qui peuvent se réviser relativement proches de vos échéances.

Je reprends logiquement largement le travail évoqué dans les deux premières parties de ce chapitre, notamment les tableaux d'expériences et les recherches métiers et écoles pour le projet professionnel.

Bien entendu, pour ceux d'entre vous qui lisent ces lignes à quelques semaines des épreuves orales, il est possible de suivre mes conseils en un temps accéléré, ce qui nécessite toutefois de ne pas faire l'économie d'une ascèse, d'une intensité et d'une régularité dans le travail.

A) L'année en amont : lire, réfléchir, rencontrer et se renseigner

Rassurez-vous, je ne vous demande pas une quantité de travail importante durant l'année. D'abord parce qu'il ne faut pas laisser de côté les révisions des épreuves écrites, et ensuite car il ne s'agit pas d'être prêt cinq mois avant les échéances, mais bien quelques jours avant.

J'aurais tendance à parler davantage de régularité que d'intensité dans le travail en amont. Privilégiez quelques minutes chaque Dimanche plutôt que cinq jours entiers durant une semaine puis rien dans les mois qui suivent.

Enfin, axez votre travail sur les trois piliers de l'entretien : **vous / les écoles de commerce / votre projet professionnel**, auquel j'ajoute le suivi de l'actualité. Ce travail effectué en amont sera un temps très précieux gagné à la sortie des épreuves écrites.

Pour ceux qui éprouvent un sentiment de malaise quand il s'agit de prendre la parole à l'oral, profitez de chaque opportunité durant les mois précédant les échéances pour le faire un maximum de fois. Non seulement cela vous rendra de plus en plus à l'aise, mais vous vous constituerez également un vivier d'exemples en entretien pour montrer que vous travaillez sur cette crainte.

Et pour ceux qui n'ont que peu d'expériences professionnelles à leur actif, si cela n'est en aucun cas éliminatoire, vous avez encore quelques mois devant vous réaliser des petites missions ou des emplois à temps partiel : autant expériences engrangées pour le jour J et une palette plus variée.

1) Vous : démarrer l'introspection

L'entretien de motivation nécessite en premier lieu de bien se connaître. Pour cela, malgré les croyances largement répandues chez les candidats, il est très difficile de formaliser ses qualités, défauts, de pouvoir les illustrer par des expériences, de savoir prendre du recul sur ses expériences passées en peu de temps. Ainsi, je vous conseille dès le début de votre année de concours (ou le début de deuxième année pour les étudiants de classe préparatoire) de commencer votre introspection, en travaillant sur deux aspects corrélés : vos expériences et votre personnalité.

La première chose à faire est de lister, dans un cahier par exemple et en évitant les feuilles volantes, chacune de vos expériences et de réfléchir aux apports de celles-ci (développement ou révélation de qualités, correction de défauts, formalisation d'un projet ou d'une envie...). Comme évoqué dans le chapitre précédent, listez TOUTES vos expériences depuis votre préadolescence, et ne laissez rien de côté. Pour vous guider, je vous invite à construire d'ores et déjà les tableaux dont je parle dans la partie « L'incontournable lien Passé-Présent-Futur ». Si les colonnes traitant des temps du Passé et du Présent ne doivent pas constituer un obstacle infranchissable, il est possible que vos connaissances sur les écoles et les métiers ne vous permettent pas encore de remplir pertinemment la colonne se référant au Futur. Vous pouvez à ce stade la laisser de côté, et la reprendre après les épreuves écrites, quand vous serez plus renseigné sur la vie en école et en entreprise.

Une fois ce travail effectué, vous pouvez commencer à hiérarchiser vos expériences selon l'importance que chacune revêt à vos yeux. Attention, ce qui compte pour le jury n'est pas le « prestige » de vos expériences, mais bien le recul que vous avez sur celles-ci et ce qu'elles vous ont apportées. Gardez bien ce critère à l'esprit au moment de les hiérarchiser.

Ce classement n'a pas vocation à distinguer les expériences dont vous parlerez et celles que vous n'évoquerez pas. Vous devez être prêt à parler de TOUT ! Cela sert surtout à commencer à dresser un ordre d'apparition souhaité de vos expériences en entretien, à distinguer celles que vous mettrez davantage en avant.

Pour aller plus loin, vous pouvez également commencer à travailler sur vos qualités et défauts et effectuer les deux tableaux dont je parle dans le chapitre « *42 questions ou situations récurrentes de l'entretien de motivation à maîtriser* » (questions « Quelles sont vos 3 principales qualités ? » et « Quels sont vos 3 principaux défauts ? »). Ici aussi, il est parfaitement normal, à ce stade de vos révisions, que vous bloquiez encore face à la troisième colonne, celle des liens avec le futur. Faites au mieux et vous affinerez quand vos révisions seront plus avancées, le mois précédant les entretiens. Avant de vous lancer dans la construction de ces tableaux, je vous invite grandement à solliciter vos proches – amis et famille – pour recueillir leurs avis sur vos qualités et vos défauts. Cela n'est pas toujours agréable mais souvent fécond. Non seulement ils peuvent apporter un autre éclairage sur votre personnalité, mais aussi vous aider dans la recherche d'anecdotes illustrant vos qualités et défauts.

2) Écoles de commerce : rencontrer des étudiants

Mes années d'expériences en tant que membre de jurys m'ont conforté dans deux idées. D'abord que la connaissance des écoles de commerce fait partie de ce qui distingue le jour J les bons étudiants des moins bons, et enfin que pour bien analyser ce qui nous attire dans leur enseignement et dans les opportunités qu'elles offrent, il est important de se renseigner tôt.

Bien sûr, se renseigner sur les écoles de commerce passe d'abord par la lecture des plaquettes à votre disposition et des sites internet. Vous y trouverez peut-être la description de Masters, d'échanges ou d'associations qui vous attirent. Mais à bien y réfléchir, cela ne peut être suffisant, pour une unique raison : tous vos concurrents y ont également accès.

Pour se renseigner pertinemment sur les écoles de commerce, il est inévitable de passer une étape d'échanges avec des étudiants ou jeunes diplômés de ces écoles. Les étudiants de classes préparatoires auront leurs aînés comme interlocuteurs évidents. Dans tous les cas, deux canaux sont particulièrement efficaces pour se renseigner auprès d'« insiders » : LinkedIn mais surtout Facebook. Le premier permettra surtout de vous renseigner auprès de professionnels, le second est une mine d'or pour rentrer en contact avec des personnes étudiantes ou diplômés d'écoles de commerce. N'hésitez donc pas à entrer dans des groupes et à solliciter des étudiants en expliquant votre situation. Si vous avez dès maintenant des questions sur des Masters, parcours ou associations précises, n'hésitez pas à le signaler, les interlocuteurs qui se manifesteront seront d'autant plus pertinents.

L'objectif de ce travail n'est pas, à ce stade, de recueillir des informations très précises et spécifiques sur les écoles de commerce dont vous passerez j'espère les entretiens. Je vois plus volontiers ce travail comme un défrichage, une première approche de ce que propose concrètement l'école de commerce. **C'est l'occasion**

de se renseigner sur la structure d'un parcours en école de commerce, sur les spécificités de ses cours, sur les opportunités qu'elle offre, sur l'engagement associatif possible, etc. Tout ceci dans le but d'optimiser votre temps de travail sur ce thème à l'approche des oraux.

3) Métiers : Lire et se documenter

Il s'agit sans doute de la partie qui pèche le plus parmi les candidats en entretiens de motivation. Bien entendu, le jury comprendra tout à fait que vous ne soyez pas des experts des métiers que vous évoquez en entretien, et vous le pardonnera volontiers. Après tout, l'école de commerce est aussi là pour vous aider à déchiffrer ces métiers.

Cependant, le jury ne pourra vous pardonner de ne pas vous être renseigné, de ne pas avoir de métiers qui vous attirent, et finalement de ne pas savoir pourquoi vous êtes là. Rassurez-vous, votre envie professionnelle aura tout le loisir d'évoluer durant les quatre années d'écoles, mais il est important pour la crédibilité de votre candidature de savoir évoquer un ou plusieurs métiers qui vous attirent plus particulièrement.

Et pour avoir un ou plusieurs métiers à citer, la première étape est de... se renseigner ! Commencez à ce stade par la phase initiale de documentation, évoquée dans la partie précédente traitant du projet professionnel. Pour cela, je rappelle que plusieurs supports seront d'une grande aide. Je pourrais sans être exhaustif citer Jobteaser.com, Jobirl.com, les fiches métiers de Pôle Emploi. Je dédie aussi quelques pages de l'ouvrage aux métiers accessibles après une école de commerce. Pas question à cette étape de commencer à ficher complètement des métiers qui vous attireraient, mais d'abord de les repérer. Commencez par lire les descriptions des métiers, les témoignages associés quand ils existent, en mettant de côté ceux ou celles qui vous parlent le plus et en gardant les sources dans lesquelles vous avez trouvé les informations. Rien de plus n'est demandé pour l'instant. Le temps faisant son œuvre, laisser mûrir vos choix de présélection permet aussi de les valider à l'approche des entretiens, quand le travail que je vous demanderai sera bien plus important.

Bien sûr, ceux d'entre vous qui ont déjà une idée précise du métier dont vous parlerez en entretien sont autorisés à alléger cette partie du travail et à commencer dès maintenant à contacter des professionnels via LinkedIn et établir des vraies fiches métiers, en respectant les règles du réseautage évoquées dans la partie précédente.

4) Suivre l'actualité : Aiguiser sa curiosité

Le dernier volet du travail en amont durant l'année concerne le suivi de l'actualité économique, politique et sociale. Je constate que pour des raisons différentes, les candidats de classes préparatoires et d'admissions parallèles montrent de réelles lacunes quand une question est posée à ce sujet en entretien. L'absence de curiosité basique ainsi démontrée par de futurs acteurs de l'économie peut coûter cher.

Ainsi, profitez des mois précédant vos entretiens pour suivre régulièrement l'actualité. Là aussi, des outils peuvent vous faciliter le travail de suivi sans vous éparpiller :

- *Brief.me* : un mini-journal hebdomadaire dans votre boîte email. Un mois d'essai gratuit. Je le conseille fortement à mes étudiants.
- *Courrier international* : lire un hebdomadaire, qui est plus dans l'analyse que les quotidiens, permet d'éclairer certains événements sous le prisme des journaux internationaux.
- Un quotidien : nul besoin de les multiplier, la lecture du *Monde* sur mobile ou papier suffit. Vous pouvez télécharger également l'application « La Matinale du Monde » qui vous soumet une sélection d'événements.

Parmi tous les sujets que vous lirez durant l'année, je vous demande stratégiquement de :

- Avoir une connaissance des événements mondiaux incontournables, en sachant les analyser et pouvoir suivre une conversation sur le sujet. Le jury pourra vous interroger dessus, en vous imposant le sujet d'actualité.
- Définir et vous renseigner particulièrement sur les sujets sur lesquels le jury pourra vous interroger précisément, car ils sont en relation avec vos expériences ou vos projets. Par exemple, vous revenez d'un voyage aux USA, donc le jury pourra vous interroger sur l'actualité Outre-Atlantique. De même, vous envisagez de travailler en finance de marché, alors vous devez être renseigné sur l'actualité du secteur.
- Déterminer des événements qui vous marquent particulièrement et que vous envisagez de proposer au jury à la question « De quel sujet d'actualité avez-vous envie de nous parler ? » (cf. le chapitre « 42 questions ou situations récurrentes de l'entretien de motivation à maîtriser »). Dans l'idéal, ces sujets seront l'opportunité, durant l'entretien, de tendre une perche au jury vers un autre sujet plus personnel et donc plus confortable pour vous (une expérience passée notamment)

Constituez-vous au fur et à mesure de l'année une base d'articles sur toutes ces typologies de sujets, que vous creuserez et dont vous vous imprégnerez à l'approche des échéances.

B) Bien négocier l'après épreuves écrites : les 4 semaines précédant les oraux

Vous l'expérimenterez en lisant ces lignes – ou peut-être est-ce déjà le cas –, le temps entre les épreuves écrites et les épreuves orales passe très vite.

Après la très compréhensible période de décompression post-épreuves écrites, il va vous falloir très rapidement rebrancher les neurones pour réviser les entretiens de motivation. Pour ceux qui auraient acquis ou travaillé cet ouvrage trop tardivement, commencez par vous mettre à jour en travaillant les points précédents. Si vous avez déjà suivi mon programme en amont de l'année, voici mes recommandations pour mettre à profit le temps qu'il vous reste jusqu'aux épreuves orales.

1) Lier les parties sur vous et votre projet professionnel

Forcément, votre démarrage des révisions « sérieuses » se basera sur votre travail en amont.

D'abord, concernant la partie sur Vous, remplissez, si ce n'est déjà fait, les deux premières colonnes des tableaux consacrés aux expériences évoqués dans la partie précédente, « L'incontournable lien Passé – Présent – Futur ». Vous remplirez la 3e plus tard, après quelques travaux préliminaires.

Ensuite, attaquez-vous aux métiers à la sortie d'une école de commerce et au projet professionnel dont vous parlerez durant vos entretiens. Normalement, vous devez déjà avoir repéré quelques métiers ou corps de métiers pour lesquels vous avez des affinités, en vous basant sur vos envies et vos qualités repérées parmi tous vos tableaux d'expériences (cf. mes conseils précédents de préparation durant l'année en amont). Ainsi, pour le ou les métiers que vous aborderez en entretien, créez à présent une fiche Projet Professionnel dans laquelle vous détaillerez les descriptions et les spécificités du ou des métiers que vous souhaitez aborder. Aidez-vous bien sûr de celles qui sont présentes dans cet ouvrage, mais aussi des sources précitées (Jobteaser.com, Jobirl.com, Pôle Emploi). Enfin, vous devez absolument contacter des professionnels sur LinkedIn pour leur demander d'évoquer leur métier, en respectant les règles de réseautage précédemment évoquées. Le faire, et expliquer en entretien votre démarche vous valorise aux yeux du jury. Je rappelle enfin que si vous en avez plusieurs métiers à présenter lors de l'entretien, faites attention à ce qu'ils ne soient pas opposés ou trop nombreux, le jury sera alors perdu.

Maintenant que vous avez des éléments plus précis sur le ou les métiers qui vous attirent, faites le lien avec vous, votre personnalité et vos qualités. Quelles qualités personnelles peuvent être mises en relation avec celles du ou des métiers de votre projet professionnel ? À l'inverse, où sont vos axes de progression pour atteindre des qualités nécessaires aux postes envisagés ? Quels aspects vous motivent le plus dans ces métiers ? Et le moins ? Quelles expériences vont vous servir particulièrement pour justifier une envie ou des qualités pour ce(s) métier(s) ?

Votre fiche Projet Professionnel doit donc comporter une partie descriptive du ou des métiers, pour montrer au jury que vous vous êtes renseigné, et une partie sur vous, pour rassurer le jury sur la cohérence entre votre personnalité et votre projet professionnel.

2) Définir précisément le rôle et les atouts de l'école

Enfin, c'est le moment de créer des fiches écoles pour toutes les écoles que vous passez, sans parier sur une admissibilité ou un refus, Attention, il ne s'agit pas de faire une fiche purement descriptive de l'école, mais bien de vous projeter dans l'école en écrivant uniquement ce qui vous attire, dans le but d'expliquer au jury ce qui vous plaît dans l'école et pourquoi. Il est également important de rentrer dans les détails à l'intérieur de chaque fiche école. Si vous repérez un Master, détaillez aussi des éléments précis et spécifiques de ce Master qui ont guidé votre choix. Quel est le parcours type dans chaque école pour accéder à votre projet professionnel ? Le cursus vous plait-il et pourquoi ? Quelles sont les spécificités du Master choisi qui vous attirent particulièrement en vue de votre future vie professionnelle ? Pourquoi avez-vous mis en lumière cet échange académique ou cette université partenaire ? Pourquoi cette association en particulier ? Enrichir vos fiches écoles de ces éléments pour chaque opportunité vous permet non seulement de pouvoir anticiper ces questions en entretiens mais aussi de se préparer à des questions décisives telles que « Pourquoi notre école de commerce ? ».

Encore une fois, vos fiches écoles doivent servir à montrer au jury que vous savez ce que vous trouverez concrètement dans celles-ci, mais également comment chacunes, grâce à leurs opportunités spécifiques, pourront vous aider à concrétiser vos envies professionnelles.

Pour pouvoir aller dans ce niveau de détail, vous ne pouvez faire l'économie de contacter des personnes de l'école ou d'appeler directement les écoles, comme je l'évoque dans la partie traitant du projet professionnel. Pour vous aider dans vos recherches, je vous ai proposé des fiches école dans cet ouvrage ; ce sont moins des modèles qu'une manière de vous aider à chercher des informations dont vous avez besoin et à ne rien oublier.

3) Terminer vos tableaux d'expérience et créer des CV projectifs SKEMA

Vous pouvez donc à ce stade remplir les éléments de la colonne « Futur » des tableaux concernant vos expériences et vos qualités/défauts. Votre travail plus poussé sur les métiers et sur ce que propose chacune des écoles le permet.

Enfin, pour clore l'établissement des liens entre ces trois poumons de l'entretien de motivation (vous, les métiers, l'école), **je vous recommande vivement d'établir un CV projectif de type SKEMA pour CHAQUE école dont vous passerez potentiellement l'entretien**. Cela vous permet de coucher sur papier vos envies dans l'école, votre projet professionnel, en vous obligeant à être précis et concret. D'expérience, ce travail effectué en amont est un atout extraordinaire pour les candidats qui s'exprimeront de manière beaucoup plus précise et cohérente sur leur futur en entretien.

4) Préparez les questions clés en détail !

Dernière étape de vos révisions : réfléchir à chacune des questions qui pourront vous être posées en entretien. Vous avez maintenant achevé votre introspection (si tant est qu'il soit possible de l'achever...), vous avez réfléchi à ce qui vous attire dans les écoles et pourquoi, vous avez réfléchi à un projet professionnel en le liant à vous et à l'école de commerce. Vous êtes donc prêt à apporter des éléments de réponses aux questions classiques de l'entretien. Pour ce faire, attachez-vous à travailler en détail le chapitre « 42 questions ou situations récurrentes de l'entretien de motivation à maîtriser » en prenant soin de ne jamais rédiger les réponses avec des phrases. Notez des éléments de réponses, mais ne vous enfermez jamais dans une réponse type qui vous pénalisera le jour J.

C'est aussi le moment pour vous de préparer les questionnaires des écoles et les spécificités de chacune d'entre elles (CV projectif de Skema, objet personnel à Strasbourg, etc.). Ici aussi, un chapitre est dédié à cette exigence que beaucoup de candidats bâclent.

Par ailleurs, finalisez vos fiches sur les sujets d'actualités afin de les garder fraîches en tête pour le jour J.

5) Entraînez-vous !

Enfin, et c'est peut-être le plus important, rien ne remplace l'entraînement en conditions concours. Et étrangement, un oral de motivation se révise d'abord... à l'oral ! Si le travail écrit préparatoire dont je parle depuis plusieurs pages est nécessaire pour pouvoir mener un entretien, l'entraînement en conditions réelles est indispensable, si possible avec des professionnels de l'épreuve ou des personnes la maîtrisant parfaitement. Il ne vous viendrait pas à l'esprit de réviser des mathématiques avec un professeur d'espagnol ?! Il doit en être de même pour l'entretien de motivation.

Chapitre 3

42 questions clés décortiquées

Une phrase de ma professeure de mathématiques en classes préparatoires résonne encore dans mon esprit, et permet d'introduire parfaitement ce chapitre. « La moitié de la difficulté d'une question consiste à la comprendre », rabâchait-elle. En préparant des étudiants depuis des années à l'entretien de motivation, je me suis rendu compte que cet adage n'était pas valable uniquement pour les matières scientifiques. Quand un candidat passe à côté d'une question, il ne l'a souvent en fait pas comprise. Il n'a pas saisi les attentes du jury derrière celle-ci, parfois le sens, les références ou le message cachés. C'est pourquoi j'ai jugé essentiel de décrypter les questions les plus classiques (mais pas que !) que de l'entretien de motivation. **Et ne vous y trompez pas, ces questions sont classiques pour une seule et bonne raison : car elles sont essentielles pour le jury. Préparez-les donc avec le plus grand soin.**

Par ailleurs, pendant votre lecture, ne prenez pas ce chapitre pour ce qu'il n'est pas, une liste de réponses à suivre à la lettre. J'ai divisé chaque décryptage en trois parties : l'analyse de la question, un modèle de réponse insatisfaisante et enfin un modèle convaincant. Mais toute bonne réponse est d'abord la vôtre, celle qui s'adapte le plus à vos envies et à votre vécu. Ne copiez donc pas bêtement ce qui ne sont que des exemples. J'ai ainsi caricaturé volontairement les réponses insatisfaisantes afin de mettre d'autant plus en valeur les pièges à éviter.

Enfin, il va sans dire que ce chapitre se travaille stylo à la main, en réfléchissant soi-même aux éléments qui constitueront votre réponse à chaque question.

1. Les questions de présentation

La présentation initiale du candidat, si ses formes diffèrent – nous traiterons ici les deux cas les plus fréquents – reste un moment à part, tant par sa forme (monologue et non échange) que par l'importance de ces premières secondes :

Tout d'abord, c'est le premier contact oral que vous aurez avec le jury, donc les premiers mots – autres que les traditionnelles salutations – que vous lui adresserez ;

De plus, c'est le moment de l'entretien durant lequel vous êtes en général le plus stressé. Une présentation bien maîtrisée permet justement de calmer ce stress, et c'est le sens des conseils à venir.

Enfin, même si le jury vous pardonnera des hésitations dues au stress, il sera moins indulgent si vous présentation ne respecte pas certaines règles élémentaires, qui seront abordées dans les questions suivantes.

Dans la grande majorité des cas, le jury vous invite à vous présenter, sans rien préciser (question « *Présentez-vous* »). Cependant, il peut aussi vous imposer une présentation plus longue (question « *Vous avez 5 minutes pour vous présenter* »).

Par ailleurs, le jury peut aussi vous lancer directement sur un sujet qu'il aura auparavant lu dans votre CV projectif (pour Skema BS) ou dans vos questionnaires à remettre au jury. Il m'est arrivé de voir des entretiens commencer par la question : « Alors, comme ça vous avez fait le tour du monde ? Racontez-nous cela ! ». Ce cas ne sera pas développé ici, car sa fréquence reste beaucoup trop faible. Si jamais cela devait vous arriver, sautez la présentation, répondez à la question directement (voir la partie « Les questions sur vous »), mais n'oubliez pas que vous devrez d'autant plus évoquer vos autres expériences dans la suite de l'entretien que le jury n'en aura pas encore en connaissance.

Enfin, il peut arriver que le jury vous coupe durant votre présentation, et vous pose directement une question. Ne vous laissez pas déstabiliser, le jury a sans doute été particulièrement intéressé par un point. Vous aurez encore de longues minutes pour pouvoir « placer » les points que vous n'avez pas pu évoquer. Attendez-vous à ce que cela arrive. D'ailleurs, si cela peut vous rassurer, c'est surtout le cas quand le candidat donne l'impression de « réciter une poésie » et a donc mal travaillé sa présentation.

Pour terminer, j'ajoute que l'exercice de présentation aux membres du jury, si sa forme peut varier, reste inlassablement la seule partie constante de l'entretien, que vous pouvez anticiper, et donc que vous devez maîtriser à 100 % sous toutes ses formes. Nul besoin de préciser qu'un ratage (un blanc, un discours trop mécanique, une présentation peu structurée) posera forcément dans l'esprit du jury des doutes sur la suite de l'entretien. Et si l'adage qui dit que la première impression sur quelqu'un est la bonne, alors le caractère essentiel d'une présentation claire, structurée, naturelle et dynamique devient évident.

A) « Présentez-vous »

Il s'agit ici de l'introduction de l'entretien la plus classique de la part du jury, une fois effectuée la présentation de chacun de ses membres. **Elle vous invite à présenter, en 1 minute 30 à 2 minutes, qui vous êtes ainsi que les principaux thèmes que vous souhaitez aborder durant l'entretien.** Il s'agit donc ici d'introduire sa « carte de visite », mais de l'introduire de manière intelligente. En effet, pour être percutante et vous permettre de démarrer l'entretien sur de bonnes bases, la présentation doit posséder deux principales qualités.

Tout d'abord, elle doit être **structurée.** La présentation doit permettre au jury d'avoir un premier aperçu de votre parcours (scolaire et extra-scolaire), et ce dans un laps de temps court. Pour ne pas perdre le jury, qui ne l'oubliez pas, doit lui aussi rentrer dans l'entretien, il faut lui proposer un discours clair et structuré, dépourvu d'allers-retours entre plusieurs thèmes.

Je propose généralement aux candidats la structure suivante :

1) *Son identité* : Prénom + Nom (et non l'inverse !). Éventuellement son âge et son lieu de résidence. Vous noterez qu'il n'est pas nécessaire de dire « Bonjour » si cela a déjà été effectué !

2) *Son parcours scolaire* : Commencez par présenter votre cursus actuel, sans omettre le nom de votre établissement. Sachez que le jury est souvent peu intéressé par l'obtention d'un Baccalauréat, et même d'une mention... ! Les capacités scolaires ne sont plus à tester à ce niveau du concours. Cependant, si vous avez obtenu un Baccalauréat « spécial » (européen, abibac...), vous pouvez le préciser car cela donne une dimension supplémentaire à votre profil et votre parcours.

   Par ailleurs, en préparant certains étudiants, notamment de classes préparatoires, j'ai noté que plusieurs établissements d'études déconseillaient à ses étudiants de les citer en entretien, pour ne pas s'attirer les foudres du jury. J'avoue être tout à fait sceptique sur l'efficacité de la méthode, qui tend à mettre en doute la conscience professionnelle et la compétence des membres de jury... Un candidat est bien entendu évalué sur bien d'autres choses que l'établissement dans lequel il a passé quelques mois de sa vie.

3) *Ses expériences extra-scolaires* : Vous conviendrez sans mal qu'il existe plusieurs types d'expériences extra-scolaires, que je propose de ranger en 5 grandes catégories : les stages, les engagements associatifs, les sports pratiqués, les voyages et les hobbies/passions. Un grand nombre d'étudiants commence « naturellement » par évoquer les stages effectués, même quand ils sont dérisoires par rapport aux autres expériences extra-scolaires ! Dans mon cas, j'avais au moment de passer mes entretiens une seule expérience professionnelle en tant qu'agent d'entretien à la gare de Poitiers durant 1 mois. Sans minimiser ces premiers pas dans le monde du travail, j'ai préféré mettre davantage en valeur ma pratique du football au niveau national durant 15 ans, durant lesquels j'ai souvent été capitaine de mon équipe. Ainsi, je conseille aux étudiants de travailler cette partie de la présentation en suivant 2 étapes :

   a) Pour chaque catégorie : **lister la ou les expériences associées, en notant uniquement pour chacune d'entre elles des éléments de contextualisation** : Quand cela s'est-il déroulé ? Combien de temps cela a-t-il duré ? Où est-ce que cela s'est déroulé ? Quelle était votre mission en une phrase ? À quel niveau avez-vous pratiqué telle activité ? Avez-vous gagné un titre ? Avez-vous eu un rôle honorifique (ex : capitanat) ?

      Il s'agit ici de ne surtout pas analyser et de prendre du recul sur ces expériences, ses apports, et comment vous capitaliserez dessus par la suite ! Ne vous privez pas de l'occasion d'évoquer ces points plus longuement durant l'entretien. Si vous en dites trop maintenant, vous ôterez au jury l'envie de vous interroger dessus dans la suite de l'entretien.

b) Puis, classez ces 5 (ou moins, si vous avez des « cases vides ») catégories d'expériences extra-scolaires par ordre décroissant d'importance selon vous, du plus important au moins important. Cet ordre peut surprendre les étudiants mais elle se base sur un postulat simple : au fur et à mesure de votre discours, tandis que le jury prend des notes, son attention baisse relativement. Il peut rester concentré sur quelque chose que vous avez dit et moins écouter les prochaines secondes. Ainsi, l'idée est d'évoquer en premier les expériences les plus importantes pour vous et votre candidature.

   Attention : il s'agit de classer ici les catégories d'expériences extra-scolaires (qui peuvent contenir plusieurs expériences), pour ne pas passer des stages au sport, puis revenir au stage, etc.

   Régulièrement, un candidat présente un grand nombre d'expériences dans une des catégories (le plus souvent les voyages et les sports). Pour éviter de tomber dans une énumération qui présenterait un double danger – lasser le jury ou lui faire choisir de vous interroger au hasard sur la pire des expériences évoquées – je vous conseille de sélectionner les 2 ou 3 expériences les plus marquantes et d'utiliser une tournure de phrase du type « *j'ai eu l'occasion d'effectuer de nombreux sports, notamment* ... ». Cela permettra de ne donner au jury que des « bonnes possibilités » pour vous interroger, sans lui faire toutefois penser que vous n'avez vécu que cela.

4) Enfin, la présentation doit se terminer par une conclusion claire. À ce titre, j'honnis personnellement deux types de conclusion : le « *Euuuhhhhh, et voilà...* » suivi d'un silence gêné de 15 secondes, qui montre que l'étudiant n'a pas préparé sa présentation ; et le mécanique et impersonnel « *[...] et je suis ici pour vous montrer toute ma motivation à rejoindre une [ou votre] école de commerce* », qui montre que l'étudiant a mal préparé sa présentation. En effet, quoi de plus normal que de dire que l'on est motivé, et quoi de plus agaçant d'entendre des expressions type « votre école de commerce » qu'on soupçonne l'étudiant de répéter à toutes les écoles ?

   À mon sens, la conclusion doit avoir un rôle principal : celui d'orienter le début de l'entretien, et la première question du jury, qui à ce stade de l'entretien est en général bienveillant. L'objectif est que l'étudiant trouve une phrase qui aiguille gentiment le jury sur la première question qu'il souhaite se voir poser. Par exemple, terminer par « [...] *et j'aimerais durant cet entretien vous montrer les raisons qui me poussent à vouloir intégrer l'EDHEC Business School* » engendra le plus souvent : « *Et quelles sont ces raisons ?* », soit en d'autres termes « Pourquoi voulez-vous intégrer l'EDHEC Business School ? ». Dans 70 à 90 % des cas, le jury prendra cette perche et donnera l'occasion à l'étudiant de passer les premières minutes de l'entretien « dans un fauteuil ». Soyez donc malin !

Vous noterez que je n'ai pas évoqué ici un sujet pourtant incontournable de l'entretien de motivation : le projet professionnel. En règle générale, et sauf pour les (rares) étudiants qui sont aussi à l'aise pour parler du projet professionnel (les métiers associés, le secteur, les entreprises, l'ancrage de ce projet dans l'école, les liens avec soi-même...) que de leurs propres expériences, je déconseille aux candidats de l'évoquer dans la présentation. Ce thème, beaucoup mieux connu des jurys que des candidats, a tendance à arriver dès le début de l'entretien quand ce dernier l'évoque en présentation (pardonnez les membres du jury, il s'agit de leur zone de confort à eux !). Attention, il ne s'agit pas pour moi ici de minimiser cette partie de l'entretien ou de vous inciter à ne pas lui accorder le plus grand des soins dans la préparation. Cependant, je préfère que vous puissiez l'évoquer « au cœur de l'entretien », quand vous avez pu prendre confiance et démystifier le jury, plutôt qu'« à froid » au tout début de l'entretien.

Par ailleurs, la présentation donne le ton de l'entretien. Ainsi, elle se doit, et vous avec, d'être **dynamique** ! N'oubliez pas qu'au début de chaque entretien, le jury a, consciemment ou non, encore un peu la tête à l'entretien précédent. De plus, il fatigue au fur et à mesure que les candidats défilent. C'est donc à vous d'aller chercher l'attention du jury, et non l'inverse.

Pour cela, je vous invite à appuyer les moments clés de votre présentation, par la voix (évitez la monotonie soporifique), le regard et le sourire (la voix change quand la personne sourit...), mais aussi par les mots. Quand vous abordez une expérience sur laquelle vous voulez absolument revenir et passer du temps durant l'entretien, alors utilisez tous les moyens pour le faire savoir au jury. Vous pouvez même ajouter à la fin de l'évocation de celle-ci des expressions telles que « *... et j'aimerais beaucoup vous détailler cela durant cet entretien* » pour ne laisser aucun doute dans l'esprit du jury.

Attention cependant, il ne s'agit pas de sacrifier le naturel sur l'autel du dynamisme. Et ce pour deux raisons :

1) D'abord, il ne faut pas oublier le caractère stressant de l'épreuve, qui se manifeste souvent au début de l'entretien. Un candidat stressé ou naturellement timide ne doit pas « surjouer » le dynamisme, en reniant ce qu'il est. Cependant, un caractère timide n'empêche pas d'insister sur les points clés de la présentation, par les mots, comme évoqué ci-avant, ou par un léger sourire.
2) Enfin, attention à ne pas donner un aspect théâtral et donc surjoué à la présentation. Nous autres, membres de jurys, abhorrons à juste titre l'absence de naturel chez un étudiant dans un exercice d'échange sincère.

Tout le travail et la difficulté dans votre préparation est là : trouver le bon équilibre entre travail préparatoire et naturel le jour J. Mais rassurez-vous, en travaillant « bien » la présentation, le naturel apparaîtra au fur et à mesure. Pour cela cependant, éviter absolument d'écrire la présentation, au risque de vous enfermer dans un seul et même discours qui fera forcément réciter et peu naturel le jour J. Enfin, entraînez-vous au maximum à la réciter devant des camarades ou des parents, pour simuler au maximum les conditions d'un entretien, et non tout seul.

Voici maintenant 3 exemples de présentation, deux bonnes et une insatisfaisante. Celles-ci sont écrites pour le jeu de l'exercice, mais je vous invite à ne surtout pas rédiger complètement la vôtre afin de ne pas vous enfermer dans un seul discours préconçu.

→ **Exemple de présentation insatisfaisante, car déstructurée et donc peu claire pour le jury :**

« Bonjour, je m'appelle Romain Descamps, j'ai 20 ans, je suis né à Paris dans le 17ᵉ arrondissement et je vis actuellement à Versailles. J'ai obtenu un baccalauréat S spécialité SVT au lycée La Bruyère avec la mention Assez Bien. Puis, j'ai décidé car j'aimais le commerce et que je ne pouvais pas faire de prépa de faire un BTS commerce international. J'aime notamment les cours de Négociations et de Management.
Je pratique aussi du football en club depuis que je suis tout petit. J'ai d'abord évolué au FC Versailles en tant que défenseur. Nous avons avec cette équipe remporté le tournoi d'Île de France. J'aime le football car c'est un sport où la patience et la tactique sont nécessaires pour gagner. Et cela correspond bien à mes qualités puisque je joue régulièrement aux échecs avec mes amis depuis mon entrée en classe de 5ᵉ. D'ailleurs, j'ai effectué mon premier stage dans le football puisque j'ai été assistant administratif au sein de la Fédération Française de Football.
Je pratique enfin la musique. Je fais de la batterie et de la guitare. J'en ai fait en concert, et cela m'a appris la patience, car la progression est souvent lente et l'apprentissage frustrant. C'est donc une qualité importante chez moi et j'espère la développer dans l'école, notamment dans les cours.
Par ailleurs, j'ai fait de la natation durant deux ans. J'ai commencé à la pratiquer pour pouvoir faire autre chose que le football, car les sports aquatiques m'ont toujours attiré. Mais j'ai malheureusement dû arrêter à la suite d'une blessure au mollet, et je n'ai pas repris.
Enfin, j'ai beaucoup voyagé. J'ai visité les États-Unis trois fois, le Japon, l'Australie, le Pérou, la Bolivie, Tahiti, le Canada, l'Espagne et l'Angleterre.
Et je suis ici pour vous montrer toute ma motivation à rejoindre votre école. »

Analyse : Dans cette présentation, trop de détails sans importance sont donnés et peuvent perdre le jury.

Par exemple, Romain est passé du football à la musique pour revenir au football. Le jury a donc à raison l'impression qu'il ne sait pas structurer son propos et se faire comprendre clairement. Par ailleurs, il n'y a aucune contextualisation, on ne sait par exemple pas dans quel cadre le stage a été effectué ni combien de temps il a duré.

Ensuite, il n'y a pas lieu dans la présentation d'exprimer ce qu'a apporté son expérience de footballeur car ce faisant, Romain enlève une question potentielle au jury sans avoir réellement eu le temps de détailler la réponse. En évoquant aussi son arrêt de la natation sans que le jury ne le lui demande, il se tire une balle dans le pied tout seul.

Romain devrait également dire le nom de l'école plutôt que simplement « l'école », afin de personnifier le discours. On ne voit pas non plus ce qu'il veut dire par « les cours » et laisse penser au jury qu'il ne sait pas les nommer.

Enfin, en oubliant de hiérarchiser ou de sélectionner ses voyages, Romain noie le jury dans une énumération et prend le risque que le jury ne l'interroge pas sur ces expériences, voire en choisisse un au hasard, qui pourrait être le voyage le moins marquant !

→ **Exemple de bonne présentation, qui n'inclut pas le projet professionnel :**

« Bonjour, je m'appelle Henri Duguennes, j'ai 20 ans je suis actuellement en deuxième année d'IUT GEA au Mans.
Je pratique le sport depuis mes 4 ans, et notamment le tennis depuis 12 ans, sport que je dispute en compétition au niveau régional, en simple et en double. Je suis actuellement classé 15/1 et j'ai été champion académique à deux reprises. J'ai également pratiqué le basket durant 4 ans et le tennis de table durant 3 ans, dans un cadre cette fois de loisirs.
Par ailleurs, j'ai eu l'occasion d'effectuer plusieurs stages en entreprise. Le premier il y a un an, au sein de Decathlon au Mans durant deux mois, pendant lesquels j'ai été vendeur en rayon "Montagne". Actuellement, dans le cadre de la fin de mon IUT, je suis commercial pour Michel et Augustin à Paris pour 3 mois.
Avant cela, j'ai donné lors de mon année de Terminale des cours particuliers de mathématiques à raison d'une fois par semaine durant un an à un élève de 5e.
J'ai aussi été scout depuis mes 8 ans chaque été. J'ai évolué au fil des années, en commençant louveteau puis en étant depuis 2 ans chef scout, ce qui me permet d'avoir la responsabilité d'une petite dizaine de personnes.
Enfin, j'ai eu l'occasion de voyager plusieurs fois, notamment pour du tourisme en Indonésie avec mes parents durant 1 mois à l'âge de 14 ans. J'ai également effectué des voyages linguistiques en famille d'accueil à Miami à l'âge de 16 ans entre la seconde et la première, et à Londres l'été suivant.
J'aimerais durant cet entretien pouvoir évoquer avec vous toutes les qualités qui sont les miennes et qui j'espère me feront intégrer et m'épanouir à Neoma Business School. »

Analyse : Dans cette présentation un peu courte (1 minute 15 environ à l'oral) mais complète, Henri montre qu'il a pu avoir des expériences d'ordre individuelles mais aussi collectives. En insistant sur ses récompenses dans sa pratique du tennis, Henri donne de l'épaisseur à son expérience, sans jamais dire ce que cela lui a appris ou apporté. Il donne ainsi envie au jury d'en savoir plus.

Concernant les expériences professionnelles, Henry dévoile leur contexte, tout en laissant le soin au jury de poser des questions ultérieurement pour en savoir plus.

En outre, il ne fait pas l'erreur de sous-estimer son expérience de professeur particulier, car ces « petits jobs » comptent beaucoup plus que vous ne le pensez dans l'esprit d'un jury ! N'oubliez pas que vous avez en face de vous des pères et mères de famille qui potentiellement ont actuellement ou ont eu ces besoins.

Enfin, Henri a l'intelligence de préciser l'évolution de ses responsabilités chez les scouts, ce qui donne envie au jury d'en savoir plus. Mais, encore une fois, il n'en dit pas trop pour que le jury l'interroge justement dessus.

À la fin de l'entretien, Henri tend une perche et cherche clairement à commencer l'entretien sur ses qualités. Enfin, il a l'intelligence de dire le nom de l'école pour personnaliser le discours.

➡ **Exemple de bonne présentation, qui inclut le projet professionnel (pour les étudiants qui sont particulièrement à l'aise avec ce thème) :**

« Bonjour, je m'appelle Louise Duveau, j'ai 21 ans et je suis actuellement en troisième année de Licence "Sciences du Management" à l'Université de Bordeaux IV après avoir obtenu un baccalauréat option Européenne.
J'ai bénéficié de plusieurs expériences professionnelles. Je suis cette année en alternance chez Renault en tant qu'assistant chef de produit Marketing Cross Carline, poste que j'ai choisi en fonction de mon projet professionnel qui est actuellement de travailler dans le marketing produit. Avant cela, j'ai été durant l'été 2015 hôtesse d'accueil à la BNP dans le cadre d'un emploi saisonnier. L'été précédent, j'ai participé à la cueillette des melons à Poitiers, ville dont je suis originaire. Cette expérience constituait mon premier contact avec le monde de l'entreprise.
D'autre part, je suis passionnée de musique et pratique le violoncelle depuis l'âge de 7 ans. La pratique de cet instrument constitue une réelle passion dont je ne peux pas passer. J'ai eu ainsi l'occasion de faire des représentations annuelles devant un public de 500 personnes, ce qui a constitué un souvenir et une expérience fondamentale. Je le pratique aussi bien individuellement qu'en groupe, et je donne des cours à des groupes de débutants depuis maintenant 3 ans. J'ai eu depuis ces années entre 10 et 15 élèves au total.
Enfin, je fais régulièrement du sport en loisir. Je cours deux fois par semaine, et pratique régulièrement le handball ou le badminton avec des amis.
Ainsi, j'espère profiter de ces quelques minutes avec vous pour vous présenter le projet professionnel qui est le mien et que je pourrais j'en suis certaine développer à l'emlyon business school. »

Analyse : Louise annonce ici clairement son projet professionnel, et en profite pour justifier son choix d'alternance, preuve que ce n'est pas un projet « bidon », même si elle peut tout à fait évoluer sur ce point en école.

Par ailleurs, en qualifiant le violoncelle de « passion », Louise met l'accent sur cette expérience qui ne paraît donc pas anodine aux yeux du jury. En évoquant également le concert effectué et ses apports (sans les préciser) elle donne encore plus envie de l'interroger dessus. Sa stratégie est claire mais risque d'être payante.

Ensuite, Louise fait l'effort dans ses catégories d'expériences évoquées de mettre en exergue tous les aspects de sa passion, professeur comme élève, individuels comme collectifs, afin de montrer les différents versants de sa personnalité au jury.

Enfin, Louise tend à la fin de sa présentation une perche vers son projet professionnel. Elle souhaite être interrogée là-dessus car elle se sent – le jury l'espère en tout cas – à l'aise avec le sujet et a travaillé ce thème essentiel de l'entretien.

B) « Vous avez 5 minutes pour vous présenter »

Pour plusieurs raisons (fatigue, volonté de casser une routine, avance sur le timing de la journée...), vous pouvez être invité à commencer l'entretien par une présentation beaucoup plus longue que la norme, entre 3 et 5 minutes contre 1 à 2 en règle générale. La durée proposée par les membres du jury peut bien évidemment varier, et je traiterais ici volontairement en détail du cas le plus long, soit 5 minutes, puisqu'il est évidemment plus facile pour vous d'enlever des choses que d'en ajouter si vous deviez vous adapter.

Avant de vous montrer des exemples, il me semble opportun, à la lumière du travail réalisé dans la question précédente, de regarder d'abord les exigences nouvelles et les similitudes de ce type de présentations longues.

1) Différences

Partons d'une évidence : vous allez évidemment dire plus de choses dans une présentation de 5 minutes que de 1 minute 30.

La différence de contenu doit d'abord porter sur la partie traitant de vos expériences. Dans une présentation courte, nous l'avons vu, je vous conseille d'uniquement contextualiser vos expériences, sans entrer dans les apports de celles-ci. Dans le cas d'une présentation longue (supérieure à 3 minutes), ce conseil serait en partie caduque. Je vous conseille de **développer pour les plus importantes de vos expériences, en plus du contexte, UN point précis de celle-ci, selon la méthode du Passé-Présent-Futur (je donne des garanties au jury sur le futur grâce à une de mes caractéristiques présentes, obtenue ou développée dans le passé), évoquée dans le chapitre précédent**.

Exemple (la partie ajoutée est en italique) : « Je pratique le sport depuis mes 4 ans, et notamment le tennis depuis 12 ans, sport que je dispute en compétition au niveau régional, en simple et en double. Je suis actuellement classé 15/1 et j'ai été champion académique à deux reprises. *Ce sport a notamment développé chez moi la patience, car un match de tennis est très difficile à construire. Je me souviens par exemple d'une finale remportée après plus de 3 heures de match, durant laquelle j'avais dû construire ma victoire point après point, malgré la fatigue. C'est un trait de caractère que je souhaite mettre à profit dans l'école, notamment dans mon engagement associatif. Je souhaite organiser les Jeux Omnisports à l'EDHEC, et je sais pour avoir discuté avec des membres de l'association que la recherche de sponsors pour financier au mieux l'événement nécessite une bonne dose de patience.* »

Enfin, dans une présentation aussi longue, et contrairement à sa variante plus courte, un jury peut attendre que vous évoquiez votre projet professionnel, ou tout du moins, les raisons qui vous poussent à candidater dans une école de commerce. L'exemple qui suit introduira donc une manière d'évoquer ce point dans la présentation longue.

2) Similitudes

Elles sont ici beaucoup plus nombreuses que les différences, car si la forme change, la nature de l'exercice reste la même !

Ainsi, je vous demanderais :

- De garder la structure originelle (en y ajoutant éventuellement si vous le souhaitez quelques phrases sur le projet professionnel) :
  - Identité
  - Scolarité (en ajoutant éventuellement le baccalauréat)
  - Expériences extra-scolaires en classant les catégories par ordre décroissant d'importance
  - Phrase de fin pour orienter le jury sur une question souhaitée
- De ne pas développer outre mesure les deux premières parties (identité et scolarité), moins intéressantes pour le jury.
- De ne pas digresser non plus sur la phrase de fin, qui doit être suffisamment concise pour ne pas faire perdre au jury la direction que vous souhaitez lui donner.

Passons maintenant à des exemples de longues présentations.

Les parties en italique dans les exemples suivants sont celles que j'aurais supprimées pour une présentation inférieure à 5 minutes, comprise entre 3 et 4 minutes.

➡ **Exemple de présentation longue insatisfaisante, inspirée du même étudiant imaginaire de la question précédente.**

« Bonjour, je m'appelle Romain Descamps, j'ai 20 ans, je suis né à Paris dans le 17e arrondissement et je vis actuellement à Versailles. J'ai obtenu un baccalauréat S spécialité SVT au lycée La Bruyère avec la mention Assez Bien. Puis, j'ai décidé, car j'aimais le commerce et que je ne pouvais pas faire de prépa, de faire un BTS commerce international. J'aime notamment les cours de Négociations et de Management, et j'espère que je pourrais les suivre en école de commerce.

Aussi, je pratique le football en club depuis que je suis tout petit. J'ai d'abord évolué au FC Versailles en tant que défenseur. Nous avons avec cette équipe remporté le tournoi d'Île de France. J'aime le football car c'est un sport où la patience et la tactique sont nécessaires pour gagner. Et cela correspond bien à mes qualités puisque je joue régulièrement aux échecs avec mes amis depuis mon entrée en classe de 5e. J'ai fait d'ailleurs plusieurs tournois, mais j'ai arrêté il y a peu car cela me lassait.
D'ailleurs, j'ai effectué mon premier stage dans le football puisque j'ai été assistant administratif au sein de la Fédération Française de Football. Je classais les documents et rangeais les archives de tous les clubs de la région Île-de-France, avec un responsable qui était avec moi pour me superviser. Cela n'était pas très intéressant, et je pense n'avoir rien appris de concret. D'ailleurs, mon manager n'était pas très bon car il était colérique et ne me laissait pas expliquer mon point de vue. *Après ce stage, j'ai changé de club et j'ai évolué au Paris FC durant un an, en tant qu'ailier droit, ce qui n'était pas là où j'étais le plus à l'aise. J'ai pu changer de club car j'ai rencontré l'entraîneur de cette équipe durant mon stage à la Fédération Française de Football. Malheureusement, j'ai dû arrêter car la musique me prenait trop de temps pour faire autre chose à côté et je voulais m'y dédier totalement.*
Je pratique donc de la musique depuis que j'ai 9 ans. Je fais de la batterie et de la guitare. J'ai commencé par la batterie puis j'ai voulu essayer la guitare et cela m'a tout de suite plu. J'en ai fait en concert, et cela m'a appris la patience, car la progression est souvent lente et l'apprentissage frustrant. C'est donc une qualité importante chez moi et j'espère la développer dans l'école, notamment dans les cours. Je crois que l'on étudie le droit en école, et j'imagine qu'il faut du temps pour comprendre cette matière, surtout pour ceux comme moi qui n'en ont jamais fait et qui ne sont pas attirés par cela. *Je suis pourtant curieux de connaître toutes les matières que je vais pouvoir étudier dans une école de commerce. Je sais qu'on fait du Marketing et de la Stratégie Internationale, et je crois qu'on peut aussi choisir des cours de Finance ou de Gestion de Patrimoine.*
Par ailleurs, j'ai fait de la natation durant deux ans. J'ai commencé à la pratiquer pour pouvoir faire autre chose que le football, et car les sports aquatiques m'ont toujours attiré. Mais j'ai malheureusement dû arrêter à la suite d'une blessure au mollet, et je n'ai pas repris car je faisais déjà beaucoup de musique.
Enfin, j'ai beaucoup voyagé. J'ai visité les États-Unis trois fois – Miami, Chicago et Detroit – durant un mois à chaque fois, le Japon pendant une semaine, l'Australie deux fois dix jours, le Pérou une semaine, puis la Bolivie cinq jours, Tahiti pour deux semaines, le Canada, l'Espagne plusieurs fois également et l'Angleterre tous les étés depuis que j'ai dix ans. *J'ai beaucoup aimé l'Australie, car les gens y sont beaucoup plus ouverts qu'en France. J'ai moins aimé la culture latino-américaine même si je n'y suis resté que deux semaines au total.*_
D'ailleurs, la possibilité d'étudier à l'étranger me plaît également dans votre école et ma grande expérience de l'international (sic) pourra être renforcée. *Je pense que vous avez une université partenaire en Australie et j'aimerais bien y aller car comme je vous l'ai dit, j'avais beaucoup aimé mes séjours là-bas !*

Mon projet professionnel est de faire du marketing à l'international. J'aime mettre en valeur et vendre un produit afin de contribuer au succès d'une entreprise. Je souhaite que l'école me permettre de réaliser ce projet professionnel, mais je ne souhaite pas faire cela en France car je souhaite avoir une carrière à l'international.
Et je suis ici pour vous montrer toute ma motivation à rejoindre votre école. »

Analyse : Cette présentation, bien qu'adaptée en termes de timing, ne profite pas du temps supplémentaire pour mettre en valeur des choses intéressantes via le lien Passé-Présent-Futur, et se perd à l'inverse dans des descriptions futiles.

Par ailleurs, il faut noter un certain autodénigrement sur beaucoup de ses expériences ou bien la mise en valeur de choses qui n'ont pas à l'être (blessure, lassitude...).

Enfin, beaucoup d'éléments de la présentation sont trop vagues et gagneraient à être nommés, notamment le nom de l'échange souhaité en Australie. Tel quel, l'étudiant admet le fait qu'il ne s'est pas renseigné sur le sujet. Ses hésitations sur les matières étudiées accentuent cette impression.

Cependant, un passage très positif de cette présentation est le lien Passé – Présent – Futur utilisé dans son récit sur sa pratique de la guitare.

➞ **Exemple de bonne présentation longue, inspirée du même étudiant imaginaire de la question précédente.**

« Bonjour, je m'appelle Henri Duguennes, j'ai 20 ans je suis actuellement en deuxième année d'IUT GEA au Mans. J'ai intégré cet établissement après l'obtention de mon baccalauréat scientifique mention Assez Bien.
Je pratique le sport depuis mes 4 ans, et notamment le tennis depuis 12 ans, sport que je dispute en compétition au niveau régional, en simple et en double. Je suis actuellement classé 15/1 et j'ai été champion académique à deux reprises. Ce sport a notamment développé chez moi la patience, car un match de tennis est très difficile à construire. Je me souviens par exemple d'une finale remportée après plus de 3 heures de match, durant laquelle j'avais dû construire ma victoire point après point, malgré la fatigue. C'est un trait de caractère que je souhaite mettre à profit dans l'école, notamment dans mon engagement associatif. J'ambitionne d'organiser le tournoi Ecricome, et je sais pour avoir discuté avec des membres de l'association que la recherche de sponsors pour financer au mieux l'événement nécessite une bonne dose de patience. *La prochaine édition se déroulera à Reims, et c'est donc une responsabilité supplémentaire qui me motive très sincèrement.*
J'ai fait aussi partie d'une équipe de basketball durant 4 ans au niveau départemental. Ces quelques années m'ont permis de comprendre les prémices du travail d'équipe, car chaque action doit s'effectuer en prenant en compte les partenaires, leurs qualités et leurs défauts, et en communiquant constamment avec eux. Cela m'a servi durant mes rencontres de double au tennis et

je suis certain que ce sera un vécu important pour tous les travaux de groupe que j'aurais à réaliser à Neoma Business School, notamment dans le cours de Stratégie.
De plus, j'ai également pratiqué du tennis de table durant 3 ans, *en parallèle du tennis. Même si j'éprouvais un plaisir identique à le pratiquer, il m'était impossible de combiner mes études, la pratique à bon niveau du tennis, et un autre sport, et j'ai fait le choix de mettre de côté ce sport. Je ne l'ai jamais regretté* !

Par ailleurs, j'ai eu l'occasion d'effectuer plusieurs stages en entreprise. Le premier il y a un an, au sein de Décathlon au Mans durant deux mois, durant lequel j'ai été vendeur en rayon. J'avais trouvé ce stage après de nombreuses semaines de recherches infructueuses, et c'était d'autant plus une satisfaction. J'ai dû conseiller les clients pour leurs achats, tout en faisant en sorte d'augmenter le chiffre d'affaires du magasin sur une période importante, l'été. Face à des clients souvent stressés et impatients, j'ai dû me montrer à l'écoute de leurs besoins. De la même manière, je me doute que cette situation se reproduira souvent en entreprise, et c'est en cela une belle expérience pour la suite.
Actuellement, dans le cadre de fin d'étude de mon IUT, je suis commercial pour Michel et Augustin à Paris pour une durée de 3 mois. Je suis responsable de tout l'ouest parisien et je fais le tour des Supermarchés et Hypermarchés pour y faire entrer et mettre en valeur leurs produits.
Avant cela, j'ai donné lors de mon année de Terminale des cours particuliers à raison d'une fois par semaine durant un an à un élève de 5ᵉ. *Il s'agissait d'un fils d'amis de mes parents, dont la mère était venue me proposer de l'aider. C'était un élève hyperactif, ce qui rendait mon travail plus difficile. Il rencontrait de grandes difficultés scolaires, et lui faire apprendre la moindre leçon nécessitait beaucoup de persévérance. Il m'arrivait d'avoir envie d'abandonner, mais finalement j'ai terminé l'année, et il est passé dans la classe supérieure de justesse. Cette qualité s'est révélée, comme je vous le disais très utile au tennis.*

Aussi, je suis scout depuis mes 8 ans chaque été. J'ai évolué au fil des ans, en commençant louveteau. Depuis 2 ans, je suis chef scout, ce qui me permet d'avoir la responsabilité d'une petite dizaine de personnes. Je suis le plus jeune responsable de la troupe, et à mon échelle, je commence à toucher du doigt le management, et je perçois toute l'importance de l'écoute envers ses équipes. À ce titre, mon expérience à Décathlon me sert énormément. Ce sera de toutes manières un axe inévitable de travail pour moi étant donné que je serai normalement amené à coordonner des équipes au fil de ma carrière.

Enfin, j'ai eu l'occasion d'effectuer plusieurs voyages, notamment un voyage touristique en Indonésie avec mes parents durant 1 mois à l'âge de 14 ans. J'ai également effectué des voyages linguistiques en famille d'accueil à Miami à l'âge de 16 ans entre la seconde et la première, et à Londres l'été suivant. J'en garde un très bon souvenir, car c'était ma première expérience loin de mes parents ! Cependant, la découverte de l'autonomie, toute relative, n'a pas été sans difficultés. C'est quelque chose qui m'a fait progresser à ce niveau-là.

D'ailleurs, en arrivant en école de commerce, ce sera la toute première fois que je n'habiterai pas chez mes parents, et ce sera l'occasion de progresser encore !

Ainsi, ces expériences m'ont permis d'affiner au fur et à mesure le projet qui était le mien. Et il s'est avéré que l'école de commerce, par ce qu'elle propose – un parcours plus pratique que théorique, des opportunités à l'international, du temps pour se spécialiser... – m'apparaissait comme une très bonne opportunité d'affiner mes appétences professionnelles pour l'instant dirigées vers les métiers commerciaux de terrain.

J'aimerais ainsi durant cet entretien pouvoir évoquer avec vous plus en détail toutes les qualités qui sont les miennes et que j'ai eu l'occasion d'évoquer rapidement ici. Je suis certain que celles-ci pourront me permettre d'intégrer et de m'épanouir à Neoma Business School. »

Analyse : Dans cette présentation, Henri satisfait d'abord les critères d'une bonne présentation, quelle que soit sa longueur. Elle est structurée et exhaustive. En allongeant la durée de sa présentation, il en profite d'abord pour les détailler davantage mais surtout pour prendre du recul sur certaines de ses expériences (Décathlon et voyages) et faire des liens avec le futur en école ou en entreprise. À la fin de la présentation, dans l'avant-dernier paragraphe, Henri montre au jury, sans rentrer encore dans le détail, qu'il s'est renseigné sur l'école et qu'il sait ce qu'elle peut lui apporter.

Enfin, il tend une perche claire au jury à la fin de son entretien. Dans 90 % des cas, le jury commencera à l'interroger sur ses qualités, comme le souhaite Henri.

2. Les questions sur vous

Le principal objet de l'entretien, la matière sur laquelle va se baser la note du jury n'est autre que vous-même. À ce titre, il est logique qu'une grande partie des questions les plus récurrentes dans un entretien de motivation vous concernent en premier lieu et vous invitent à traiter non seulement de vos expériences passées, mais aussi du « vous actuel ».

Aussi, il est possible de classifier ces questions en deux parties : celles vous invitant à relater des expériences passées, d'autres à vous centrer sur le présent en évoquant vos qualités/défauts actuel(le)s, etc.

Bien entendu, les plus assidus d'entre vous auront noté depuis le début de l'ouvrage que votre Passé, Présent et Futur sont souvent indissociables, et les questions qui suivront ne dérogeront pas à la règle. Ainsi, même si le jury vous questionnera sur votre passé ou le présent, vous devrez utiliser tous les temps dans votre réponse !

A) « Racontez-nous cette expérience de... »

On retrouve ici une question récurrente de l'entretien de motivation. Le jury invite le candidat à détailler une expérience dont il aura pris connaissance lors de la présentation initiale, lors de l'entretien ou lors de la lecture de l'éventuel support distribué par le candidat (CV ou questionnaire).

Pour que vous compreniez bien l'intérêt de cette question pour un jury, il est important de vous rappeler que **toute question n'est qu'un prétexte pour en apprendre plus sur vous** ! Ici, le prétexte est l'expérience sur laquelle le jury vous lance et grâce à laquelle il souhaite que vous arriviez à exprimer des choses sur vous !

Par ailleurs, pour compléter le lien Passé-Présent-Futur qui fera loi ici (rappel : le passé étant votre expérience ou plus souvent une anecdote, le présent ce que vous en retenez, et le futur comment vous capitaliserez dessus), les meilleurs candidats – vous ! – termineront en évoquant de quelle(s) manière(s) concrète(s) ils pourront appliquer en entreprise, en échange ou en école, ce qu'ils ont appris de l'expérience en question.

Sur cette question comme celle qui va suivre, les tableaux construits pour chaque expérience après la lecture du chapitre « L'incontournable lien Passé – Présent – Futur » vont servir de base de travail.

Je vais refaire un tableau de ce type, et vous montrer comment construire à partir de celui-ci une réponse à cette question sans rentrer dans un moule, ni tenir un discours unique ou préconçu.

Pour me faciliter la tâche, je vais reprendre comme exemple ma longue pratique du football au niveau national.

15 ANNÉES DE PRATIQUE DE FOOTBALL		
PASSÉ	**PRÉSENT**	**FUTUR**
Les trois mois durant lesquels je devais faire mes preuves sous peine de ne pas être conservé par le club. J'ai réussi les matchs clés à la fin (*type « difficultés », « succès »*).	Qualité de calme	Mon investissement dans la Course Croisière EDHEC, le plus grand événement étudiant d'Europe. Persuadé que le travail dans l'événementiel, avec tous ses imprévus, demande une bonne dose de calme.
Mon premier entraînement où j'ai dû jouer avec des personnes qui savaient déjà jouer au football, ce qui n'était pas mon cas (*type « relation avec les autres »*).	Qualité d'écoute	Réussir mon intégration dans les entreprises dans lesquelles je ferai mon premier stage (NB : *le jour J, par amour du concret, il est bien de donner les noms des entreprises souhaitées, même si cela peut changer dix fois !*).
Mes 5 années de capitanat (*type « succès », « difficultés », « relation avec les autres »*).	Défaut travaillé : ma timidité	Nécessaire en école de savoir s'intégrer dans sa promotion et ses groupes de travail (*en citer*). Je ferai encore l'effort.
La finale d'un tournoi nationale remportée 4-3 après avoir été menés 2-0 (*type « succès »*).	Qualité : s'appuyer sur le positif dans des moments compliqués	Ma carrière en entreprise avec ses hauts et ses bas. Garder cette capacité à positiver dans les périodes difficiles pour remobiliser les équipes sous ma responsabilité et moi-même, sans perte de confiance.
L'accession au niveau national ratée de 2 points (*type « échecs »*).	Défaut travaillé : la régularité	Ne pas négliger le travail continu durant l'année, notamment sur mes matières a priori faibles (NB : *en en citant quelques-unes, vous montrez aussi au jury que vous vous êtes renseignés sur ce qu'on étudie en école !*), sans m'y prendre juste avant les partiels !
Mon surclassement avec des joueurs plus âgés et un style de jeu différent (*type « succès », « difficultés », « relation avec les autres »*).	Qualité d'adaptation	M'intégrer dans le pays dans lequel je souhaite faire mon échange (NB : *ici aussi, il faudra en citer bien entendu, en sachant justifier !*).
Ma remobilisation musclée de l'équipe, improvisée à la mi-temps d'un match essentiel et mal engagé (*type « prises d'initiatives », « relation avec les autres »*).	Capacité à mobiliser, rassembler	Pouvoir mobiliser les personnes que j'aurai sous ma responsabilité pour un projet que nous aurons à notre charge.

Maintenant que j'ai pu bien travailler toutes mes « mini-expériences », il me reste trois étapes avant de pouvoir bien construire mon discours :

1) Hiérarchiser et sélectionner : s'il n'y a pas d'ordre pré-établi pour parler de toutes ces « mini-expériences », il faut quand même que votre discours semble logique et pertinent au jury. Ainsi, pour vous aider à les classer, je vous propose 3 critères :

a) *Le critère chronologique* : Vous n'allez pas commencer votre récit d'une expérience par le titre de champion de région que vous avez obtenu au bout de 15 années de pratique. Il s'est passé tellement de choses avant ! Le jury a justement besoin de comprendre comment vous en êtes arrivés là.

b) *Le critère d'importance* : certaines « mini-expériences » vous tiennent plus à cœur, racontent des choses plus importantes sur vous... Dans ce cas, il est important de placer les « mini-expériences » répondant à ces critères très tôt dans le discours. En effet, vous ne savez pas si le jury va vous couper, embrayer sur autre chose, reprendre le monopole de la parole. Et il ne faudrait pas qu'il passe à côté des facettes de votre expérience les plus importantes !

c) *Le critère de valorisation* : encore une fois, vous ne savez jamais comment réagira le jury durant votre réponse. Ainsi, tout autant que de dire les anecdotes les plus importantes au début, il est important de placer au début de votre discours des anecdotes (ou, encore une fois, « mini-expériences ») qui vous mettent en valeur. Il est ainsi peu stratégique de commencer par un échec ; si le jury vous coupe et part sur un autre sujet de conversation, il gardera un a priori peu glorieux pour vous de cette expérience. Ce n'est pas un critère capital, mais encore une fois, vous savez que tout compte en entretien !

Ce travail de hiérarchisation est d'autant plus important que, vous l'avez bien compris, vous ne savez pas à quel moment le jury vous coupera. Il faut donc lui proposer le plus important en premier ! Les hommes et femmes politiques, qui ont l'habitude de se faire couper la parole durant les débats, maîtrisent cet art à la perfection !

Une fois que vous avez hiérarchisé ces anecdotes, je vous conseille ainsi d'en choisir 3 ou 4 dont vous parlerez spontanément et qui constitueront votre réponse à la question, et de laisser celle(s) qui reste(nt) dans votre poche, en cas de besoin par la suite. Cela vous permet d'avoir un temps de réponse « normal », 1min30 à 2 minutes, et d'avoir des munitions en « back-up », dans le cas où le jury serait très curieux et resterait très longtemps sur votre expérience.

2) Démarrer par le contexte de l'expérience : pour toute question d'un jury vous demandant de relater une expérience, il est **essentiel** de commencer votre réponse par le contexte de celle-ci, c'est-à-dire répondre en 30 secondes maximum aux questions :

a) *Quoi* ? De quoi s'agissait-il ?
b) *Où* cela s'est-il déroulé ?
c) *Quand* cela s'est-il déroulé ?
d) *Combien* de temps cela a-t-il duré ?

En commençant le récit d'une expérience par le contexte, on souhaite que le jury la situe dans le temps et dans l'espace, et de savoir précisément de quoi il s'agissait. Une fois qu'il maîtrise ces données, vous pourrez passer au récit de vos « mini-expériences ».

Pour conclure, avant de vous montrer des exemples concrets de réponses, il me reste à vous alerter sur quelques détails :

- Nous avons vu l'importance des liens avec le futur, notamment dans cette question. Soyez vigilants et pensez à évoquer des éléments de votre futur en école ET en entreprise. N'oubliez pas que le jury est constitué de membres de l'école et de professionnels extérieurs !
- Les qualités que vous mettez en avant doivent être de vraies qualités – pas forcément les plus importantes mais bien réelles. Ne vous mettez pas en danger en évoquant des qualités que vous ne portez pas forcément et dont vous avez vaguement fait preuve durant la « mini-expérience » associée.
- N'oubliez pas de toujours bien personnaliser votre discours. Éviter de trop vous attarder sur les autres ou sur « le groupe » / « l'équipe ». Parlez de vous et de votre rôle à l'intérieur d'un groupe. Par exemple, si au cours d'une compétition, vous avez eu un rôle particulier, il faut que vous en parliez à la première personne du singulier. N'oubliez jamais que ce n'est pas votre entraîneur, vos équipiers, vos partenaires de voyages ou même « l'équipe » qui intéressent le jury, mais bien vous !
- Quand vous faites la transition entre les temps (Mon anecdote passée → ma qualité présente → mon lien avec le futur), soyez bien attentifs à être précis et à ne pas perdre le jury. Si vous n'avez pas assez bien raconté votre anecdote, que vous n'avez pas assez utilisé le champ lexical de la qualité que vous voulez introduire (et que ne connaît pas encore le jury !), alors le jury ne comprendra pas pourquoi vous « balancez » cette qualité tout d'un coup.

  Pour être certain de bien me faire comprendre sur ce point essentiel, laissez-moi vous donner deux exemples, un mauvais et un satisfaisant :

  1) « Je me souviens avoir donné cours à un étudiant qui ne comprenait pas le théorème de Pythagore. J'étais bloqué car il ne comprenait ni sa logique ni son utilisation. Finalement, après quelques semaines, il a réussi à comprendre. Cette anecdote je pense permet d'illustrer ma capacité d'adaptation. »

     → Ici, le jury ne comprend pas d'où vient cette qualité, et quel est son lien avec l'anecdote racontée. Il coupera l'étudiant, et dans le pire des cas sera sceptique sur la véracité des propos.

  2) « Je me souviens avoir donné cours à un étudiant de 4e qui était en difficulté en mathématiques. Je suis arrivé quand il commençait à étudier le théorème de Pythagore. J'ai voulu tout d'abord lui faire comprendre l'utilité et le mécanisme théorique de ce théorème. Mais je voyais qu'il bloquait et n'avançait pas. Au bout de deux cours, nous étions toujours au même point. Finalement, j'ai *changé mes habitudes* en lui faisant faire d'abord des exer-

cices, pour ensuite faire le lien avec le cours. Et je voyais qu'il commençait à comprendre comment cela marchait en pratique. Finalement, *en m'adaptant à lui*, j'ai pu lui faire pratiquer puis comprendre le théorème de Pythagore. Cette anecdote, je pense permet d'illustrer ma capacité d'adaptation. »

→ Ici, le jury est non seulement en mesure de suivre le fil de mon discours, mais en plus d'être convaincu par la véracité de mes propos. Le lien est clair entre l'anecdote passée et l'affirmation présente de ma qualité ; le jury n'est pas perdu et ainsi me laisse poursuivre.

Maintenant que j'ai attiré votre attention sur la manière de préparer cette question et les écueils dans lesquels ne pas vous heurter, je vous propose deux réponses, une répondant aux critères et une autre faisant le tour de presque tous les pièges évoqués.

Veuillez noter qu'il s'agit là d'un exemple « papier », qui par définition ne ressemblera très certainement par à la réalité du jour J. Ici, aucun jury ne peut me couper, aucun stress ne vient perturber mes propos... Soyez conscient que, comme tout bon exemple, il a la vertu de montrer des bonnes pratiques, sans pour autant que la réalité soit identique ! Il ne constitue pas un modèle à copier bêtement !

➡ **Exemple de réponse insatisfaisante à la question « Racontez-nous votre expérience de pratique du football durant 15 ans » :**

« J'ai fait 15 ans de football, d'abord avec le club de mon village avant d'intégrer un club de meilleur niveau.
Au début, j'étais vraiment moins bon que les autres, car je n'en avais jamais fait. Mais finalement, j'ai réussi à rattraper le niveau, grâce à mes co-équipiers et mon entraîneur qui m'aidaient beaucoup. Ça montre, je pense, ma capacité d'écoute.
Mais malgré ça, j'ai failli ne pas être gardé. Finalement j'étais resté car j'avais été bon durant les derniers matchs. L'entraîneur a donc décidé que je pouvais rester.
Finalement, quelques mois après je suis devenu capitaine de l'équipe. Cette responsabilité a été difficile car je suis quelqu'un de timide, mais mon rôle voulait que j'intervienne souvent pour prendre la parole.
J'en garde un bon souvenir même si j'ai dû arrêter car je n'avais plus le temps, avec les études, de m'y consacrer ».

Analyse : Dans cette réponse très courte, le candidat s'est contenté d'évoquer en surface quelques moments importants de ses années de football. Il n'a presque jamais :

- Évoqué des qualités développées ou des corrections de défauts. Seule la première anecdote dans le deuxième paragraphe introduit un début de prise de recul en amenant une qualité. Mais l'anecdote a été si mal évoquée que la transition avec la qualité est délicate, peu évidente et ne fait pas sens pour un jury. Ce dernier ne connait donc pas plus sa personnalité à la fin de la réponse.

– Évoqué comment il capitalisera dessus dans le futur.

Le jury reste donc sur sa faim. Par ailleurs, il personnalise peu le discours, notamment dans le deuxième paragraphe, où il évoque davantage l'action de ses co-équipiers et de son entraîneur que lui-même.

Enfin, le candidat s'est tiré une balle dans le pied en affirmant à la fin qu'il a arrêté le football par manque de temps. Formulé tel quel, le jury peut soupçonner un manque d'organisation. Le candidat peut tourner cela autrement en disant qu'arrêter a été un choix de sa part pour privilégier d'autres objectifs, académiques cette fois. Tout est dans le verbatim, et la mauvaise compréhension du jury causée par un vocabulaire inadapté du candidat arrive très vite !

➞ **Exemple de bonne réponse à la question « Racontez-nous votre expérience de pratique du football durant 15 ans » :**

« J'ai en effet pratiqué le football en compétition durant 15 ans. J'ai d'abord joué pour le club de mon village puis pour le club phare de la région, le Poitiers Football Club.
J'ai commencé le football relativement tard, et je me souviens avoir effectué mon tout premier entraînement aux côtés de joueurs qui pratiquaient ce sport depuis déjà quelques années. J'étais donc le plus faible et perdu sur le terrain. Mais puisque j'étais très volontaire, je posais beaucoup de questions à mes co-équipiers et à mon entraîneur. Je voulais comprendre pour pouvoir m'améliorer très vite et m'enrichir de leurs conseils et de leurs expériences. Finalement, la capacité d'écoute dont j'ai fait preuve ici m'a permis de me hisser à leur niveau en un temps plus court que prévu. Je me doute que cette qualité me sera utile lors de mes premiers pas en entreprise, où il faudra que je m'adapte à un nouvel environnement. Je ferai en sorte de bien écouter les conseils de mes collègues et de mon maître de stage, et même de les solliciter !
Par ailleurs, pour revenir à ma pratique du football, j'ai eu au début malgré mes efforts des moments difficiles, et j'ai failli ne pas être conservé par le club de ma région après ma première année là-bas. Nous étions quatre sur la sellette, et nous avions trois matchs pour faire nos preuves. Je me souviens avoir tout fait pour garder mon calme durant les trois derniers matchs, quand les autres personnes concernées n'arrivaient pas à cacher leur nervosité. J'arrivais à rester concentré sur le match en ne prenant pas en compte mon contexte personnel, et c'est cela qui m'a permis de hausser mon niveau sans perdre ma concentration. J'ai finalement été gardé, et je le dois beaucoup à mon calme, une de mes principales qualités !
Enfin, je me suis accroché jusqu'au bout et quelques mois après, j'ai été nommé capitaine de l'équipe, rôle que j'ai conservé durant 5 ans. Pour remplir ce rôle de cadre de l'équipe et de relai auprès de l'entraîneur, je devais forcer un peu ma nature timide. Le rôle de capitaine nécessite de prendre la parole quand il le faut, notamment avant un match ou à la mi-temps d'un match compliqué. J'ai

donc été obligé de sortir plusieurs fois de ma réserve pour motiver ou remobiliser l'équipe. Ces quelques années m'ont permis de corriger ma timidité, et je compte bien profiter de ce que propose l'école de commerce, notamment les travaux de groupes et le fameux Business Game en première année pour continuer à travailler dessus. »

Analyse : Ici, j'ai donc sélectionné trois « mini-expériences » à évoquer en priorité au jury. Je signale d'ailleurs que le hasard (et lui seul !) a voulu que ce soit les trois premières de mon travail préliminaire des pages précédentes. Cette réponse a permis au jury :

- D'en apprendre plus sur mon expérience.
- D'en apprendre plus sur moi (« toute question est un prétexte pour en apprendre plus sur vous »).
- D'être rassuré sur quelques moments de mon futur. Notez à ce titre que, par souci de ne pas rendre un discours trop « récité » ou artificiel et pour garder le naturel de celui-ci, j'ai choisi de ne pas faire pour chaque anecdote des liens avec le futur (deux sur trois seulement).

Le jury a obtenu ce qu'il voulait entendre, et s'il souhaite poursuivre sur le sujet, j'ai encore plusieurs « mini-expériences » dans ma poche !

Par ailleurs, la réponse a coché toutes les cases en proposant un contexte, en étant précis dans les transitions entre les temps (j'ai bien amené mes qualités ou mes corrections de défauts), en évoquant mon futur en école ET en entreprise, et en personnalisant mon discours (beaucoup de « je »).

B) « Qu'est-ce que cette expérience vous a apporté ? »

Pour cette question également, proche de la précédente, le tableau des expériences va servir de base de travail.

Notons tout de même quelques différences :

1) Ici, vous n'aurez pas à commencer par le contexte de l'expérience. On vous demande de répondre directement à la question.
2) Il ne s'agit pas non plus de commencer par le récit d'une anecdote, mais bien de répondre tout de suite à la question en évoquant une qualité développée ou un défaut corrigé, qu'on mettra en lumière ENSUITE par une anecdote tirée de cette expérience (Présent puis Passé).
3) La réponse à cette question ne doit pas être forcément longue, mais surtout construite et impactante, en allant tout de suite sur les apports les plus importants.

Par ailleurs, et les lecteurs attentifs l'auront noté, il est important de comprendre que si le jury vous a demandé auparavant de raconter cette expérience, alors vous devez déjà avoir répondu spontanément à cette question (relire le traitement de la question précédente si ce n'est pas clair). Ainsi, si le jury vous pose cette question après vous avoir demandé d'évoquer cette même expérience, vous n'avez peut-être pas assez insisté sur l'apport de celle-ci !

Voici enfin deux exemples de réponses, une considérée comme bonne et convaincante, et une autre imparfaite.

➡ **Exemple de réponse insatisfaisante à la question « Que vous a apporté votre stage de 3e en entreprise ? » :**

« Sincèrement, c'est difficile pour moi d'en parler. J'étais très jeune et je ne m'en souviens pas bien. Je dirais que j'ai appris à voir toutes les facettes d'une entreprise, et que cela m'a donné le goût du travail.
J'ai aussi visité les usines, et j'ai compris que je ne voulais pas faire ces métiers. Mais j'ai surtout regardé, on ne m'a pas donné spontanément des choses à faire. En tout cas, je n'ai rien appris qui va me servir plus tard ».

Analyse : On a ici un candidat qui ne veut pas répondre à la question. D'abord, on a l'impression en l'écoutant que son stage de 3e remonte à la nuit des temps !

Ensuite, il confond qualités et compétences techniques quand il affirme que son stage ne lui a rien apporté. Un premier passage dans un nouvel univers qu'est l'entreprise, à l'âge de 14 ou 15 ans, n'est jamais anodin.

Par ailleurs, il ne faut jamais laisser croire au jury qu'on dénigre les métiers manuels, au risque de passer pour arrogant.

Enfin, que doit penser un jury face à un candidat qui « choisit » les expériences dont il a envie de parler ? Cela revient très exactement à faire des « impasses » sur des moments de sa vie, et cela est aussi grave que de faire des impasses sur des chapitres en mathématiques, anglais, ou géopolitique.

➡ **Exemple de réponse convaincante à la question « Que vous a apporté votre stage de 3e en entreprise ? » :**

« J'ai effectué mon stage de 3e dans une usine de production de bouteilles en verre.
Cette semaine m'a d'abord permis de mettre en pratique ma curiosité. J'étais content de découvrir un nouvel univers, et je me souviens avoir posé beaucoup de questions à la personne qui m'accompagnait. En fait, je voulais tout comprendre ! Cette curiosité, qui est une de mes principales qualités, va d'ailleurs m'être très utile non seulement quand je vais rentrer en école, et à Kedge j'espère, pour découvrir les opportunités qu'elle semble offrir (associations, conférences, career center...), mais également en entreprise quand je devrai m'adapter à un nouvel environnement et une nouvelle culture.
Enfin, je pense par ailleurs que cette semaine de stage a permis de travailler un de mes défauts : je suis souvent étourdi. Je devais faire un rapport de stage

à la suite de cette semaine, et pour que celui-ci soit complet, je devais absolument ne rien oublier donc rester concentré durant toute la semaine. On peut dire que cela m'a fait drôle, mais m'a beaucoup servi ! Et l'exigence dont j'ai fait preuve durant ce stage va devoir se pérenniser dans le futur car je sais que j'aurai des responsabilités de plus en plus grandes en associations d'écoles, notamment AIESEC que je souhaite intégrer ou en entreprise. »

Analyse : Dans cette réponse, le candidat évoque à la fois une qualité mise en valeur et un défaut travaillé. Il les justifie toujours par une petite anecdote qui permet de mieux comprendre, mais surtout, s'en sert pour rassurer le jury sur le futur.

La réponse n'est pas forcément longue, et le jury peut lui demande d'apporter d'autres éléments (vous devez donc en avoir encore en stock !), mais il a déjà une bonne idée des apports de ce stage et de la manière dont le candidat capitalisera dessus par la suite.

C) « Quelles sont vos 3 principales qualités ? »

Cette question figure également parmi les grands classiques de l'entretien de motivation. Le jury peut cependant faire varier le nombre de qualités demandées. Il peut solliciter une seule qualité, auquel cas vous donnerez la principale. Mais il peut aussi en demander cinq. Vous devez donc en préparer… six !

À titre d'exemple, j'ai participé un jour à un entretien dans lequel le jury sollicitait les trois principales qualités d'un candidat. Remarquant que sa réponse paraissait très récitée et donc peu naturelle, le jury lui en demande finalement deux de plus ! Le candidat qui n'avait pas préparé plus que trois qualités, s'est finalement retrouvé piégé par sa récitation (lié à sa mauvaise manière de travailler en amont) et par les limites de sa préparation.

Face à cette question, le candidat doit d'abord limiter son champ de recherches aux qualités strictement professionnelles. Ensuite, il lui faut garder en tête le sempiternel lien Passé – Présent – Futur. Le jury veut non seulement en apprendre plus sur le candidat (*ses qualités actuelles*), mais en être convaincue (*anecdote passée*) et être finalement rassuré en sachant comment vous capitaliserez dessus par la suite (*lien avec le futur*).

Pour vous préparer, je vous conseille d'abord de solliciter vos amis et vos familles. Comme pour les défauts, ils ont un recul que nous n'avons pas pour nous-même, et sont aussi très forts pour trouver des anecdotes qui illustrent vos qualités.

Ensuite, il vous faut repartir de vos tableaux effectués à la suite de la lecture du chapitre « L'incontournable lien Passé – Présent – Futur ». En les relisant attentivement, repérez les lignes qui évoquent vos qualités principales. À partir de cela, synthétisez le tout en un seul tableau de la forme :

Passé	Présent	Futur
Anecdote 1	Qualité 1	Lien avec le futur 1
Anecdote 2 (tirée d'une autre expérience)		Lien avec le futur 2
Anecdote 3	Qualité 2	Lien avec le futur 3
Anecdote 4 (tirée d'une autre expérience)		Lien avec le futur 4
Anecdote 5	Qualité 3	Lien avec le futur 5
Anecdote 6 (tirée d'une autre expérience)		Lien avec le futur 6
À répéter jusqu'à la 6e qualité		

Avant de vous attaquer à la construction de ce tableau récapitulatif, je précise quelques points :

- C'est l'occasion pour vous de hiérarchiser vos qualités ! Commencez par la principale, et finissez par la plus anecdotique.
- Certaines qualités peuvent être vérifiées par le jury par vos propos (anecdotes passées) mais également par votre attitude. Si vous dites que vous gérez bien votre stress, il faut le prouver par des mots mais aussi par une attitude adéquate le jour J ! De la même manière, si vous affirmez être dynamique, jovial, positive… Montrez-le ! Si vous ne portez pas ces qualités lors de l'entretien, le jury conservera forcément un doute sur la véracité de vos propos.
- Vous l'avez remarqué sans doute, je demande deux anecdotes révélatrices d'une qualité. Pourquoi donc ? Tout simplement car il est fort possible qu'au moment où le jury vous pose cette question, vous ayez déjà parlé d'une expérience sur laquelle vous comptiez vous illustrer une qualité. Afin donc de ne pas se répéter, et de faire découvrir d'autres situations passées au jury, je vous demande de diversifier vos anecdotes. Ce travail vous évitera de tomber dans un des écueils de l'entretien évoqué au début de l'ouvrage : l'entretien mono-sujet.
- De la même manière, je vous demande de préparer deux liens avec le futur pour chaque qualité évoquée. Dans l'idéal, il s'agira d'un lien avec le futur en école (cours, association, travail de groupe, séjours à l'étranger…) et d'un lien avec le futur en entreprise (stage, projet professionnel, position managériale…). Le but est ici aussi de pouvoir s'adapter à la situation de l'entretien. N'oubliez pas que les membres du jury sont à la fois des salariés de l'école mais aussi des professionnels extérieurs. Il faut donc satisfaire tout le monde ! Cela vous permettra aussi de ne pas vous enfermer dans un discours préconçu, unique et honni des jurys, et finalement de gagner en souplesse !
- N'oubliez pas que lorsque vous évoquez le futur en école, il faut citer le nom des opportunités dont vous parlez, qui sont spécifiques à chaque école (travaux de groupe, associations, cours, universités et entreprises partenaires…). Adaptez donc votre discours à l'école dont vous passez l'entretien ! Ne parlez pas à Audencia d'« une association », mais de celle que vous voulez intégrer. N'évoquez pas à Skema « une entreprise partenaire », mais celle qui vous intéresse !

Voici à présent un exemple concret de tableau récapitulant 6 qualités illustrées par des anecdotes différentes et projetées dans le futur en école et professionnel. J'ai mis en italique les liens avec le futur qui doivent être adaptés et précisés selon les écoles.

Passé	Présent	Futur
Mi-temps d'un match décisif durant lequel je perdais à la mi-temps. Pas paniqué, match gagné.	Calme	*Investissement associatif : investissement dans le BDE. Gestion d'événements : garder son calme face aux imprévus.*
Premier voyage seul aux USA : perdu pendant trois heures, et retrouvé mon chemin seul.		Face à des éventuels timings serrés en entreprise, calme pour trouver la meilleure solution dans un temps court, sans paniquer.
Permis de conduire obtenu au bout de deux années et de trois échecs.	Persévérant	Cours de droit en école fait peur : persévérance pour combler des possibles lacunes.
Débuts difficiles en classes prépas. 35e/37 au premier concours blanc ; 4e au dernier.		Volonté d'exercer une fonction commerciale. Nécessité d'être persévérant face à des refus pour atteindre les objectifs.
Planning hebdomadaire en CPGE, suivi pendant deux ans	Rigoureux	*Fin de deuxième année d'école : nécessité d'être rigoureux et organisé pour faire face en parallèle aux partiels, fin du mandat associatif et recherche de stage.*
Filmait certains entraînements de tennis pour analyser mes faiblesses.		Nécessité en début de stage en entreprise d'être rigoureux dans son travail pour s'adapter à des nouvelles tâches et combler une inexpérience.
Permis raté plusieurs fois : toujours mis l'accent sur ma progression.	Optimiste	Pour être élu BDE, campagnes nécessaires. Difficultés et fatigue compensés par esprit positif.
En CPGE : moral toujours présent malgré mes difficultés initiales.		Projet professionnel : métier de vente, fonction commerciale. Besoin d'être optimiste dans les périodes de mauvais résultats.
Professeur particulier : adaptation à chacun de mes élèves, dont deux aux apprentissages opposés.	Capable de s'adapter	*Travaux de groupe en école (en citer selon les écoles) : adaptation à mes camarades.*
Quatre déménagements dans ma vie.		Projet professionnel dans la vente : nécessité de s'adapter à chacun de mes clients, tous différents.
TPE en classe de Première : résolution d'un conflit dans mon groupe.	Diplomate	*Investissement associatif dans le BDE : qualité nécessaire car conflits forcément présents.*
Capitaine de mon équipe de tennis : j'ai eu à gérer des déceptions chez des coéquipiers pas sélectionnés.		En entreprise, responsabilités d'équipes. Gestion potentielle de conflits, d'égos...

À partir de ce tableau, j'ai donc la structure de ma réponse, que je vais bien entendu adapter selon les entretiens et les situations. Par exemple, si vous choisissez de partir initialement sur 3 qualités principales, mais que vous avez déjà eu l'occasion d'en évoquer quand le jury vous pose la question, mettez plus les autres en avant. Soyez souple et prêt à anticiper toutes les situations !

➡ **Exemple de réponse insatisfaisante à la question « Quelles sont vos trois principales qualités ? » :**

« Je pense être quelqu'un de calme. Je m'énerve rarement car je pense que cela ne vaut pas le coup. Même quand je pouvais paniquer, en voyage notamment je ne l'ai jamais fait.
Aussi, j'imagine que je suis quelqu'un de rigoureux. J'ai bien travaillé en classe prépa, et je ferai pareil plus tard.
Et en dernier, je crois que je suis optimiste. Je pense toujours que les choses vont s'améliorer et bien se passer... comme cet entretien je l'espère ! »

Analyse : La réponse est d'abord bien trop succincte. Surtout, elle ne donne aucun détail au jury. Les preuves par les anecdotes n'en sont pas, et il n'y a aucun lien concret avec le futur (« je ferai pareil plus tard » est une blague pour un jury).

Ensuite, le candidat n'affirme pas assez ses qualités. Il prend des pincettes en les citant (« je crois », « je pense »). En entretien, une qualité s'affirme ! Si le candidat n'est pas sûr de lui, comment pourra l'être le jury ?

➡ **Exemple de bonne réponse à la question « Quelles sont vos trois principales qualités ? » :**

« Tout d'abord, je suis quelqu'un de calme. J'arrive toujours dans les moments compliqués, durant lesquels je pourrais paniquer, à garder la tête froide pour prendre la meilleure décision. Par exemple, le premier voyage que j'ai effectué seul, à 16 ans, aux USA a failli tourner à la catastrophe. Je m'étais perdu dans Miami, et mon anglais était très pauvre. Au lieu de paniquer, j'ai réfléchi au chemin emprunté, demandé ma route dans un anglais pauvre à des passants... et j'ai finalement retrouvé mon chemin au bout de trois heures ! Je compte bien d'ailleurs profiter de cette qualité en école, notamment dans le BDE de Skema que je souhaite intégrer. Je sais que cette association organise notamment le week-end d'intégration pour 800 personnes, et que chaque année il y a des événements imprévus à gérer. Le calme me semblera la meilleure arme à ce moment.
Par ailleurs, mes amis disent de moi que je suis quelqu'un de rigoureux. Ils étaient impressionnés par mon planning de travail hebdomadaire en prépa, mais surtout par le fait que je le tenais ! Et dans ma future carrière dans des fonctions commerciales que je souhaite exercer, d'autant plus quand je serai

encore jeune et inexpérimenté, je suis certain qu'être organisé et rigoureux permet d'éviter des pièges et de gagner en efficacité.
Enfin, ma dernière qualité est d'être optimiste. Quand je suis en difficulté, j'ai tendance à vouloir me focaliser et capitaliser sur les choses positives que je vois. J'ai raté trois fois le permis, et à chaque fois je prenais le temps de regarder ce qui s'était bien passé pour ne pas perdre le moral et me persuader que je finirai par l'avoir. »

Analyse : Face à cette réponse, le jury constate d'abord qu'il a obtenu les informations qu'il souhaitait. Il connaît les 3 principales qualités du candidat, qui a su les prouver. J'ai fait ici le choix de ne faire que deux liens avec le futur, et de sauter cette étape à la dernière qualité pour ne pas rendre la réponse trop longue. Le piège ici et de passer trop de temps (environ 1 minute) sur chaque qualité, et de lasser le jury, qui pensera en plus que vous avez oublié qu'il en demandait 3 ! Le jour J, selon le temps que vous prenez, l'impatience éventuelle que montre le jury, vous pouvez vous permettre de sauter 1 à 2 (maximum !) lien avec le futur.

Enfin, le candidat affirme ici clairement ses qualités, sans douter. Il s'appuie également sur ses amis (cela marche aussi avec la famille) pour les introduire.

Pour vous aider, je termine l'analyse de cette question en établissant une liste imposante mais non exhaustive de qualités possibles pour un entretien de motivation. Ces dernières peuvent constituer une source d'inspiration lors de votre introspection.

Altruiste	Ambitieux	Attentif	Audacieux	Autonome
Avenant	Aventureux	Bienveillant	Calme	Chaleureux
Combatif	Compréhensif	Capacité à être concentré	Conciliant	Confiant
Consciencieux	Coopératif	Courageux	Courtois	Créatif
Curieux	Débrouillard	Décidé	Déterminé	Dévoué
Digne de confiance	Discipliné	Diplomate	Direct	Disponible
Droit	Drôle	Dynamique	À l'écoute	Efficace
Empathique	Endurant	Énergique	Engagé	Enthousiaste
Entreprenant	Esprit d'équipe	Exemplaire	Extraverti	Ferme
Fiable	Fidèle	Flexible	Franc	Gai
Généreux	Gentil	Hardi	Honnête	Humble
Imaginatif	Impliqué	Indépendant	Indulgent	Ingénieux
Intègre	Intuitif	Inventif	Joueur	Jovial
Juste	Loyal	Lucide	Maître de soi	Malin
Méthodique	Modeste	Motivé	Naturel	Nuancé

Objectif	Observateur	Obstiné	Optimiste	Ordonné
Organisé	Original	Ouvert d'esprit	Pacificateur	Patient
Persévérant	Persuasif	Pétillant	Polyvalent	Pondéré
Positif	Pragmatique	Précis	Prévenant	Prévoyant
Productif	Protecteur	Prudent	Pugnace	Raisonnable
Rassurant	Rationnel	Réaliste	Réfléchis	Résolu
Responsable	Rigoureux	Serein	Sérieux	Serviable
Sincère	Sociable	Soigneux	Souple	Souriant
Spontané	Studieux	Sûr de soi	Tempéré	Tenace
Tolérant	Travailleur	Vaillant	Vigilant	Volontaire
Vrai	Zen	Gère bien le stress		

D) « Quels sont vos 3 principaux défauts ? »

Cette question, pourtant classique de l'entretien, déstabilise très souvent les candidats qui y voient un piège, et le danger de devoir se rabaisser devant le jury. À l'inverse, cette question, comme beaucoup d'autres considérées comme déstabilisantes, n'est qu'un outil en plus pour le jury pour vous connaître davantage.

Ici, le jury veut acter le fait que vous êtes conscient de vos faiblesses, et surtout comprendre comment vous travaillez dessus et faites en sorte de vous améliorer !

Tout d'abord, je vous mets en garde sur un point important et récurrent chez les candidats, qui ont tendance à expliquer comment ils ont transformé des défauts en qualités ! D'abord, il s'agit souvent d'une déformation optimiste de la réalité ; et surtout cela ne répond pas à la question ! Le jury veut comprendre quels sont vos défauts actuels, comment vous les travaillez, et surtout comment vous ferez en sorte qu'ils ne vous pénalisent pas lourdement dans le futur.

Le premier objectif de cette question est de ne pas faire peur au jury quant à votre futur en école et en entreprise, en montrant que vous avez conscience des moments futurs durant lesquels vous devrez maîtriser ces défauts. Vous devez donc être dans une optique de rassurer le jury, en mettant le doigt sur des situations durant lesquels vous savez qu'il vous faudra faire en sorte de travailler ce défaut ; et cela rend le temps du futur essentiel dans cette question. Si vous lui annoncez des défauts sans lui dire de quelle manière vous ferez en sorte qu'ils ne vous handicapent pas par la suite, il est possible que le jury ne soit pas confiant pour vous sur vos années futures, et donc réticent à vous accepter dans l'école.

Je précise que dans cette question aussi, le jury entend des défauts strictement professionnels. Exit donc les « gourmands », « jaloux » et autres « méchants » (déjà entendus !). De la même manière, ne choisissez pas des défauts qui sont en fait des qualités, exprimés sous la forme « trop + qualité » : « trop perfectionniste », « trop ambitieux », « trop rigoureux »... Le jury n'est pas dupe, et il s'agit souvent de défauts mal exprimés. Par exemple, « trop perfectionniste » peut se résumer à manquer d'efficacité dans son travail, et ne pas faire les choses à temps.

Pour travailler cette question, établissez le même type de tableau que pour les qualités, toujours en hiérarchisant vos défauts. À l'inverse des qualités, il est peu probable que vous ayez déjà commencé à évoquer des défauts avant de vous voir poser cette question (sauf sadisme), et il est donc possible pour vous d'en préparer « uniquement » quatre pour l'entretien.

Passé	Présent	Futur
Anecdote qui illustre ce défaut	Défaut 1	Lien avec le futur 1
Anecdote qui illustre que j'ai commencé à travailler dessus		Lien avec le futur 2
Anecdote qui illustre ce défaut	Défaut 2	Lien avec le futur 3
Anecdote qui illustre que j'ai commencé à travailler dessus		Lien avec le futur 4
Anecdote qui illustre ce défaut	Défaut 3	Lien avec le futur 5
Anecdote qui illustre que j'ai commencé à travailler dessus		Lien avec le futur 6
Anecdote qui illustre ce défaut	Défaut 4	Lien avec le futur 7
Anecdote qui illustre que j'ai commencé à travailler dessus		Lien avec le futur 8

Avant de passer à la suite du travail, je précise qu'il est important que vous prépariez deux anecdotes, une illustrant votre défaut, une plus positive, montrant que vous commencez à le travailler. En effet, il est difficile pour un jury d'être certain que vous tenterez de corriger ce défaut dans le futur si vous ne lui dites pas que vous avez déjà commencé à le faire ! D'ailleurs, face au jury, il est plus préférable de détailler l'anecdote « positive » que celle révélant votre défaut, sans pour autant mettre cette dernière sous silence. Faites le moins peur possible au jury !

Enfin, comme pour les qualités, ayez le réflexe de préparer des liens avec le futur à la fois vers les années d'école et les années en entreprise.

Voici donc un exemple de tableau complété :

Passé	Présent	Futur
TPE : perdu mon calme face à un reproche d'un camarade	Impulsif	Investissement associatif : savoir garder son calme dans les moments de désaccord.
Tennis : depuis un an, je réussis à canaliser ma frustration. 3 matchs mal embarqués finalement gagnés.		Sûrement des collègues avec qui j'aurais des désaccords, voire des conflits. Important de garder son calme pour l'activité de l'entreprise.
Perdu mes moyens lors d'un oral au lycée.	Manque de confiance en moi	J'essaierai d'être volontaire pour un poste à responsabilité dans l'association que je souhaite intégrer (citer le poste et l'association !).
J'ai souhaité être élu délégué de ma classe pour combattre ce défaut.		Je solliciterai mes collègues et mon supérieur en entreprise pour accompagner mes débuts et ne pas perdre mes moyens.
Je n'ai pas fini la moitié des épreuves de partiel à l'université.	Manque d'efficacité	En école, plusieurs projets parallèles : cours, associatifs, recherche de stage. Nécessité d'être efficace dans le travail pour courir tous les lièvres.
Dans mes révisions de concours, lors des tests blancs à faire chez moi, je me forçais à sauter des étapes pour pouvoir aller au bout.		En entreprise, chaque rendu suppose une deadline, qui ne peut être dépassée.
Oublié ma carte d'identité au Bac : pas revérifié mes affaires.	Manque de rigueur	Attentif à ce défaut pour réviser les matières faibles en école.
Établi un planning de révision sur les deux derniers mois de révisions de concours, en m'y tenant		Nécessité de faire des efforts durant les stages, pour prendre en main un nouveau poste.

À partir de là, j'ai les éléments pour construire ma réponse, tout en pouvant m'adapter à différentes situations en entretien. Je peux plus insister sur la manière dont je le travaille si besoin, je peux choisir un lien avec le futur scolaire ou professionnel, bref je suis un candidat souple et qui sait s'adapter… !

➡ **Exemple de réponse insatisfaisante à la question « Quels sont vos trois principaux défauts ? » :**

« Je suis trop perfectionniste. Je veux trop bien faire, tout faire parfaitement. Et finalement ça me porte préjudice.
Aussi, je m'énerve vite, j'ai souvent du mal à me retenir quand je suis frustré. Au lycée, je m'étais mis mon groupe à dos durant le TPE, et nous avons eu une mauvaise note. Mais maintenant je suis très calme, je ne m'énerve plus.

Et, sincèrement, je ne sais pas quoi répondre comme troisième défaut. Je dirais que je manque de rigueur dans mon travail, même si ce n'est pas tout le temps. »

Analyse : D'abord, le candidat est hésitant, et montre ainsi qu'il n'a pas vraiment préparé cette question classique.

Ensuite, le candidat ne donne aucune anecdote au jury montrant qu'il travaille déjà sur ces défauts. Pas plus qu'il ne donne des gages sur le futur en montrant qu'il a conscience de situations durant lesquelles il devra être particulièrement vigilant.

Par ailleurs, quand il évoque son deuxième défaut, il dit finalement au jury dans une tentative maladroite de le rassurer que ce défaut... est finalement une qualité ! Impossible de convaincre un jury dans ce cas : soit il ne vous croit pas, soit il pense que vous ne répondez pas à la question.

Enfin, le choix du premier défaut, qui n'en est pas un, n'est pas pertinent et ne peut pas convaincre un jury.

À la fin de cette question, le jury ne sera finalement pas très confiant sur le futur de l'étudiant en école et en entreprise, car celui-ci n'aura rien fait pour le rassurer !

➞ **Exemple de réponse convaincante à la question « Quels sont vos trois principaux défauts ? » :**

« D'abord, je sais que je suis impulsif. Cela m'a porté préjudice lors de mon TPE en me mettant à dos les personnes de mon groupe. Mais j'en suis conscient et le tennis, sport frustrant par excellence, m'aide à travailler dessus. En école, je sais que je devrai être particulièrement attentif à cela, notamment dans l'association Altigliss que je souhaite intégrer, car nous sommes 35 et je n'ai pas envie de me marginaliser !

Aussi, j'ai tendance à manquer de confiance en moi. Je me souviens avoir perdu mes moyens lors d'un oral de français au lycée ; au fond je savais que je n'allais pas y arriver. Là aussi, j'ai souhaité me prendre en main. L'année suivante, pour « booster » ma confiance, je me suis présenté à l'élection des délégués... J'ai été élu et cela m'a permis de travailler mes prises de parole. Là encore, dans le futur j'aurais à continuer à corriger cette faiblesse. Je pense que mes collègues et mes supérieurs, si je les sollicite pour m'aider sur quelques points, joueront un rôle dans la confiance que j'aurais dans mon travail.

Enfin, je manque souvent d'efficacité dans mon travail. J'ai souvent du mal à rendre un travail dans les temps, car j'ai une exigence qui n'est pas compatible avec les délais imposés. Cela s'est d'ailleurs vérifié lors des derniers partiels à l'université. Mais je me suis imposé une discipline là-dessus lors de mes révisions de concours qui montrent que je suis capable de faire mieux. Et pour avoir parlé longtemps avec des admisseurs de l'école, qui m'ont dit devoir actuellement gérer une recherche de stage, un mandat associatif et des partiels à valider, je sais que je devrais être vigilant à mon efficacité. »

Analyse : Ici, le candidat a réussi ce qui doit être son principal objectif lors de cette question : rassurer le jury, tout en étant honnête sur ses faiblesses actuelles. Il est passé très vite sur les anecdotes qui mettaient en avant le défaut en question pour très vite basculer sur des points plus positifs : comment il a travaillé cela dans le passé, et quand il y sera vigilant dans le futur.

Et là aussi, pour vous aider, voici une liste de mots courants pouvant vous aider à formaliser vos défauts.

Anxieux	Arrogant	Autoritaire	Blessant
Borné	Cassant	Colérique	Complexé
Capricieux	Manque de confiance en moi	Défaitiste	Désinvolte
Distrait	Manque d'écoute	Égocentrique	Émotif
Étourdi	Excessif	Familier	Fataliste
Hésitant	Impatient	Imprudent	Impulsif
Inattentif	Inconstant	Indécis	Individualiste
Intolérant	Introverti	Laxiste	Lunatique
Maladroit	Mal à l'aise à l'oral	Mal à l'aise en groupe	Maniaque
Manque d'efficacité	Méfiant	Naïf	Négatif
Négligeant	Nerveux	Nonchalant	Orgueilleux
Paresseux	Passif	Pessimiste	Peu résistant au stress
Prétentieux	Renfermé	Rigide	Sensible
Susceptible	Mauvais gestionnaire du temps	Têtu	Versatile

E) « Qu'est-ce que vos amis disent de vous ? »

Il s'agit finalement d'une question « cousine » des deux précédentes, et autrement formulée. Ici, le jury veut savoir quels sont vos principales qualités et défauts qui se manifestent lorsque vous êtes en communauté, avec vos amis ou en famille. À noter que cette question peut aussi se poser en remplaçant les amis par la famille.

Pour travailler cette question, préparez 1 à 2 qualités et 1 défaut que vous exprimerez de la même manière que ce qui est indiqué dans les deux précédentes. Soyez bien vigilant à ne pas vous tirer une balle dans le pied et à citer plus de qualités que de défauts !

F) « Pourquoi vous plutôt qu'un autre ? »

Cette question présente une formulation dérangeante pour le candidat qui cache finalement des attentes plus basiques. Elle a tendance à déstabiliser le candidat qui n'est souvent pas à l'aise avec le fait de devoir se comparer.

Or, il s'agit ici du premier piège à éviter. Vous devez comprendre que le jury ne vous demande pas de vous comparer à des personnes que vous ne connaissez pas ! Pour preuve, les jurys ne se rendent souvent pas compte de la difficulté que poste l'expression « plutôt qu'un autre », et certains posent même la question sous la forme, plus simple : « Pourquoi devrions-nous vous prendre ? ».

Ainsi, si jamais le jury vous pose la question en évoquant les autres candidats, commencez simplement à dire que vous ne pouvez pas vous comparer à des candidats que vous ne connaissez pas.

Finalement, l'axe principal de cette question est de mettre en avant vos qualités, et ce que vous pouvez, à travers elles, apporter à l'école dans le futur. L'idée est de rassurer (encore une fois !) le jury en lui prouvant que vous pourrez vous intégrer, évoluer et vous épanouir en école et en entreprise. Dis autrement, prouver au jury qu'il ne prend pas de risques en vous acceptant dans l'école. Ainsi, cette question ne vous demande tout d'abord rien d'autre que de mettre en avant vos qualités de la même manière qu'à la question travaillée quelques pages avant.

Cependant, une grande majorité des candidats va, plus ou moins bien, répondre à la question de cette manière, en mettant en avant ses qualités. **Si vous pouvez faire la différence sur votre utilisation pertinente des liens avec le futur, rarement utilisée chez vos concurrents, quelques idées supplémentaires, si et seulement si elles sont sincères, peuvent vous permettre de vous différencier** :

- Certains étudiants s'investissent particulièrement dans l'association des anciens de l'école : participer à des événements, poster des offres de stage et d'emploi sur le réseau de l'école... À titre personnel, c'est quelque chose que je mettais en valeur dans mes entretiens. D'abord car j'avais une sincère volonté de rendre à l'école ce qu'elle m'aurait donné, et ensuite car je savais que cette volonté d'être un « bon ancien » de l'école pourrait compter dans l'esprit du jury. N'oubliez pas que vous serez étudiant de l'école durant 4 années mais ancien durant 40 ans !
- Certaines années, et notamment l'année du passage de mes propres oraux, plusieurs écoles avaient vu leur nom cité dans les médias pour de mauvaises raisons. En effet, des dérives nocturnes et lors d'événements inter-associatives étaient sorties dans la presse, entraînant une mauvaise publicité pour les écoles concernées. De la même manière, chaque année, des étudiants, qui n'ont pas bien saisi le devoir d'exemplarité qui est le leur, ont des dérives comportementales en école, en échange ou en stage qui pénalisent l'école et peuvent dans certains cas extrêmes mener à leur renvoi ! Pour l'anecdote, l'entreprise

dans laquelle j'ai effectué mon premier stage avait rayé une école de sa liste de recrutement à cause de deux étudiants au comportement peu adapté. Toute une école pénalisée pour deux étudiants ! Ainsi, certains bons candidats mettent sincèrement en avant leur compréhension du fait qu'être accepté **dans une école donne plus de devoirs que de droits**, et qu'ils se doivent alors de bien représenter l'école à l'étranger, en stage, lors de rencontres associatives inter-écoles, dans la vie associative... Ces « bons ambassadeurs » sont précieux pour une école et démontrent en entretien la maturité d'un candidat.

Ces deux points ne sont pas essentiels et ne constituent pas le cœur de la réponse. Mais ils permettent de se distinguer s'ils sont portés sincèrement et si vous vous êtes suffisamment renseigné sur le sujet pour pouvoir en parler ; en particulier sur l'association des anciens dont le fonctionnement diffère selon les écoles !

➡ **Exemple de réponse insatisfaisante à la question « Pourquoi vous plutôt qu'un autre ? » :**

« Je pense être plus persévérant que les autres. D'ailleurs même en école je ferai en sorte d'être plus pugnace pour trouver un stage en finance de marché qui demande beaucoup de patience.
Ensuite, je pense qu'il est compliqué de trouver plus assidu que moi en cours. Je participerai à tous les cours et travaillerai de manière sérieuse. Je pense d'ailleurs que je serai un très bon élève dans les matières financières car c'est vers là que je veux me tourner.
Enfin, je vais m'engager dans la vie associative. Je souhaite intégrer des associations dans l'école et je pense que c'est une bonne opportunité. »

Analyse : La première erreur du candidat a été de tomber dans le piège de la comparaison, tournée en plus de manière maladroite. Le premier paragraphe peut être accepté par le jury s'il n'est pas tourné sous forme de comparaison.

Ensuite, les apports mis en avant tels que la présence en cours ou l'investissement dans une association apparaissent comme des prérequis pour une vie en école ! Difficile d'y voir donc un argument capable de rassurer le jury sur la vie en école et de constituer un réel apport capable de distinguer le candidat des autres. L'investissement associatif n'est d'ailleurs pas détaillé car l'étudiant ne donne pas de nom d'association, ce qui entraîne logiquement un doute dans l'esprit du jury sur la véracité du propos.

➡ **Exemple de bonne réponse à la question « Pourquoi vous plutôt qu'un autre ? » :**

« D'abord, je suis incapable de dire pourquoi vous devriez me choisir plutôt qu'un autre. Mais je peux vous dire pourquoi vous devriez me prendre !
Je suis quelqu'un de persévérant. Il y a je pense des moments en école où cette qualité permet de franchir des obstacles. Je pense à la recherche du premier

stage, où la validation de matières faibles chez moi, avant de se spécialiser vers ce qu'on préfère. Je suis certain que cette qualité me permettra de passer ces moments avec succès.
Ensuite, je suis quelqu'un de curieux et j'ai la sincère volonté de profiter de tout ce que l'école peut m'apporter comme opportunité. J'ai entendu parler de conférences, de career center, de forum métiers, d'échanges à l'étranger, et bien sûr de vie associative, notamment Le Triathlon qui m'attire. Je souhaite vivre ces expériences pour tirer le maximum de mes années d'écoles, et ne pas les vivre passivement.
Enfin, je souhaite m'investir après l'école dans l'association des anciens d'Audencia. J'ai entendu parler d'un club finance, sur lequel je vais me renseigner. Par ailleurs, je ne manquerai pas de tenter de recruter des stagiaires venant de mon école pour leur mettre le pied à l'étrier. Et si j'ai la possibilité de donner des cours ou de participer à la sélection des futures promotions, je le ferai avec plaisir ! »

Analyse : Dans cette réponse, le candidat prend d'abord le parti de ne pas se comparer, et évite ainsi le piège.

Puis le candidat met en avant deux qualités, la persévérance et la curiosité, en expliquant comment il va s'en servir dans l'école pour s'intégrer et s'y épanouir. Ces points sont autant de raison pour le jury de l'accepter dans l'école. Le candidat envoie clairement le message : « Ne vous inquiétez pas, regardez de quelle manière je vais profiter de l'école. Vous ne prenez aucun risque en m'acceptant. ».

À la fin, le candidat se détache en exposant un point original et peu évoqué des étudiants car logiquement peu connu. Il connaît l'existence d'un club finance, ce qui montre qu'il a fait l'effort de se renseigner. Et il se projette encore une fois dans le futur, plus lointain, pour rassurer le jury non seulement sur les 4 prochaines années mais aussi sur les 40 prochaines !

G) « Qu'apporteriez-vous à notre école ? »

Il s'agit là aussi d'une question classique posée par les jurys, et qui leur permet de savoir si le candidat s'est projeté dans l'école. Elle est très proche de la question « Pourquoi vous et pas un autre ? » et il est rare que le jury pose ces deux questions durant l'entretien.

Vous devez avant tout vous rappeler qu'être jury est une responsabilité : il a en main la validation (ou non) de deux à trois années de travail acharné et doit finalement « parier » sur vous. Il ne s'agit donc pas d'un exercice qu'il prend à la légère. Et pour pouvoir vous accepter plus facilement, il a besoin d'être rassuré et d'obtenir des garanties sur la suite de votre parcours. Cette question doit vous servir à les lui donner.

Tout d'abord, vous devez comprendre que sauf cas exceptionnel, il vous sera difficile de « révolutionner » une institution qu'est l'école de commerce. Inutile donc les utopiques « Je ferai en sorte que l'école reste en haut des classements » (NB : déjà entendu !), « Je lui apporterai une visibilité à l'international » (NB : Idem !) ou enfin, « Mon cousin travaille chez IKEA, je pourrai donc faire en sorte d'établir un partenariat entre l'école et IKEA » (sauf bien sûr, si votre cousin en a le pouvoir...).

De la même manière, vous devez éviter les réponses trop vagues telles que « J'apporterai à l'école de commerce ma rigueur » ou bien « Je serai dynamique au sein de l'école » qui finalement ne permet pas de projeter et donc de rassurer le jury.

Voici donc trois règles à (re)tenir lors de la préparation de cette question :

1) Projetez le jury en étant concret !

Vous devez toujours faire en sorte de rassurer le jury. Ici, votre réflexion doit vous amener sur des situations concrètes dans le futur (un Business Game, un premier stage en tant de contrôleur de gestion, son échange souhaité en Australie...) sur lesquelles vous garantirez au jury votre succès grâce à une de vos qualités. On ne retrouve ni plus ni moins que le fameux lien Passé – Présent – Futur !

Si un candidat est organisé, il pourra expliquer par exemple au jury qu'il apportera son organisation dans l'association qu'il souhaite intégrer et qui organise un événement majeur de l'école.

Surtout, vous devez faire en sorte d'être suffisamment précis et concret dans la situation future que vous évoquez pour que le jury vous projette dans son esprit et soit rassuré. Je ne fais que répéter ces choses-là, mais elles sont essentielles ! Un candidat qui se contentera d'un « j'apporterai ma rigueur dans les associations » n'est pas suffisamment concret pour que le jury soit convaincu (il n'arrive pas à l'imaginer dans les associations !). À l'inverse, un candidat qui offre la réponse suivante (qui n'est qu'un exemple parmi d'autres !) : « Au sein d'Audencia, j'apporterai ma rigueur, notamment durant l'organisation du Triathlon, un événement international qui représente l'école et qui nécessite une énorme organisation en amont. Mes qualités de rigueur me permettront de pouvoir contribuer à faire de cet événement un succès. » permettra au jury de l'imaginer en situation et d'être de facto beaucoup plus rassuré sur sa candidature.

2) Sortez des sentiers battus et voyez plus loin !

Tout candidat aux écoles de commerce, vous inclus, doit comprendre qu'il sera étudiant de celle-ci durant 5 ans, mais ancien étudiant de celle-ci durant 10 ans ! Ainsi, il est possible d'apporter des choses à l'école même sans être sur ses bancs, comme nous l'avons montré à la question précédente.

Ainsi, les bons candidats seront des bons étudiants mais aussi des bons « anciens étudiants ». Ainsi, si et seulement si vous êtes sincère et renseigné sur le sujet (sinon il se tire une balle dans le pied), il peut mettre en avant l'investissement qui sera le vôtre pour l'école une fois son diplôme en poche : association des anciens, diffusions d'annonces de stages ou d'emplois en priorité aux étudiants de l'école, intervenir dans certains cours, etc.

3) Soyez communicatif !

Si le jury pose cette question, c'est qu'il veut être convaincu ! Et, finalement, la question est tellement importante qu'il serait trop dommage pour un candidat que la forme médiocre de la réponse (manque de sourire, de dynamisme, de conviction...) remette en question le fond. Comme pour toutes les questions classiques (car essentielles), vous devez montrer une véritable envie de convaincre le jury, de diffuser vos convictions sur ce que vous pourrez apporter et finalement vos motivations pour rejoindre l'école.

➡ **Exemple de réponse insatisfaisante à la question « Qu'allez-vous apporter à notre école ? » :**

« Je pense apporter mon dynamisme, car je suis quelqu'un qui a de l'énergie. C'est important je pense en école de pouvoir être comme cela, car ça permet aussi d'entraîner les autres.
Aussi, je m'investirai dans les (*sic*) associations. Je veux rejoindre Isegoria donc ça permettra que je puisse aider une association de l'école.
Et je ne sais pas quoi ajouter, finalement c'est plus l'école qui va m'apporter des choses, et c'est pour cela que je suis là... »

Analyse : Face à cette réponse, le jury n'a pas les moyens d'imaginer le candidat en école, et encore moins de comprendre ce que celui-ci peut apporter.

Il ne dit ni comment, dans quelles situations son dynamisme lui servira à apporter des choses à l'école. Pas plus qu'il n'est concret sur son apport au sein de l'association Isegoria.

Enfin, le troisième paragraphe s'apparente à un refus d'aller au bout de la réponse, et sous-entend au jury que sa question n'est pas pertinente !

➡ **Exemple de bonne réponse à la question « Qu'allez-vous apporter à notre école ? » :**

« D'abord, je pense que je vais apporter ma qualité de rigueur. Elle sera utile dans les travaux de groupe, pour parfaire le travail et ne pas négliger des détails qui peuvent faire la différence. Mais surtout, je suis certain que c'est dans mon engagement associatif que cette qualité sera le plus utile à l'école. Je souhaite intégrer le Bureau des Sports, et organiser notamment le Trophée Ecricome, événement qui rassemble des centaines d'étudiants. Quand on partage cette responsabilité, la qualité de rigueur en amont et durant l'événement me paraît indispensable. Je serai donc un atout à l'organisation de cet événement qui participe à la notoriété de l'école *(NB : les associations sont des vitrines de l'école)* !
Par ailleurs, je souhaite aussi apporter des choses après ma diplomation, en tant qu'ancien étudiant ! Je suis sûr que je pourrai intégrer des stagiaires de l'école, revenir témoigner, donner des cours... Finalement m'intégrer à l'association des anciens de l'école pour participer à ma manière à sa vie !

J'ai une réelle envie d'intégrer cette école, je sais qu'elle peut m'apporter beaucoup notamment sur le plan professionnel, mais j'ai aussi envie d'y laisser une bonne image, notamment là où je m'investirai. »

Analyse : Ici, le candidat fait d'abord preuve de beaucoup d'enthousiasme ! Sur le fond ensuite, il tente d'être le plus concret possible, en citant des noms, donnant des exemples, afin que le jury puisse l'imaginer et se projeter. Il arrive à balayer le court terme (les travaux de groupe et l'associatif) et le long terme (l'association des anciens, car il sait de quoi il parle) pour rassurer jusqu'au bout le jury. À noter que le candidat aurait pu être plus précis en citant des travaux de groupe qu'il vivra dans l'école.

H) « Quel est votre plus gros échec ? »

Cette question rejoint en partie celle des défauts dans sens où le jury cherche surtout à savoir si vous avez pu tirer les leçons et faire en sorte de ne pas reproduire cet échec. C'est sur cet effort de compréhension et d'analyse de l'échec, ainsi que du travail pour s'améliorer que vous devez axer la préparation de cette question.

Finalement, l'axe de la réponse est la suivante :

> **Récit de l'échec → Analyse de celui-ci : explication et prise de recul → Travail effectué pour s'améliorer → Preuve de l'amélioration ou situation similaire cette fois réussie → Garanties sur le futur.**

Bien entendu, le candidat doit, toujours en répondant d'abord clairement à la question, insister davantage sur l'aspect positif de sa réponse (compréhension, amélioration, garanties futures...).

➡ **Exemple de réponse insatisfaisante à la question « Quel est votre plus grand échec ? » :**

« Mon plus grand échec est mon redoublement en classe de Seconde. Je n'aimais pas du tout les matières telles que l'Histoire-Géographie et les Mathématiques, et je n'ai donc pas travaillé. C'est une grande déception car j'ai aussi par la suite été séparé de mes amis. Heureusement, en école je ne retrouverai pas ces matières, donc je ne m'inquiète pas pour la suite ! ».

Analyse : Le candidat montre ici au jury qu'il manque cruellement de prise de recul et n'a finalement jamais vraiment réfléchi aux raisons de cet échec. Ainsi, face à ce manque de lucidité, le jury ne peut que craindre que la même situation se reproduise en école s'il n'aime pas certaines matières... ! Par ailleurs, le fait d'être séparé de ces amis paraît futile et immature de la bouche d'un candidat d'une vingtaine d'années et amené à exercer des responsabilités au sein d'une entreprise dans le futur.

→ **Exemple de bonne réponse à la question « Quel est votre plus grand échec ? » :**

« Mon plus grand échec est ma finale perdue durant les championnats régionaux de tennis. J'étais largement favori, et la première place était qualificative pour les championnats de France. J'ai perdu après un match serré. C'est un échec qui m'a marqué et une fois la déception passée, j'ai dû essayer de le comprendre avec l'aide de mes parents et de mon entraîneur. Cela venait beaucoup du fait que je ne savais pas gérer ma frustration, et que je m'énervais vite. J'ai beaucoup travaillé dessus, en apprenant à me calmer, à faire le vide, à penser d'abord au positif. Finalement, j'ai réussi après quelques mois à pouvoir me reconcentrer même quand j'étais en difficulté : lors d'examens difficiles et pendant les matchs de tennis. Je gagnais d'ailleurs beaucoup plus de matchs serrés !
Il faut que je continue à travailler cela dans le futur, car je sais pertinemment que je rencontrerai des situations similaires qu'il me faudra bien gérer : des matières étudiées difficiles, des stages difficiles à trouver, des difficultés à accomplir certaines tâches en association ou en entreprise... Mais au moins, je suis lucide sur la suite ! »

Analyse : L'objectif du candidat ici et de montrer au jury qu'il a fait l'effort de comprendre et de corriger de défaut, mais surtout de lui donner des garanties sur sa vie future. Il ne tombe pas dans le piège dont j'ai parlé dans la question des défauts, celui de dire que cela deviendra une qualité dans le futur, mais bien d'insister sur le fait qu'il fera les efforts nécessaires aux moments voulus. Le candidat suit parfaitement l'axe de la réponse cité plus haut et parle beaucoup plus de son travail pour ne pas reproduire l'échec que de l'échec lui-même. Cela donne une connotation positive à la réponse, qui tranche avec la question du jury portant sur un aspect négatif du passé du candidat.

l) « Quelle est votre plus belle réussite ? »

Cette question, proche de celle traitant des échecs, vous demande cette fois d'expliquer un événement positif en mettant en avant une ou des qualités qui expliquent et sont à l'origine de ce succès. Mais ici, vous devrez mettre en avant les manières dont vous comptez capitaliser sur ses qualités à l'origine de ces succès dans le futur.

Attention il ne faut cependant pas passer trop rapidement sur le récit de la réussite ! Prenez le temps de répondre à la question posée.

L'axe de la réponse est donc le suivant :

Récit de la réussite → **Analyse de celle-ci** : prise de recul pour en sortir une ou des qualités qui expliquent cette réussite → **Garanties sur le futur** face à une situation similaire à la réussite évoquée.

Il est nécessaire bien voir que cette question vous invite à briller, à parler de choses valorisantes. Il faut donc en profiter et ne pas gâcher la cartouche !

➞ **Exemple de réponse insatisfaisante à la question « Quelle est votre plus grande réussite ? » :**

« Ma plus belle réussite a été de réussir à tenir le rythme de la classe préparatoire. J'avais des doutes en y entrant, mais finalement j'ai réussi à me prendre au jeu avec succès. Après, je ne sais pas si j'aurais pu faire trois ans, car j'ai quand même mis beaucoup d'activités de côté, mais je suis quand même fier de l'avoir fait ! »

Analyse : Le candidat ici perd une occasion de briller face au jury. Il annonce sa réussite, qui est d'ailleurs pertinente, sans évoquer les raisons de celle-ci et donc sans démontrer une maturité et une prise de recul qui permettraient d'expliquer cette réussite. De la même manière, il n'évoque jamais le futur, et termine même en nuançant son succès en affirmant qu'il ne souhaite pas refaire une année de classe préparatoire en cas d'échecs aux épreuves orales. Contrairement à la question précédente, je vais reprendre le même exemple en le traitant cette fois de manière pertinente et complète.

➞ **Exemple de bonne réponse à la question « Quelle est votre plus grande réussite ? » :**

« Ma plus belle réussite a été de réussir à tenir le rythme de la classe préparatoire. J'avais discuté avec des anciens étudiants qui avaient évoqué des difficultés à suivre le rythme et à concilier un loisir à côté. J'y entrais donc avec quelques appréhensions. Finalement, j'ai réussi non seulement à suivre le rythme, mais également à y prendre goût et à m'épanouir ! Je crois que je dois d'abord cela à un sens de l'organisation qui constitue une force chez moi. J'arrivais à organiser mes révisions pour être le plus efficace possible, je m'aménageais des temps de travail et de détente que je suivais à la lettre. Cet effort d'organisation et de rigueur de deux ans m'ont vraiment permis de pouvoir profiter de tout ce que la classe prépa a à apporter intellectuellement. D'ailleurs, cette qualité sera un vrai atout je pense en école, car je me retrouverai dans des situations similaires. En effet, pour pouvoir profiter de ce qu'elle peut m'apporter, l'école demande j'en suis sûr beaucoup d'organisation. Je ne sais pas encore de quelle manière j'organiserai toutes mes prérogatives, mais je compte bien capitaliser sur cette qualité pour pouvoir m'investir dans l'association Wax'it, suivre les cours, aller aux conférences, aux ateliers métiers... et aux fêtes aussi ! »

Analyse : La réponse est assez longue car le candidat insiste beaucoup sur certains points qu'il juge clés : les détails de son organisation en classe prépa, la liste de ce qu'il souhaite vivre dans le futur... D'ailleurs, en terminant par cette énumération sa réponse, il montre indirectement au jury qu'il s'est renseigné sur ce que propose l'école, et qu'il sait où il met les pieds ! Le jury prendra donc beaucoup plus au sérieux sa motivation.

Pour le reste, il montre qu'il a fait l'effort de prendre du recul sur son expérience pour l'expliquer par une qualité, avant de la projeter dans le futur.

J) « Quelle est votre place dans un travail d'équipe ? »

Cette question peut aussi se poser sous la formulation « Comment vous intégrez-vous dans un groupe ? ». Elle part du postulat – réel ! – que les travaux de groupe vont avoir une place essentielle en école de commerce comme en entreprise. Et pour le jury, avoir des garanties sur votre bonne intégration dans un groupe revient presque à avoir des garanties sur votre bonne intégration dans une école ou en entreprise.

Vous devez bien intégrer que dans un groupe efficace de travail interviennent plusieurs types d'étudiants. Il y a ceux qui sont créatifs, et vont briller au début de la réflexion, pendant le brainstorming. Il y a ceux qui ont un fort esprit d'analyse et qui vont mener les débats lorsqu'il faudra approfondir et lier entre elles les idées qui auront émergé. On peut aussi citer les personnes cartésiennes qui sont plus à l'aise pour structurer les idées, et construire des plans. Vous voyez, il n'y a donc pas une seule manière de briller dans un travail de groupe ! Il vous faut cependant bien vous connaître pour pouvoir savoir sur quelle(s) partie(s) de ce travail vous êtes le plus à l'aise. Pour cela, je vous renvoie au chapitre 4, dédié en partie aux entretiens de groupe et qui détaille donc ce point.

À cette question, beaucoup d'étudiants croient bon de répondre qu'ils aiment prendre la position de « leader », sans pouvoir toutefois clairement la définir. Le paragraphe précédent montre que ce terme est souvent galvaudé et que dans ce contexte il ne veut souvent rien dire. Il existe des temps dans les travaux de groupe où nous menons les débats, où nous sommes en vue et écouté, et d'autres où nous sommes plus en retrait, sans toutefois être totalement effacé.

Aussi, si vous êtes habitué à motiver les équipes, à aller voir les personnes en difficultés pour les aider, à enlever du stress ou de la tension dans le groupe (et que vous avez à chaque fois des anecdotes bien entendu !), alors n'hésitez pas à le dire de cette manière au jury !

Enfin, comme je vais le faire dans les exemples ci-dessous, justifiez toujours vos garanties sur le futur par des anecdotes sur des travaux de groupe passés. Le lien Passé – Présent – Futur ne vous lâchera pas !

➡ **Exemple de réponse insatisfaisante à la question « Quelle est votre place dans un travail d'équipe ? » :**

« Dans un travail d'équipe, je prends souvent le rôle du leader. J'aime organiser, prendre la direction d'un groupe et pousser les autres derrière moi. Je peux prendre facilement la parole et la donner à ceux qui sont timides.
En école, je participerai aux travaux de groupe en cours ou en association de la même manière, comme un leader. »

Analyse : Ici, le candidat affirme sans nuance ce qu'il pense être son rôle dans un groupe. Il ne donne aucun détail, aucune anecdote pour convaincre le jury ou tout du moins préciser davantage ce qu'il entend par leader. Il semble n'avoir aucune prise de recul sur ce qu'est un travail de groupe. S'il gagne des points en montrant qu'il sait que les travaux de groupe joueront un rôle prépondérant dans le futur, là aussi il donne une réponse trop vague pour être convaincante.

➡ **Exemple de bonne réponse à la question « Quelle est votre place dans un travail d'équipe ? » :**

« En règle générale, mon esprit cartésien m'aide à faire avancer le groupe quand il s'agit de structurer des idées et d'en faire un plan ou un cahier des charges. Je me souviens avoir pris le « leadership » de mon travail au sein du BDE à l'université quand il a fallu transformer toutes les idées pour communiquer en véritable plan de communication sur l'année. C'est à ce moment-là que je pense apporter le plus au groupe. Bien sûr, je fais en sorte de ne pas m'éclipser par ailleurs, mais je laisse volontiers des personnes plus créatives que moi mener le brainstorming de départ tout en amenant mes idées quand elles viennent. Je pense que c'est un avantage de se connaître pour faire avancer le groupe.
D'ailleurs, dans le futur, qu'il soit en école au sein des projets de groupe ou de l'association AIESEC que je souhaite intégrer, ou bien en entreprise, c'est cette qualité d'organisation que je mettrai à profit du groupe. »

Analyse : Le candidat montre dans cette réponse une certaine prise de hauteur et une maturité en montrant qu'il ne prend pas « le travail de groupe » comme un et indivisible, mais bien comme une succession de moments. Il est précis quand il parle de son apport, et fait référence à un projet de groupe passé.

Il se projette également dans le futur de manière concrète et montre ainsi au jury qu'il est conscient de ce qui l'attend par la suite ; conscience éminemment importante pour un jury !

K) « Pourquoi vous êtes-vous réorienté ? »

Cette question, qui déstabilise bien souvent à tort les étudiants, concerne aussi bien ceux de classes préparatoires que d'admissions parallèles. Les premiers peuvent avoir basculé d'une classe prépa scientifique ou littéraire à économique. Les seconds peuvent avoir arrêté volontairement une classe prépa ou bien avoir commencé des études dans un autre domaine (droit, philosophie, lettres, art...).

Plus que de vous déstabiliser, le jury cherche surtout à comprendre sincèrement les étapes qui ont jalonné ce choix de réorientation. Vous ne devrez jamais critiquer votre cursus précédent mais d'abord expliquer ce qui vous attirait en son sein, puis enfin dire au jury ce que vous en retenez de positif. Revenez sur ses apports en termes de compétences ou de connaissances, qui peuvent être complémentaires à ce que vous allez apprendre en école de commerce. Ayez l'obsession de tirer du positif de cette période et de montrer en quoi elle vous a donné peut-être également envie d'intégrer une école de commerce !

Le cas particulier est celui d'une réorientation « forcée », souvent des étudiants d'admissions parallèles n'ayant pas été conservés en classe prépa. Pour ceux d'entre vous concernés, il vous faut vous référer à la question traitant des échecs, qui fera référence ici.

➞ **Exemple de réponse insatisfaisante à la question « Pourquoi vous êtes-vous réorienté ? » :**

« Je me suis réorienté car je me suis rendu compte que les études de droit n'étaient pas pour moi. J'ai tenu jusqu'en licence mais je veux maintenant absolument rejoindre une école de commerce après celle-ci. Je n'aime pas devoir apprendre les choses par cœur, et je trouve que les matières étaient très répétitives. De plus, le droit ne m'intéressait pas fondamentalement, et je n'arrive pas à m'investir totalement quand quelque chose ne m'intéresse pas. En école de commerce, je vais faire des choses beaucoup plus variées, et qui m'intéressent plus que le droit. »

Analyse : Dans cette réponse, le candidat n'arrive pas à positiver sur les apports de son parcours antérieur. À l'entendre, on ne comprend pas pourquoi il a choisi des études initiales de droit, ni ce qu'il en retire. Enfin, il se tire des balles dans le pied en disant qu'il n'aime pas devoir apprendre des choses par cœur, ce qui pourra arriver en école de commerce, ou en affirmant qu'il ne s'investit pas dans ce qu'il n'aime pas. En tant que jury, je rebondis sur ce dernier point car il me fait très peur pour la suite. Pense-t-il sincèrement qu'il va tout aimer en école de commerce et en entreprise ?!

Enfin, on ne sent pas ce qu'il recherche ou ce qu'il pense aimer en école de commerce, preuve qu'il ne s'est pas assez bien renseigné. Sa réponse ici est trop vague sur ces aspects.

→ **Exemple de bonne réponse à la question « Pourquoi vous êtes-vous réorienté ? » :**

« J'avais choisi en fin de Terminale d'intégrer une classe préparatoire car j'étais intéressé déjà par des études commerciales. Mais j'ai décidé de la quitter au bout d'un an car je sentais que je ne m'y épanouissais pas. Les matières étaient certes intéressantes, mais trop éloignées de l'économie, du marketing, des métiers de l'entreprise en général qui m'intéressaient déjà beaucoup plus. De la même manière, il était difficile de concilier à 100 % à la fois la classe prépa et ma pratique du violon dans un orchestre, qui m'est essentielle.
J'ai donc souhaité me diriger vers un parcours qui me permettait de découvrir les matières en question tout en me laissant m'épanouir dans ma pratique intensive du violon qui participe à mon équilibre.
Je garde cependant de très bons souvenirs de cette année qui m'a appris à m'organiser, à être efficace dans mon travail, et a surtout permis de développer ma curiosité intellectuelle.
Aujourd'hui, je souhaite me diriger en école de commerce pour pouvoir bénéficier d'un enseignement beaucoup plus tourné vers la pratique que ne l'est l'enseignement à l'université. Cependant, les qualités développées en prépa et à l'université vont absolument me servir en stage ou durant les cours. »

Analyse : Le candidat explique d'abord son choix initial, puis enchaîne immédiatement avec les raisons de sa réorientation. Cela lui permet de valoriser son parcours actuel, tout en évoquant les acquis de la classe préparatoire. C'est aussi une manière subtile d'évoquer devant le jury ses qualités !

Finalement, le candidat termine en rassurant le jury sur son choix d'école, en insistant sur la complémentarité de ses acquis avec ce que peut lui apporter l'école (voie théorie de l'université contre voie plus professionnalisante de l'école de commerce).

3. Les questions sur l'école de commerce

A) « Pourquoi une école de commerce ? »

On touche ici à une question clé de l'entretien de motivation, sans aucun doute une des plus importantes. Le jury souhaite connaître les raisons qui vous ont poussé vers des études de management par la voie des écoles de commerce.

Il y a donc bien ici deux sujets :

- Pourquoi avoir choisi des études commerciales ?
- Pourquoi avoir choisi pour cela de candidater dans une école de commerce ?

Pour bien appréhender ce deuxième point, il faut bien comprendre que les écoles de commerce ne sont qu'une voie possible non seulement dans le paysage de l'enseignement supérieur français mais aussi dans celui des études des métiers commerciaux. Les écoles de commerce françaises sont concurrencées par les IAE, les licences universitaires, la voie professionnelle ou bien les universités étrangères ! Et chacunes de ces voies présentent leurs propres spécificités pour se démarquer dans cet univers concurrentiel. Le jury veut donc comprendre pourquoi vous avez choisi la voie des écoles de commerce, qui n'est donc qu'une possibilité parmi d'autres ! Faites également attention à ne jamais dénigrer les autres formations. On doit sentir que vous voulez rejoindre une école de commerce pour ses atouts, et non par défaut, grâce aux faiblesses supposées des autres formations.

Pour bien répondre donc à cette question, vous ne pouvez faire l'économie de vous renseigner sur le contenu des études et les expériences proposées par les écoles de commerce. Le meilleur moyen pour cela est bien de discuter en amont avec des personnes en école ou tout juste diplômées. En montrant que vous savez ce que vous allez trouver en école, vos arguments sur votre choix de cette voie seront d'autant plus crédibles aux yeux des jurys.

Ensuite, je souhaite vous mettre en garde contre un piège classique de cette question. Le jury a horreur d'entendre la réponse à la question « Pourquoi notre école de commerce ? », qui n'est pas du tout la même question. Commencez donc par bien répondre à celle-ci.

Est-ce que cela veut dire que vous mettrez totalement sous silence l'école dont vous passez l'entretien ? Pas forcément, et je vous conseille de l'évoquer ici, mais APRES avoir répondu à la question posée. Le schéma est finalement le suivant :

- Je donne un argument de réponse à la question « pourquoi une école de commerce ? »
- **Je justifie cet argument**, je le développe.
- **Je fais le lien avec l'école** en question, en expliquant que d'ailleurs, elle propose quelque chose dans ce sens.

Je ferai l'effort de faire des exemples dans les modèles de réponses ci-dessous.

Enfin, avant de passer à des exemples concrets, je termine par des arguments souvent cités par les candidats et qui ont pour effet quasi-systématique d'énerver le jury.

- Je l'ai évoqué, les écoles de commerce ne sont jamais un parcours « logique », mais résulte bien d'un choix. Même ceux d'entre vous passés par une classe préparatoire aux écoles de commerce ont choisi initialement d'intégrer cette voie ! En affirmant que les écoles de commerce sont la voie classique, vous envoyez comme message au jury que vous ne souhaitez pas répondre à sa question, voire qu'elle n'a pas de sens.
- Les écoles de commerce ne sont pas une garantie contre le chômage. Vous donnerez l'impression au jury en affirmant le contraire de vouloir rejoindre une « planque », sans vous donner les moyens d'accéder à un métier qui vous plaît à la sortie de l'école.

- Si les écoles de commerce proposent des opportunités d'études ou de stages à l'international, il faut faire attention à ne pas laisser penser que vous les rejoignez exclusivement pour cela. Dans le cas, le jury pourra vous rétorquer que le mieux pour vous est d'aller étudier directement dans un établissement étranger ! Il s'agit bien d'un atout des écoles de management françaises, mais si cela constitue le seul argument, ce dernier se retournera contre vous !
- Pour les étudiants en classes préparatoires, affirmer que les écoles de commerce permettent de moins travailler que durant vos dernières années paraît au mieux maladroit, au pire suicidaire, et témoigne surtout d'une méconnaissance de l'école !

➡ **Exemple de réponse insatisfaisante à la question « Pourquoi une école de commerce ? » :**

« Je veux faire une école de commerce car c'est le parcours logique étant donné que je souhaite travailler dans une entreprise, et avoir une carrière à l'international.
Aussi, j'ai lu que les étudiants en écoles de commerce étaient 98 % à avoir un métier après l'école, donc ce n'est pas un risque pour moi. Je n'avais pas envie d'aller en licence car on n'est pas suivis, ni en IAE car c'est moins prestigieux.
Et puis il y a les associations dans lesquelles j'ai envie de m'investir, surtout le Bureau des Sports. »

Analyse : La réponse concentre une grosse majorité des erreurs classiques des candidats. D'abord, le candidat donne des poncifs sur l'école de commerce (travailler en entreprise, vivre à l'international) sans jamais dire ce que propose spécifiquement l'école de commerce pour l'amener à vivre ces expériences. Il montre ainsi qu'il ne connaît pas vraiment ce que les écoles proposent, et décrédibilise totalement sa volonté d'intégrer cette voie.

Ensuite, le candidat tombe dans le piège de critiquer les autres formations, sur des arguments qui sont en plus caricaturaux et futiles, et sans jamais mettre en avant les atouts des écoles.

Enfin, le candidat termine sur un argument qui pourrait être intéressant, mais sans le développer et évoquer ce que l'école peut proposer excepté une association spécifique qui l'intéresse.

➡ **Exemple de bonne réponse à la question « Pourquoi une école de commerce ? » :**

« J'ai choisi de m'engager vers une école de commerce d'abord parce que je pense que c'est la formation qui me proposera le plus de choses pour me former à un métier. Même si cela peut encore changer dans les quatre prochaines années, j'ai envie actuellement de m'engager vers la voie du contrôle de gestion, et l'école de commerce présente des spécificités qui m'intéressent.

D'abord, les écoles de commerce proposent un parcours très professionnalisant, et après deux années d'études plus théoriques, je vois cela comme un bon complément à ma formation. J'aurais la possibilité de faire des stages, et jusqu'à trois dans votre école ; les cours seront dispensés en partie par des professionnels en entreprise ; les étudiant m'ont dit qu'on étudiait beaucoup sur des cas d'entreprise pratiques... toutes ces perspectives me donnent envie de rejoindre une école de commerce !
Aussi, les années en école de commerce me donnent la possibilité de pouvoir partir étudier ou travailler à l'étranger. Et, toujours dans ma logique de découvrir des choses différentes dans ma formation, c'est un avantage capital à mes yeux. Cela me permettra de pouvoir découvrir d'autres cultures de travail et de pouvoir compléter les connaissances et compétences que j'aurais apprises ici. Je sais d'ailleurs que dans votre école, il y a six mois obligatoires à l'étranger, et c'est un vrai plus !
Enfin, rejoindre une école de commerce c'est aussi rejoindre un réseau d'entraide, et cela compte beaucoup pour moi. Savoir que je pourrai rencontrer des professionnels diplômés de la même école que moi tout au long de ma carrière compte aussi. C'est un vrai atout des écoles de commerce selon moi. Nous avons eu ce matin en amphithéâtre une présentation de l'association des anciens de votre école, et je sais maintenant qu'ils ont un Club Finance, qui regroupe des professionnels des métiers de la finance et que j'aimerais fortement rejoindre à ma sortie d'école ! »

Analyse : Le candidat fait l'effort de ne pas oublier l'essentiel : une école de commerce, comme toute autre institution, a d'abord pour vocation de former à un métier. Il le rappelle et détaille ensuite les atouts spécifiques de l'école de commerce à ses yeux (preuve qu'il les connaît, qu'il s'est renseigné, et donc qu'il est motivé !), sans jamais évoquer les autres formations.

Puis, pour chacun des trois arguments (formation professionnalisante, opportunités à l'étranger, association des anciens) le candidat suit un schéma pertinent : il commence par dire pourquoi à ses yeux cela est un atout des écoles de commerce en général, puis évoque très rapidement ce que propose en particulier l'école dont il passe l'entretien. Il tend une perche au jury pour que ce dernier l'interroge sur l'école en question, mais sans que cela constitue l'essentiel de la réponse !

B) « Pourquoi notre école de commerce ? »

Soyez-en certain, cette question reviendra à chaque entretien que vous passerez. Elle est essentielle pour le jury car elle permet de vérifier :

- Que vous vous êtes renseigné sur l'école, et notamment sur ce qui la distingue des concurrentes.

- Que l'école en question peut vous apporter ce que vous recherchez pour vous épanouir professionnellement mais également personnellement.

Face à cette question très importante, la première exigence est celle de la forme. Impensable pour un jury de voir un candidat y répondre sans enthousiasme, sans sourire, sans punch ! Comment croire que vous voulez intégrer l'école si vous le dites sans toutes ces qualités précitées ? Attention donc ici à ce que la forme de la réponse ne vienne pas prendre le pas sur le fond et le remettre en question.

Par ailleurs, comme pour la question précédente, il ne s'agit pas de critiquer ouvertement les autres écoles – le jury aurait peur que vous fassiez la même chose de son école ailleurs ! **Votre objectif est simplement de mettre en valeur les particularités de l'école en question et de dire en quoi elles répondent à vos attentes.**

Souvent, mes étudiants viennent me voir au début de leur préparation en me disant : « *Robin, finalement, je ne sais pas comment distinguer Neoma de Kedge. Pour moi, ce sont les mêmes ! Je peux y étudier la finance, je peux aller en échange en Allemagne, je peux intégrer une association... Comment répondre à cette question* ? ».

À cela je réponds deux choses.

D'abord, ils ont raison. La concurrence entre les écoles est si forte qu'aucun ne peut se permettre de ne pas proposer une formation en finance, de ne pas envoyer ses étudiants à l'étranger, de ne pas proposer une vie associative. Soit.

Cependant, si vous affinez vos recherches, et « rentrez » dans le contenu des formations, des associations, des échanges, des programmes, alors vous découvrirez des différences entre les écoles, des manières de se distinguer de la concurrence. En prenant une loupe et en regardant de plus près, vous remarquerez peut-être que le programme finance de Kedge est à la carte, tandis que celui de Neoma propose une préparation au CFA. De la même manière, l'association qui vous intéresse à Kedge a plus de budget et organise plus d'événements, mais celui de Neoma permet un mandat plus long... L'échange en Allemagne à Kedge dure 6 mois, alors que Neoma y propose peut-être des doubles diplômes... (*NB : tout ceci n'est que pure invention, mais montre le raisonnement et le détail des informations à obtenir*).

Comment donc atteindre ce niveau de détail qui permet de pouvoir apporter des réponses pertinentes à la question posée ? En parlant à des personnes de l'école ou des jeunes diplômés ! Le site internet, le site admissible, la plaquette de l'école ne suffisent plus car sont accessibles à tout le monde, vos concurrents compris.

De la même manière, cette question demande au candidat d'être très concret. Il vous faut nommer les Master, parcours, associations, échanges, entreprises partenaires qu'il considère comme des avantages de l'école. Non seulement le jury actera la personnalisation de la réponse à l'école en question, et ne pourra se dire que l'étudiant dit la même chose à tout le monde, mais en plus cela appuiera ses arguments ! Je dis souvent à mes étudiants que leur volonté d'intégrer l'école doit être « éclairée » des connaissances concrètes qu'ils en ont. Ces dernières, plus précises seront-elles et plus permettront-elles d'appuyer votre crédibilité face au jury.

Avant de passer à la méthodologie de préparation de cette question, je tiens à mettre en valeur des arguments qui sont récurrents chez les candidats bien que mauvais, voire pénalisants pour eux.

Ne tombez jamais dans la récitation des plaquettes de l'école ! Choisissez toujours des arguments qui sont en lien avec vous, vos projets. Combien d'étudiants ai-je entendu parler de la finance à l'EDHEC sans vouloir l'étudier, des campus à Skema sans vouloir y étudier... Ne tombez pas dans le cliché de chaque école. Le jury n'aura pas l'impression de vous connaître davantage, et actera le fait que vous ne savez pas ce que l'école peut VOUS proposer.

De la même manière, les classements des écoles, la proximité avec la famille, le copain ou la copine, ne sont jamais des critères acceptables pour un jury. La ville peut éventuellement être un argument s'il est rattaché au paysage socio-économique, à des entreprises locales qui vous intéressent, un secteur à la pointe dans la région... bref, qui est rattaché à votre projet ou vos envies professionnelles !

Passons maintenant à la construction de la réponse. Pour coucher sur papier et structurer (sans figer !) la réponse à cette question, je vous propose d'effectuer le tableau suivant pour chaque école :

Argument 1	LIEN AVEC SOI : Justification de l'argument ? Pourquoi cela me plaît ? Lien avec mes projets.	Qu'est-ce qui distingue mon argument des autres écoles ?
Argument 2	LIEN AVEC SOI : Justification de l'argument ? Pourquoi cela me plaît ? Lien avec mes projets.	Qu'est-ce qui distingue mon argument des autres écoles ?
Argument 3	LIEN AVEC SOI : Justification de l'argument ? Pourquoi cela me plaît ? Lien avec mes projets.	Qu'est-ce qui distingue mon argument des autres écoles ?
Il vous sera possible d'aller jusqu'à 3 ou 4 arguments selon les écoles... Privilégiez la qualité de chaque argument à la quantité !		

Voici un exemple de tableau affecté à une école précise, Audencia. Encore une fois, les éléments à l'intérieur du tableau sont (à moitié) inventés et ne peuvent pas être repris tels quels sans vérifications !

Master « Dirigeants et Entrepreneurs »	Lien avec mon projet pro : Volonté de créer une entreprise à ma sortie d'école, sans doute dans le secteur du e-sport.	Master et Incubateur en partenariat avec l'école Centrale de Nantes. Étudiants à profil complémentaire : richesse.
Année de césure au milieu de la 2e année.	Peu d'expériences professionnelles. Envie de découvrir le monde de l'entreprise le plus tôt possible.	Autres écoles : année de césure après 2 années pleines d'école.
Association Isegoria	Volonté de participer à la vie de l'école et d'intéresser les étudiants. Liberté de choisir thèmes et invités.	Pas d'association de ce type dans les écoles de dans lesquelles je suis admissible.

Avant de passer maintenant à des modèles de réponses, laissez-moi vous donner quelques derniers conseils pour la construction de votre réponse :

- L'argument principal, qu'il est difficile de ne pas mettre à la première place, doit d'abord être celui des réponses aux attentes professionnelles. L'école doit d'abord proposer des choses pour vous former au métier que vous souhaitez ! Ainsi, je vous conseille fortement, comme je l'ai fait dans le tableau ci-dessus, de commencer par les opportunités que propose l'école pour répondre à votre projet professionnel. N'oublions pas l'essentiel !
- À l'inverse, ne mettez jamais les associations en premier. Si elles constituent un argument potentiel, elles ne peuvent être citées en priorité, et ce pour trois raisons principales :
  - Il n'y a jamais (ou très rarement) des présidents ou membres d'associations dans le jury, mais plutôt des salariés de l'école ou des professionnels. Ces derniers seront beaucoup plus sensibles aux arguments professionnels et ne comprendront sans doute pas que les associations aient une place si grande dans le choix d'une école.
  - Cela ne peut être mis sur le même pied d'égalité que les formations dispensées en école. Il ne faut pas se tromper d'objectif, vous venez d'abord pour acheter une formation. Les associations, si importantes et mises en valeur par les écoles soient-elles, ne sont pas le service principal proposé.
  - Ainsi, vous paraîtrez vouloir entrer en école d'abord pour les associations, ce qui paraît autant frivole qu'immature !

➡ **Exemple de réponse insatisfaisante à la question « Pourquoi notre école de commerce ? » :**

« Je veux faire votre école d'abord car elle est classée numéro 7 dans le dernier classement de L'*Étudiant*, ce qui montre son prestige.
Ensuite, elle a une vie associative très riche, et c'est un vrai atout.
Par ailleurs, j'ai vu que vous aviez un Master en finance, je ne me souviens plus de son nom mais il était bien et on m'a dit qu'il était très reconnu des entreprises.

Enfin, vous avez des échanges en Espagne, et c'est un pays que j'aimerais découvrir, je n'en ai jamais eu l'occasion ! »

Analyse : Sans surprise, le candidat ne reprend aucun des conseils précités. Il ne fait jamais le lien avec son projet ou ses envies professionnelles, reste très vague (aucun nom de Master, d'échange, ou d'association cité !) et futile (prestige d'une école liée à son classement). Le jury ne peut donc pas imaginer quel va être le parcours du candidat en école, et ne peut finalement pas être rassuré sur son futur !

→ **Exemple de bonne réponse à la question « Pourquoi notre école de commerce ? » :**

« J'aimerais intégrer Audencia Business School d'abord pour le Master « Dirigeants et Entrepreneurs » que l'école propose. J'ai pu discuter avec des étudiants de ce Master et j'ai aimé le fait qu'on travaille régulièrement avec des étudiants venant de Centrale Nantes. Ça donne une complémentarité dans les profils qui ne peut qu'être féconde dans les projets entrepreneuriaux. Moi qui ai envie de créer une entreprise dans le secteur du e-sport, ce Master parait un atout important tant au niveau des compétences – car nous devons créer un réel Business Plan à la fin du Master – que du réseau.
Par ailleurs, après deux années d'études durant lesquelles je n'ai pas effectué de stage, le fait que nous devions partir en stage au bout d'un an et demi d'école et non deux comme ailleurs est pour moi un réel atout. J'ai hâte de découvrir le monde de l'entreprise, et d'apprendre des choses qui me serviront dans mes projets futurs !
Enfin, j'ai étudié le tissu associatif d'Audencia, et j'ai été séduit par l'association ISEGORIA, qui organise des conférences dans l'école. Les écoles que je passe ne proposent pas cette association, mais surtout cela me permettrait de participer à la vie d'Audencia d'une manière qui me plaît, en organisant des conférences sur des thèmes aussi actuels qu'essentiels. Et puis, en créant de rien une conférence pour des centaines de personnes, il y a une part d'entrepreneuriat qui sera un bon apprentissage pour moi au vu de mon projet futur ! »

Analyse : Dans cet argumentaire, le candidat fait deux efforts appréciés de structure et de personnalisation de la réponse. Il traite les uns après les autres tous les arguments, en les hiérarchisant clairement. Par ailleurs, dans chacun des paragraphes, on peut lire un effort pour lier les avantages de l'école à son projet, et donc comprendre concrètement en quoi l'école peut lui apporter des choses. Enfin, par les détails qu'il donne sur le Master, l'architecture du cursus et l'association, on voit que le candidat maîtrise son sujet, sait de quoi il parle, et ses connaissances donnent beaucoup plus de poids à sa volonté de l'intégrer. C'est ce que j'appelle « une volonté éclairée ».

En outre, le candidat fait l'effort de nommer les éléments qu'il invoque, que ce soit l'école, l'association, le Master... Le jury ne peut donc pas dire qu'il répète la même réponse à toutes les écoles !

La comparaison avec les autres écoles n'est jamais frontale ni nominative, mais toujours dans une optique de mettre en valeur Audencia plutôt que de critiquer les autres.

C) « Que voulez-vous faire dans notre école ? »

Cette question, proche de la précédente, peut aussi se décliner sous la forme « Racontez-moi vos X premiers mois dans l'école » ou « Que voulez-vous vivre dans notre école ? ».

Elle sert d'abord à vérifier que le candidat sait où il va mettre les pieds, et qu'il s'est renseigné sur ce que propose une école de commerce, tant sur le plan académique qu'extra-académique. Ensuite, elle permet au jury de juger ce que le candidat apprécie dans l'école, et ainsi acter le fait qu'il pourrait s'y épanouir.

Le candidat doit, encore une fois, apporter une réponse concrète sur son parcours envisagé dans l'école, même si celui-ci pourra in fine évoluer au fil des mois ! Là aussi, le nom des associations, des parcours, des Masters, des échanges, etc., sont indispensables. Une bonne manière pour le jury de vérifier si la réponse est convaincante est de savoir s'il a pu imaginer le candidat quand celui-ci racontait son parcours dans l'école. Dis autrement, si celui-ci est entré suffisamment dans le détail de son parcours, preuve de sa connaissance de ce que propose l'école.

On ne demande évidemment pas au candidat des détails que seuls des étudiants de l'école pourraient donner, mais tout de même des éléments qui montrent qu'il s'est renseigné, et qu'il connaît un minimum ce dont il parle. Pour cela, encore une fois, je vous invite à échanger avec des anciens ou actuels étudiants de l'école !

➞ **Exemple de réponse insatisfaisante à la question « Que voulez-vous faire dans notre école ? » :**

« C'est une question difficile car je ne suis pas encore en école. D'abord, je sais que je vais rentrer dans une association en première année.
Ensuite, j'aurai des cours toute l'année et des stages en fin d'année. À la fin, je pense me spécialiser dans le Marketing.
Aussi, l'international est très important, et je veux partir à l'étranger dans mon cursus. L'Amérique Latine m'attire beaucoup à ce titre et j'aimerais y voyager. ».

Analyse : Le candidat tombe dans le piège principal et manque de concret. Aucun détail temporel, aucun nom, il fait donc preuve de son absence de connaissance sur l'école en ne disant que des banalités. Finalement, le jury se dit qu'il ne peut pas accepter un candidat qui ne sait pas ce qu'il va trouver dans l'école !

→ **Exemple de bonne réponse à la question « Que voulez-vous faire dans notre école ? » :**

« D'abord, je souhaite m'intégrer dans ma promotion, et y rencontrer les personnes qui la composent. Je sais que les événements organisés par l'école au début, le Business Game notamment, mais aussi par les associations, dont le week-end d'intégration, vont y participer.
Ensuite, j'ai la volonté de suivre les cours d'abord généralistes proposés durant les deux premières années, avant de me spécialiser en 4e année en finance de marché, via le Master Market Finance. Ce Master propose également une formation au CFA que je souhaite suivre.
Au niveau professionnel, j'aimerais bien effectuer mon stage de découverte à la fin de la 1re année dans une banque, pour découvrir un secteur qui m'intéresse. J'ai d'ailleurs vu que la BNP était partenaire de l'école, et je ne manquerai pas d'aller les rencontrer dans le forum des entreprises qui est organisé chaque année en Novembre. Par ailleurs, j'aimerais faire mon année de césure entre la deuxième et la troisième année dans des fonds d'investissements, et je sais que le recrutement y est difficile. Je pense que pour m'aider, j'irai au career center de l'école pour m'aider à bien appréhender ces entretiens.
Bien sûr, tout ceci est encore hypothétique et répond à mes envies actuelles. Je sais pertinemment qu'elles pourront évoluer en grandissant en école !
Enfin, je souhaite bien évidemment m'investir dans les associations de l'école. Je souhaite intégrer le Bureau des Étudiants, et je sais qu'il faut mener des campagnes de Novembre à Janvier pour être élu. Ça va être j'espère une expérience collective inoubliable, et dictera une partie de mon rythme durant l'automne prochain ! »

Analyse : D'abord, en lisant cette réponse, je suis persuadé que certains d'entre vous ont imaginé le candidat en cours, en stage, en association ! Ce dernier a été suffisamment précis, sans tout connaître, pour « projeter » le jury.

Ensuite, il fait l'effort d'être structuré et de couvrir plusieurs pans de la vie en école. On aurait même pu imaginer que celui-ci parle des échanges internationaux, ou même de l'investissement dans l'association des anciens de l'école !

Enfin, et cela rassurera peut-être certains d'entre vous, il n'est nullement besoin de savoir exactement et définitivement ce que vous souhaitez faire en école pour répondre correctement à la question. Partez de vos envies *actuelles*, et construisez autour de celle-ci. Vous pourrez, comme dans l'exemple, préciser au jury que des choses sont encore hypothétiques et dépendantes d'envies présentes qui pourront évoluer au fil du temps.

D) « Qu'est-ce que notre école va vous apporter ? »

Encore une fois, il s'agit ici du même type de questions, dans lesquelles on vous demande de vous projeter dans l'école de manière concrète. Il faut montrer que vous avez réfléchi à ce que vous allez vivre en école, et que vous connaissez les atouts d'une école de commerce. Rien de nouveau donc pour les lecteurs attentifs.

Les prérequis sont les mêmes que pour les deux questions précédentes, et la seule différence ténue vient du fait qu'il faut dans cette question insister peut-être davantage sur les connaissances et les compétences que vous allez pouvoir développer durant vos années d'école.

Attention, il faut que ces avantages soient suffisamment importants pour « justifier » le coût d'une école. Partir à l'étranger pour apprendre une langue, s'investir dans une association pour faire de l'humanitaire sont des arguments maladroits ici. Pour éviter ce piège, voyez toujours les opportunités offertes par l'école sous le prisme de leur apport professionnel, même si les apports personnels ne sont pas à négliger (je le montrerai dans le premier paragraphe de mon exemple de bonne réponse)

→ **Exemple de réponse insatisfaisante à la question « Qu'est-ce que notre école va vous apporter ? » :**

« L'école va m'aider à trouver un métier, car j'ai vu sur la plaquette que 98 % des étudiants en trouvaient après leur diplôme.
Aussi, l'école va me permettre de partir à l'étranger et donc de découvrir une nouvelle culture. J'aimerais d'ailleurs travailler à l'étranger après mon diplôme.
Enfin, je vais pouvoir travailler en banque, car j'ai vu que certains de vos admisseurs avaient fait un stage dans ce secteur.
Après, je pense que je saurai vraiment ce que va m'apporter l'école une fois que j'y serai. C'est difficile de répondre avant ! »

Analyse : Ici, le candidat reste factuel, en énonçant ce qu'il veut faire en école, mais n'est jamais analytique. Il ne donne jamais au jury son opinion sur les apports de ses expériences en école, et ne répond donc pas à la question. Enfin, comme toute mauvaise réponse qui se respecte, il reste très vague en ne citant jamais d'association, ni d'université partenaire, ni enfin d'entreprises (partenaires ?) qui l'attireraient dans le secteur bancaire.

→ **Exemple de bonne réponse à la question « Qu'est-ce que notre école va vous apporter ? » :**

« Tout d'abord, l'école va me faire rencontrer des personnes ayant un parcours très différent. J'ai rencontré parmi les admisseurs des anciens de classe préparatoires économiques, de classes préparatoires littéraires, de licence d'Économie, de licence de Géographie, d'écoles d'ingénieurs... Donc je pense déjà que l'école va me permettre d'apprendre de la manière de raisonner de chacun.

Ensuite, mon projet professionnel étant de travailler dans le contrôle de gestion, je souhaite que l'école m'apporte non seulement les connaissances théoriques qui s'y rapportent, via les cours notamment, mais aussi les compétences pratiques, que je développerai durant les stages. Durant mon année de césure après la deuxième année, j'effectuerai des stages qui me permettront de mettre à exécution ce que j'aurais appris en cours. Ensuite, je souhaite faire le Master Audit et Contrôle de Gestion afin d'affiner mes connaissances.
Enfin, pour faire écho à ma volonté d'apprendre de tous les profils d'étudiants en école, je souhaite aussi partir étudier un semestre à l'étranger pour découvrir les pratiques professionnelles du pays. J'imagine, sans savoir vraiment, que le contrôle de gestion n'est peut-être pas totalement identique en France ou au Pérou. Et l'école de commerce me permet de pouvoir découvrir cela, je compte donc bien en profiter ! »

Analyse : Ici, le candidat, tout en évoquant précisément les opportunités dont il souhaite bénéficier en école (rencontres, cours et spécialisation, stages, échanges), insiste sur l'apport de ceux-ci. Et cette prise de recul lui permet de répondre parfaitement à la question.

Si on peut trouver un petit défaut à cette réponse, ce serait l'absence de citations de noms quand il parle d'entreprises et d'universités. Mais en citant le nom du Master, il compense en partie ce manque et empêche le jury d'affirmer qu'il ne connaît rien de l'école.

Enfin, le candidat a un discours intéressant sur l'échange, car il ne tombe pas dans le piège du « j'irai en échange pour perfectionner une langue » (pourquoi payer 10000€ l'année pour cela ?). Il sait que l'échange universitaire est une pierre de plus dans son parcours professionnel, et en parle comme tel.

E) « Quelle est la devise de notre école ? »

Quand vous travaillerez vos fiches écoles, soyez vigilants aux devises de celles-ci, qui peuvent être l'objet de questions de la part du jury.

Une année, à Skema, mon cojury posait systématiquement la question aux candidats : « Qu'est-ce que l'économie de la connaissance pour vous ? ».

Ainsi, je vous conseille de connaître les devises des écoles dont vous passez l'entretien, et que vous pourrez retrouver dans les fiches écoles de cet ouvrage. Ensuite, pour aller plus loin dans la réponse, réfléchissez à comment vous pouvez les lier avec vous, vos expériences, votre personnalité ou vos projets futurs.

Pour cette question et la suivante, je ne donne pas d'exemples de mauvaise réponse car cela consiste en pratique pour l'étudiant à ne pas connaître la devise de l'école, et à l'admettre. Une réponse moyenne consisterait également en l'annonce de la devise par le candidat sans jamais lier celle-ci à soi.

➡ **Exemple de bonne réponse à la question « Quelle est la devise de notre école ? » :**

« La devise de l'emlyon est « early makers ». Je vois cette devise comme une invitation à prendre des initiatives, à créer, sans se mettre de barrières par rapport à l'inexpérience ou à l'âge. J'aime d'ailleurs cette devise car je m'y reconnais. J'ai créé un club de sport au lycée sans aucun moyen, en étant persuadé que si j'attendais que les adultes le fassent, cela n'arriverait jamais. Par ailleurs, sans avoir des velléités entrepreneuriales actuellement, j'ai également envie de prendre des initiatives en école, de fabriquer mon propre chemin avec le parcours à la carte, de créer une section water-polo dans le Bureau des Sports... d'être acteur de mes années en école de commerce en fait ! »

Analyse : Le candidat connaît non seulement la devise mais fait l'effort de la lier à sa personnalité et son parcours. Il commence par expliquer comment il conçoit cette devise, et fait le parallèle avec une expérience passée et des envies futures. Son objectif est clairement de rassurer le jury sur le fait qu'il correspond à l'esprit de l'école, formalisée par sa devise.

F) « Quelles sont les valeurs de notre école ? »

Aucune différence dans les conseils de préparation par rapport à la question ci-dessus. Faites simplement attention à bien différencier la devise, sorte de baseline, des valeurs dans la communication des écoles. En cas de doute, n'hésitez pas à décrocher votre téléphone et à demander directement aux écoles !

➡ **Exemple de bonne réponse à la question « Quelles sont les valeurs de notre école ? » :**

« Les valeurs de Kedge sont Care, Create, Share. Pour y avoir forcément réfléchi, je pense d'ailleurs que je me reconnais dans ces valeurs. Principalement dans Create, car c'est en lien avec mon projet professionnel de lancement d'une chaîne de bar à vins argentins après mon diplôme. Ensuite, je n'imagine ce type d'aventures que collectivement, et je ne me vois pas créer une entreprise sans partenaire pour m'accompagner. D'ailleurs, tous mes sports pratiqués ont été collectifs, et le partage des moments agréables comme douloureux faisait partie de ce que je recherchais.
Enfin, Care me parle également, car en tant que manager dans le futur, je ferais en sorte de cultiver la bienveillance et l'épanouissement de mes équipes. C'est à mon avis la clé pour qu'un projet puisse fonctionner. »

Analyse : Comme pour l'exemple précédent, le candidat annonce les valeurs demandées et fait tout de suite le lien avec elles. Pour Kedge, la réponse peut être longue si on fait le lien avec les trois valeurs. Il est possible en pratique que le jury vous demande avec laquelle vous êtes le plus à l'aise. Mais qui peut le plus, peut le moins !

4. Les questions sur votre futur

A) « Où vous voyez-vous dans 5 ans ? »

Cette question vous appelle déjà à imaginer ce que sera votre vie professionnelle à votre sortie d'école. Et c'est là le premier défaut des candidats face à cette question : oublier que dans 5 ans, ils ne seront que des jeunes diplômés !

En interrogeant vous sur votre situation de jeune diplômé, le jury souhaite savoir finalement ce que vous apportera l'école, où cette dernière vous mènera, quels seront vos choix, etc. Commencez ainsi par répondre clairement à la question dans les premières phrases de votre réponse, puis déroulez le fil des 5 prochaines années pour lui expliquer comment vous souhaitez y venir. Cette question est aussi l'occasion pour le jury de vérifier que l'école va bien vous apporter quelque chose !

Par ailleurs, si vous êtes encore peu à l'aise sur votre futur professionnel, sachez qu'il ne vous est pas demandé de vous engager définitivement sur un futur professionnel, mais bien de montrer au jury qu'elle est la possibilité professionnelle la plus probable en sortie d'école et la manière dont vous y arriverez. L'important est que vous montriez au jury que vous avez un projet, qui pourra peut-être changer, et que vous savez comment y arriver. Vous ne serez donc pas perdu en école et le jury sera rassuré !

Vous ne devez donc pas oublier qu'en 5 ans, vous vivrez les choses suivantes qui jalonneront votre parcours au sein de l'école : engagement associatif, spécialisation en école, stage en France ou à l'étranger, semestre académique à l'étranger, rencontres et projets menés avec des camarades de promotion... Finalement, cette question permet également au jury de vérifier que vous connaissez bien toutes les étapes de la vie en école, jusqu'à votre premier emploi... dans 5 ans !

Enfin, la question porte à la fois sur votre situation professionnelle, mais aussi sur votre état d'esprit en tant que jeune diplômé. Souhaitez-vous vous installer ou rester mobile en début de carrière ? Préférez-vous vous spécialiser dans un secteur ou bien avoir la volonté d'en découvrir plusieurs en début de carrière ? Préférez-vous démarrer dans une grande structure ou bien dans une start-up ? Profitez de cette question pour y réfléchir et apporter des éléments de réponses au jury.

➡ **Exemple de réponse insatisfaisante à la question « Où vous voyez-vous dans 5 ans ? » :**

« Dans 5 ans, je travaillerai dans le private equity à l'international et je serai manager d'une équipe. J'aurais appris les mécanismes financiers en école, ce qui m'aura permis de trouver ce travail.
Par ailleurs, l'école m'aura permis de voyager et de découvrir d'autres pays, ce qui m'amènera dans 5 ans à parler plusieurs langues. »

Analyse : Le candidat alterne entre l'utopique, le vague, et le maladroit.

Dans la première catégorie, il faut noter qu'en tant qu'un tout jeune diplômé est très rarement manager de toute une équipe. Si on ne demande pas à ce stade au candidat une grande connaissance de l'évolution professionnelle possible en entreprise, il témoigne quand même dans sa réponse d'un manque de curiosité à l'égard de sa future possible carrière.

Par ailleurs, le candidat est très peu concret lorsqu'il évoque les apports académiques de l'école, sans même citer le nom du Master qu'il souhaite faire. De même, il ne dit pas quelles expériences il souhaite vivre exactement à l'étranger (stages, échange académique), ni dans quel pays. Il reste aussi silencieux sur son état d'esprit à la sortie d'école, ce qui prive *de facto* le jury d'une partie de la réponse.

Enfin, la maladresse tient également du fait qu'il voit les expériences internationales comme un « voyage » et non comme une pierre de plus dans la construction de son parcours professionnel. Si le fait de progresser en langues peut faire partie des bénéfices de quelques mois à l'étranger, les expériences internationales en école ne sont pas seulement des expériences linguistiques ! La réponse sur ce point est donc incomplète.

→ **Exemple de bonne réponse à la question « Où vous voyez-vous dans 5 ans ? » :**

« Dans 5 ans, je serai diplômé depuis 1 an, et à ce stage je souhaiterais travailler en tant qu'analyste dans le private equity. J'ai discuté avec des étudiants et des professionnels de ce métier et cela m'a conforté dans mon choix actuel. Si possible, je serai employé dans un pays étranger et anglophones comme les États-Unis, le Royaume-Uni ou l'Australie. C'est important pour moi de commencer ma carrière dans un environnement que je connais moins, pour être un professionnel plus complet. Par ailleurs, je pense que je préférerai démarrer ma vie professionnelle dans une structure de petite taille afin d'être plus vite responsabilisé.
Pour arriver à cela, je souhaite d'abord rencontrer des gens qui pourront m'aider à mieux connaître ce métier qui m'attire, notamment des professionnels en cours ou lors des conférences. Par ailleurs, l'association Skema Finance, qui propose à ses membres plusieurs expériences liées à la finance (formation, conférences, trading contest, networking...) me permettra j'espère aussi de participer à ma formation.
Enfin, je n'oublie pas les stages qui seront l'occasion de mettre en pratique mon apprentissage en école. Si je peux en faire un en banque et un en fonds d'investissement, je pourrai ainsi varier les environnements et les expériences. Cette année de césure sera aussi l'occasion de participer aux afterworks organisés par le Club Finance de l'association des anciens, et rencontrer des gens aux carrières inspirantes !
Bien sûr, je vous fais part de mon souhait actuel mais je ne suis fermé à rien. Cinq années, c'est long, et j'ai eu le temps d'évoluer dans ces 5 dernières années. Ma position peut donc encore évoluer ! »

Analyse : Le candidat fait d'abord l'effort de préciser le plus possible son souhait professionnel dans 5 ans, tant sur le métier qui est énoncé que sur sa situation géographique ou sa structure d'accueil.

Ensuite, la chronologie permet au jury de constater la lucidité du candidat sur les opportunités qui s'offrent à lui pour arriver à la situation souhaitée. Il est presque exhaustif (on notera quand même un manque chagrinant, celui du Master suivi en école) dans les apports de l'école durant toute la durée de sa scolarité.

Pour les candidats qui ne sont pas certains de leurs projets plus tard ou qui hésitent encore, il est tout à fait possible de terminer la réponse en précisant qu'il s'agit d'un souhait actuel, qui sera forcément à évoluer – au moins à la marge – en école.

B) « Où vous voyez-vous dans 10 ans ? »

La logique est ici la même que pour la question précédente. Seule change votre situation professionnelle. Vous aurez environ 30 ans, et serez à cet âge très certainement dans une position de « manager », avec plusieurs personnes sous votre responsabilité, et des projets dont vous aurez la charge.

La difficulté supplémentaire tient du fait de devoir vous projeter dans l'avenir (10 ans représentent actuellement la moitié de votre vie) et rendre cohérent votre début de carrière professionnelle. À ce titre, le jury vous demande de bien jongler entre ambition et modestie pour votre métier dans 10 ans, et d'arriver à une ambition réaliste !

Pour bien passer cet obstacle, vous n'avez aucun autre choix que de vous renseigner sur l'évolution professionnelle du ou du type de métiers que vous mettez sur la table. Encore une fois, on ne vous demande pas d'être spécialiste, mais bien de vous être renseigné sur le sujet et d'être réaliste.

Logiquement, en comparaison avec la question précédemment traitée, celle-ci demande de moins évoquer la vie en école (quittée depuis 6 années), et beaucoup plus l'aspect professionnel de votre parcours. Commencez donc par répondre à la question, puis détaillez votre début de carrière, et non votre parcours en école comme à la question précédente. Vous pourrez évoquer cependant ce dernier, sans jamais qu'il prenne trop de place dans la réponse.

➞ **Exemple de réponse insatisfaisante à la question « Où vous voyez-vous dans 10 ans ? » :**

« Dans 10 ans, je me vois directrice marketing d'une entreprise dans le secteur du luxe telle que Dior ou L'Oreal. J'aurais eu une carrière dans le marketing, et j'aurais évolué de chef de produit senior à directrice marketing. J'aurai ainsi à

définir et mettre en œuvre la stratégie marketing de tous les produits de la marque.
Je souhaite par ailleurs rester dans le secteur du luxe, car c'est le seul qui m'attire, et si possible à l'international. »

Analyse : Le principal défaut de cette réponse est l'utopisme de la situation professionnelle évoquée, preuve d'un manque de recherche de l'étudiant et donc finalement de crédibilité. C'est un défaut très souvent retrouvé dans les CVs projectifs que demande Skema pour ses oraux.

Enfin, on pourrait aussi reprocher à l'étudiant de rester vague quand il parle de « l'international », sans que ça constitue pour autant le principal problème de cette réponse.

→ **Exemple de bonne réponse à la question « Où vous voyez-vous dans 10 ans ? » :**

« Dans 10 ans, soit 6 ans après ma sortie d'école et l'obtention de mon Master « Entrepreneurship » à Neoma, je pense être prêt à me lancer dans l'aventure de la création d'entreprise. J'ai le souhait de créer un fond d'investissements spécialisé dans le secteur de l'éducation, et je pense qu'après quelques années d'expérience, je serais mûre.
Après mon diplôme, je souhaite d'abord commencer en tant qu'employé d'un fonds d'investissement pour comprendre et apprendre le métier et l'environnement. Dans l'idéal, le fond aurait une petite taille pour me permettre de voir de plus près tous les métiers existants, et avoir plus de chances d'être sollicité sur des décisions.
Ayant un goût pour la création et un fort désir de participer au développement de structures dans le secteur de l'éducation, je souhaite après ces quelques années post-diplôme créer une entreprise dont ce serait la mission.
Si j'en ai la possibilité, j'aimerais également pouvoir voyager en Asie, où le marché de l'éducation est beaucoup plus mature qu'en Europe, pour regarder les pratiques et les structures de référence. »

Analyse : Le candidat suit d'abord une bonne structure de réponse. Il répond clairement et précisément à la question, en citant rapidement l'école, puis reprend le cours de son parcours professionnel pour expliquer au jury comment il compte y arriver. Le projet est réaliste et le parcours justifié. Le candidat termine même en ajoutant une originalité au parcours et montre une connaissance du secteur en évoquant l'Asie. Le jury peut rebondir en lui posant la question sur la place éventuelle de l'Asie dans son parcours en école (échange, stages éventuels…).

Mais finalement, le jury a les éléments qu'il souhaite : clarté, précision, justification, ambition réaliste.

C) « Quel est votre projet professionnel ? »

D'abord, j'invite le lecteur à relire la partie dédiée au projet professionnel se remémorer la manière de le construire. La suite est exclusivement dédiée à ses techniques d'évocation en entretien...

Dans cette question classique, vous êtes amené à montrer au jury :

- Que vous n'êtes pas là par hasard et que vous avez des envies professionnelles qui correspondent à ce que peut proposer l'école de commerce (Lien Projet – École).
- Que votre projet professionnel est en cohérence avec votre personnalité (Lien Projet – Soi).
- Que vous vous êtes renseigné sur les métiers dont vous parlez pour donner de la crédibilité à son discours.

Finalement, dans cette question, on vous demande de répondre aux sous-questions suivantes :

- En quoi l'école est une pierre essentielle pour atteindre ce projet professionnel ?
- En quoi votre projet vous ressemble-t-il ? En quoi êtes-vous capable de rassurer le jury sur le fait que j'ai les qualités pour ce(s) métier(s) ?
- Montrez-nous que vous savez de quoi vous parlez.

Bien entendu, vous ne devez pas vous inquiéter, vous avez le droit de changer d'avis ! Montrez juste qu'à l'instant T, vous avez un projet qui est cohérent avec ce que propose l'école ainsi qu'avec votre personnalité.

De la même manière, si vous hésitez encore entre plusieurs métiers, vous pouvez tout à fait mettre l'accent sur un en particulier en le justifiant. Vous pouvez même présenter les deux, tant qu'ils répondent aux critères énoncés ci-dessus !

En fait, ce n'est pas tant la réponse que vous allez donner au jury qui va compter que votre raisonnement, la preuve que vous vous êtes renseigné et que vous avez tenté de faire le lien avec vos forces et vos faiblesses.

Par ailleurs, ne vous posez pas de mauvaises questions, et n'essayez pas de rentrer dans la tête du jury en essayant de savoir si vous devez présenter un projet professionnel atypique ou classique. Un jury ne valorise pas forcément un projet atypique, pas plus qu'il n'est exaspéré par un projet très classique (les fameux « Chef de produit », « Entrepreneur »,...). Dans tous les cas, il jugera la manière dont vous êtes arrivé à ce choix, la cohérence de celui-ci et la connaissance que vous en avez. Un candidat qui défend bien un projet récurrent en entretien sera paradoxalement plus valorisé car le jury pourra directement le comparer à d'autres candidats au même projet.

→ **Exemple de réponse insatisfaisante à la question « Quel est votre projet professionnel ? » :**

« Je n'ai pas forcément de projet professionnel très précis, je compte surtout sur l'école de commerce pour m'aider à trouver ma voie. J'ai vu durant mon stage cet été les métiers du Marketing, et je pense que ça peut me convenir. Je suis créatif et j'aime bien vendre. Je ne sais pas encore tout ce qu'il y a derrière le Marketing, mais je saurai ça en école puisqu'on a des cours de Marketing.
Je vais faire des stages aussi, et ça me permettra de savoir ce que je veux et ce que je ne veux pas. En fait, j'aime bien le Marketing mais je considère que je suis jeune et que je vais sûrement changer d'avis. »

Analyse : Le candidat laisse penser au jury qu'il est là par hasard. Il parle d'un métier sans vraiment savoir de quoi il s'agit (le marketing n'est pas la vente...), ce qui est un gros point négatif, et en insistant sur le fait qu'il y réfléchira surtout en école. Par ailleurs, le projet n'est pas lié à soi ni à l'école de façon précise ou convaincante.

→ **Exemple de bonne réponse à la question « Quel est votre projet professionnel ? » :**

« Mon projet professionnel est de travailler en tant que contrôleur de gestion. Je me suis renseigné en discutant avec des professionnels et en lisant des fiches métiers et je suis attiré par ce métier. Le contrôleur de gestion tel que je l'imagine contrôle la gestion économique (définition d'objectifs, indicateurs d'activité, mesure de performance,...) de l'entreprise, et optimise la rentabilité financière. Ainsi, il a une vision large de l'activité de l'entreprise et est en contact direct avec tous les services.
Il faut je pense pour exercer ce métier des qualités de rigueur et d'aisance relationnelle. Et ce qui me rassure est que je suis certain de posséder ces qualités. Mon expérience en tant qu'entraîneur d'une équipe de rugby est la preuve que je sais lier les deux. Je serais d'ailleurs ravi de vous évoquer cette expérience.
Enfin, pour atteindre l'objectif qui est le mien actuellement, j'ai besoin de la formation que propose l'école de commerce, et particulièrement l'ESSEC. Je pourrais suivre le cursus Expertise Comptable qui me permettra d'acquérir les connaissances qu'il me manque forcément. Par ailleurs, ce Master permet de se préparer au DSCG et présente donc une opportunité supplémentaire pour moi. La possibilité de passer un an en entreprise dans l'école m'apportera l'expérience professionnelle qui me manque actuellement.
C'est finalement pour cela que je suis là. Je porte un projet actuellement, qui me ressemble et j'ai besoin de l'école de commerce pour me mettre le pied à l'étrier. »

Analyse : Le candidat commence d'abord à montrer au jury qu'il sait de quoi il parle en donnant une définition rapide de son métier. Il prouve aussi qu'il n'a pas choisi ce métier au hasard, mais bien en parlant à des gens, ce qui appuie ses propos.

Par ailleurs, la deuxième partie traite du lien Projet – Soi ; et le candidat en profite pour tendre une perche au jury sur une expérience passée. Si le jury la prend, le candidat aura réussi son coup car il aura orienté le jury vers un thème toujours plus agréable !

Enfin, le candidat enchaîne ensuite sur le lien Projet – École et annonce les apports de l'école dont il passe l'entretien pour son projet professionnel. Le jury peut rebondir sur un point de la réponse, mais est d'ores et déjà rassuré sur ses attentes essentielles lorsqu'il pose cette question.

D) « Que faites-vous si votre projet n'aboutit pas ? »

Cette question se pose souvent aux étudiants qui parlent de l'entrepreneuriat en entretien, bien qu'ils n'aient pas le monopole de cette question.

Ici, le jury veut savoir si le candidat a pensé à un plan b, et derrière sentir comment il réagit aux échecs.

Il ne faut surtout pas annoncer que l'échec est inenvisageable, cela reviendrait à montrer au jury une forme d'aveuglement dangereuse et à repousser sa question.

Vous pouvez ne pas avoir un plan professionnel de secours, mais bien montrer au jury quelles démarches vous effectueriez pour rebondir et retrouver une voie professionnelle qui vous attire.

Montrez que vous n'êtes pas fermé d'esprit et que vous pouvez rebondir !

➡ **Exemple de réponse insatisfaisante à la question « Que faites-vous si votre projet n'aboutit pas ? » :**

« Je ne suis pas quelqu'un qui envisage l'échec, je suis certain que mon projet de création d'agence de publicité marchera. Je vais m'entourer des personnes qui m'aideront, et moi-même je suis prêt à tout pour que mon projet marche. Je n'ai pas de plan b pour le moment car je ne me vois pas faire autre chose que montrer ma propre entreprise. Je n'ai pas envie d'être salarié et je n'ai pas d'autres métiers qui me plaisent pour le moment. »

Analyse : Le candidat refuse de répondre ici à la question, ce qui est très pénalisant. Il montre au jury qu'il ne sait pas à l'heure actuelle rebondir s'il échoue et montre une méconnaissance désinvolte des métiers auxquels prépare l'école de commerce. Enfin, il accumule les maladresses dans la dernière phrase prononcée.

→ **Exemple de bonne réponse à la question « Que faites-vous si votre projet n'aboutit pas ? » :**

« Je pense que si mon projet de création d'agence de publicité échoue à ma sortie d'école, je me laisserai un peu de temps pour moi. D'abord pour digérer l'échec et surtout pour faire le point sur ce qui n'a pas été. Je suis quelqu'un qui a besoin de mûrir les choses et ce temps me sera précieux pour m'améliorer et savoir comment rebondir.
Je ne peux vous dire à l'heure actuelle ce que sera mon activité professionnelle si mon projet échoue, mais ma démarche pour le savoir sera celle-ci. Je pourrais retenter une aventure entrepreneuriale comme devenir salarié d'une entreprise. J'aime beaucoup le monde de la publicité donc je souhaiterais rester dans ce secteur, et je me dis que les métiers du Marketing conviennent bien à mes qualités de curiosité et d'analyse ainsi qu'à mes aspirations. »

Analyse : J'ai choisi ce type de réponse pour vous montrer qu'on peut très bien s'en sortir sans donner un métier précis. Le candidat, du haut de ses 20 ans, assume ne pas se projeter dans un projet « roue de secours ». Par contre, il montre une certaine maturité et une bonne connaissance de soi quand il évoque sa manière de digérer l'échec et de rebondir. En fin de réponse, il donne quand même une piste au jury en évoquant un domaine d'activité (qu'il est censé maîtriser, sinon il se met en danger !), et les qualités évoquées sont autant de perches tendues au jury pour que ce dernier l'interroge dessus.

E) « Comment pouvons-nous être certains que vous n'allez pas changer d'avis ? »

Cette question peut concerner à la fois les études en écoles de commerce, notamment pour ceux qui se sont déjà réorientés, ou bien le projet professionnel.

Je passe rapidement sur le deuxième cas car il est le plus facile à appréhender pour le candidat. Ce dernier, nous l'avons vu, a le droit de changer d'avis tant qu'il suit les règles du projet professionnel en entretien évoquées dans cet ouvrage. Il peut très bien changer de projet, mais trouver un métier qui lui correspond et pour lequel l'école de commerce est une formation adaptée.

Le premier cas, le plus fréquent au demeurant, pose plus de difficultés. Il demande au candidat de donner des garanties. Finalement, dans cette question plus explicitement que dans les autres, le jury demande à être rassuré sur la bonne intégration du candidat dans la vie d'école comme sur l'adéquation entre ses projets et ce que propose l'école. Vous devez donc insister sur la cohérence de votre choix et sur les apports essentiels de l'école de commerce, qu'ils soient académiques ou professionnels. Le candidat a besoin de rassurer le jury sur le fait que l'école de commerce colle bien avec son projet professionnel, mais que les spécificités de l'école de commerce lui conviennent également.

- **Exemple de réponse insatisfaisante à la question « Comment pouvons-nous être certain que vous n'allez pas changer d'avis ? » :**

« Je ne suis pas en école donc on ne peut jamais dire jamais, mais je pense que l'école de commerce va me convenir. Déjà parce qu'elle mène quasi toujours à un métier, ensuite parce qu'on a de la liberté dans le travail, et dans le choix des matières, qui me plaisent d'ailleurs beaucoup plus qu'en prépa scientifique. Je n'ai pas aimé le côté trop strict de la classe préparatoire scientifique dans lequel nous n'avions aucune latitude dans nos choix.
Enfin, je n'ai jamais voyagé donc les années d'école sont l'opportunité d'y remédier.
Ainsi, on ne peut jamais être certain, mais tout cela me fait penser que je fais le bon choix ».

Analyse : Ici, malgré les efforts du candidat pour rassurer le jury, sa réponse attise plutôt ses craintes. D'abord parce qu'il ne ferme pas la porte à une réorientation et laisse donc le jury penser qu'il peut potentiellement (sans qu'on en soit certain) tout arrêter. Or, n'oubliez jamais que le jury « mise » sur un candidat en l'acceptant, et que s'il a encore des doutes, il aura tendance à ne pas le prendre. Ensuite, les arguments du candidat pour défendre son choix de l'école de commerce sont mauvais car constituent des demi-vérités. Il n'y a pas toujours une grande liberté dans le travail (tout dépend ce qu'il entendait pas liberté) qui est souvent contraint par des deadlines et par les autres membres du groupe. Durant un à deux ans, la plupart des matières sont imposées dans un tronc commun à tous les étudiants. Enfin, les séjours à l'étranger ne sont pas des voyages, que le jury peut comprendre comme synonyme de vacances, mais bien des échanges universitaires ou des stages en entreprise.

- **Exemple de bonne réponse à la question « Comment pouvons-nous être certain que vous n'allez pas changer d'avis ? » :**

« Déjà, l'idée de rejoindre une école de commerce ne vient pas de quelques mois, mais germait déjà dans mon esprit en Terminale. J'avais choisi de rejoindre l'université pour suivre des études de Droit car les métiers juridiques me plaisaient plus à l'époque. Mais je ne me suis pas retrouvé dans le contenu, très théorique finalement, ni dans l'apprentissage, très par cœur. Et surtout, durant mon stage en cabinet d'avocats, j'étais plus attiré par les métiers commerciaux que juridiques. J'allais souvent proposer de l'aide à la Responsable Communication d'ailleurs.
C'est donc d'abord un changement de projet professionnel qui m'amène vers une école de commerce. Mais c'est également une volonté de m'engager vers des études plus tournées vers la pratique que la pure théorie et vers l'international, choses que je ne retrouvais pas à l'université. Cela correspond beaucoup plus à mon caractère : curieuse, qui aime l'action plus que la réflexion... Enfin, le fait de côtoyer régulièrement mes camarades de promotions à travers

les cours, les associations, les événements de l'école va me changer… et j'ai hâte ! »

Analyse : Le candidat, qui s'est réorienté, abat d'abord une carte importante : il pensait déjà à des études commerciales en Terminale ; preuve que sa réorientation actuelle n'est pas qu'une lubie passagère. Par ailleurs, il justifie par des exemples son choix de quitter le droit, et insiste ensuite largement sur les apports de l'école de commerce, **tant sur les métiers auxquels elle forme que la manière à laquelle elle forme**. Le candidat se protège donc d'une réplique « et pourquoi pas un IAE ou une licence d'économie – gestion ? ».

F) « Comment concilierez-vous vie professionnelle et familiale ? »

À titre personnel, je suis peu à l'aise cette question que je trouve hors sujet en entretien de motivation. Je ne suis sans doute pas le seul puisque plusieurs écoles interdisent à ses jurys de la poser. Malgré tout, rien n'est contrôlable à 100 % et vous pourrez avoir à y répondre, notamment les candidatEs.

Ici, je vous conseille d'abord de prendre des précautions sémantiques et de ne pas être trop définitif ou convaincu. Mettez-vous à la place d'un jury, s'il a des difficultés à lier les deux, il pourra être vexé par un discours d'un candidat trop sûr de lui sur sa réussite à lier vie professionnelle et familiale.

Finalement, vous êtes invité dans cette question à exprimer de quelle manière vous pensez trouver un équilibre entre les deux.

N'hésitez pas à affirmer cependant que vous n'y avez pas encore tout à fait réfléchi car cela vous semble loin ! C'est souvent vrai, et cela peut vous protéger.

➡ **Exemple de réponse insatisfaisante à la question « Comment concilierez-vous vie professionnelle et familiale ? » :**

« Je pense que je pourrais rapidement trouver l'équilibre entre les deux au début de ma carrière. Je compte beaucoup travailler au début, pour me forger une expérience et un nom, et ensuite je pourrais me permettre de lever le pied et de me consacrer à ma famille. D'ailleurs, je pense qu'il est important pour n'importe qui d'arriver à lier les deux. Et quand il y a une volonté, il y a un chemin. Tout le monde peut y arriver ! »

Analyse : Le candidat prend d'abord le risque de vexer un jury en affirmant à la fin que tout le monde peut y arriver. Ensuite, il a une vision très simpliste en affirmant qu'il lui suffira de travailler beaucoup au début pour pouvoir se permettre de pouvoir se consacrer à sa famille après. La réalité n'est évidemment pas si simple, et le candidat fait preuve ici de naïveté.

→ **Exemple de bonne réponse à la question « Comment concilierez-vous vie professionnelle et familiale ? » :**

« Déjà, je dois être honnête avec vous, je n'y ai que très peu réfléchi encore. Je me considère encore jeune, et je n'ai surtout pas d'idées arrêtées sur un sujet que je ne maîtrise pas et que je n'ai pas expérimenté. Si vous me posez la question, c'est sans doute que le problème n'est simple pour personne.
En regardant certaines personnes de mon entourage, je vois qu'il est important de savoir « bien couper » quand on est avec ses proches. Si jamais je venais à avoir un métier chronophage, je ferais d'abord en sorte de « couper » totalement du travail quand je serai avec ma famille pour me consacrer exclusivement à eux. Ce sera je pense ma première manière de concilier les deux.
Je sais que les deux vies sont essentielles, et que pour être épanouissantes il faut qu'elles puissent laisser la place à l'autre de temps en temps. En tout cas, je tenterai bien évidemment de répondre à cette difficile équation ! »

Analyse : Dans cette réponse, le candidat se protège à double titre. D'abord il explique qu'il n'y a pas réfléchi sérieusement et que ses idées ne sont pas arrêtées. Ensuite, il s'appuie sur des connaissances pour exprimer un moyen de concilier les deux vies. Sa réponse se base donc d'abord sur un vécu, une observation. Il prend soin de souligner la difficulté de la chose, et sa prudence véhicule de la maturité auprès du jury.

5. Les questions d'actualité

A) « De quel sujet d'actualité avez-vous envie de nous parler ? »

Vous ne devez jamais oublier que dans quelques années, vous serez cadre d'entreprise, vous serez un acteur de l'économie, vous serez amené à travailler éventuellement à l'étranger... et tout ceci requiert une curiosité intellectuelle qui se matérialise en partie par le suivi de l'actualité.

Je pense même que suivre l'actualité est un devoir citoyen, d'autant plus pour vous qui allez être amené à accéder à des responsabilités en entreprise. Comment envisager à terme des hautes responsabilités sans savoir ce qui se passe dans le monde, pouvoir analyser l'actualité, prendre des décisions en fonction, etc. ?

D'ailleurs, une bonne manière dans la vie active de connaître, d'apprécier et d'estimer un client, partenaire ou collègue est de discuter avec lui dans les temps « off » (avant/après une réunion, en déplacement...) sur d'autres sujets que ceux professionnels. C'est donc une « soft skill » qui est nécessaire en entreprise, et qu'en tant que jury nous souhaitons mesurer à l'aide de cette question.

Une fois la nécessité de suivre l'actualité actée, sachez que si le jury ne balise pas temporellement le choix du sujet, j'ai tendance à conseiller de vous limiter aux trois derniers mois. Un jury a d'ailleurs un jour demandé à un candidat la Une du *Monde* du jour ! Regardez la donc avant chaque entretien.

Ensuite, il ne faut jamais oublier que « toute question est un prétexte pour un jury pour en apprendre plus sur vous ». Celle-ci ne fait pas exception, et rend le choix du sujet traité essentiel.

Ainsi, le premier défaut des candidats ici est de mal comprendre la question et de penser que le jury attend d'abord et surtout LE sujet d'actualité du moment. Or, ces sujets sont d'abord toujours très compliqués, et il est très probable que votre maîtrise du sujet soit d'abord médiocre et bien inférieure à celle du jury. Mais surtout, il s'agit le plus souvent d'un sujet impersonnel qui ne nous apprend rien *in fine* sur vous. Choisissez donc d'abord un sujet qui vous ressemble, que vous pouvez lier à une passion, un projet, un sport pratiqué, un voyage... quelque chose sur lequel vous pourrez rebondir par la suite. On appelle cela tendre une perche ! Par ailleurs, il est probable qu'en choisissant un sujet d'actualité moins connu, vous appreniez des choses au jury. Bien entendu, si vous êtes à l'aise avec un gros sujet d'actualité, rien de vous empêche de choisir ce dernier, mais celui-ci devra être absolument maîtrisé et si possible lié à vous.

Sachez également que le jury ne vous demande pas d'être expert sur le sujet dont vous parlez, mais d'être à minima bien renseigné et de savoir de quoi vous parlez. **Quel sentiment désagréable pour un jury de constater qu'un candidat a eu le loisir de choisir son sujet d'actualité... et qu'il sèche au bout de la première question !** Attention donc de bien maîtriser non seulement le fait d'actualité en lui-même mais aussi les sujets et thèmes connexes à celui-ci. Le candidat doit s'attendre après cette question à quelques minutes de discussion durant lesquelles le jury pourra lui demander de développer, de donner un avis, de creuser un thème connexe au sujet choisi, etc.

Je termine sur le sujet en vous mettant en garde contre certains types de sujets d'actualité :

- Les sujets sans intérêt dans le cadre de l'entretien : un jour, un candidat a évoqué la liste de Didier Deschamps des joueurs sélectionnés pour l'Euro 2016...
- Les sujets pouvant toucher des convictions religieuses ou politique : en 2012, j'avais constaté beaucoup de réponses autour de « La Manif pour Tous » et la légalisation du mariage homosexuel, sujet éminemment « touchy » pour le candidat, qui ne sait pas qui il a face à lui... En 2017, les polémiques autour de la campagne de François Fillon ont parfois mené à des échanges musclés et inutiles entre candidats et jurys. Et dans ce cas, le candidat perd toujours...
- Les sujets trop vagues : Je vous conseille, si vous choisissez des sujets d'actualité très larges (en 2017, la campagne présidentielle était l'exemple parfait) de trouver un angle d'analyse précis plutôt que d'évoquer le sujet dans sa globalité, ce qui serait beaucoup trop long. Par exemple, pour la campagne présidentielle de 2017, il était possible de choisir le traitement de la campagne sous l'angle des instituts de sondage, qui à l'ère du big data et des données accessibles partout,

se sont beaucoup trompés. Un candidat a évoqué cet aspect en entretien en citant l'élection américaine, le Brexit, la primaire LR... Finalement, nous avons plus parlé de cela que de la campagne présidentielle, qui n'était pas son réel sujet d'actualité !

➞ **Exemple de réponse insatisfaisante à la question « De quel sujet d'actualité avez-vous envie de nous parler ? » :**

« Je n'ai pas pu trop suivre l'actualité cette année avec la préparation des concours, mais je dirais la dernière mesure économique du gouvernement, qui touche, je crois, les APL. Je ne suis pas expert sur le sujet, mais j'ai entendu qu'Emmanuel Macron voulait baisser les APL, mais je ne me rappelle plus du montant. Cela me choque car c'est un revenu important pour les étudiants, et je pense c'est quelque chose qui m'a marqué récemment. »

Analyse : Le candidat se tire d'abord une balle dans le pied en affirmant d'emblée comme pour se protéger qu'il ne suit pas l'actualité. Ensuite, le jury voit très bien qu'il ne maîtrise pas le sujet choisi et peut se demander pourquoi il a choisi d'évoquer celui-ci. On note d'ailleurs un paradoxe entre le discours hésitant et mal maîtrisé, et la dernière expression « quelque chose qui m'a marqué récemment ». Enfin, le candidat, par son choix du sujet, n'a rien appris au jury sur lui, et n'a tendu aucune perche. Il s'est donc enfoncé, par un mauvais choix de sujet, dans un discours impersonnel et imprécis.

➞ **Exemple de bonne réponse à la question « De quel sujet d'actualité avez-vous envie de nous parler ? » :**

« J'ai envie de vous parler d'un article que j'ai lu dans Courrier International il y a quelques semaines, qui traitait du premier défilé de Chanel à Cuba. Cela faisait suite à l'ouverture de l'île sur le monde. Ce sujet m'a marqué car j'ai un fort intérêt pour la mode, et j'assistais là à une vraie innovation dans les défilés ! Je suis convaincu que l'art ; et notamment la mode, est un moyen de transcender des différences et partager une culture et de rassembler des peuples aux histoires et aux croyances très différentes. »

Analyse : Il s'agit ici bien sûr d'une première réponse qui amènera le jury à rester quelques minutes sur le sujet. Le jury peut demander au candidat d'apporter des précisions à son sujet d'actualité : qui l'organisait ? dans quelles circonstances ? quel était le thème ?

Mais le jury peut surtout le questionner sur l'ouverture de Cuba, son histoire, sa culture, ou bien sur Chanel. Tout cela dans le but de tester sa culture « large » autour de ce sujet.

Enfin, le jury peut demander au candidat de donner son avis sur la tenue de ce défilé, ce que celui-ci a déjà commencé à faire dans sa réponse.

En mettant de côté tout ce qui peut se passer par suite, le jury a déjà une première bonne opinion du candidat sur cette question. Il cite sa source et suggère donc qu'il lit Courrier International régulièrement, et **choisit un fait d'actualité qui permet de faire le lien avec sa passion pour la mode**. D'ailleurs, il est très possible que le jury finisse ces quelques minutes autour du sujet d'actualité en lançant le candidat sur sa passion, si celle-ci n'a pas encore été évoquée.

B) « Qu'avez-vous à dire sur... ? »

Il s'agit ici d'une question connexe à la précédente, mais qui diffère par le fait qu'elle ne laisse pas le choix du sujet d'actualité évoqué à l'étudiant.

Rassurez-vous cependant, cette question ne portera que sur un sujet incontournable du moment ou bien sur un sujet en lien avec vous (vos projets, vos passions, vos voyages, vos sports...). Dis autrement, vous ne serez directement interrogé sur un sujet d'actualité que si celui-ci vous concerne indirectement ou bien pour vérifier que vous suivez un minimum l'actualité.

Par exemple, si j'ai fait un voyage aux USA, je peux par exemple être interrogé sur le mandat de Donald Trump. Si je pratique un sport, on peut m'interroger sur l'inflation des prix dans le football ou l'attribution des J.O. pour Paris et des conséquences économiques. Vous devez anticiper cela, et c'est, vous vous en doutez, du travail !

Alors, comment réagir si le sujet questionné nous est inconnu ?

D'abord par l'honnêteté, en avouant au jury que nos connaissances sur le sujet sont de l'ordre du néant ou bien trop parcellaires pour établir une réponse.

Ensuite, si vous le pouvez, proposez au jury de développer un sujet connexe de celui qui vous est demandé. Ne le faites pas spontanément, cela pourrait être pris par le jury pour un « passage en force » peu apprécié. Si vous demandez et que le jury accepte, vous aurez la possibilité de montrer que vous avez des connaissances sur un sujet d'actualité, tout en ayant bien géré une situation inconfortable. Ce n'est pas l'idéal, mais mieux que rien !

Ainsi, pour reprendre des exemples ci-dessus, si vous êtes passionné de sport et qu'on vous interroge sur les J.O. sans que vous sachiez bien répondre, demandez si le jury accepte que par défaut vous analysiez l'inflation dans le football.

6. Les questions sur la région de l'école

A) « Quel est le maire de la ville ? »

Cette question est surtout un prétexte pour insister sur la nécessité de se renseigner sur le paysage politique de la ville et de la région. Dans certaines villes (Marseille, Bordeaux, Nantes, Lille, Montpellier), l'actuel ou ancien maire est une figure politique nationale et il serait mal vu de ne pas connaître son nom.

De même, connaissez la couleur politique du maire et la tendance des dernières élections législative dans la région.

Incluez ces données dans vos fiches écoles. Un chapitre récapitulant un certain nombre d'informations sur chacune d'entre elles vous est proposé dans la suite de ce livre.

B) « Quel est le tissu économique de la ville / région ? »

Cette question est le versant économique de la question précédente. La plupart des régions en France ont une spécialité économique. Je pourrais citer l'aérospatiale à Toulouse, la grande distribution dans le Nord, les nouvelles technologies en Rhône-Alpes et dans le sud-est (pour Sophia Antipolis)...

Le jury, en posant cette question, vous demande à minima de pouvoir répondre à la question et de citer des entreprises. Par ailleurs, certaines régions comme la Bretagne sont une terre d'entrepreneur, et il est toujours bien vu de pouvoir en citer.

De manière plus générale, après avoir pendant de longues pages insisté sur la nécessité d'être curieux quand vous vous renseignez sur les écoles de commerce, j'élargis maintenant cette demande au tissu politique et économique local.

Dans une situation idéale, si votre projet professionnel peut se retrouver dans le paysage économique local, n'hésitez pas à le signaler et à citer des entreprises (dont certains sont peut-être partenaires de l'école) qui vous intéressent. Cela peut même être un argument pour rejoindre cette école en priorité, et une pierre de plus dans la question « Pourquoi notre école de commerce ? ». Bien sûr, si votre projet rejoint la spécialité régionale, on ne vous pardonnera pas de ne pas savoir répondre !

7. Les questions de management

A) « Qu'est-ce qu'un bon manager selon vous ? »

Malgré le fait que vous ayez au moment de passer l'entretien une expérience au mieux très modeste de l'entreprise, le jury pourra vous interroger sur ce qu'est pour vous un manager, et les qualités nécessaires. Il est important d'avoir réfléchi à cela en sachant que vous travaillerez à le devenir dès la rentrée prochaine !

Il s'agit alors de bien définir ce qu'est un manager dans le cadre de cette question. Tout d'abord, ce n'est pas forcément un chef d'entreprise. Le candidat peut très bien s'appuyer sur un « simple » manager d'équipe. On peut définir un manager comme une personne responsable d'une mission et à la tête d'une équipe qu'il est chargé d'animer, de coordonner, de motiver, en fonction des moyens qui sont mis à sa disposition. Il a donc une responsabilité humaine et financière. Bien entendu, cela ne vous prive pas de chercher des compléments de votre côté !

Une fois ce point éclairé, il est important de donner des exemples concrets avec des expériences vécues pour illustrer les comportements d'un bon manager. Et pour cela, cherchez bien évidemment du côté de l'entreprise (missions, stages, emplois saisonniers), mais également en dehors du monde de l'entreprise ! Par exemple, un entraîneur d'une équipe de sport ou un professeur d'un groupe de musique sont assimilables à des managers puisqu'ils peuvent se reconnaître dans la définition donnée dans le paragraphe précédent. Cela aura aussi comme vertu de tendre des perches vers vos expériences !

À ce titre, n'oubliez jamais que cette question, comme beaucoup d'autres doit permettre au jury d'en savoir un peu plus sur vous. Ainsi, n'hésitez pas à faire le lien entre les qualités d'un manager selon vous et vos propres qualités. Bien sûr, quand vous serez à ce stade de votre réponse, gardez une évidente modestie dans vos propos et ne faites pas penser au jury que vous êtes certain d'être déjà un parfait manager. Insistez sur votre potentiel plutôt que vos (maigres) acquis !

Pour finir, vous pouvez également vous appuyer sur ce que vous connaissez des grands patrons ou managers pour donner des exemples. Attention cependant à bien connaître leur entreprise et leur parcours !

➡ **Exemple de réponse insatisfaisante à la question « Qu'est-ce que selon vous un bon manager ? » :**

« Je n'ai jamais vu un manager et je n'en suis pas un, donc je ne sais pas trop. Mais si je devais répondre, un bon manager c'est d'abord je pense quelqu'un qui réussit ce qu'il entreprend, et qui entraîne les autres avec lui. Je pense aussi qu'un bon manager est quelqu'un qui est toujours positif et qu'on peut compter sur lui. »

Analyse : Le candidat propose déjà une réponse très courte et forcément incomplète. Les principaux défauts sont l'absence d'exemples concrets, qu'ils viennent de figures connues ou d'expériences vécues, ainsi que le manque de lien avec lui-même, et ses propres qualités. La première phrase n'introduit pas non plus le candidat de manière positive en remettant implicitement en cause la pertinence de la question du jury.

→ **Exemple de bonne réponse à la question « Qu'est-ce que selon vous un bon manager ? » :**

« De ce que j'ai pu lire ou vivre, un bon manager est d'abord quelqu'un qui sait écouter avant de prendre des décisions. Je me souviens à ce titre de mon chef de rayon lors de mon emploi saisonnier à Décathlon qui prenait toujours le temps d'écouter nos avis, nos sentiments. Non seulement cela le nourrissait d'autres points de vue, mais en plus nous nous sentions valorisés et impliqués. Nous avions envie de lui rendre !

Par ailleurs, je dirais qu'une autre qualité importante d'un manager est paradoxalement celui de savoir « déconnecter », de prendre du recul sur les choses. Cela permet de mieux réfléchir au projet, à l'équipe, aux moyens dont il dispose... Il n'est donc jamais la tête dans le guidon. Je me souviens d'une phrase de Pierre Lescure, le fondateur de Canal Plus, qui revendiquait son « droit de buller ». Steve Jobs disparaissait aussi pendant des jours des fois !

Enfin, de manière moins fondamentale, je pense que la curiosité fait partie de la panoplie. Je me souviens d'un entraîneur de mon équipe de football qui cherchait toujours à connaître de nouvelles manières d'entraîner, de jouer. Il nous proposait une vraie variété dans son coaching et ses exercices qui faisaient que nous nous sentions toujours en train d'apprendre.

D'ailleurs, parmi ces trois qualités, je pense que savoir écouter et être curieux peuvent devenir des points forts dans mon management. Ce sont je pense des qualités chez moi, notamment la curiosité que je développe dans mes cours de violon, et j'ai hâte de pouvoir les pratiquer en management.»

Analyse : La réponse, beaucoup plus complète, permet d'abord au jury d'avoir un profil complet d'un manager selon le candidat. Chaque caractéristique est illustrée par une expérience vécue ou une figure connue qui parle au jury, et la réponse n'est donc pas vague. Enfin, la réponse du candidat permet au jury d'apprendre des choses sur lui. Il évoque, en plus de certaines de ses qualités, sa pratique du football et du violon, qui sont autant de perches tendues au jury.

Pour finir, la dernière partie de sa réponse ne rend pas une image hautaine de lui, mais bien de la conscience d'un potentiel à développer. Il y a une différence entre une qualité dans la vie d'un jeune de 20 ans et une qualité dans une situation de management !

B) « Avez-vous un modèle ? »

Cette question est proche de la précédente, mais diffère du fait qu'elle ne couvre pas le seul « manager ». Ici, de manière plus large, le jury vous questionne sur une personne que vous admirez à travers son caractère, son parcours, ses engagements...

Dans cette question, il est plus simple et moins risqué de choisir une figure connue, plutôt qu'un de vos proches inconnu du jury. L'échange pourra plus rapidement s'établir à partir d'une personne fameuse. Bien sûr, si vous avez bien travaillé cette question à partir d'un oncle ou d'un ami, le jury ne pourra pas vous le reprocher. Dans le doute, si vous partez sur cette option, je vous conseille de réfléchir également à une personne connue de tous.

Ici aussi, le jury attend, en plus d'illustrer vos arguments, que vous fassiez le lien avec vous-même en expliquant en quoi vous vous identifiez à ce que représente votre modèle. Ce sera l'occasion de tendre vos perches sur vos passions, vos engagements passés ou envisagés, vos expériences...

Si vous choisissez des personnes qui ont des chances de revenir souvent en entretien (Steve Jobs, Elon Musk...), faites attention à bien argumenter votre réponse et à prendre un angle ou des arguments qui vous distinguent de vos camarades.

➞ **Exemple de réponse insatisfaisante à la question « Quel est votre modèle ? » :**

« Mon modèle est Steve Jobs, car je suis impressionné par ce qu'il a réussi à créer. Il est parti de rien et a su créer un besoin qui n'existait pas dans la société. Aussi, il a su revenir dans son entreprise après avoir été évincé. Bien sûr, je n'envisage pas être Steve Jobs mais ce qu'il a réalisé m'impressionne. »

Analyse : La réponse, sans être médiocre, est au mieux incomplète. Le candidat met plus en avant les actions que les qualités de Steve Jobs. Ainsi, il rend impossible le lien avec lui-même. Ici, le jury attend que le candidat mette plus en avant les qualités, l'engagement ou les convictions qui ont mené à des réalisations, plus que ces dernières seules.

➞ **Exemple de bonne réponse à la question « Quel est votre modèle ? » :**

« Mon modèle est Steve Jobs, car il a su garder un cap quand personne ne croyait en lui, et en particulier lors de son renvoi de l'entreprise qu'il avait fondée. Plus qu'un modèle d'imagination, sans remettre en cause ce talent chez lui, c'est cette faculté à croire en soi et ses idées même quand on est le seul dans ce cas que j'admire. Il pouvait aussi user de cette qualité tout en continuant d'écouter les personnes qui avaient sa confiance, notamment quand il a choisi de réduire la gamme de produits Apple, et c'est cet équilibre qui je pense l'a fait réussir. C'est à mon avis une qualité essentielle pour l'entrepreneur que je veux être et ce qui fait que je l'admire plus qu'un autre. J'espère d'ailleurs travailler cette qualité en école, notamment lors de mon investissement dans l'association Wax It ».

Analyse : Le candidat appuie davantage son argumentaire sur des aspects de la personnalité de Steve Jobs que sur ses réalisations. Sa réponse paraît alors plus poussée car elle permet de faire le lien avec lui, en parlant de son projet professionnel tourné vers l'entrepreneuriat. De plus, même s'il aurait pu l'être encore davantage pour appuyer sa connaissance sur le sujet, il est précis et montre au jury qu'il sait de quoi il parle en évoquant des moments de la vie de Steve Jobs. Enfin, il finit sa réponse en faisant un lien avec le futur, et montre ainsi au jury qu'il se projette dans l'école.

8. Les questions déstabilisantes

Ces questions souvent redoutées des candidats ont d'abord le don de m'énerver quand j'en parle avec mes étudiants. Je découvre au début de leur préparation qu'ils n'ont préparé que ces questions, en mettant totalement de côté les questions classiques. Or, les questions qualifiées de déstabilisantes sont à préparer en dernier lieu, quand tout le reste est ficelé, d'abord car elles sont beaucoup plus rarement posées par un jury dont l'objectif est de vous mettre à l'aise. Ensuite, Les questions déstabilisantes se préparent enfin en dernier lieu car un jury ne basera pas son jugement là-dessus, contrairement aux questions classiques, qui sont classiques car... essentielles ! **Quand un jury pose une question qui vous met mal à l'aise, vous ne devez pas oublier que votre réponse compte moins que l'attitude dont vous ferez preuve pendant cette question et dans les minutes qui suivront.** C'est surtout cela que le jury évalue. Allez-vous vous effondrer et vous refermer sur vous-même ? Allez-vous au contraire vous accrocher en vous reconcentrant dès la question suivante pour montrer au jury que vous ne voulez pas laisser passer votre chance ? C'est sur votre attitude « combative » que le jury vous jugera principalement.

Pour terminer, je divise les questions déstabilisantes en deux types :

- Les questions très pointues sur un sujet. Dans ce cas, le jury voyant que vous êtes à l'aise sur un sujet (métier ou secteur de votre projet professionnel, sujet d'actualité, caractéristiques de l'école, etc.) vous posera une question pointue dans le simple but de savoir jusqu'où vous êtes bon ! Ce type de questions est généralement bon signe car le jury n'osera pas les poser à un candidat jugé fragile sur le fond.
- Les questions décalées, qui seront exclusivement traitées ici. Ces questions peuvent se poser aux candidats très bons comme aux candidats que le jury juge peu naturel ou qu'il soupçonne de réciter les réponses. Ces questions sont souvent l'occasion de casser la glace et de voir le candidat tel qu'il est.

Ainsi, dans une majorité des cas, les questions déstabilisantes sont posées aux candidats de bon niveau, que le jury juge apte à recevoir ce type de questions. Celui-ci ne voudra pas mettre encore plus en difficulté des candidats qui le sont déjà sur des questions plus aisées.

N'oubliez enfin jamais que ces questions ne sont jamais qu'un outil de plus à disposition du jury pour vous connaître. Acceptez-les et répondez-y telles quelles. Je vous donne des pistes dans les pages suivantes pour vous y aider.

A) « Faites-nous rire ! »

Pour une fois, le piège de cette question est… d'y répondre ! D'abord, il faut faire attention aux blagues ridicules ou de mauvais goût. Et ensuite, étant donné votre état de stress, votre concentration et votre stress ne vous permettront pas de raconter votre blague de manière drôle.

Dans tous les cas, le jury attend surtout de voir comment vous réagissez à cette question qui est là pour vous perturber. La première manière de bien la gérer est évidemment d'y avoir réfléchi en amont. La deuxième manière est de vous aventurer sur un terrain que vous connaissez mieux que le jury… vous !

Bien sûr, il n'est pas question de vouloir faire rire le jury en lui exposant une situation durant laquelle vous avez été ridicule. Cette question, comme beaucoup d'autres, est encore une fois énoncée pour que le jury en apprenne plus sur vous. L'objectif pour vous est donc de réfléchir à une situation qui amènera à faire sourire (et non rire) le jury, mais sur lequel vous pourrez rebondir sur une qualité développée, un défaut corrigé, un projet mené, etc. On appelle cela tendre une perche !

➡ **Exemples de réponse insatisfaisante à la question « Faites-nous rire ! » :**

- Dire une (mauvaise) blague : il y a de grandes chances qu'elle fasse un bide !
- Ne pas vouloir répondre à la question.

➡ **Exemple de bonne réponse à la question « Faites-nous rire ! » :**

« C'est difficile pour moi de vous faire rire puisque je suis tellement concentré dans l'entretien que même si j'avais une bonne blague, je serais bien incapable de la dire correctement ! Mais je peux vous raconter une anecdote qui a beaucoup fait rire à l'époque.

Je devais faire une représentation avec mon groupe de violon devant plus de 150 personnes, ce qui était une grande première. Le professeur nous avait imposé un dresscode que j'avais totalement oublié. Je suis venu en jean baskets quand tout le monde était en costume ! Je vous laisse imaginer le stress une fois sur l'estrade quand tout le monde vous regarde en chuchotant à son voisin… Même mes camarades étouffaient des rires avant de démarrer en admirant le décalage.

Mais malgré mon état de stress, j'ai réussi à très bien gérer la situation et j'ai fait un sans-faute ! Finalement, je pouvais moi-aussi en rigoler à la fin. Cette expérience amusante a permis de montrer à beaucoup de gens ma gestion du stress, qualité qui pourrait me servir à Neoma, et notamment dans mon engagement au Bureau des Élèves. Je suis certain qu'organiser des événements pour des centaines de personnes engendre à coup sûr du stress... ! »

Analyse : Dans cette réponse, le candidat ne tombe pas dans le piège de la mauvaise blague. Il annonce d'abord qu'il ne pourra totalement satisfaire la demande du jury, mais propose une alternative à laquelle presqu'aucun jury ne dira non. Son objectif est de mettre finalement en valeur une qualité personnelle à la connaissance du jury. Et comble de la réponse satisfaisante, il finit par un lien avec le futur !

B) « Surprenez-nous ! »

Cette question fait partie des classiques pour un jury qui souhaite déstabiliser un candidat, à l'instar de la précédente. Elle vous amène à aller sur un terrain inconfortable en apportant au jury un élément qui tranche avec le portrait que vous dépeignez de vous depuis le début de l'entretien. Le jury attend donc une anecdote qui tranchera avec ce que vous lui donnez à percevoir de votre caractère, vos engagements, vos passions... tout ce que vous avez pu porter à la connaissance du jury sur vous. Finalement, c'est aussi pour vous l'occasion de mettre en valeur une anecdote qui serait en contradiction avec vos défauts évoqués au jury.

Dans une partie des cas, le jury pose cette question quand vous paraissez trop lisse, voire avez tendance à réciter vos réponses. Cette question permet donc au jury de vous analyser dans une situation d'inconfort. De la même manière, si vous ne parlez que d'un sujet en entretien (voir la partie de l'ouvrage traitant de l'entretien monosujet), cette question est un message pour vous inviter à parler d'autre chose. Enfin, si vous avez tendance à n'évoquer qu'une facette de votre personnalité, par exemple en n'évoquant que vos expériences collectives au détriment de celles individuelles, ou de votre côté « fun » au détriment du côté sérieux, cette question est une invitation à équilibrer la balance. Pour cette question plus que pour une autre encore, « vous avez les questions que vous méritez ! ».

Dans tous les cas, cette question doit être l'occasion de porter à la connaissance du jury quelque chose de nouveau sur vous, qui peut finalement l'amener à mieux vous connaître. Quelle belle opportunité que cette question ! Dans un certain sens, elle fait écho à la dernière question du questionnaire de Kedge, que vous retrouverez dans le chapitre dédié de l'ouvrage.

➡ **Exemples de réponse insatisfaisante à la question « Surprenez-nous ! » :**

- Situation qui vous tourne en ridicule.
- Expérience vécue « classique », qui ne tranche pas avec celles déjà évoquées.
- Blague quelconque.

➞ **Exemple de bonne réponse à la question « Surprenez-nous ! » :**

« Je suis quelqu'un qui a du mal à être à l'aise la première fois que je vois des personnes. Je pense que ce trait ressort d'ailleurs durant cet entretien malgré mes efforts. Cependant, j'ai décidé depuis deux ans d'animer un cours de fitness en plein air, avec différents participants à chaque session. Ceux qui veulent viennent, sans obligation, et ça me permet de connaître chaque fois de nouvelles personnes. Et là, je peux vous affirmer que je ne suis plus réservée dans ces moments-là ! J'espère bien d'ailleurs refaire la même chose l'année prochaine avec les étudiants de l'école ! »

Analyse : Le candidat apporte une réponse simple mais efficace. Il veut introduire une anecdote qui permet au jury de modifier l'opinion qu'il pourrait avoir de lui, et donc finalement de le surprendre. La fin est également intelligente puisqu'elle permet au candidat de projeter de jury dans le futur, et de tendre une perche sur sa vie en école par la même occasion.

C) « Qu'est-ce qui vous émeut ? »

Cette question déstabilise surtout car elle est très peu réfléchie des candidats. Le jury veut savoir ici ce qui vous touche. Il peut s'agit d'un événement, d'une situation, d'un souvenir, d'un lieu... Bien sûr, n'allez jamais dans le trop intime, ou le trop sensible pour vous. Ce n'est pas l'idée que de perdre ses moyens.

➞ **Exemples de réponse insatisfaisante à la question « Qu'est-ce qui vous émeut ? » :**

« J'ai été ému lorsque j'ai raté mon concours blanc de Février en deuxième année de prépa. J'avais tellement eu l'impression de dépenser de l'énergie pour rien que j'ai eu quelques jours de grosse déprime après ! ».

Analyse : Le jury peut comprendre en entendant cette réponse que le candidat a surtout du mal à gérer l'échec. Finalement, par sa maladresse, ce dernier met surtout en avant un de ses défauts. De plus, il est quelque part légèrement hors sujet puisqu'il parle d'une anecdote quand cette question touche à quelque chose de plus générale. Enfin, il est plus pertinent pour le candidat de répondre par quelque chose relatif à sa vie personnelle qu'à ses expériences scolaires ou professionnelles.

➞ **Exemples de réponse satisfaisante à la question « Qu'est-ce qui vous émeut ? » :**

« Je suis souvent ému lorsque j'effectue le dernier cours avec mes élèves particuliers. J'ai tendance à me remémorer tous les souvenirs ensemble, et je ne peux m'empêcher de me dire que cela n'arrivera plus, avec une grosse émotion. Lorsque je les quitte, j'ai envie de les emmener avec moi ! Et, quand ils me donnent des nouvelles des mois après en me disant qu'ils ont des bonnes notes en français, là aussi l'émotion revient ! »

Analyse : Le candidat met ici sur la table une anecdote personnelle basée sur une de ses expériences, et qui engendre une émotion expérimentée plusieurs fois. Cela permet en plus de placer une expérience et de tendre une perche au jury.

D) « Pensez-vous avoir réussi l'entretien ? »

Cette question est une opportunité pour vous d'insister sur certains points évoqués durant l'entretien ou d'en corriger d'autres.

Si vous affirmez que cela s'est bien passé, il faut expliquer ce qui vous a donné ce sentiment. Peut-être avez-vous pu placer toutes vos expériences, ou bien avez-vous pu détailler votre envie de rejoindre l'école... Dans tous les cas, je vous déconseille de dire que tout a été parfait, vous pouvez toujours dire que vous seriez encore plus satisfait si vous avez l'occasion d'évoquer quelque chose qui n'a pas été abordé. Si vous partez sur l'option de la satisfaction, faites attention tout de même à être un minimum sûr de vous. Si vous êtes le seul dans la salle à le penser, cela fera mauvais effet.

À l'inverse, en cas d'insatisfaction, détaillez également au jury les raisons de ce mécontentement. Si vous avez mal répondu à une question en expliquant pourquoi, le jury vous donnera sans doute l'occasion de vous rattraper. Si vous pensez avoir oublié des choses, il en fera de même.

➡ **Exemples de réponse insatisfaisante à la question « Pensez-vous avoir réussi l'entretien ? » :**

« Je pense avoir en effet réussi mon entretien. J'espère que vous en avez pensé de même et que je pourrai rejoindre l'école l'année prochaine. Maintenant, je vais pouvoir visiter la ville et profiter de l'ambiance de l'école ! »

Analyse : Le candidat ne justifie jamais sa satisfaction, et donc la fragilise. De plus, sa dernière phrase est maladroite et donne l'impression qu'il ira vite fêter sa réussite une fois la salle de classe quittée.

➡ **Exemples de bonne réponse à la question « Pensez-vous avoir réussi l'entretien ? » :**

« Je pense avoir en effet globalement réussi mon entretien. Je m'étais dit avant d'entrer dans la salle que je devais absolument évoquer mes années d'équitation et de peinture, ce que j'ai pu faire, et je vous en remercie. Par ailleurs, j'ai eu le temps d'évoquer mes motivations pour une école de commerce et

aussi pour l'ESCP, ce qui était essentiel pour moi. J'ai pu gagner en confiance et en aisance au fil de l'entretien, et j'ai finalement passé un agréable moment, condition de réussite d'un entretien à mon sens.
Je garde peut-être un petit regret, celui de n'avoir pas pu suffisamment évoquer mon projet professionnel avec vous, mais peut-être que les prochaines minutes de l'entretien viendront effacer ce petit regret.»

Analyse : Le candidat adopte une bonne stratégie en montrant une satisfaction basée plus sur les opportunités de s'exprimer que sur l'éventuelle qualité de ses réponses. Il donne des exemples pour justifier ses réponses, et apporte une nuance tout de même à la fin pour ne pas tomber dans la totale auto-satisfaction. D'ailleurs, la dernière partie de sa réponse invite clairement le jury à l'interroger sur son projet professionnel, et il y a de fortes chances que le jury le fasse. Ainsi, il a pu prendre les rênes de l'entretien et peut anticiper la prochaine question.

E) « Que feriez-vous si vous étiez refusé dans notre école ? »

Ici, le jury amène le candidat à envisager son échec dans l'école. Attention, si le jury posait la question « Que feriez-vous si vous étiez refusé à TOUTES vos écoles ? », la réponse serait autre.

D'abord, dans la grande majorité des cas, vous passez plusieurs écoles, même si vous avez des préférences. Votre ambition est donc plus d'intégrer une école de commerce plutôt que telle ou telle école (cela est à nuancer pour les lecteurs qui envisageraient des Masters Spécialisés). Ainsi, je vous déconseille de répondre que vous retenterez le concours de l'école l'année prochaine. Déjà, c'est souvent faux, et vous n'avez normalement pas besoin de cela pour montrer votre motivation à intégrer l'école.

Comme souvent, la bonne réponse se trouve ici dans une sincérité bien tournée. D'abord, si en cas d'échec à cette école, vous envisagez d'en intégrer une autre, alors il faut le dire. Vous pouvez ainsi expliquer, sans rentrer bien sûr dans les détails, que vous essaierez de matérialiser votre projet professionnel dans une autre institution. Le jury ne vous éliminera pas si vous dites qu'en cas d'échec, vous irez ailleurs ! C'est même une preuve de maturité. Cette question peut aussi être l'occasion pour vous de donner des informations au jury sur votre gestion de l'échec.

Enfin, cette question est aussi l'occasion, une fois y avoir répondu, de réaffirmer votre souhait d'intégrer l'école dont vous passez l'entretien, et vos projets en son sein. Finalement, terminez en montrant au jury vos motivations pour intégrer cette école !

➡ **Exemples de réponse insatisfaisante à la question « Que feriez-vous si vous étiez refusé(e) dans notre école ? » :**

« Déjà, je n'imagine pas l'échec tellement j'ai envie d'intégrer Kedge et que je suis certain de m'y épanouir.
Mais si jamais je venais à être refusé, je retenterai l'année prochaine car très franchement, c'est surtout votre école qui m'intéresse. Je m'inscrirai à l'université mais dans l'unique objectif de repasser les concours et d'intégrer Kedge. Et je suis certain que j'y arriverai ! »

Analyse : Cette question qui amène le candidat à envisager l'échec ne trouve pas écho dans la réponse du candidat. Comment d'ailleurs ne pas refuser l'idée de ne pas être accepter. Par ailleurs, sa volonté de retenter (à l'infini ?) le concours de l'école peut instaurer des doutes dans l'esprit du jury. Est-il vraiment sincère ? Ne peut-il pas s'épanouir ailleurs, sans remettre en question son intérêt pour Kedge ? On peut en douter, tant les écoles de commerce proposent un large choix de cursus et de carrière. En effet un échange ou un partenariat précis et spécifique à une école ne peut dans l'esprit du jury constituer un argument pour ne vouloir que celle-ci. Que se passera-t-il si l'étudiant n'a pas cet échange dans l'université partenaire ou ce stage dans l'entreprise partenaire ? ! Cette réponse peut faire envisager chez le candidat une pointe d'immaturité qui fait tout sauf rassurer le jury sur son parcours en école.

➡ **Exemples de bonne réponse à la question « Que feriez-vous si vous étiez refusé(e) dans notre école ? » :**

« C'est une question difficile, mais je pense que si jamais je suis refusé dans votre école, j'intégrerai une autre école. Mon projet est d'abord d'intégrer une école, même si j'envisage la vôtre. Je trouverai dans une autre école un moyen de me construire et de réaliser mes projets actuels. Forcément, j'aurai de la déception au départ, je suis quelqu'un qui ne ressasse pas ses échecs. Et là aussi je ferai en sorte de me tourner vers la suite, qui s'annonce excitante !
Bien sûr, et c'est aussi l'occasion pour moi de le répéter, votre école est importante pour moi pour [...] [les lecteurs assidus de la partie *Les questions sur l'école de commerce* sauront quoi introduire dans la fin de la réponse]. »

Analyse : Le candidat fait ici une réponse en trois temps. D'abord, il répond clairement à la question en expliquant qu'il intégrera une école, tout en le justifiant. Puis, il profite de la question pour introduire sa gestion d'un échec, ce qui donne une information de plus au jury sur sa personnalité. Enfin, il termine en évoquant rapidement ses motivations pour intégrer l'école. Attention, cette troisième partie ne doit pas prendre le pas sur le reste, même si cela est tentant.

F) « Entre notre école et une autre, que choisissez-vous ? »

Souvent, le jury pose cette question en comparant son école à une autre plus « côtée ». Dans cette celle-ci également, il faut être sincère. Il faut bien comprendre que pour une grande majorité d'entre vous, que vous le vouliez ou non, votre choix n'est pas encore fait. Vous allez rencontrer d'autres écoles, visiter d'autres campus, découvrir de nouvelles choses sur les écoles de votre tour de France. Puis, vous aurez quelques jours pour mûrir chacune de vos expériences en école, relire les programmes des écoles, parler avec des étudiants... Je suis chaque année surpris par le nombre de mes étudiants qui change d'avis sur leur école numéro 1 après leur tour de France. Les coups de cœur surprises sont fréquents dans les tours de France des oraux !

Ainsi, s'il s'agit d'une école qui n'est actuellement pas votre choix numéro 1, ne vous engagez pas face au jury dans un choix définitif qui sera peut-être autre dans quelques jours ou heures. Il vaut mieux prendre des pincettes plutôt que de dire que vous préférez une autre école, surtout quand on a pour le moment été accepté nulle part !

Si à l'inverse vous préférez sincèrement cette école à l'autre, dites-le en justifiant votre choix par les opportunités concrètes qu'offre l'école. Vous vous retrouvez alors dans une situation similaire, mais plus condensé, de la réponse à la question « Pourquoi notre école de commerce ? ».

➞ **Exemples de bonne réponse à la question « Entre notre école et une autre, que choisissez-vous ? » :**

« Très sincèrement, je n'ai pas encore réfléchi sérieusement à la question. Sans doute par superstition aussi, car je ne suis encore accepté nulle part pour l'instant !
Après, votre école est en haut de ma hiérarchie actuelle par les opportunités qu'elle propose et que je vous ai exposé. *[NB : le candidat peut les redire ici succinctement]*
C'est en tout cas quelque chose que je vais étudier de près après mes oraux, quand j'aurai le temps d'y consacrer mon temps et mon énergie. En tout cas, j'ai tout fait pour prendre le choix le plus éclairé possible. Je me suis beaucoup renseigné auprès des admisseurs et des professeurs rencontrés durant mes deux jours ici ! »

Analyse : Le candidat prend peu de risque mais se met en valeur à plusieurs égards. D'abord, il prend le parti de ne pas répondre tout de suite à la question en expliquant qu'il n'est pris nulle part pour l'instant. Mais surtout, il enchaîne très vite sur les atouts de l'école dont il passe l'entretien et qui constituent pour lui des critères de choix importants. Un axe de réponse possible aurait été à ce stade de la réponse d'exposer les critères principaux qui guideront son choix, en mettant ensuite en avant ce que propose l'école à ce sujet. Enfin, la fin de la réponse du candidat est de qualité puisqu'il met en avant le fait qu'il fait l'effort d'engranger le maximum d'informations possibles. C'est un trait de curiosité et de maturité que valorise le jury, car malheureusement, il n'est pas si répondu chez les candidats !

G) « Vendez-moi ce stylo. »

Il s'agit de la plus classique des questions de « mise en situation ». Le jury a tendance à la poser aux candidats qui ont un projet professionnel tourné vers les métiers de la vente, ou bien aux candidats qui montrent une (trop) grande aisance dans leur attitude.

Il veut ainsi mesurer chez le candidat sa capacité à gérer une situation inconfortable autant que sa capacité d'adaptation.

D'abord, trois comportements sont à proscrire :

- Le refus d'obtempérer : bien entendu, le jury vous en tiendra fortement rigueur.
- Le mensonge : ne survalorisez pas les caractéristiques du stylo ou de l'objet qu'on vous demande de vendre.
- Ne se focaliser que sur l'objet : commencez par poser des questions sur les besoins de votre interlocuteur, et adapter votre discours en fonction. Une des qualités fondamentales d'un commercial est l'écoute. Vous pouvez prendre quelques secondes entre les deux bien entendu.

➞ **Exemples de réponse insatisfaisante à la question « Vendez-moi ce stylo. » :**

« Il s'agit ici d'un magnifique stylo BIC, 4 couleurs, qui vous permet donc d'avoir plusieurs utilisations simultanées de celui-ci. Il est en plastique, ce qui le rend très résistant. De plus, il a un côté épuré avec deux couleurs uniquement, du bleu et du blanc. Il a aussi appartenu à un acteur très célèbre, ce qui le rend très prisé ! Par ailleurs... Quoi ? Ah, le budget ? Vous avez un petit budget ? Je n'y avais pas pensé, mais je pense que je peux m'adapter à votre prix. [...] »

Analyse : Le candidat est tombé dans deux des pièges classiques : le mensonge et l'ignorance des besoins de l'interlocuteur. D'abord, il part la tête la première dans une description du stylo, sans vérifier que celui-ci colle avec les attentes et les besoins du membre du jury. Puis, son mensonge sur l'appartenance passée du stylo le met en difficulté car le jury en profite pour lui expliquer qu'il a un petit budget qui ne correspond certainement pas au prestige du stylo. La dernière phrase, où le candidat essaie de se rattraper, le met face à ses contradictions, entre valorisation des atouts du stylo et bradage du prix possible. Finalement, c'est une vente très maladroite d'un candidat qui n'a pris en compte personne d'autre que son objet. Or, pour une vente, il faut être deux !

➞ **Exemples de bonne réponse à la question « Vendez-moi ce stylo. » :**

« D'abord, puis-je me permettre de vous interroger sur un certain nombre de vos attentes et de vos besoins ? J'aimerais savoir d'abord quel est votre budget ? *(Entre 1 et 2 €)*
Parfait. Ensuite, quelle va être la fréquence d'utilisation de celui-ci ? *(Très régulière. Métier le nécessitant)*
Merci. Je vais enfin avoir besoin des couleurs que vous utilisez le plus. *(Bleu et Rouge)*
Je vous remercie. Je pense en effet que certaines caractéristiques du stylo ici présenté peuvent répondre à un certain nombre de vos attentes. D'abord, il est résistant et peu utilisé jusqu'à présent, ce qui lui permet de pouvoir supporter une utilisation régulière.
Enfin, il contient les couleurs que vous recherchez. Mais en plus de cela, il en propose deux autres pour faire face à des besoins inattendus, le vert et le noir. Sachez aussi que le noir peut s'utiliser en remplacement du bleu selon les cas, et qu'ainsi vous ne serez pas bloqué si jamais l'encre bleu venait à manquer.
Pour le reste, il s'agit d'un stylo BIC classique et non de collection, dont le prix peut tout à fait coller à votre budget. Je dirais qu'en termes de rapport qualité/fiabilité et prix, il est difficile de trouver meilleur sur le marché !
Avez-vous d'autres questions auxquelles je pourrais répondre ? »

Analyse : Dans cette mise en situation, le candidat a fait l'effort de s'intéresser sincèrement à l'acheteur. Ensuite, à l'aune des réponses obtenues, il adapte son discours en vantant son produit. Enfin, il laisse finalement la parole finale à son interlocuteur et le met ainsi dans une position confortable.

9. Les questions de conclusion

A) « Avez-vous une question à nous poser ou quelque chose à ajouter ? »

Il s'agit ici de la question la plus classique posée en fin d'entretien par le jury. Il arrive aussi que le jury ne vous laisse pas le choix entre « quelque chose à ajouter » ou « une question à poser ». Dans ce cas, ne partez pas sur l'option non évoquée par ce dernier !

Quand les deux options s'offrent à vous, choisissez absolument celle qui vous sera la plus utile.

Voici les deux cas pour lesquels j'estime que l'option d'ajouter quelque chose me paraît la plus pertinente :

- D'abord quand vous avez oublié d'évoquer un sujet essentiel de votre parcours : un sport pratiqué, un voyage marquant, un projet qui vous tient à cœur, etc. À ce moment, vous pouvez dire au jury que vous n'avez pas eu l'occasion de parler de ce sujet et lui demander la permission d'y remédier. Il ne refusera jamais.

- Ensuite, si vous avez mal répondu à une question essentielle de l'entretien (« Pourquoi une/notre école ? » « Pourquoi vous ? » « Quel est votre projet professionnel ? » etc.). Dans ce cas, vous pouvez expliquer au jury que vous êtes insatisfait et que vous avez oublié des choses ou pas su les exprimer. Là encore, il ne vous interdira jamais de vous reprendre.

Il s'agit ici d'une dernière opportunité pour vous de briller dans l'entretien, et vous devez saisir cette chance. Ne soyez pas avare en enthousiasme !

Enfin, j'ai tendance à déconseiller de profiter de l'opportunité d'ajouter quelque chose pour placer un maladroit « pourquoi moi ? » en une minute. En plus d'être souvent incomplet et maladroit, vous n'apprendrez rien de nouveau au jury si vous avez bien mené votre entretien.

À l'inverse, si vous posez une question au jury, n'oubliez jamais que vous êtes dans le rôle de l'apprenant. Ne posez jamais une question qui donne l'impression que vous vous fichez de la réponse, et que vous avez posé cette question uniquement pour vous donner bonne conscience ou car la question le demandait. Posez une question dont la réponse vous intéresse, vous apporte quelque chose. Si un jury est diplômé de l'école dont vous passez l'entretien, vous pouvez lui poser une question sur le cursus que vous visez, les entreprises partenaires qui vous plaisent, etc. Mais attention tout de même, ne demandez pas quelque chose que vous êtes censé savoir ! À titre personnel, j'avais une très forte envie dès mes entretiens de m'investir dans le réseau des anciens de l'école. Et si je m'étais renseigné dessus pour en parler en entretien, ma connaissance du sujet était encore imparfaite. Alors je demandais à une ou plusieurs personnes du jury des précisions sur le fonctionnement.

Ce qui m'amène à mon dernier conseil. Quand vous posez une question, vous pouvez selon la question soit l'adresser à une personne, soit à tous les membres du jury. Si vous avez une question très précise dont le sujet justifie que vous ne puissiez la poser qu'à une seule personne (question sur l'école à la personne y travaillant, question sur votre projet professionnel à un jury l'exerçant, etc.), demandez d'abord la permission aux autres membres de jurys de n'adresse votre question qu'à cette personne, en justifiant. Ne sous-estimer jamais l'ego d'un jury ! Si votre question peut s'adresser à tous les membres du jury, si tous ont la capacité d'y répondre, alors posez-la à tout le monde. On peut mettre dans cette catégorie les questions d'ordre professionnel général telles que « Comment les premiers stages permettent-ils concrètement d'orienter le choix de notre premier emploi ? » ou bien « En tant que futur manager, je me demande souvent quelles sont les qualités importantes pour tenir ce rôle, et j'aimerais avoir votre avis ? » (question que je posais moi-même en entretien).

Mais n'oubliez pas le plus important : posez une question dont la réponse vous intéresse sincèrement !

Je finirai en disant qu'il est strictement interdit de répondre « non » à cette question. D'abord parce que vous devez toujours avoir une question à poser, même si vous n'avez rien à ajouter. Et puis parce que quoi de pire que de finir l'entretien par la simple réponse « non » ? Le jury, qui se pose comme première question une fois l'entretien terminé, « Est-ce que je le vois dans l'école ? » aura encore votre « non » qui résonne dans ses oreilles...

B) « Vous avez le mot de la fin. »

Le jury attend ici un mot et non une phrase ou une question. Après avoir bien vérifié que ce n'est pas une tournure de phrase involontaire et qu'il attend bien un seul et unique mot, il faut vous exécuter.

Je conseille à mes étudiants d'éviter les mots trop souvent entendus dans mes nombreux entretiens menés : le nom de l'école, « détermination » (alors que le candidat ne paraissait pas), « ambition » (qui n'en a pas ? !), « réussite » (de quoi ? quand ?)...

Choisissez un mot qui qualifie votre état d'esprit actuel ou bien résume votre personnalité. Mais surtout, optez pour un mot qui est cohérent avec le message que vous portez depuis le début de l'entretien et l'attitude qui est la vôtre (ne dites pas « enthousiaste » si vous savez que vous avez été paralysé par le stress...). Et surtout... dites-le avec le sourire !

C) « Quelle question auriez-vous aimé qu'on vous pose ? »

Cette question est une superbe opportunité finale pour vous pour parler de ce dont vous avez envie ! Bien entendu, profitez-en pour apporter un élément nouveau sur vous. Et surtout, ne dites jamais que toutes les questions souhaitées ont été posées. Il y a toujours un aspect de votre parcours, de vos expériences, ou de vos projets qui n'aura pas été évoqué !

Il n'y a pas d'unique bonne réponse à cette question, comme dans toutes celles de l'entretien. Mais un bon candidat doit à ce moment-là prendre quelques secondes pour penser à quelque chose qui n'a pas été évoqué durant l'entretien.

➞ **Exemples de réponse insatisfaisante à la question « Quelle question auriez-vous aimé qu'on vous pose ? » :**

« Je pense avoir répondu à toutes les questions souhaitées, et je vous en remercie ! »

Analyse : Pas besoin de longs discours ici, le candidat tombe dans le piège susdit. Il était sans doute trop pressé d'en finir !

➞ **Exemples de bonne réponse à la question « Quelle question auriez-vous aimé qu'on vous pose ? » :**

« D'abord, je suis heureux d'avoir pu évoquer presque tout ce dont je souhaitais parler avec vous. Mais, puisque vous me demandez, j'aurais bien voulu être interrogé sur ma pratique du violon au conservatoire durant 5 ans, et de ses apports qui ont été essentiels pour moi. »

Analyse : Peu importe le thème dont parle l'étudiant, l'important est qu'il ait pu analyser des zones de sa candidature qui n'ont pas été encore abordées durant l'entretien. Il sortira donc sans regret ! Bien entendu, si le jury l'interroge sur le thème souhaité, l'idéal pour le candidat est de finir l'entretien sur un lien avec le futur.

Chapitre 4
Comprendre et préparer les entretiens spéciaux

1. L'entretien de l'ESSEC BS

L'oral de l'ESSEC propose depuis 2017 un exercice original pour ses étudiants de classes préparatoires. Il se compose de deux parties. Lors d'une première partie dite « libre », l'ESSEC affirme vouloir « *faire connaissance avec le candidat et lui donner la possibilité de se présenter, d'expliquer ses motivations, de donner à voir ses principales qualités et de partager ses réflexions sur ses actions passées et ses projets futurs.* ». Vous l'aurez compris, il s'agit d'un entretien de motivation des plus classiques. Je passerai donc sur cette partie puisque la quasi-totalité de l'ouvrage lui est dédiée.

La deuxième partie de l'entretien de l'ESSEC est une partie dite « structurée ». L'ESSEC affirme en la présentant que « *cette nouvelle composante de l'entretien permet de faciliter l'évaluation d'autres compétences telles que* :

- *sens des valeurs et l'intégrité*
- *compétences collectives*
- *capacités entrepreneuriales (capacité de décision et de gestion de l'incertitude)*
- *capacités d'organisation*
- *créativité*

Durant cette partie de l'entretien, le jury partage avec le/la candidat/e une ou plusieurs situations inspirées de cas réels et lui demande de partager avec le jury ses réflexions et recommandations d'action. Le jury pourra demander au/à la candidat/e d'élaborer ou de compléter certaines de ses réponses. La grille d'évaluation utilisée par les jurys évolue afin de tenir compte de ces évolutions. Si certaines compétences sont systématiquement évaluées en particulier lors de la partie libre de l'entretien, d'autres le sont dès que possible, notamment à l'aide des mises en situation de la partie structurée. »

Par ailleurs, l'ESSEC donne quelques exemples de cas posés en entretien :

1) Compétence évaluée : SENS DES VALEURS

Vous devenez trésorier/trésorière d'une association de l'ESSEC dont l'objectif est d'organiser des activités de soutien scolaire. Vous constatez que le trésorier précédent s'est fait rembourser des notes de frais illégales et que la divulgation de ce fait risque d'affecter grandement l'image de l'association voire d'entraîner sa disparition. Comment gérez-vous cette situation ?

2) Compétence évaluée : COMPÉTENCES COLLECTIVES

Dans une équipe de 6 étudiants d'une association sportive de l'ESSEC, vous obtenez une récompense attribuée par une entreprise. Vous prenez l'initiative de choisir votre cadeau sous forme de bons d'achats de 50 euros par étudiant. Simplement, une fois que les bons d'achats sont arrivés à l'association, les membres de l'équipe vous disent qu'ils ne sont pas du tout favorables à ce choix. Comment réagissez-vous ?

3) Compétence évaluée : CAPACITÉ ENTREPRENEURIALE

Un client vient dans le magasin que vous dirigez pour récupérer un téléphone portable qu'il a laissé en réparation. Il a perdu la facture et son bon de caisse, mais déclare vous reconnaître sans que vous en ayez un souvenir précis. Comment gérez-vous cette situation ?

4) Compétence évaluée : CAPACITÉ D'ORGANISATION

Vous organisez à l'ESSEC, dans le cadre d'une nouvelle association, le week-end de « l'entreprise en herbe » qui est destiné aux élèves de primaire afin de leur faire découvrir de façon ludique le monde de l'entreprise. L'évènement ayant lieu dans trois mois, comment procédez-vous pour mener à bien cette mission ?

5) Compétence évaluée : CRÉATIVITÉ

Vous êtes chargé de reprendre la conception d'un spot télévisé pour vanter l'intérêt de la consommation d'insectes lyophilisée dans une région de France plutôt attachée à une cuisine traditionnelle. La précédente campagne a été un fiasco, entraînant une diminution de la consommation régionale de ces insectes. Quelle formule proposez-vous pour le nouveau spot ?

Lors de votre oral à l'ESSEC, deux mises en situation d'une durée théorique de 5 minutes maximum vous seront proposées. Cet exercice n'excède donc pas, en général, 10 minutes, sur les 45 totales.

Soyez d'abord bien conscient que le fond de la réponse et la pertinence de vos solutions importeront moins au jury moins que votre capacité à trouver une réponse au problème posé, en pouvant la justifier.

Prenez donc d'abord un temps de réflexion pour mûrir le problème qui vous est posé et pour structurer votre réponse. Ensuite, déroulez VOTRE solution en justifiant les raisons (hypothèses données dans l'énoncé ou admises par vous) qui vous poussent à choisir cet axe. Une fois que vous avez répondu à la question, tentez de relier vos éléments de réponse avec vos qualités. Cependant, ce lien ne doit pas se faire au détriment de la recherche de la solution au problème. Si vous ne voyez pas quelle qualité est associée à la petite histoire, cela n'a aucune importance. Attachez-vous surtout à apporter une ou plusieurs solutions au problème en sachant les justifier. N'oubliez jamais non plus qu'il n'y a pas UNE bonne réponse, mais que la seule réponse pertinente est la vôtre, tant qu'elle est justifiée et argumentée.

Pour être plus concret, voici un exemple de réponse pour l'un des cas proposés par l'ESSEC. Il s'agit d'un cas traitant des « compétences collectives », dont je rappelle l'énoncé :

« *Dans une équipe de 6 étudiants d'une association sportive de l'ESSEC, vous obtenez une récompense attribuée par une entreprise. Vous prenez l'initiative de choisir votre cadeau sous forme de bons d'achats de 50 euros par étudiant. Simplement, une fois que les bons d'achats sont arrivés à l'association, les membres de l'équipe vous disent qu'ils ne sont pas du tout favorables à ce choix. Comment réagissez-vous ?* »

Je vous propose maintenant un axe de réponse très personnel, en lien avec ma sensibilité et mes qualités. Inutile donc de faire un « copier-coller ». Mon objectif est de souligner, à travers un exemple précis, les points importants.

1) D'abord, j'écoute les 5 autres personnes avant de me justifier. Je ne veux pas les énerver davantage, et je veux adapter ma réponse et mes propositions en fonction de leurs propos. Je commence par leur poser des questions sur les raisons de leur refus. Si je dois changer d'avis, je veux être certains qu'ils ne se trompent pas eux non plus ! Il faudrait cette fois parvenir à une décision collective.

2) Si les caisses de l'association le permettent, je fais en sorte que l'on se mette d'accord sur un autre cadeau, aux frais de l'association. Les bons d'achats restants peuvent servir de récompenses pour un prochain événement. Si rien n'est prévu par la suite, nous pouvons essayer d'organiser de toutes pièces un événement pour mettre en jeu les bons d'achat. Si possible, nous pourrions organiser un tournoi de sport payant pour financer les frais supplémentaires de l'événement précédent.

3) Cependant, au cas où l'association ne peut pas se permettre d'acheter d'autres lots, je propose encore deux solutions. Dans un premier temps, je propose que l'on conserve les bons d'achat cette fois-ci, en compensant par une latitude totale de leur part dans le choix du lot pour le prochain événement. Sinon, je propose de démarcher d'autres entreprises ou de renégocier la nature du lot avec l'entreprise initialement partenaire.

4) Dans tous les cas, je tente d'être force de proposition pour trouver une solution et de faire preuve de créativité, ce qui, je pense, est une de mes qualités. Par ailleurs, j'ai à cœur de leur laisser, cette fois, le choix final. Enfin, je m'excuse et m'engage à ne plus reproduire cette situation, en demandant peut-être que soient clarifiés les process et les responsabilités, individuelles comme collectives, dans l'organisation d'un futur événement.

Analyse : J'ai d'abord voulu dans ma réponse apporter mes solutions personnelles. J'ai pris soin de proposer plusieurs solutions pour montrer que j'aborde le problème sous différents angles et que je ne réfléchis pas de manière unilatérale.

Enfin, je termine en essayant de tendre des perches sur deux de mes qualités, créativité et organisation. Bien entendu, je ne les ai pas choisies au hasard puisque je sais que l'ESSEC a les met particulièrement en avant. Mais ce n'est en aucun cas obligatoire.

J'en profite pour rappeler qu'il est absolument idiot de mettre en valeur certaines qualités évoquées par l'ESSEC si vous ne les possédez pas ! L'une des questions que peut me poser le jury à la fin de ma réponse est de justifier les qualités évoquées. Il ne faut donc pas que ma perche se transforme en bâton !

2. L'entretien de l'emlyon BS

L'entretien de motivation de l'emlyon BS a lui aussi évolué en 2017 pour les candidats en admissions parallèles. Les étudiants de classes préparatoires soent également *a priori* concernés par ce changement à partir de 2018.

Ce nouveau format sépare ici encore l'entretien en deux parties bien distinctes : une première partie durant laquelle le candidat répond à quatre questions tirées au sort et une seconde d'échange « classique ». Je vais donc encore une fois me concentrer sur la partie « atypique », qui ouvre l'entretien de l'emlyon BS.

Cette volonté de modifier son épreuve orale est liée aux résultats de certaines études montrant que la meilleure façon de recruter est de proposer un entretien structuré assorti d'un test. À ce titre, il est fort probable qu'un test soit mis en place l'année prochaine, même si les modalités n'ont pas encore été évoquées par l'emlyon BS.

Dans ce nouvel entretien, la première partie de réponses aux quatre questions successives dure 15 minutes et la suite, plus libre, dure 10 minutes. Le jury de l'emlyon BS se compose en général de deux personnes.

La première spécificité vient du fait que personne ne se présente en début d'entretien, ni vous, ni les jurys.

Vous tirez 4 cartes dans autant de piles. Chaque pile correspond à un thème parmi les quatre suivants : Expérience, Personnalité, Projet, Créativité. Chaque thème contient une centaine de questions, ne vous embêtez donc pas à apprendre par cœur la liste des questions tirées par vos amis ! Une fois ces questions tirées, vous avez très peu de temps de préparation, une quinzaine de secondes à peine. Durant ce temps, vous devez à la fois imaginer et structurer vos réponses, mais aussi décider de l'ordre dans lequel vous allez traiter vos questions. Vous êtes également libre de choisir le temps accordé à chacune, mais je vous conseille de préparer des réponses suffisamment étoffées (3 minutes minimum).

Sachez que les jurys sont libres d'intervenir pendant votre réponse, mais tous ne le font pas.

Une fois cette partie terminée, vous passez directement à une phase plus libre, similaire à un entretien de motivation classique.

Finalement, l'emlyon BS base son évaluation sur 5 critères principaux :

- Les aptitudes intellectuelles.
- L'ouverture d'esprit.
- Les qualités relationnelles.
- L'attitude générale et la détermination.
- La capacité à se projeter.

Il n'y a plus de note finale mais juste une appréciation finale qui va de candidature inadéquate, très faible, faible, bonne, très bonne, à excellente.

Enfin, l'emlyon BS ne pose en général pas de question personnelle ni de question sur l'établissement d'origine pour ne pas avoir d'a priori. De la même manière, elle insiste sur le fait que l'entretien ne vise pas à déstabiliser les candidats mais à découvrir qui il est afin de vérifier qu'il s'intégrera bien dans l'école et en entreprise (cela doit vous rappeler des choses !).

De même, le jury ne vous demande pas à quelles écoles vous avez postulé.

Vous le constatez, si la forme a évolué, les exigences restent les mêmes. Ainsi, les 4 thèmes vous sont bien connus, maintenant que vous avez une bonne connaissance théorique des rouages de l'entretien :

- Expériences : mise en valeur de votre **passé**.
- Personnalité : qui êtes-vous à l'instant **présent** ? Quelles sont vos qualités ? Vos défauts ?
- Projets : qu'envisagez-vous de vivre dans votre **futur** en école et en entreprise ?
- Créativité : comment réagissez-vous à des questions déstabilisantes ?

Finalement, ces 4 thèmes ont pour objectif premier de vous amener à parler de votre passé, présent et futur. Cela souligne bien l'importance du lien Passé – Présent – Futur en entretien. De la même manière, la question de créativité permet au jury de voir votre réaction face à une question jugée délicate et à même de vous déstabiliser, l'effet de surprise en moins.

Ainsi, votre préparation ne doit en aucun cas changer sur le fond pour l'entretien de l'emlyon.

Vous devez seulement vous habituer à traiter longuement 4 questions sur les thèmes consacrés dans les 15 minutes imparties (prenez l'hypothèse la plus compliquée pour vous, celle où le jury n'intervient pas durant ce laps de temps).

Pour pouvoir tenir suffisamment longtemps sur ces questions, notamment celles rattachées aux thèmes Expériences, Personnalité et Projet, je vous conseille

d'exploiter au maximum le lien Passé-Présent-Futur, auquel un chapitre est consacré. Dans la question traitant des expériences, évoquez ce que ces dernières ont apporté à votre personnalité actuelle et la manière dont les nouveaux attributs pourront être mis en valeur dans le futur. Dans une question de type Personnalité, rattachez votre réponse à des expériences passées tout en projetant le sujet de la question dans le futur. Enfin, vos Projets viennent de réflexions ou expériences passées. N'hésitez donc pas à faire des ponts entre les temps ! Cela vous permettra également de tendre vos perches pour la suite de l'entretien. Le jury pourra en profiter pour rebondir sur ce que vous avez évoqué quelques minutes plus tôt.

Voici pour terminer quelques types de questions tombées l'année dernière à l'emlyon BS, et trouvées sur certains réseaux sociaux. Les dénominations ne sont pas totalement fidèles mais l'esprit des questions est inchangé. Certains termes peuvent donc différer par rapport à la réalité, mais le sens reste le même. De la même manière, il est possible que certaines questions soient référencées dans le mauvais thème, sans possibilité toutefois de le vérifier. Enfin, cette liste n'est bien entendu pas exhaustive et pourra évoluer partiellement ou totalement au fil des années ! Il est donc tout à fait idiot de vouloir toutes les travailler. Mais en les lisant, vous pouvez déjà repérer celles qui vous paraissent particulièrement difficiles, mais aussi saisir l'esprit des questions posées par les jurys de l'emlyon BS.

Questions « Expériences » :

- Quel est votre plus gros échec et comment l'avez-vous surmonté ?
- Évoquez une performance collective que vous avez réalisée.
- Parlez-nous d'une situation déstabilisante rencontrée ?
- Quelle situation vous a donné un sentiment de culpabilité et pourquoi ?
- Si vous pouviez recommencer vos études, qu'étudieriez-vous ? ?
- À quand remonte votre dernier doute ?
- Quelle est votre expérience la plus originale ?
- Quand avez-vous fait preuve d'innovation ?
- Pensez-vous que l'échec fait grandir ?
- Quel échec d'un de vos proches auriez-vous aimé vivre ?
- Que retenez-vous d'un de vos échecs ?
- Quelle expérience vous différencie des autres candidats à l'emlyon ?
- Quelle est la période la plus significative de votre vie ?
- Si un proche était là, quel serait votre échec serait le plus décevant à ses yeux ?
- Qu'est-ce que l'expérience selon vous ?
- Dans votre précédente formation, quels sont les enseignements qui vous ont intéressés et à l'inverse ceux que vous avez moins aimés ?
- Avez-vous déjà mené un projet de À à Z ? Lequel ?

Questions « Personnalité » :

- Aimez-vous travailler ?
- Quel est votre comportement à l'intégration d'un groupe que vous connaissez bien ?
- Si vous pouviez prendre la place de votre supérieur, le feriez-vous ?
- Que faites-vous pour vous rassurer quand vous prenez une décision importante ?
- Préférez-vous le court terme ou le long terme ?
- Quel est le pays que vous n'aimeriez pas visiter ? Pourquoi ?
- Êtes-vous créatif ?
- Vous devez convaincre un banquier de vous accorder un crédit indispensable à votre projet de vie. Comment faites-vous ?
- Pourquoi quitteriez-vous une entreprise ?
- Qu'aimez-vous le moins dans l'humanité ?
- Qu'est-ce qui vous agace le plus ?
- On vous demande de remplacer l'assistant personnel d'un dirigeant désagréable et impopulaire, quelle est votre réaction ?
- Lors d'un dîner avec le dictateur nord-coréen, que lui dites-vous ?
- Entre « apprendre à coder » et « apprendre à parler en public », quel cours choisissez-vous d'étudier en Business School ?
- Comment avez-vous ou envisagez-vous votre responsabilité sociale durant vos études ?
- Un enfant arrive traverse la route et vous met face à un dilemme : soit vous l'écrasez et vous sauvez les passagers de votre voiture, soit vous détournez votre voiture dans un mur qui sauve l'enfant mais tue tout le monde dans la voiture, que faites-vous ?
- Quels sont vos critères de choix d'un livre ?
- Quelle remarque pourrait vous vexer au plus haut point en entreprise ?
- Qu'est-ce que vous ne voulez pas faire dans la vie ?
- Qu'est-ce qui vous met hors de vous ?
- Êtes-vous capable de gérer votre e-réputation ? Comment ?
- Si vous suiviez votre cœur, quels choix feriez-vous actuellement ?
- Êtes-vous quelqu'un de théorique ou de pratique ?

Questions « Projet » :

- Pensez-vous que l'emlyon vous apportera un esprit critique ?
- Que souhaitez-vous apprendre à l'emlyon ?
- Comment envisagez-vous le futur ?
- Avez-vous plus d'affinité avec des métiers ? À l'inverse, lesquels ne vous attirent pas ?
- Dans quel pays ne souhaiteriez-vous pas partir en échange universitaire ?
- Où voudriez-vous travailler ?

- Vous créez une entreprise. Sur quel(s) critères ou profils choisissez-vous vos deux premiers collaborateurs ?
- Citez 3 cours que vous aimeriez suivre à l'emlyon et expliquez pourquoi ?
- Vous devez vivre hors de France, où aimeriez-vous vivre ?
- Où vous voyez-vous dans 20 ans ?
- Si vous aviez le don d'ubiquité que feriez-vous en plus de vos études dans notre école ?
- Quels métiers qui n'existaient pas il y a quelques années vous attirent aujourd'hui ?
- Quel est selon vous le plus beau métier du monde ? Et le pire ?
- Qu'est-ce qu'une entreprise socialement responsable selon vous ?
- Pensez-vous qu'il est important de tolérer l'échec et de redonner sa chance dans la vie professionnelle ?
- Quels seront pour vous les trois apports de l'emlyon BS ?

Question « Créativité » :

- Vous voulez convaincre votre banquier de financer votre voyage sur une autre planète, comment faites-vous ?
- Donnez-nous votre horoscope du jour ?
- Comment utiliseriez-vous 2 millions d'euros ?
- Citez une personne innovante qui vous inspire.
- Donnez votre avis sur la citation de Karl Marx : « la religion est l'opium du peuple ».
- Le terme « maker » est très moderne. Que signifie-t-il pour vous ?
- Si vous deviez inventer une fête nationale : que célébrerait-elle et quelles seraient ses traditions ?
- Si vous étiez un dessert ou une boisson : que seriez-vous ?
- Connaissez-vous des diplômés de l'emlyon ?
- Qu'aimeriez-vous voir dans une boule de cristal ?
- Vous avez la charge d'un groupe de personnes âgées 5 après-midi pendant 3 semaines, qu'organisez-vous ?
- Pouvez-vous nous parler de Google ?
- On dit que « le ridicule ne tue pas » et que « ce qui ne nous tue pas nous rend plus fort » : pensez-vous ainsi que le ridicule rend plus fort ?
- Si vous aviez 1 million d'euros à dépenser mais pas pour vous, que feriez-vous ?
- Que vous inspire le pays des merveilles ?
- Qui emmèneriez-vous avec vous dans votre navette spatiale si c'était la fin du monde ?
- Si vous aviez un don, lequel serait-il ?
- Quel vœu feriez-vous au génie de la lampe ?
- Vous êtes intégré(e) dans une tribu indienne qui désigne ses membres par des surnoms métaphoriques. Quel serait votre surnom ?

- À vos yeux, que doit rechercher un système éducatif ?
- Choisissez 2 célébrités pour remplacer vos parents.
- Vous emmenez en voyage un extra-terrestre pendant 1 mois. Que faites-vous ?
- Donnez-nous envie de manger votre plat préféré.
- Sur une île déserte, qu'est-ce qui vous manquerait le plus ?
- Est-ce vous ou vos parents qui souhaitent que vous intégriez une école de commerce ?
- L'innovation permet d'augmenter par trois l'espérance de vie, qu'en pensez-vous ?
- Que vous évoque le terme « early makers » ?
- Quel est votre avis sur l'uberisation ?

3. L'entretien de l'EDHEC BS

En 2017, l'EDHEC BS a totalement modifié son entretien d'admission. Par une volonté de « *ne pas tout jouer sur 40 minutes* », l'école propose maintenant une épreuve en 3 parties.

1) Prise de parole en public : présentation du candidat (5 min)
2) Prise de décision collective : exercice en groupe (50 min)
3) Prise de recul : entretien individuel (15 min)

Vous serez 6 candidats, en général et dans la mesure du possible provenant d'établissements différents. Vous serez évalué par 3 jurys, un membre de l'EDHEC BS qui est aussi président du jury, et deux assesseurs qui peuvent être des professionnels ou des anciens étudiants.

Les objectifs de cet oral sont pluriels :

- Évaluer votre capacité à parler devant un public.
- Évaluer votre capacité à coopérer au sein d'un groupe.
- Évaluer votre capacité à prendre du recul sur vous et sur vos interactions avec un groupe.
- Évaluer l'adéquation entre vous et les 3 valeurs clés de l'EDHEC BS :
  - L'impact : l'envie et la capacité de prendre des responsabilités pour transformer positivement l'environnement.
  - L'engagement : la capacité à s'engager authentiquement, et à engager les autres au service d'un projet ambitieux et responsable.
  - L'innovation : l'envie et la capacité à innover, à faire preuve de créativité.

Enfin, malgré l'aspect collectif d'une grande partie de l'épreuve, la notation est individuelle.

Je vais maintenant détailler la procédure de ces trois « temps » de l'entretien et vous donner les pistes de succès pour chacun d'entre eux.

A) La prise de parole en public

Malgré son temps très court, il s'agit sans doute de l'épreuve la plus difficile, ou du moins celle qui frustre le plus les candidats. Il ne s'agit pas ici de faire les choses parfaitement, mais simplement de répondre à la consigne.

Les 6 candidats sont réunis dans une salle. Un par un, ils vont se voir attribuer un thème parmi la liste ci-dessous et auront deux minutes pour préparer leur présentation. Celle-ci devra durer 3 minutes et le mot sélectionné devra y figurer, « *sans que le thème ne soit prédominant sur la présentation* ».

Le candidat fera sa présentation debout, face aux trois jurys et aux 5 autres candidats. Pendant sa présentation, le jury n'interviendra pas et ne posera aucune question.

La liste exhaustive des mots proposée par l'EDHEC BS 2017 est la suivante :

Ami	Mode
Argent	Musique
Cause	Paysage
Cinéma	Peinture
Corruption	Photographie
Crise	Poésie
Danse	Proverbe
Design	Publicité
Enfance	Recette
Entreprise	Richesse
Fleur	Sentiment
Histoire	Théâtre
Liberté	Valeur
Livre	Ville
Lumière	Voyage

Attention, il ne s'agit pas dans votre présentation de répéter à chaque phrase le mot choisi mais de *teinter* la présentation de ce dernier. Vous pouvez également utiliser de temps à autre des synonymes ou des références.

Comment bien préparer cette partie ?

Pour bien préparer cette partie, il faut la préparer intelligemment ! Gardez en tête que cet exercice cherche à tester votre capacité à improviser rapidement pour ensuite faire une restitution devant un public. Si un candidat a déjà préparé une présentation pour chaque thème, il cassera la spontanéité de la présentation et ne répondra donc pas aux exigences de l'EDHEC. Il s'agit d'une épreuve d'improvisation, et les attentes des jurys s'adaptent donc à la situation. L'objectif finale de cette présentation est de vous connaître, de tester votre créativité et votre capacité d'adaptation. Inutile donc de faire une présentation lourde autour du mot tiré. Il doit simplement être mentionné au moins une fois et être subtilement évoqué.

Il ne s'agit donc surtout pas de préparer une présentation apprise par cœur pour chaque thème.

Je propose de tourner l'exercice autrement, c'est-à-dire de partir de vous et non du thème.

D'abord, ne changez pas la structure de votre présentation « classique » pour cet exercice. Vous n'avez, en 2 minutes de préparation, absolument pas le temps de non seulement construire une présentation mais en plus de lui greffer un thème ! Vous devez donc partir d'une base « vierge », qui est votre présentation classique, d'une durée moyenne de 1 minute 30.

Le jour J, il va donc falloir non seulement allonger la durée de la présentation mais, en plus, la teinter du thème attribué.

Pour ce faire, je vous propose le processus suivant le jour J :

- Écrivez en 1 minute ce à quoi le thème vous fait penser. Il peut s'agir de dérouler le champ lexical de ce terme (ex : ville => citadins, habitants, collectivité, rues, piétons...) mais aussi d'écrire ce qu'il vous évoque (association « Sport dans la ville » dans laquelle j'ai été investi, les votes pour l'élections de la municipalité que j'ai aidé à dépouiller, la ville que j'ai préféré visiter lors de mon voyage en Espagne etc.). Vous allez donc pouvoir relier le thème à vous et à quelques-unes de vos expériences.
- Profitez de la dernière minute de préparation pour identifier une à deux expériences dans votre présentation qui peuvent être liées d'une manière ou d'une autre au thème, ou bien à son champ lexical, et détaillez-les. Pour cette ou ces expériences (Passé), énoncez quelques qualités développées (Présent) et comment vous pourrez les mettre en application dans votre futur à l'EDHEC ou en entreprise (Futur). Vous l'avez donc remarqué, il s'agit de faire un lien Passé – Présent – Futur sur une ou deux expériences que vous pouvez relier au thème. Cela vous permettra d'allonger votre présentation pour tenir le temps imparti tout en répondant aux exigences de l'EDHEC sur la présence du thème attribué.

Vous pouvez donc d'ores et déjà vous entraîner chez vous sur quelques thèmes tout en respectant le timing. Choisissez ceux avec lesquels vous n'êtes a priori pas à l'aise pour vous mettre dans les conditions les plus difficiles possibles. Vous serez d'autant plus à l'aise le jour J.

Quelques dernières remarques :

- Bien entendu, vous pouvez également évoquer ce thème lors de la présentation de votre identité et de votre cursus. Vos expériences ne sont évidemment pas le seul moment propice à l'évocation du thème.
- Pour la conclusion de la présentation, les lecteurs attentifs auront noté que je conseille pour un entretien classique de terminer par une perche tendue au jury sur un sujet avec lequel vous êtes à l'aise. Bien entendu, ce conseil ne s'applique pas à la présentation de l'EDHEC car le jury ne rebondit pas sur votre présentation. Terminez donc plutôt en évoquant en une phrase ce que vous souhaitez faire dans le futur, à l'EDHEC et comme métier(s) éventuel(s).
- Par ailleurs, ne soyez pas surpris si certains jurys portent peu d'attention au thème. Certains y attachent de l'importance, d'autres n'en tiennent pas vraiment compte dans leur notation.
- Pendant votre présentation, il est important de bien regarder les trois jurys ainsi que vos 5 camarades. Ne regarder que vos jurys serait une réelle maladresse car les autres candidats font partie de votre public !

B) La prise de décision collective

Dans cette partie de l'entretien, les 6 candidats vont regarder une vidéo de 5 minutes dans laquelle un ancien étudiant de l'EDHEC, qui a créé ou dirige une entreprise, va exposer une problématique à laquelle il doit faire face. L'entreprise peut faire ou avoir fait partie de l'incubateur de l'EDHEC.

L'ancien étudiant va conclure par trois solutions envisageables pour répondre à cette problématique. Les 6 candidats vont alors se répartir en 3 binômes, chacun évalué par un jury. Ils vont devoir aussi s'organiser entre eux et décider s'ils creusent une solution par binôme, ou bien si chaque binôme explore toutes les pistes. Je conseille à titre personnel à première solution, qui permet d'entrer plus dans le détail des solutions proposées.

Les candidats auront les 45 minutes restantes pour explorer la ou les solutions, partager leurs recherches avec les autres binômes et se mettre d'accord tous les 6 sur la solution à adopter et rédiger leur argumentaire sur un document prérempli. Sur ce document, il faudra indiquer la solution retenue ainsi que lui trouver 5 inconvénients et 5 avantages.

Les candidats disposent de trois ordinateurs (un par binôme) pour effectuer des recherches. Sur ces ordinateurs se trouveront 6 documents informatiques. Il peut s'agir d'articles de presse, de données financières, de rapports économiques, de textes juridiques... Ces documents peuvent être de longueur variable (quelques pages jusqu'à 70 pages). Les étudiants devront se répartir ces documents.

Voici quelques exemples de cas qui ont été donnés en 2017 rapportées par des étudiants sur les réseaux sociaux :

L'entreprise X [j'ai volontairement caché le nom de l'entreprise] est une entreprise française cotée à la Bourse de Paris, spécialisée dans la fabrication de fixation et de composants d'assemblage pour les industries automobile et aérospatiale, et la fabrication d'implants médicaux et d'ancillaires. Elle souhaite s'implanter en Chine. Il s'agit donc d'évaluer ces trois problématiques :

1) Création d'un établissement en Chine mais risque de pillage des brevets ;

2) Implantation en Inde ;

3) Envoi d'une équipe de commerciaux en Chine sans envoyer des ingénieurs

Le fondateur de la société Z (société française de paiement entre amis pour faciliter les virements) cherche à conquérir les clients d'une ville entière. Il faut évaluer les 3 solutions marketing suivantes :

1) Réaliser des événements promotionnels ;

2) Faire des partenariats avec d'autres entreprises ;

3) Utiliser l'affichage publicitaire

Mes conseils sur cette partie seront de deux natures : organisationnelle et méthodologique. Le volet comportemental est abordé dans la partie dédiée aux entretiens de groupe de manière plus générale.

▷ Conseils d'organisation

➡ *Visionnage de la vidéo (5 minutes)*

Commencez par écouter attentivement la vidéo. Pour cela, prenez absolument en notes toutes les idées clés, sans faire de phrases.

Enfin, avant de vous lancer dans les recherches en binômes, résumez tous ensemble la problématique et vérifiez que vous avez saisi les solutions présentées. Pour cela, faites l'exercice collectif de la reformuler, afin de vérifier qu'elle est entendue de la même manière par tous.

➡ *Gestion du timing*

Les étudiants ont maintenant 45 minutes pour approfondir les solutions données en binôme, confronter leurs recherches et avis avec le groupe, s'accorder sur la solution retenue et remplir le document final. Un secrétaire sera tiré au sort au départ dans le groupe de 6 : c'est lui qui devra prendre des notes et rédiger le document final.

L'une des difficultés de cet exercice est qu'aucun timing n'est donné. Toutefois, il est très important que les candidats s'autodisciplinent sur un timing (posez votre montre ostensiblement sur la table) afin de ne pas se retrouver au bout des 45 minutes sans solution choisie ! Un groupe qui ne finit pas l'épreuve donne une très mauvaise impression : mauvaise organisation, mauvaise communication entre le groupe, sûrement beaucoup de temps perdu à essayer d'imposer son point de vue plutôt que de se rassembler autour d'une solution et de construire un argumentaire, etc.

Pour éviter ce piège, voici le timing que je juge idéal pour ces 45 minutes :

- 15 à 20 minutes d'approfondissement de sa solution par binôme.
- 10 minutes de mise en commun des recherches.
- 10 minutes de discussion pour sélectionner la solution la plus pertinente.
- 5 à 10 minutes de rédaction de la recommandation sur le doc. prérempli.

Par ailleurs, désignez un time-keeper (le gestionnaire de la montre) qui sera chargé de faire respecter ce timing.

À l'inverse, attention aux solutions trouvées trop rapidement ! Rappelez-vous de l'objectif de cette partie de l'entretien : évaluer votre travail en groupe. Trouver une solution rapidement ne vous donnera aucun point supplémentaire. Au contraire, on pourra penser que vous vous êtes précipités et que vous n'avez pas pris le temps, collectivement, de réfléchir à une solution en profondeur, en analysant ses forces et ses faiblesses.

➡ *Choix des informations*

Certains documents peuvent être très longs et peuvent regorger de données qui peuvent vous sembler utiles. Toutefois, ce n'est pas le cas. N'oubliez pas que les documents ont été sélectionnés par le service des concours et qu'il est normal qu'ils comportent des pièges !

Lors de vos lectures, gardez toujours en tête votre problématique (la piste à explorer) et au lieu de lire le document, partez à la recherche d'informations. Ainsi, vous serez moins sensibles aux détails et serez bien plus efficaces dans votre lecture.

Les jurys vous jugeront aussi sur votre esprit de synthèse et votre efficacité dans l'analyse des documents !

➡ *Organisation de votre réponse*

Une fois que chaque binôme a fait ses recherches, il est temps de mettre en commun ses recherches avec celles du reste du groupe. Vous choisirez collectivement quelle solution retenir, quels en sont les avantages et les inconvénients. Le rôle du secrétaire sera, dans cette partie-là, décisif puisqu'il est en charge des notes.

Avant de vous lancer dans le remplissage du document prérempli, structurez bien votre réponse. Cela présente deux avantages : le secrétaire aura plus de facilité et sera donc plus rapide pour rédiger le document final. Par ailleurs, cela témoigne d'une bonne organisation et communication au sein du groupe... Ce qui est l'objet de l'évaluation de cette partie de l'entretien EDHEC !

▷ Conseils méthodologiques

Vous trouverez ci-dessous quelques bons réflexes à adopter pour bien appréhender des types de cas qui tombent fréquemment. Bien entendu, il ne s'agit pas d'être expert des concepts suivants que vous apprendrez en école, mais de pouvoir vous poser des questions pertinentes pour juger de la validité d'une solution.

Attention, il ne s'agit pas non plus de modèles tout cuits, à exécuter bêtement et à la lettre, mais bien de pistes de réflexions qui peuvent vous aider le jour J à développer votre réflexion.

➡ *Solution de pénétrer un nouveau marché*

Quelques questions à se poser :

- Qui sont les clients et comment sont-ils segmentés ?
- Est-ce que ce nouveau marché convient à notre stratégie globale ?
- Y a-t-il des barrières à l'entrée (un gros investissement financier à faire, une technologie à développer, des barrières légales etc.)
- Quel rôle la technologie joue-t-elle dans l'industrie et à quelle rapidité change-t-elle ?
- Investiguer la concurrence : que font-ils ? Comment se différencient-ils ? Comment me différencier d'eux.

Il existe 3 grandes voies pour pénétrer un nouveau marché :

- Partir de 0
- Acquérir un acteur déjà existant
- Former une alliance / un partenariat / une joint-venture avec un autre acteur aux intérêts similaires

➡ *Solution de fusions et acquisitions*

Étape 1 : déterminer les objectifs de la fusion :

- Faciliter l'accès à un marché ?
- Se diversifier ?
- Empêcher l'arrivée de nouveaux concurrents ?

Étape 2 : réaliser un audit au préalable

- Taille et structure de l'entreprise à racheter / fusionner
- Le marché est-il rentable et fiable ? Idem pour les clients.
- Comment se porte l'industrie ?
- Quelle sera la réaction des concurrents face à ce rachat ?
- Existe-t-il des barrières légales ?

➡ *Développement d'un nouveau produit*

Étape 1 : réfléchir au produit

- Qu'est-ce qui le rend spécial ?
- Doit-on le breveter ? Est-il déjà breveté ?
- Existe-t-il des produits similaires ? De substitution ?
- Avantages / inconvénients
- Comment le nouveau produit s'insère-t-il dans la ligne de produit / gamme déjà existante de l'entreprise ?

Étape 2 : penser à la stratégie du marché

- Impact de l'arrivée de ce produit sur les lignes de produits déjà existantes
- Risque de cannibalisation (c'est-à-dire que le produit se vend mais au détriment d'un produit déjà existant) ?
- Remplacement d'un produit déjà existant ?
- Est-ce que le produit va étendre notre base de clients et accroître nos ventes ?
- Quelle va être la réponse des concurrents ?
- Existe-t-il des barrières à l'entrée ?
- Acteurs majeurs sur le marché et parts de marché

Étape 3 : pistes de financement

➡ *Stratégie de croissance*

Une stratégie de croissance peut se concentrer sur un produit en particulier, une division ou l'entreprise en général. Cela va également dépendre de la taille de l'entreprise.

Étape 1 : se poser les bonnes questions :

- L'industrie est-elle en croissance ?
- Quelle est notre croissance par rapport à celle de l'industrie ?
- Nos prix sont-ils alignés avec ceux de la concurrence ?
- Quels ont été les efforts de recherche et développement de nos concurrents ?
- Quels segments du marché ont le plus gros potentiel de croissance ?

Étape 2 : sélectionner une stratégie de croissance :

- Augmenter et diversifier les canaux de distribution
- Élargir une ligne de produits
- Investir dans une campagne marketing majeure
- Diversifier les biens ou services offerts
- Acquérir des concurrents ou une entreprise dans une industrie différente

C) Entretien individuel / questionnaire en ligne (15 minutes)

À la suite de cet exercice de groupe, 3 candidats vont passer un entretien individuel avec le membre de jury qui l'évaluait lors de la deuxième partie. Il y a donc 3 entretiens en parallèle, mais dans des pièces différentes.

Les 3 autres candidats ne passant pas l'entretien n'observent pas. Ils sont envoyés dans une pièce où ils rempliront un questionnaire informatique anonyme. Ce questionnaire se rapproche d'un test psychologique avec des questions du type « êtes-vous plutôt synthétique ou analytique ? » « Réfléchi ou Spontané ? ». Puis certaines questions sont plutôt sur votre personnalité et vos centres d'intérêt : Un livre qui vous plaît, une chanson que vous aimez. « Êtes-vous plutôt Apple ou Android ? », « Un évènement historique auquel vous auriez aimé assister ? ». Enfin, certaines questions vous demanderont de classer des réponses à des questions du type « Qu'est-ce qui est le plus important pour avoir du succès ? », « Quelles sont vos motivations dans votre carrière ? », etc.

Mais revenons à l'entretien individuel de 15 minutes.

Vous n'aurez pas l'occasion de vous présenter puisque vous l'avez déjà fait dans la première partie de l'entretien. Le jury va d'abord vous demander de prendre du recul sur l'épreuve avec des questions du type : « Quel a été votre rôle dans le groupe ? », « Qui s'est démarqué ? » ou encore « Qu'avez-vous pensé de cet exercice ? ». Je vous conseille d'être sincère mais stratégique. Sincère car il est important de dire sincèrement comment vous avez vécu cet exercice. Êtes-vous content des interactions avec le groupe ? Regrettez-vous certains de vos comportements ? Surtout ; ne dénigrer pas les autres. C'est un entretien de personnalité, donc on parle donc de vous et seulement de vous !

Vous pouvez, si vous le souhaitez, relier cette expérience à une autre expérience collective vécue ou à une de vos qualités. Cela vous permet de tendre une perche au jury pour la suite de l'entretien et de l'orienter sur un terrain sur lequel vous êtes à l'aise.

Par exemple : « *Lors de cet exercice, j'ai eu du mal à défendre mes idées par rapport à celles d'autres membres qui étaient plus à l'aise avec l'exercice. Cela m'a déjà porté préjudice par le passé, notamment lors de la soutenance de mon projet tutoré. C'est d'ailleurs suite à cet échec que je me suis inscrit à des cours de théâtre d'improvisation. ». Ou bien : « Je me suis senti à l'aise lors de la période de structuration des idées, sur la fin. J'ai su voir les liens existants entre certaines idées et je n'avais pas de mal à les structurer dans la fiche de réponse. Je pense posséder cette qualité et en avoir fait preuve notamment lors des cours particuliers de mathématiques que j'ai donnés à 4 étudiants en même temps.* »

Les minutes restantes portent sur votre personnalité, vos motivations pour intégrer l'EDHEC, vos expériences associatives / sportives, vos loisirs. Ce sont des questions plus classiques, que vous pouvez retrouver dans cet ouvrage.

L'EDHEC accorde une certaine importance à la connaissance de ses cours, de ses programmes et de leurs débouchés. Il n'est pas rare que l'on demande à un étudiant quels cours il a envie de suivre, s'il a déjà une idée de projet professionnel etc.

Enfin, à la fin de l'entretien, n'oubliez pas de remercier le jury pour cet échange.

4. L'entretien d'Audencia BS

L'entretien d'Audencia se séquence en deux parties : une première partie durant laquelle il vous est demandé de faire un court exposé d'un sujet préparé en amont, et une seconde d'échange libre avec le jury. Je m'attarderai donc ici sur la première partie et l'épreuve de « mini-exposé », qui concerne à la fois les classes préparatoires et les admissions parallèles.

À Audencia, vous tirez un papier avec inscrit dessus deux sujets, et bénéficiez du choix final du sujet que vous traiterez.

Vous bénéficiez ensuite de 30 minutes pour préparer un court exposé que vous présenterez au jury en première partie d'entretien, souvent même avant de vous être présenté. La durée officielle de cette première partie n'est pas précisée, mais reste en général entre 10 et 15 minutes. Une fois votre exposé achevé, le jury rebondit sur certains points de votre discours, cherche à creuser, à entrer en débat avec vous... Préparez-vous donc à quelques minutes de discussion sur votre sujet avant de passer à la partie « classique de l'entretien ». Cette première étape dans l'entretien a notamment pour vertu de pouvoir vous faire commencer l'entretien classique de manière plus spontanée et moins crispée. Une fois la première partie de l'entretien écoulée, vous avez évacué le stress et démystifier le jury.

D'expérience, Audencia a pour habitude de proposer parmi les deux sujets une citation d'une figure célèbre, sans forcément toujours la citer. L'autre sujet proposé peut être un simple nom commun, par exemple : « L'infidélité », « Le paradoxe » ou « L'étranger ». Ne vous laissez pas déconcerter par ces sujets d'ordre philosophique qui pourraient sembler difficiles d'accès de prime abord. D'abord, le jury n'attend rien de particulièrement défini, si ce n'est VOTRE traitement du sujet. Enfin, le jury valorisera le fait que vous ayez traité le sujet de manière simple.

Par ailleurs, choisissez le sujet traité en fonction de deux critères : d'abord et surtout votre « aisance » à la première lecture (« ai-je des choses à dire sur la question ? ») mais aussi, à aisance égale entre les deux sujets, considérez les questions annexes qui pourraient découler de chaque sujet. Par exemple, si vous tombez sur une citation de Karl Marx, le jury pourra tout à fait vous interroger à la fin de votre exposé sur l'auteur de la citation et son époque. Selon votre connaissance de ces thèmes, vous pourrez définitivement arrêter le choix du sujet que vous travaillerez.

S'il est attendu un minimum de vous en termes d'éléments de fond dans votre exposé, la principale attente d'Audencia n'est pas à chercher de ce côté. Audencia met particulièrement l'accent sur la structure de votre discours. Pour l'anecdote, quand j'ai passé ce même entretien étant étudiant, les jurys posaient la même question après chaque exposé : « Pensez-vous avoir fait quelque chose de structuré ? ». Sans avoir l'obsession, surtout pour ceux d'entre vous qui viendraient de classes préparatoires, du plan en trois parties et trois sous-parties, prenez soin de structurer votre argumentation de façon très claire. N'hésitez donc pas à insister oralement sur votre passage à une nouvelle partie. Le style attendra !

Voici la structure, simple, généralement attendue pour cet exercice :

Introduction : permet de définir les termes du sujet qui poseraient question, de trouver une problématique simple et si possible d'annoncer en une phrase votre plan.

I : Annonce et déroulement de votre première partie.

II : Annonce et déroulement de votre deuxième partie.

II : Annonce et déroulement de votre troisième partie, si vous en avez une.

Conclusion : permet de répondre clairement à la question posée en introduction, en rappelant vos arguments. Faites le plus simple possible.

Par ailleurs, Audencia attend de vous que vous répondiez clairement à la question ou problématique posée dans le sujet ou bien définie par vos soins en introduction. Terminés donc les plans thèse-antithèse-synthèse que l'on retrouve en classes préparatoires. Cet exercice est beaucoup plus proche de la vie d'entreprise durant laquelle il est demandé à quelqu'un d'exposer un sujet et de se positionner clairement à la fin. Par exemple, un Directeur Marketing qui expose à la Direction Générale son étude de marché, doit à la fin se positionner si oui ou non il est intéressant de conquérir ce marché.

Ensuite, en plus de la nécessité d'établir un exposé clair et structuré, j'ajoute une dernière exigence à ces exercices. Il est attendu de vous que vous ne restiez pas dans un discours trop théorique, mais que vous utilisiez des exemples régulièrement. Ces exemples peuvent venir de votre culture générale au sens large, économique bien sûr mais aussi philosophique, romanesque, musicale, cinématographique… Mais d'autres exemples peuvent venir de vous et de votre vécu ! Par exemple, dans le sujet traité ci-dessous « Plus on connaît, plus on aime », il est facile de parler des sports pratiqués et appréciés. Ces éléments personnels, s'ils ne doivent pas constituer la totalité des exemples de votre exposé, sont importants car permettent déjà de tendre des perches au jury pour la seconde partie de l'oral. Vous faites ainsi une pierre deux coups et gagnez du temps pour la suite de l'entretien.

Pour arriver à ce rendu final, je vous propose de suivre en amont 4 étapes durant la préparation de votre sujet :

- **Étape 1 : Définition des termes du sujet** (3 minutes). En questionnant chaque terme, vous pourrez voir apparaître des axes de réponses initialement invisibles à vos yeux. Par exemple : « L'art est-il le fruit de l'imagination ? ». En tentant de définir le mot « art », vous pouvez le séparer en deux actions distinctes : contempler une œuvre d'art ou construire une œuvre d'art. Vous avez donc déjà un plan en deux parties possibles par ce simple travail sémantique.
- **Étape 2 : Libération des idées** (5 minutes). Commencez par ce qui est communément appelé un « brainstorrming » afin de coucher sur votre feuille de brouillon, sans filtre, toutes les idées, mots clés, phrases qui vous passent par la tête. Attention à bien choisir des exemples variés.

- **Étape 3 : Construction du plan** (5 minutes). À l'aide d'un stylo quatre couleurs dans l'idéal, regrouper les termes de votre brainstorming qui sont suffisamment liés pour former une même partie ou sous-partie. J'insiste sur le fait que votre plan doit découler de vos idées et non l'inverse. Le risque serait d'avoir un plan totalement déséquilibré (un I qui dure 3 minutes et un II qui dure 30 secondes) si vous faites le chemin inverse.
- **Étape 4 : Établissement d'un plan détaillé** (10 minutes). Une fois que vous avez votre plan en tête, construisez sur une nouvelle feuille ce qui sera votre plan détaillé, avec toutes les idées qui nourrissent votre raisonnement, étape par étape. Attention, je vous conseille de n'emmener que cette feuille devant le jury ! D'abord pour ne pas vous inciter à naviguer entre plusieurs feuilles dont certaines comportent des écritures illisibles (Brainstorming). Ensuite parce que dans une volonté de faire preuve de structure au jury dans son discours, le fait de venir avec une feuille convenablement écrite et ne présentant que votre plan structuré ira dans ce sens.

Pour finir, je rappelle comme pour l'entretien de motivation que ce type d'exercice ne s'improvise pas, et qu'il est important de s'entraîner en conditions réelles avant le jour J. Utilisez la liste de sujets ci-dessous pour vous entraîner à sortir un plan détaillé en 25 minutes selon mes conseils ci-dessus. Vous serez le jour J plus à l'aise et moins à la merci d'un sujet qui ne vous inspire pas si vous vous êtes régulièrement entraîné en amont.

Avant donc de passer à un exemple concret de sujet traité, voici une liste de sujets tombés en 2017 à Audencia dont j'ai pris connaissance sur un réseau social. Encore une fois, ces sujets sont amenés à changer en partie ou totalement d'une année à l'autre.

- Méditer ou décider ?
- La mauvaise réputation
- L'homme sage se crée plus d'opportunités qu'il n'en trouve.
- Être assez intelligent pour savoir ce que l'on ignore
- La désobéissance
- L'imagination gouverne les hommes.
- L'absurde
- « La vraie générosité envers l'avenir consiste à tout donner au présent. » (Camus)
- « On parle toujours mal quand on n'a rien à dire » (Voltaire)
- L'étranger
- « Il ne faut pas laisser les intellectuels jouer avec des allumettes. » (Prevert)
- L'infidélité
- Ceux qui craignent les hommes aiment les lois.
- La liberté est-elle une opportunité ?
- Le divertissement
- Rien n'est jamais acquis
- L'humour
- La vie intérieure

- « Nul vainqueur ne croit au hasard. » (Nietzsche)
- « On repousse des armées, On ne repousse pas les idées. » (Victor Hugo)
- « Les jeunes enfants se doivent de respecter les grandes personnes. » (Saint-Exupéry)
- Rater sa vie
- Pour contrôler les hommes, marche derrière eux.
- Les limites de la compréhension
- L'être ou l'avoir.
- « L'imagination est plus importante que la connaissance. La connaissance est limitée alors que l'imagination englobe le monde entier, stimule le progrès, suscite l'évolution. » (Albert Einstein)
- Les frontières
- Se tromper
- « Le bruit ne fait pas de bien, et le bien ne fait pas de bruit. » (Saint François de Sales)
- Qu'est ce qui gouverne le monde ?
- Abandonner son âme
- L'homme honnête
- La bonne charité : Bill Gates ou mère Teresa ?
- « Quand on se suffit à soi-même, on arrive à posséder ce bien inestimable qu'est la liberté. »
- La faiblesse
- « Il faut collectionner les pierres qu'on vous jette. C'est le début d'un piédestal. » (Berlioz)
- Les métamorphoses
- L'utilisation du principe de précaution est-elle excessive ?
- « L'avenir est ce qu'il y a de pire dans le présent. » (Gustave Flaubert)
- L'art pour l'art
- Dire ce que l'on fait, faire ce que l'on dit.
- Rien de grand ne s'est fait sans passion.
- Le doute
- « L'art de diriger consiste à savoir abandonner la baguette pour ne pas gêner l'orchestre. » Alfred Hitchcock
- La perfection
- Passion & patience
- La morale peut-elle être enseignée ?
- Le paradis que l'on a, c'est celui que l'on a perdu.
- L'homme honnête
- Celui qui peut agit, celui qui ne peut pas donne des leçons / le silence.
- L'imaginaire au pouvoir
- Le manque de transparence est-il un frein à la démocratie ?
- Le relativisme
- La normalité
- « Celui qui ne veut agir et parler qu'avec justesse finit par ne rien faire du tout. » (Nietzsche)

- L'ingérence
- L'écologie est-elle une figure de l'homme moderne ?

Pour achever ce passage sur le « mini-exposé », je vais traiter le sujet « Plus on connaît, plus on aime », tombé il y a quelques années à Audencia. Ce sujet citait sans le nommer, Leonard de Vinci.

« Plus on connaît, plus on aime »

Étape 1 : Définition des termes du sujet.

Connaît : différentes sortes selon moi de connaissance, intellectuelle (un chapitre d'Histoire) et pratique (lié à nu savoir-faire, une pratique). J'ai donc deux angles pour traiter la connaissance. Je pourrais en avoir besoin plus tard. Par ailleurs, je me pose une question clé : la connaissance d'une chose est-elle finie ou non ? En d'autres termes, peut-on se dire à un moment « je connais tout de cette personne » ? Je pense que oui.

Aime : amour sentimental pour une personne ou goût prononcé pour un objet, une activité, une œuvre d'art ? Encore une fois, je pourrais jouer sur la polysémie du mot Amour.

Étape 2 : Brainstorming.

Je pose les mots et expressions qui me viennent à l'esprit, théories comme exemples. Pour que vous puissiez me comprendre, je préfère les phrases aux mots clés. Mais n'hésitez pas à faire plus court le jour J.

- Pratique personnelle du football : détestée au début, puis passion.
- « La chair est triste Hélas, et j'ai lu tous les livres. » Mallarmé
- Madame Bovary, plus elle connaît Charles, plus elle est déçue.
- Statistique qui dit que la génération Y se lasse d'un poste au bout de 2 années.
- L'amour dure 3 ans.
- L'imagination, quand elle embellit trop les choses, nous déçoit.
- On peut aimer ce qui nous résiste et ce qu'on met du temps à bien connaître : une personne comme un ouvrage. (*La recherche du Temps Perdu* de Proust)
- L'Inverse serait-il vrai ? Moins on connaît, moins on aime ?
- Certains aiment l'inconnu.
- La classe prépa : plus le temps avançait, plus j'aimais la stimulation intellectuelle.
- Piano : j'ai été déçu au fil des années.
- Livre travaillé en prépa : Rousseau, La nouvelle Héloïse. Julie, l'héroïne s'ennuie de son confort.
- Dans un couple, on aime être surpris.
- Présupposé . la connaissance d'une personne ou d'une chose est finie

Étape 3 : Construction du plan.

Je reprends mes idées nées de mon brainstorming et tente de regrouper ensemble celles qui défendraient la même idée.

- Pratique personnelle du football : détestée au début, puis passion.
- On peut aimer ce qui nous résiste et ce qu'on met du temps à bien connaître : une personne comme un ouvrage. (*La recherche du Temps Perdu* de Proust)
- Certains aiment l'inconnu.
- La classe prépa : plus le temps avançait, plus j'aimais la stimulation intellectuelle.
- Dans un couple, on aime être surpris.

————

- « La chair est triste Hélas, et j'ai lu tous les livres. » Mallarmé
- Statistique qui dit que la génération Y se lasse d'un poste au bout de 2 années.
- L'amour dure 3 ans.
- Livre travaillé en prépa : Rousseau, La nouvelle Héloïse. Julie, l'héroïne s'ennuie de son confort.

————

- Madame Bovary, plus elle connaît Charles, plus elle est déçue de la différence entre la vie et ses livres.
- L'imagination, quand elle embellit trop les choses, nous déçoit.
- Piano : j'ai été déçu au fil des années alors que j'en attendais beaucoup.
- Article lu récemment traitant du blues des entrepreneurs peu informés face à la charge de travail prise par les tâches administratives.

————

- L'inverse serait-il vrai ? Moins on connaît, moins on aime ?
- Présupposé : la connaissance d'une personne ou d'une chose est finie.

J'arrive donc à dégager trois axes :

- Le premier mettant en avant le plaisir de la découverte dans le processus de connaissance.
- Le deuxième, mettant en avant à l'inverse le désamour en l'ennui apparaissant quand nous n'avons plus rien à apprendre sur quelqu'un ou une chose.
- Le troisième, qui met en lumière le rôle de l'imagination dans ce processus, qui nous fait voir les choses plus belles qu'elles ne le sont.

Je peux maintenant passer à l'étape 4.

Étape 4 : Élaboration d'un plan détaillé.

À partir de mes idées et de mon plan, je vais rédiger au propre sur une nouvelle feuille ce qui sera mon support face au jury. Il doit donc être clair et exhaustif.

■■■

Introduction

Présupposé du sujet « Plus on connaît, plus on aime » : l'amour ou l'affection va avec la progression de la découverte de quelqu'un ou quelque chose. Problématique : Est-ce la découverte qui nous attire ou la connaissance complète ?

Je répondrais en trois axes. D'abord, la découverte nous procure de l'amour ou de l'affection. Ensuite, arrivé à une connaissance parfaite d'une personne ou d'un sujet, nous nous en détachons. Enfin, j'expliquerai cela par le rôle déformant de notre imagination.

I. C'est le processus de découverte qui amène l'amour ou le plaisir.

La découverte amène la surprise, que nous recherchons tous à mon sens et qui fait émerger le sentiment d'attachement.

Exemple 1 : découverte du football à 5 ans. Au début pas d'attirance, mais la découverte progressive durant 15 années a fait émerger une passion pour ce sport.

Exemple 2 : couple amoureux. Amour croissant quand on découvre la personne et qu'elle nous surprend.

II. Une fois la connaissance achevée, le plaisir ou l'amour s'estompe.

L'ennui arrive et brise l'affection. L'homme recherche l'inattendu, l'action.

Exemple 1 : Film « L'amour dure 3 ans ». Suppose qu'à partir d'un stade, ennui dans un couple.

Exemple 2 : Statistique qui dit que les jeunes diplômés se lassent d'un poste au bout de 2 ans, quand ils ont le sentiment de ne plus rien apprendre.

Exemple 3 : Mallarmé, dans Brise Marine, « La chair est triste Hélas, et j'ai lu tous les livres ». Il n'a plus rien à découvrir, plus rien à lire.

Exemple 4 : Rousseau, dans le roman épistolaire, La nouvelle Héloïse, met en scène Julie, qui découvre le confort social et matériel. Arrivée à un certain stade, elle n'a plus rien à conquérir et connaît tout des plaisirs de sa situation. Elle dit « Le bonheur m'ennuie ».

III. Ce désamour est dû le plus souvent à notre imagination

Plus on connaît moins on aime quand l'imagination joue un rôle trop important. Elle nous fait voir une réalité qui n'existe pas, et qui est souvent embellie. Amène à de la déception.

Exemple 1 : Article du Monde sur le blues des entrepreneurs, qui s'imaginaient en conférences Ted et en Une de Challenge, sans imaginer le travail ingrat (administratif le plus souvent) pour un résultat aléatoire. Leur imagination leur avait fait imaginer la vie d'entrepreneur telle qu'elle ne l'est pas, d'où une déception.

Exemple 2 : J'ai fait du piano durant 5 ans, j'en attendais énormément ; la réalité m'a déçu avec les heures et les heures de travail ingrat pour un résultat inégal.

Exemple 3 : Flaubert dans Madame Bovary : héroïne déçue par l'amour réel avec Charles différent de l'amour imaginé après ses lectures. À donné un nom : le bovarysme.

Conclusion

Je suis partiellement d'accord avec la citation, nous aimons quand nous découvrons (I). Mais à partir d'un moment, quand nous connaissons tout de la personne, nous cessons d'aimer (II). Tout cela à cause de notre imagination qui nous donne des désirs excessifs et amène une insatisfaction (III).

■■■

Analyse : Dans cet exposé, j'ai tenté de répondre à la question de manière structurée, tout en ayant l'exigence de donner beaucoup d'exemples pour illustrer mes arguments. Ces exemples provenaient de ma culture personnelle et de mon expérience de vie (football, piano). Ces expériences me servent de perches et je sais que le jury les a notées et pourra éventuellement revenir dessus durant la suite de l'entretien.

Si j'avais un reproche à faire à mon exposé, c'est de n'avoir pas pu parler des écoles de commerce dans l'exposé. J'ai bien parlé des entrepreneurs et des premiers emplois chez les diplômés, mais une référence à l'école, ce qu'on peut y faire, voire ce que j'ai envie d'y faire aurait aussi été une très belle perche !

5. L'entretien de Grenoble EM

L'oral de Grenoble EM est peut-être avec l'EDHEC BS celui dont la forme diffère le plus d'un entretien de motivation classique.

Il se décompose en trois parties :

1) Un exposé sur un sujet tiré au sort et préparé en amont durant 30 minutes. Vous disposez de **5 minutes** d'exposé. Vous avez le choix entre 3 thèmes qui vous sont proposés :
   a) un sujet économique ou géopolitique (carte, graphiques ou tableaux de chiffres) ;
   b) une phrase traitant d'un thème économique ou sur l'innovation ;
   c) un sujet de créativité dans lequel vous devez inventer un objet.
2) Une interview inversée d'un jury pendant **10 minutes**.
3) Un échange « classique » avec le jury durant **15 minutes**.

Avant de me pencher sur certaines épreuves de cet entretien et de donner des conseils spécifiques, je me permets de vous avertir sur quelques dangers de l'entretien de Grenoble EM.

D'abord, vous devez absolument bien gérer votre temps de manière autonome dans les deux premières parties de l'entretien (exposé et interview inversée). Le jury sera attentif à votre timing et n'hésitera pas à vous couper si vous dépassez le temps imparti, ou bien à vous faire remarquer que vous étiez beaucoup trop court. Disons que je vous déconseille de tenir moins de 4'15 pour l'exposé ou bien de 9'00 pour l'interview inversée. Je vous invite d'ailleurs pour montrer au jury que vous êtes conscient du respect du timing en posant votre montre ostensiblement sur la table.

Enfin, vous aurez remarqué que l'entretien « classique » dure très peu de temps à Grenoble EM, uniquement 15 minutes. Vous n'avez donc pas le temps de rentrer tranquillement dans l'entretien et devez absolument être percutant dans vos arguments et bien hiérarchiser les atouts de votre candidature. Votre présentation doit être courte (1 minute 30 maximum) et bien mettre en avant les sujets que vous voulez évoquer durant ce quart d'heure. Tendez très rapidement des perches vers les réponses aux questions classiques de l'entretien (pourquoi vous, pourquoi une école de commerce, pourquoi Grenoble EM...). Rassurez-vous, même si ce n'est évidemment toujours le cas, le jury a bien conscience de ce temps très court et vous pose très vite les questions les plus classiques. Par ailleurs, vous devez absolument montrer dès le début de l'entretien de l'enthousiasme et du dynamisme pour conquérir le jury.

Dans cette analyse de l'entretien de Grenoble, je ne traiterai pas l'exposé du sujet géopolitique ou économique, pour deux raisons. D'abord, c'est une épreuve choisie à la marge par les candidats, et ensuite elle ressemble fortement aux exercices de Khôlles qui sont proposés durant deux à trois années aux étudiants de classes préparatoires.

De la même manière, mes conseils pour l'exposé d'une phrase traitant d'un thème économique ou d'innovation sont identiques à ceux exposés pour Audencia BS. À la différence près que le sujet à Grenoble EM laisse en général moins de place à la créativité et l'imagination pour tester plus fortement vos connaissances sur le sujet. Il est donc plus difficile de tendre des perches sur vous.

Cependant, je vais détailler plus longuement dans les pages qui suivent les épreuves de créativité (invention d'un objet) et d'interview inversée. La première est de loin la plus choisie par les étudiants en première partie, et la seconde, obligatoire et compliquée, est souvent très mal appréhendée par les étudiants.

A) L'épreuve de créativité

Pour cette épreuve vous sont proposés trois mots : un objet, un attribut et une population. Par exemple : Gant / Pliable / Sportif.

L'objectif de l'épreuve est de présenter au jury l'objet que vous aurez créé suite aux orientations qui vous sont données par les trois mots. Pour vous donner un coup de pouce dans la compréhension de l'esprit de l'épreuve, je vous dirais plutôt que vous êtes dans la peau d'un entrepreneur qui « pitche » des potentiels investisseurs que sont les membres de jurys. Ainsi, vous devez donner envie au jury d'acheter votre produit, d'investir dedans. Pour cela, le fond est valorisé, mais la forme est fondamentale. Soyez dynamique, soyez vivant, souriez ! Une ancienne élève s'était même levée et avait commencé sa présentation en annonçant : « Mesdames, Messieurs les investisseurs, je vous présente le nouveau produit... ! ». Bien sûr, cette attitude était cohérente avec sa personnalité extravertie, mais elle montrait ainsi qu'elle avait bien compris l'esprit de l'épreuve.

Ensuite, je vous propose pour vous aider à travailler cette épreuve le plan suivant :

1) **Commencez par décrire le produit, comment il fonctionne, son apparence.** Vous pouvez également lui donner un nom. Cela s'apparente à la « contextualisation » dans le récit d'une expérience et permet au jury de vous suivre plus facilement par la suite. Pour aller plus loin dans la contextualisation, vous pouvez aussi évoquer le fait que vous êtes un étudiant ou diplômé de Grenoble EM qui a créé une entreprise et tente un nouveau concept.
2) **Poursuivez en annonçant la raison d'exister du produit, le problème auquel il répond.** Dans quelle(s) situation(s) votre objet révélera-t-il son utilité ? Cela fait référence à des notions simples de marketing que vous n'avez cependant pas besoin de connaître.
3) **Puis, évoquer en tentant de donner des chiffres son marché potentiel.** Vous avez certes déjà une première idée à partir du mot qui vous aura été attribué, mais tentez tout de même de voir plus loin. Vous avez tiré le mot « retraités » ? Peut-être votre objet se destine davantage aux femmes ? ou aux personnes urbaines ? aux Français uniquement ? Une fois que vous avez (ou non) re-séquencé votre cible, tentez de donner des chiffres concernant le marché potentiel. Bien sûr, vous serez loin du compte sur le chiffre final, mais le jury retiendra surtout l'effort.
4) **Ensuite, communiquez les caractéristiques de votre produit.** Est-il haut de gamme ? Quel serait son prix ? Quels seraient ses atouts par rapport à la concurrence ? En quoi se distinguerait-il ?
5) **Passez maintenant à ses canaux de distribution.** Où souhaitez-vous le vendre ? Dans vos propres boutiques ou par des distributeurs ? En direct et/ou sur internet ? En France ou dans le monde ?
6) **Enfin, évoquez l'aspect communication.** Allez-vous communiquer ? Si oui, via la télévision ? La radio ? Internet ? Misez-vous sur le bouche-à-oreille ? Sur une égérie ? Quel serait le slogan de votre communication ?
7) Si et uniquement s'il vous reste suffisamment de temps, vous pouvez terminer en présentant au jury un prévisionnel de vos ventes et de votre chiffre d'affaires sur les prochaines années, en justifiant l'évolution.

Ce plan a pour grand avantage de vous aider à structurer votre discours dans rien oublier d'essentiel. Finalement, cela revient à travailler de manière simple les « 4P » d'un produit, que vous étudierez bientôt durant vos cours de marketing (Product, Price, Promotion, Place).

Enfin, ne vous attardez pas sur la faisabilité du concept. Votre objet doit être créatif sans être totalement irrationnel. Le jury va surtout juger votre créativité, votre argumentation et la structure de votre exposé.

Voici quelques exemples de combinaisons proposées aux étudiants ces dernières années à Grenoble EM dans le cadre de l'épreuve de créativité et qui sont accessibles sur la toile. Bien sûr, chaque mot étant indépendant, les combinaisons possibles sont très nombreuses !

Veste / Sans fil / Voyageurs
Gant / Pliable / Sportifs
Canne / Chauffant / Automobilistes
Livre / Illuminé / Ménagères
Veste / Flexible / Voyageurs
Pantalon / Rigide / Policiers
Montre / Musicale / Pilotes d'avion
Valise / Pliable / Plongeurs
Portefeuille / Sans fil / Seniors
Parapluie / Rotation / Randonneurs
Valise / Connecté / Voyageurs
Casque / Interactif / Jeunes
Vélo / Connecté / Professionnels
Chemise / Autonome / Enfants

Afin de vous montrer plus concrètement le traitement possible d'un sujet, je vais détailler le travail préliminaire pour une des combinaisons ci-dessus, inspirée d'une étudiante ayant eu 20/20 à son entretien de motivation : « Parapluie / Rotation / Randonneurs ».

1. **Je décris mon produit** : Il s'agit d'un parapluie à hélices. Ces dernières s'activent grâce à un bouton à actionner sur le manche, et permettent de déplacer l'utilisateur en le faisant « voler ». Le modèle se trouve en plusieurs exemplaires, avec des hélices plus ou moins grandes pour s'adapter au poids de l'utilisateur, et des coloris différents. Son utilisation et sa manière de faire léviter son utilisateur faisant référence à Marry Poppins, j'ai choisi de baptiser mon objet le « Parapoppins ».
2. **La raison d'être de mon produit** : Il se destine surtout aux randonneurs, tant novices qu'éprouvés, qui font des excursions de plusieurs jours dans des chemins inconnus. Ces derniers sont souvent perdus, et arrivent devant un ravin alors qu'ils veulent rejoindre les terres en face d'eux. Au lieu de faire demi-tour et de contourner le ravin, ils pourront utiliser « Parapoppins » pour traverser en l'air le ravin et ainsi gagner du temps.
3. **Marché potentiel** : Mon produit peut se vendre à des randonneurs français et étrangers. Il n'y a pas besoin de maîtriser une langue en particulier pour

comprendre son utilisation. Je peux donc viser un marché mondial. Je n'ai cependant aucune idée du nombre de randonneurs en France ou dans le Monde mais j'estime ce chiffre à plusieurs millions.

4. **Caractéristiques du produit** : Mon produit ayant des caractéristiques innovantes, je ne souhaite pas le mettre en bas de gamme. Cela risquerait aussi de poser question quant à la fiabilité. Je vais donc le placer en milieu de gamme, pour ne pas me fermer le marché des randonneurs occasionnels qui ne veulent pas investir lourdement dans cette activité. Je place donc mon prix à 70 € (je n'ai ici bien sûr aucune idée de mon coût de fabrication mais je peux dire au jury que j'y serai attentif pour adapter si besoin le prix du parapluie). Finalement, il se distinguerait aussi par son utilisation à la fois comme parapluie traditionnel et comme moyen de transport grâce à ses hélices. C'est le point grandement distinctif de mon objet.
5. **Canaux de distribution** : Je souhaite le vendre à la fois en magasins, surtout dans les régions de montagne, et sur internet pour toucher les personnes urbaines. Je ne souhaite pas investir tout de suite dans des magasins à mon nom et je juge que ce n'est pas pertinent pour un seul produit, donc je contacte des distributeurs. Je commence par lancer mon produit dans des boutiques françaises, dans les Alpes et les Pyrénées, pour tester le modèle et comprendre les attentes des clients comme des distributeurs. Une fois que j'ai accumulé de l'expérience, je viserai des pays avec des régions montagneuses comme l'Italie. J'espère ouvrir régulièrement des points de ventes dans des pays étrangers, notamment en Amérique Latine ou en Afrique à terme.
6. **Communication** : Étant donné que lors de ce lancement je n'ai pas un gros budget pour la communication, j'essaie d'être efficace. J'essaie de me positionner sur des annonces payantes sur Google ou Facebook, qui permettent en plus de filtrer ma cible. J'essaie aussi d'acheter des espaces publicitaires sur des sites spécialisés dans la vente de matériels de randonnée. Pour que ma communication reste dans l'esprit du visiteur, j'ai choisi un slogan à cet effet : « Parapoppins, votre chemin est le bon ».
7. **Prévisionnel de ventes** : Avec le bouche-à-oreille et la multiplication de mes points de vente durant les trois premières années, notamment le lancement de l'Italie en année 3, j'espère atteindre le chiffre d'affaires décrit dans le tableau ci-dessous. Par ailleurs, si mon produit fait ses preuves, je me permettrai de faire passer son prix de 70 à 79 €.

Année	Prix	Nombre de ventes	Chiffre d'affaires
2017	70 €	120	8 400 €
2018	70 €	300	21 000 €
2019	79 €	750	59 250 €

Je termine donc ainsi mon exposé et attends les questions du jury. Celles-ci pourront notamment porter sur la sécurité de mon produit, et les garanties nécessaires sur ce sujet. En effet, s'il tombe en panne, la vie de l'utilisateur peut être en danger. Je m'attends donc à être questionné dessus, tant sur le produit lui-même que sur la communication autour de celui-ci, ou encore sur la gestion de crises en cas de pannes.

B) L'interview inversée

L'interview inversée est peut-être l'épreuve la plus compliquée parmi toutes celles proposées par les écoles. D'abord par l'aspect déconcertant de devoir « jouer » le rôle de celui qui pose les questions, ensuite parce que les candidats ont en général du mal à comprendre le sens de l'exercice.

Cette épreuve se décompose de la façon suivante. Vous commencez d'abord par choisir un membre de jury à interviewer, après la présentation de chaque membre du jury. Si le jury est composé de 3 personnes, vous ne pouvez interviewer le président du jury, qui fait partie de Grenoble EM. S'ils sont deux, vous avez en général le choix, même si ce n'est pas toujours le cas et que vous pouvez selon les jurys être obligés d'interviewer la personne extérieure à l'école.

Une fois le choix effectué, vous avez 9 minutes pour interviewer le jury sur les thèmes de votre choix. Ensuite, il vous reste 1 minute pour faire la synthèse de l'interview.

Avant de présenter en détail mes conseils pour ces deux sous-parties, je tiens à mettre le doigt sur quelque chose d'important. **Durant ces 10 minutes, vous n'êtes pas le jury et le jury ne devient pas candidat.** Bien qu'il vous revienne de poser des questions, le rapport de force n'est pas inversé pour autant. Vous êtes encore dans la position de l'apprenant.

Ce qui m'amène directement aux conseils sur les 9 minutes d'interview.

Partie 1 : 9 minutes d'interview

Une fois que vous avez choisi l'interviewé, vous disposez de 9 minutes pour traiter les thèmes que vous souhaitez avec lui. Pour mon premier conseil, je vais repartir directement de mon expérience de jury à Grenoble EM. La proximité d'âge avec les candidats jouait sans doute dans le fait que j'étais très souvent choisi par ces derniers pour répondre à leur question. Et j'en garde un souvenir désagréable. Mon inconfort venait surtout du fait que les candidats passaient d'un sujet à un autre sans fil conducteur, et que je ne savais pas (et eux non plus sans doute) où ils voulaient en venir. Ils pouvaient m'interroger sur ma passion, puis sur mon métier, pour ensuite revenir à ma passion ! Ce manque de structure était tout à fait désagréable pour l'interlocuteur que j'étais. Et j'en tire donc mon premier conseil fort.

Vous devez montrer au jury que vous savez où vous voulez l'amener et que vous connaissez les thèmes qui vous intéressent. De la même manière que la question de fin d'entretien doit vous permettre d'apprendre des choses, l'interview inversé doit vous permettre de solliciter des personnes plus expérimentées pour apprendre des choses sur des sujets qui vous intéressent.

Ainsi, le travail préliminaire pour bien préparer cet interview est de lister les thèmes d'ordre professionnels ou personnels qui vous intéressent. Pour la première catégorie, vous pourrez évoquer le métier, le secteur d'activité, le rôle d'un manager, l'évolution d'une carrière… Attention, pour la deuxième catégorie, il ne s'agit pas de rentrer dans l'intime du jury, cela sera sanctionné. Mais vous pouvez tout à fait l'interroger sur ses valeurs, ses passions, ses hobbies… surtout si vous les partagez ! N'oubliez jamais que les thèmes évoqués doivent vous servir à apprendre des choses, et non à faire passer plus rapidement les 9 minutes. Ensuite, en fonction de votre interlocuteur, adaptez le choix des sujets que vous traiterez avec lui. Votre interlocuteur est un ancien de Grenoble EM ? Vous pouvez l'interroger sur l'apport de l'école pour lui ou sur son investissement pour l'école en tant qu'ancien. Votre interlocuteur présente un métier ou un secteur d'activité qui vous plaît ? Profitez-en pour le questionner là-dessus. Votre interlocuteur vous dit qu'il a fait partie de l'association de rugby de l'école, votre passion ? Vous pouvez passer quelques minutes sur ce hobby !

De manière générale, choisissez entre 3 et 5 thèmes qui vous intéressent et que vous creuserez de manière structurée les uns après les autres. Montrez réellement un intérêt pour les sujets évoqués et ne donnez surtout pas l'impression de poser des questions pour vous donner bonne conscience et faire passer les 9 minutes.

Enfin, évitez les questions sur l'école que vous êtes censé déjà connaître. Un étudiant m'a demandé un jour le nom du Master qui l'intéressait. Il n'est pas entré à Grenoble EM !

Pendant l'interview, même si vous avez vos thèmes en tête, ne soyez pas obsédé par vos questions et adaptez ces dernières aux réponses du jury. N'hésitez pas à prendre ses perches, à lui demande de préciser, de creuser ses réponses… Montrez une réelle écoute, prouvez-lui que vous tenez compte de ce qu'il dit et que vous n'êtes pas enfermé dans une banque de questions immuables.

Grenoble EM, sur son site internet, ne dit pas moins tout en résumant les choses :
« *Objectifs* :

- *Mesurer votre créativité et votre capacité d'adaptation face à une personne inconnue*
- *Évaluer votre capacité d'écoute et d'échange*
- *Apprécier votre capacité d'aisance à communiquer par des questions sur vos centres d'intérêt* »

Par ailleurs, prenez des notes sous forme de mots clés, sans casser le contact visuel avec le jury. D'abord pour ne pas oublier les éléments clés des réponses du jury qui vous serviront pendant la minute finale d'analyse, mais aussi pour montrer au jury de manière ostentatoire que vous vous intéressez à ses réponses.

Enfin, prenez garde à votre montre. Le jury y sera attentif, et c'est à vous de tenir votre timing !

Partie 1 : 1 minute de restitution

Le principal écueil dans lequel tombent les candidats dans cette minute est de résumer, sans apport personnel, les 9 précédentes. Un simple résumé est absolument inutile pour le jury qui a suivi l'entretien, si ce n'est de constater que vous savez répéter des choses déjà évoquées !

Le principal intérêt donc de cette minute est pour vous de montrer votre prise de recul sur l'interview et ce que vous en avez retenu. **Profitez donc de cette minute supplémentaire pour expliquer vos choix de thèmes abordés, ce que vous avez appris, ce que vous aurez aimé encore détailler...** Le jury doit comprendre ce qui vous a donné envie d'évoquer ces sujets avec l'interviewé, et en profite ainsi pour vous connaître davantage. C'est notamment le moment de placer vos perches en évoquant vos projets futurs en école, vos motivations professionnelles, etc. Je prendrai soin de vous le montrer dans mon exemple ci-après.

Je terminerai en insistant sur un point : pour réussir cette épreuve, il faut s'entraîner en conditions réelles ! Pratiquez l'exercice sur des membres de votre famille ou des professionnels afin de ne pas être déstabilisé par cet exercice difficile le jour J.

Exemple d'interview inversée convenablement menée :

Avant de mener cette interview, j'ai choisi en amont une liste de thèmes « *en lien avec mes centres d'intérêt* » et d'ordre professionnels ou personnels (pas intimes !) ainsi qu'il est précisé par Grenoble EM sur son site :

- Football (ma passion).
- Contrôle de gestion (mon projet professionnel actuel).
- Secteur du sport (qui a mes préférences).
- États-Unis (pays dans lequel je souhaite faire mon échange et où j'ai fait un road trip de 2 mois).
- Association des anciens (j'aimerais a priori m'y investir après mon diplôme)
- Qualités d'un manager (c'est une question que je me pose).
- La place des valeurs dans une carrière : je ne veux pas avoir à faire des choses immorales pour progresser, et je me demande si ces valeurs sont un atout ou une simple « cerise sur le gâteau ».
- Rôle et influence d'un échange universitaire dans mon parcours (je sais où j'aimerais partir, mais j'ai des questions sur l'influence de cette période dans mes choix professionnels ultérieurs).

En face de moi, le jury que je choisis d'interviewer est un directeur marketing d'une PME française spécialisée dans l'analyse des données des performances sportives. En plus de cet heureux hasard, il a le bon goût d'être un ancien étudiant de Grenoble EM. Je vais donc pouvoir l'interroger sur le secteur du sport, mais aussi sur l'association des anciens de GEM et les qualités d'un manager. Si je suis court en termes de temps, je pourrais évoquer le rôle de son échange universitaire dans son parcours. Parmi les 3 thèmes retenus, deux sont directement rattachés au monde professionnel, et un fait le lien avec Grenoble EM. Par souci de cohérence, je choisis l'ordre suivant : Secteur du sport, qualités d'un manager et je finis sur l'école avec l'association des anciens.

Cela donne :

« Le premier thème que j'aimerais évoquer avec vous est votre secteur d'activité, qui m'intéresse particulièrement et dans lequel j'aimerais m'inscrire moi aussi. Depuis combien de temps travaillez-vous dans le sport ?

- *Cela fait maintenant trois années.*
- Est-ce par goût pour ce secteur ou pas opportunité professionnelle ?
- *Je dirais que ce sont les deux. J'ai toujours été passionné de sport, mais j'ai commencé par carrière dans l'automobile, dans l'entreprise dans laquelle j'avais effectué mon stage. Puis, après dix années au service marketing de cette entreprise, j'ai commencé à chercher ailleurs, et notamment dans deux secteurs qui m'intéressaient, le sport et l'éducation. Finalement, j'ai été contacté par un chasseur de tête qui m'a proposé de prendre la direction marketing d'une entreprise spécialisée dans l'analyse des performances sportives.*
- Finalement, remarquez-vous des différences entre ce secteur et celui de l'automobile ?
- *Déjà, je vends ici un service quand je vendais des biens durant mon ancienne vie. C'est donc une approche différente. De même, mes clients sont des entreprises contre des particuliers auparavant. Mais je ne note pas de grandes différences en termes de secteurs. Ah, si ! Une peut-être : le marché de l'analyse des données dans le sport est nouveau alors que celui de l'automobile est centenaire ! Les concurrents sont donc plus petits, mais plus réactifs !*
- Merci. Quant à vous, est-ce que vous pensez que votre passion pour ce secteur vous rend meilleur ?
- *Disons que je suis naturellement plus attentif au marché que je ne l'étais avant. Et je le fais spontanément puisque le sport est ma passion. Je vois en effet une corrélation positive entre goût pour le secteur d'activité et performances au travail. J'arrive plus facilement à me motiver, alors que c'était plus difficile lors de mes derniers mois dans l'automobile.*
- Je comprends. J'espère qu'il en sera de même pour moi ! Quelles sont vos relations avec vos collègues du contrôle de gestion, métier qui m'intéresse pour l'instant ?
- *Mes relations sont étroites avec eux, puisqu'ils définissent et contrôlent mon budget ! En fait, je leur fais des reportings réguliers puisque leur métier est de mesurer la performance financière de l'entreprise. Ils doivent eux aussi forcément s'adapter au métier de leur entreprise. On ne fait pas du contrôle de gestion de la même manière dans mon entreprise que dans une entreprise industrielle !*
- Merci. J'ai une dernière question sur ce secteur. J'aimerais savoir si les personnes qui travaillent dans le secteur du sport changent souvent de

secteur ou bien si ce dernier est un secteur dans lequel restent longtemps les employés ?

– *Bonne question ! J'avoue ne pas savoir, il doit y avoir de tout, forcément. Cependant, je note que plus que dans mon ancien secteur, les personnes qui y travaillent démontrent un goût prononcé pour le sport en général. C'est rare de voir des collègues qui ne s'y intéressent pas ! Je pense donc que ceux qui y travaillent ont tendance à y rester, mais je n'ai ni certitudes sur le sujet, ni chiffres à l'appui !*

– Merci beaucoup. Je pense avoir terminé avec ce sujet et j'aimerais maintenant discuter avec vous d'une question que je me pose forcément étant donné ma position. C'est celle des qualités requises pour être un bon manager. Vous qui êtes dans la position d'un manager, quel est votre avis sur la question ?

– *Déjà, je dirais qu'il y a autant de réponses que de managers ! Il n'y a pas de profil type, sinon cela se saurait ! J'ai commencé ma carrière aux côtés d'un manager qui passait beaucoup de temps avec moi. Il sollicitait souvent des points pour m'accompagner, me guider. En fait, il était attentif et à l'écoute. Et je pense que ce sont des aspects de la personnalité primordiaux pour bien manager une personne ou une équipe. Ensuite, j'ai connu également des managers qui tout en étant très attentifs, n'arrivaient pas à motiver leur équipe. Soit parce qu'ils n'arrivaient pas à trouver les mots, soit parce que l'énergie leur manquait, soit parce qu'ils n'avaient pas pris le temps de connaître les motivations de chacun d'entre nous. Donc je finirais en disant qu'un manager doit aussi savoir motiver ses équipes pour un projet, et entretenir cette motivation.*

– Je vois. Est-ce qu'il y a des profils ou des personnalités qui se prêtent plus à des responsabilités managériales ?

– *Je ne pense pas. Chacun en fonction de sa personnalité doit trouver son style de management. Mais cela peut prendre des années !*

– J'imagine. À ce titre, pour avoir discuté de cela en amont avec des professionnels, ils me disaient qu'on apprenait à manager uniquement en pratiquant et en faisant des erreurs. Quelles sont les erreurs les plus courantes chez les jeunes managers selon vous ?

– *Je pense que les jeunes managers sont obnubilés par les résultats et en oublient les gens qui les accompagnent. Or, ils ne feraient rien sans eux, ils dépendent d'eux ! Par ailleurs, je pense aussi que les managers sont souvent très rigides, et manquent justement d'écoute. Sans doute prennent-ils leurs responsabilités trop à cœur, ou ont-ils peur de mal faire, ou enfin doutent-ils de leur légitimité. Mais il en résulte souvent des crispations entre le manager et ses équipes.*

– Qu'entendez-vous par « trop rigides » ?

– *Disons que j'ai connu des jeunes managers qui ne prenaient pas en compte les analyses de leurs collaborateurs, et étaient frileux à l'idée de changer quelque chose dans le projet qu'ils menaient. De manière générale, ils n'aimaient pas être remis en cause ou se voir échanger sur leurs choix et prenaient cela pour une attaque personnelle.*

– Merci, j'ai mieux compris. À titre personnel, quelles erreurs avez-vous effectué ?

– *Toutes ! Je rajouterais aussi que j'ai été au début assez laxiste dans le suivi des missions de mes équipes. En fait, je les estimais et avais une énorme confiance en eux. Et je découvrais donc trop tard que certains travaux étaient de mauvaise qualité ou que des deadlines n'étaient pas respectées. J'ai appris avec le temps la règle des 3C : Confiance sans Contrôle n'est que Connerie !*

– Merci beaucoup. Finalement, ça rejoint beaucoup mes discussions antérieures sur le sujet. Si vous le permettez, je vois qu'il me reste quelques minutes et j'aimerais en profiter pour aborder un sujet plus proche de l'école, l'association des anciens. J'aimerais participer à la vie de l'école une fois mon diplôme en poche, et je me suis renseigné sur l'association des anciens de l'école, mais je ne suis pas encore très clair sur son fonctionnement. En êtes-vous membre ?

– J'ai souscrit effectivement à l'association à la suite de ma diplomation, mais je ne suis pas très actif, en tout cas moins que je n'aimerais. Mais je peux sans doute répondre à vos questions.

– Je voulais savoir comment concrètement on pouvait en tant qu'ancien faire vivre l'association des anciens de l'école.

– *Il y a énormément de manières de le faire ! D'abord, des « afterworks » sont régulièrement organisés à Grenoble, Paris et autres capitales mondiales durant lesquels on rencontre des diplômés de l'école, ce qui nous permet de nous enrichir d'eux et de partager nos expériences. Il y a aussi des événements régulièrement organisés tels que des conférences, le festival géopolitique, auquel nous pouvons participer. Je sais aussi, sans l'avoir expérimenté qu'on peut se faire accompagner dans les moments clés de notre carrière.*

– En quoi consiste cet accompagnement ?

– *Je ne suis pas expert puisque je ne connais personne qui en a bénéficié, mais de mémoire il s'agit de coaching pour valider une démarche, refaire ses réseaux sociaux professionnels et son CV, être mis en contact avec des diplômés travaillant dans des métiers proches ou dans le secteur visé...*

– Merci, je vois mieux maintenant. Finalement, j'ai l'impression que l'association des anciens sert autant à rencontrer des personnes qu'à continuer à se former tout au long de sa carrière.

– *C'est un peu ça en effet. On reçoit beaucoup mais il faut aussi donner. À titre personnel, j'essaie de recruter beaucoup d'étudiants de Grenoble EM, pour leur mettre le pied à l'étrier comme des personnes l'ont fait avec moi à l'époque. Et puis, revenir participer au recrutement des futurs diplômés de mon école et aussi une manière de m'investir dans la vie de l'école !*

– Merci beaucoup. Je vois que les 9 minutes dont je disposais sont quasiment écoulées, et je vous propose de profiter de la minute restante pour vous donner mon analyse. Déjà, je vous remercie pour vos réponses ; elles m'ont permis d'apprendre des choses. J'ai voulu tourner l'échange autour de 3 thèmes : le secteur d'activité du sport, les qualités d'un manager et l'association des anciens. Je n'ai pas choisi ses thèmes par hasard. J'ai envie de travailler dans le secteur du sport, qui est ma passion. J'avais donc envie d'apprendre des choses dessus. Je suis rassuré par le fait que la plupart des travailleurs de ce secteur partagent le goût pour le sport, et donc ont tendance à y rester longtemps. Le fait que ce soit selon vous un secteur jeune et dynamique renforce ma volonté d'y travailler. De plus, je me projette souvent dans mes futures expériences professionnelles et managériales. J'ai donc voulu en savoir plus sur cette position de manager. J'en retiens trois qualités, l'écoute, la motivation et le suivi des projets. Je pense que mes qualités d'écoute et de rigueur dont j'ai fait preuve lors du stage durant lequel j'encadrais des jeunes footballeurs vont m'être précieuses dans le futur. Enfin, j'ai envie de m'investir plus tard dans l'association des anciens de l'école, comme je le fais avec mon lycée. J'ai envie de rendre aux autres une partie de ce qu'ils m'ont apporté, mais j'ai une vision encore très floue du fonctionnement. Après cet échange, je retiens que les opportunités sont variées, et vont des conférences au coaching, en passant par les « afterworks » qui permettent de réseauter et de rencontrer des diplômés. J'ai aussi appris certaines manières de donner à l'école : recruter des étudiants et participer à la sélection des étudiants. Je garde cela dans un coin de mon esprit pour le ressortir dans quelques années, quand je serai j'espère diplômé de l'école ! »

Analyse : Cet échange démontre d'abord certaines qualités chez le candidat : structure, écoute et curiosité. Il rebondit souvent sur les propos du jury et montre qu'il n'est pas enfermé dans un schéma de questions. De plus, il tend souvent des perches sur ses qualités ou ses envies. Cela permet au jury de comprendre ses choix de sujets et la cohérence de son interview.

Enfin, durant la minute de restitution, le candidat ne se contente pas de résumer ce qui a été dit, mais éclaire l'échange passé en justifiant le choix de chaque thème, et ce qu'il a appris à chaque fois.

Pour aller plus loin dans vos révisions, je vous propose enfin de regarder cet entretien de type Grenoble EM en conditions réelles, que vous retrouverez dans les vidéos présentées en fin d'ouvrage. Il met en avant Benoit, un candidat ayant obtenu la note maximale à l'entretien de Grenoble EM, et trois membres de jurys ayant officié à Grenoble EM. Pour ce faire, il vous suffit de scanner le QR code ci-dessous ou bien de taper « PGE-PGO Entretien Grenoble EM Benoit » dans la barre de recherche de YouTube.

6. L'entretien de Toulouse BS (étudiants de CPGE)

Depuis 2015, Toulouse BS a changé les modalités de la première partie de son entretien pour ses étudiants de classes préparatoires.

Celui-ci se déroule donc à présent de la façon suivante :

1) Le candidat choisit un article de presse parmi 3 journaux proposés, et prépare pendant 30 minutes un exposé de 5 minutes sur celui-ci. Les journaux proposés sont parmi les titres suivants : *Le Monde, Le Figaro, Libération, La Croix, Les Échos, La Tribune, Courrier International.* Vous devez choisir selon Toulouse BS « *un sujet d'*économie, de géopolitique ou de société, hors actualité événementielle ». S'ensuit une discussion libre pendant 5 autres minutes.
2) Après une pause « mi-temps » de 5 minutes, le candidat revient dans la salle pour un échange libre avec le jury de 10 minutes se basant sur sa fiche de parcours individuel (questionnaire).

Encore une fois ici, je vais m'attarder uniquement sur la première partie dont la forme diffère des entretiens plus classiques.

L'objectif de cette épreuve à Toulouse BS est d'abord de mesurer votre analyse de l'actualité. L'école ne dit d'ailleurs pas le contraire sur son site : « *Le candidat devra formaliser un avis personnel en présentant au jury les arguments à l'appui de celui-ci. L'évaluation portera sur la capacité du candidat à commenter avec pertinence un article de la presse d'opinion.* ».

Vous devez donc être capable de justifier le choix de cet article et présenter une opinion sur l'article, tant sur le sujet en lui-même que sur la manière dont il est traité par le journal. Vous pouvez apporter des éléments supplémentaires si vous le souhaitez.

Pour bien réussir cette épreuve, un travail de fond préliminaire est obligatoire. J'ai souvent insisté dans cet ouvrage sur la nécessité de lire régulièrement l'actualité. Cette pratique est d'autant plus importante pour l'oral de Toulouse BS. Si vous n'avez aucune idée de ce qu'il s'est passé dans l'actualité récente, vos chances de montrer une analyse pertinente au jury seront quasi-nulles !

De la même manière, renseignez-vous en amont sur l'orientation politique et la ligne éditoriale de chaque journal, pour pouvoir mettre cet article et son traitement en perspective.

Pour vous aider, je donnerai pour chaque journal quelques lignes de présentation à la fin de cette partie.

Par ailleurs, comment choisir son article de presse ? J'ai tendance à mettre en avant trois critères pour un choix pertinent.

D'abord, choisissez un article sur un thème sur lequel vous êtes à l'aise. Il est inutile de vous mettre en difficulté à ce stade. J'insiste encore une fois sur le fait que pour vous sentir à l'aise sur un thème, un travail de fond de lecture régulière de l'actualité est absolument indispensable ! Vous pouvez aussi vous aider de sites tels que Brief.me ou d'applications type « Les Matinales du Monde ».

Ensuite, choisissez si possible un thème « qui vous ressemble », sur lequel vous pouvez tendre des perches sur vos passions, vos projets de voyage ou d'études à l'étranger, vos projets professionnels, etc. L'entretien de Toulouse BS est court, et ces perches tendues seront d'ores et déjà du temps gagné pour la suite.

Enfin, si vous hésitez entre plusieurs articles, je vous conseille de prendre le plus original. Vous vous démarquerez ainsi de vos concurrents, et le jury pourra (enfin !) discuter avec un candidat sur un thème autre que celui qui fait le gros titre de l'actualité depuis des jours !

Afin de briller lors de cette épreuve, vous devez montrer également une structure claire dans votre exposé. Je vous propose ainsi celle-ci :

1) **Présentez le journal**, son orientation politique s'il en a une. Ne passez pas trop de temps là-dessus.
2) **Présentez et analysez l'article**. Faites un court résumé de l'article en reprenant les grandes idées du texte mais en évitant absolument les paraphrases. De quel sujet traite-t-il ? S'agit-il d'un article descriptif ou engagé ? Est-il dans la ligne éditoriale traditionnelle du journal ? Puis, prenez un peu de hauteur de vue. Pourquoi ce sujet fait-il l'actualité ? Quelle est l'opinion éventuelle défendue et quels en sont les arguments ? Comment s'y prend-il ?
3) **Donnez et argumentez votre opinion sur le sujet**. Toulouse BS insiste fortement dessus : « *Le candidat devra formaliser un avis personnel en présentant au jury les arguments à l'appui de celui-ci* ». Vous pouvez aller plus loin que ce que dit l'article, en présentant ce qu'il manque (prise en compte du point de vue inverse, solutions proposées, oubli d'un point important...). C'est aussi le moment pour vous d'apporter des éléments nouveaux qui n'apparaissent peut-être pas dans l'article.
4) **C'est le moment de conclure**. C'est l'occasion de dire au jury pourquoi vous avez choisi cet article, et éventuellement de tendre vos perches. Vous pouvez également, à l'instar de la minute de restitution lors de l'interview inversée de Grenoble EM, exprimer ce que vous a appris l'article.

À la fin de votre exposé, le jury en profite pour vous interroger sur l'article. Il peut vous demander de creuser votre avis, de vous interroger sur un événement récent proche de celui-ci, vous questionner sur la nature et l'orientation du journal, prendre les perches tendues durant votre exposé, etc. Si jamais le jury prend le point de vue opposé de l'article ou de celui que vous avez défendu, ne vous retournez pas comme une crêpe mais argumentez avec des arguments et de la courtoisie.

Voici enfin pour terminer l'analyse de cette épreuve quelques mots de présentation de chaque journal utilisé par Toulouse BS :

Le Monde : Créé en 1944, il se veut neutre dans son opinion, même si ses lecteurs sont davantage orientés à gauche ou de centre-gauche. Ainsi, sa ligne éditoriale est parfois présentée de ce bord-ci. Sa particularité est de sortir en début d'après-midi sur Paris daté du lendemain, et en Province le matin suivant. C'est le quotidien le plus lu en France. Depuis la mort de Pierre Bergé en 2017, ses actionnaires sont Xavier Niel (PDG d'Iliad, maison mère de Free) et Matthieu Pigasse (un homme d'affaires ayant également travaillé en cabinets ministériels).

Le Figaro : Fondé en 1826 et nommé en référence au personnage de Beaumarchais, qui lui fait dire dans son Mariage de Figaro : « Sans liberté de blâmer, il n'est point d'éloge flatteur ». C'est un journal dont la ligne éditoriale est de droite, traditionnelle, gaulliste, libérale et conservatrice, tout comme donc ses lecteurs. Le journal est propriétaire de l'industriel Serge Dassault.

Libération : Créé en 1973 avec l'aide de Jean-Paul Sartre en tant que journal d'extrême-gauche, il a évolué au fil du temps vers une gauche sociale-démocrate. Il est contrôlé en partie par Patrick Drahi, via le consortium Altice. Son autre actionnaire principal est l'homme d'affaires Bruno Ledoux. Auparavant, le groupe était contrôlé par l'homme d'affaires Edmond de Rothschild.

La Croix : Créé en 1883, c'est un quotidien qui se revendique chrétien et catholique. Sa ligne éditoriale est plutôt de centre-droit. Il est propriété du groupe de presse Bayard depuis sa création.

Les Échos : Ce quotidien économique et financier a été fondé en 1908 par Robert et Emile Servan-Schreiber et est actuellement propriété du groupe LVMH. Sa ligne éditoriale est indépendante mais d'inspiration libérale.

La Tribune : *La Tribune* est un hebdomadaire économique (son édition quotidienne a pris fin en 2012) créé en 1985. Il se voulait à l'origine en tant que quotidien concurrent des Échos. Il traite d'actualité économique et financière. La finance étant justement un axe historique du journal.

Courrier International : *Courrier International* est le titre le plus récent de la liste car fondé en 1989. Il appartient au groupe Le Monde. C'est un hebdomadaire qui paraît le Jeudi et qui contient principalement des traductions d'articles provenant de la presse étrangère.

7. L'entretien de Montpellier BS

L'entretien de Montpellier, créé en partenariat avec un cabinet de consulting, place le candidat devant des situations types, sous la forme de début de phrases à compléter. Après visionnage d'une vidéo explicative de l'entretien, le candidat choisit alors une situation et la développe. S'ensuivent des questions du jury et un échange pour approfondir le sujet. Une fois que ce dernier a été « épuisé » et que le jury n'a plus de questions, le candidat choisit une autre situation.

En pratique, les candidats ont le temps de choisir et développer entre 2 et 4 situations durant leur entretien.

Ces situations ne témoignent en aucun cas d'un piège de la part de l'école et sont très classiques. J'ai pu noter à ce titre pour vous donner des exemples ces dernières années les situations suivantes tombées à Montpellier BS :

- J'ai dû faire face à une difficulté inattendue quand...
- J'ai contribué à un travail de groupe quand...
- J'ai pu défendre une cause ou une personne quand...
- J'ai persévéré pour arriver à mes fins...
- J'ai pu résoudre un problème dans le cadre d'une association, d'un club sportif...
- J'ai réussi à résoudre un problème complexe quand...
- J'ai pu aider...

Vous le constatez donc, rien de nouveau sur le fond en comparaison avec un entretien classique ! Seule la forme change légèrement car vous partez sur des débuts de phrases choisies et non sur des questions imposées par le jury.

Ainsi, votre préparation ne doit absolument pas évoluer pour cet entretien, si ce n'est de vous entraîner à développer des débuts de phrases et à tenir environ une à deux minutes dessus. Pour pouvoir développer efficacement la situation (passée), vous devez absolument maîtriser le lien Passé-Présent-Futur longuement évoquent dans cet ouvrage. Finalement, beaucoup de situations proposées par Montpellier BS évoque un élément passé de votre futur. Un développement pertinent commence donc par un récit détaillé de l'expérience. Ensuite, prenez de la hauteur et introduisez une ou plusieurs qualités développées ou défauts corrigés suite à cette expérience. Et terminez en faisant un lien avec le futur. Vous aurez reconnu le lien Passé-Présent-Futur qui est utilisé dans beaucoup de questions. Pour les situations de Montpellier BS, vous pouvez vous référer aux questions relatives à vos expériences dans le chapitre consacré.

Je dis souvent à mes étudiants que l'entretien de Montpellier BS est parfait pour répéter ses gammes. Vous choisissez vos situations et vous devez ensuite lier les trois temps de votre vie. Finalement, pour ceux d'entre vous qui passeraient cet entretien sans que Montpellier BS ne soit la principale école visée, je vous conseille de placer cet entretien en début de parcours. Il est parfait pour travailler les techniques d'entretien.

Pour finir, voici ce que peut donner un développement convenable d'une situation, en développant la situation, en tendant des perches et en introduisant le Présent pour prendre du recul sur l'expérience et le Futur pour projeter le jury.

→ **Situation : « J'ai persévéré pour arriver à mes fins... »**

« Je dirais que j'ai dû persévérer pour arriver à mes fins lorsque je me suis gravement blessé au genou lors d'une compétition de judo. J'ai eu beaucoup de complications et ma blessure évoluait mal. Après plusieurs mois, je ne pouvais toujours pas marcher. Mes heures de soins avec le kiné avaient doublé, et ce dernier était pourtant pessimiste sur mes chances de retrouver un jour mes sensations. Or, je voulais absolument reprendre la compétition à un bon niveau. J'ai donc dû faire preuve de patience et de persévérance pour pouvoir d'abord me soigner, dépasser la frustration de l'arrêt et la crainte de la rechute. Finalement, j'ai pu reprendre l'entraînement 6 mois après la blessure. Au début, je n'arrivais plus à faire les mouvements de base, et j'ai donc dû encore une fois persévérer pour retrouver mes sensations petit à petit. Pendant cette reprise, j'ai toujours cru en moi et fait preuve d'optimisme. Cela m'a beaucoup aidé à garder le moral. D'ailleurs, j'ai repris la compétition l'année suivante et j'ai même été vice-champion départemental !
Je retiens surtout de ces mois passés le sentiment d'avoir renforcé des qualités de persévérance et d'optimisme, qui me suivent encore, notamment durant mes années de classes préparatoires pendant lesquelles les baisses de moral ont été présentes.
Par ailleurs, je suis certain que ces qualités me seront utiles lors de mes premières expériences professionnelles, dans la gestion de projets événementiels. Je serais amené à réaliser des missions pour lesquelles je n'ai aucune expérience, et ma progression initiale ne pourra passer que par ces qualités de persévérance et d'optimisme sur la suite. D'ailleurs, je suis certain qu'avec la même attitude je progresserai dans mes compétences professionnelles ! »

Analyse : J'ai commencé par bien répondre à la question en développant longuement la situation choisie. J'ai insisté dans le récit sur la persévérance tout en introduisant une autre qualité, l'optimisme. Dans un second temps, j'ai mis explicitement en avant ces qualités lors de mon analyse de cette expérience et j'en ai profité pour tendre une perche sur une autre expérience, mes années de classes préparatoires. Enfin, j'ai projeté ces qualités dans le futur, en entreprise ici, avec comme objectif de rassurer le jury sur la suite de mon parcours.

8. L'entretien de Strasbourg BS

L'entretien individuel de Strasbourg EM se divise en deux parties :

- Une première partie de 10 minutes durant laquelle vous devez présenter un objet (ou une personne !) en lien avec l'une de vos passions ou centre d'intérêts. C'est l'occasion de faire découvrir au jury un pan de votre personnalité et de faire ressortir certaines de vos qualités.

- Une seconde sous la forme d'un échange classique avec le jury avec l'aide sur questionnaire que vous lui aurez remis. Souvent, les thèmes de l'école, de l'entreprise et de l'actualité sont abordés dans cette partie.

Pour bien négocier cette première partie, consacrez-lui du temps de préparation en amont. Choisissez d'abord une passion ou un centre d'intérêt sur lequel vous êtes à l'aise et qui a compté dans votre vie. Ne vous tournez pas vers quelque chose d'anecdotique. De plus, choisissez évidemment un objet à la fois représentatif de votre choix, mais aussi facile à transporter dans votre tour de France des oraux !

De la même manière, vous avez la main sur le discours dans la première partie de l'entretien, et il doit donc être travaillé avec soin. Le jury ne comprendra pas que vous flanchiez sur une partie que vous avez pu totalement préparer !

Pour vous aider à structurer votre exposé, je vous propose le plan suivant qui n'est qu'un exemple parmi beaucoup d'autres. Sachez sortir de ce cadre !

- Comment vous avez connu cette passion ou ce centre d'intérêt.
- Développez-la en expliquant comment vous la vivez. C'est le moment de placer des anecdotes et de faire le lien avec votre objet !
- Expliquez ce qu'elle vous apporte. C'est le moment de placer vos qualités !
- Vous pouvez finir en justifiant le choix de cette passion ou centre d'intérêt. Cela peut être l'occasion de faire des liens avec vos projets futurs. Par exemple, vous pouvez faire le lien entre le sujet choisi et votre projet professionnel. De la même manière, si votre objet témoigne d'un sport qui vous a amené à voyager, vous pouvez faire le lien avec les échanges à l'EM Strasbourg ou des envies de stages hors de l'Hexagone... Si vous en avez la possibilité et que cela est pertinent, introduisez un peu de futur en conclusion. Ce n'est pas obligatoire mais c'est la cerise sur le gâteau.

Enfin, n'oubliez pas que vous devez présenter **une passion ou un centre d'intérêt**. Cela doit vous faire raconter des souvenirs souvent agréables. Vous devez donc absolument être enthousiaste et transmettre votre intérêt ou votre passion au jury. Ne vous empêchez pas de sourire !

9. L'entretien de l'ICN

À l'ICN aussi, l'entretien est divisé en deux parties :

- D'abord un échange avec le jury basé sur le questionnaire préalablement complété en amont par vos soins.
- Ensuite un exercice basé sur un jeu de carte représentant des objets réels. Il vous est demandé de répondre à une question à l'aide des cartes proposées par le jury. Par exemple, celui-ci peut vous demander « Expliquez nous votre

plus grande réussite à l'aide de ces cartes », ou « Vous aimez le sport ? Inventez un sport en vous basant sur les objets que vous avez sous les yeux. », ou enfin « Vous êtes un entrepreneur, décrivez le produit que vous vendez à l'aide de ces 5 cartes ». Ainsi, vous devez utiliser ces cartes pour résoudre des problèmes posés par le jury.

Pour réussir ce passage original, sachez tout d'abord faire preuve de créativité, d'originalité et ne pas brider votre imagination ! Vous serez moins jugé sur le fond de votre réponse que sur votre capacité à inventer des choses et à vous adapter à la situation ou à la question posée par le jury.

C'est sans doute l'exercice le plus délicat à préparer car votre réponse diffère énormément en fonction de la question du jury et des cartes sous vos yeux.

Enfin, votre attitude va beaucoup compter face à cet exercice de créativité. Abordez-le avec le sourire, avec l'envie de créer quelque chose d'original, voire d'amusant. Prenez plaisir à construire une histoire de toutes pièces et donnez envie au jury de vous suivre dans votre récit. Plus vous serez convaincu, plus vous serez convaincant !

10. L'entretien de Rennes SB (étudiants de CPGE)

Pour les étudiants de classes préparatoires, l'entretien de Rennes SB se décompose encore en deux parties :

- Une première partie d'exposé d'un sujet choisi parmi deux tirés. Ces sujets sont d'ordre général et vous avez 5 minutes d'exposé pour 20 minutes de préparation. Suite à cet exposé, le jury peut rebondir ou non sur votre projet.
- Un entretien classique de 15 minutes basé sur le CV / questionnaire que vous aurait préalablement apporté au jury.

Comme vous le voyez, sa forme est presque identique à l'entretien d'Audencia BS (le support écrit sous la forme du questionnaire en plus), dont j'ai détaillé les enjeux et mes conseils dans les pages précédentes. Rien ne varie ici, référez-vous donc à cette partie du chapitre pour trouver les clés de réussite à cet exposé oral.

11. L'entretien de Rennes SB (étudiants en admissions parallèles)

De la même manière qu'à l'EDHEC BS, Rennes SB impose pour ses candidats en admissions parallèles un entretien collectif en plus d'un entretien individuel classique, basé sur le questionnaire rendu au jury, mais qui démarre par une présentation individuelle de 6 (!) minutes.

Le jury vous présente une problématique sur laquelle vous devez réfléchir en groupe durant 15 minutes, et présenter ensuite votre solution en 3 minutes.

Malgré ses ressemblances avec l'EDHEC BS, Rennes SB se distingue sur plusieurs aspects :

- D'abord, vous n'avez que 15 minutes quand l'EDHEC BS propose près d'une heure ! Vous devez donc être beaucoup plus efficace et rapide dans votre recherche de solution. On ne présente pas la même solution, ni le même niveau de détail en 15 minutes qu'en 2 heures !
- Vous devez absolument bien gérer votre temps, de manière autonome. Au bout des 15 minutes, vous devez être prêts en tant que groupe à présenter votre solution de manière claire.
- Ainsi, le début du travail collectif est primordial. Décidez rapidement qui sera ou seront les personnes chargées de la restitution pour ne pas perdre de temps ou laisser s'installer un flou au moment de présenter la solution au jury. Profitez aussi du temps « libre » entre vous avant de démarrer pour faire connaissance et identifier les qualités et compétences de chacun. Vous ne pourrez pas définir une organisation en si peu de temps mais ce temps de connaissance est important pour vous découvrir et commencer plus aisément la discussion.
- Si vous avez des supports dans votre salle (tableau, feutre, scotch...), utilisez-les !

Le chapitre suivant est consacré aux oraux de groupe et aux bonnes pratiques pour briller individuellement et collectivement dans cet exercice. Lisez-le avec soins et adaptez les conseils aux spécificités de Rennes SB.

Voici enfin quelques exemples de cas tombés en 2017 :

- Vous devez construire un centre commercial sur 4 étages. Vous avez 15 magasins mais ne devez en choisir que 10, sans avoir plus de 3 magasins par étage ! Donnez un nom et installez-le dans une ville.
- Vous avez 10 images. Éliminez-en 2 pour construire une histoire avec les 8 restantes.
- Une librairie Rennaise à une grosse perte de chiffre d'affaires, comment faire pour améliorer la santé de cette librairie ?
- Imaginez la voiture de demain !
- Vous avez 8 magasins proposés, on est des adjoints municipaux et vous devez en sélectionner 6 pour faire une nouvelle rue commerçante dans une mégalopole gigantesque.
- Vous êtes dans l'association Welcome et devez organiser une sortie pour 200 étudiants, avec un thème de votre choix.
- Vous êtes le nouveau BDS de l'école et vous devez organiser un challenge sportif inter-écoles. Pour cela, vous devez choisir 3 sports minimum et 5 maximum dans les sports proposés et choisir le lieu ainsi que la date en justifiant vos propos. Vous devez aussi réaliser un bénéfice de 200 euros

- Comment feriez-vous pour obtenir des mécènes pour acheter une œuvre d'art aux Beaux-Arts de Rennes ?

Enfin, une fois l'entretien collectif achevé, la partie individuelle commence. Vous êtes face à un jury de 2 personnes, constitué souvent d'un professeur étranger. Vous devez commencer par une présentation de 6 minutes basée sur 2 éléments de votre CV. Pour tenir 6 minutes, je donnerai le même conseil que pour l'EDHEC. Détaillez ces expériences et utilisez le lien Passé-Présent-Futur pour les décrire, prendre du recul et dire ce qu'elles vous ont apporté, et enfin vous projeter dans l'école ou en entreprise. Choisissez enfin avec soin les expériences que vous allez mettre en avant dans votre présentation. N'oubliez pas, ainsi qu'en témoigne la composition fréquente du jury de Rennes SB, que l'international est très présent à Rennes SB. Donc, si vous avez une expérience internationale sur laquelle vous êtes à l'aise, n'hésitez pas à la détailler dans votre présentation !

12. Quelques règles pour les entretiens collectifs

A) Pourquoi des entretiens collectifs ?

Si seules certaines écoles ont mis en place des entretiens collectifs, cette pratique n'est que l'un des multiples dispositifs imaginés pour répondre à une question essentielle pour elles et vos futurs employeurs : avez-vous les qualités pour travailler en équipe ?

La vie à l'école, puis en entreprise, est jalonnée de « groupes projets » auxquels vous allez participer, de demandes d'aide que vous ferez à vos collègues, de négociations que vous devrez avoir, d'évaluations que vous devrez mener. Le « savoir travailler ensemble » est donc une compétence clé. Pour certains, c'est inné, et pour d'autres moins. Il faut donc vérifier quelles sont vos « dispositions » sur ce sujet.

L'importance du travail en équipe est telle que toutes les écoles, sans exception, se posent cette question et privilégieront des candidats ayant naturellement les qualités relationnelles nécessaires à la vie en entreprise. Les écoles qui ne pratiquent pas les entretiens collectifs vous interrogeront directement en entretien individuel sur vos qualités pour travailler en équipe.

Néanmoins, il est facile à comprendre qu'il est plus rassurant d'observer quelqu'un en situation que de l'entendre nous décrire ses comportements (ou ceux qu'il pense – ou désire – avoir). C'est ce qui a donné naissance aux entretiens collectifs.

Si vous n'êtes pas confronté à des entretiens collectifs pour intégrer votre école, nous vous conseillons néanmoins de lire attentivement les lignes qui suivent car de plus en plus d'entreprises mettent en place des procédures de recrutement collectives, (« assessment center » de l'Oréal, Danone, Unilever, ou études de cas chez Deloitte, par exemple) et les règles de comportement y sont similaires. Ces conseils pourraient donc vous servir un peu plus tard.

B) Les grands principes

L'objectif donc est de vérifier que vous serez en mesure de travailler en équipe, et cela signifie de vous adapter aux autres dans des contextes différents. Par conséquent, lors des simulations, vous serez confronté à des exercices de natures différentes, nécessitant des comportements, eux aussi, différents.

Ainsi, on pourra vous demander de travailler sur une problématique de nature professionnelle :

- nécessitant d'apporter une solution à un problème :
  Par exemple : « Vous êtes en charge de la soirée de fin d'année de l'école et l'invité star vient de vous annoncer qu'il ne pourra être présent. L'évènement se passe dans 3 jours. »
- nécessitant d'imaginer ou de construire quelque chose en groupe :
  Par exemple : « Vous devez imaginer un nouveau mall à Dubaï, dont l'objectif est de promouvoir la culture française. Ce mall comprendra des magasins, des restaurants et des espaces de loisirs. Vous disposez de 10 000 m^2 et d'un budget de 50 millions d'euros. »
- nécessitant de développer une argumentation :
  Par exemple : « Pour ou contre l'uniforme à l'école : la moitié du groupe devra développer une argumentation *pour* et l'autre moitié sera *contre*. Les deux groupes opposeront leurs arguments. »

Au final, la note (ou l'appréciation en entreprise) est bien individuelle et évalue tant le raisonnement que le comportement au sein du groupe. Quand vous n'intervenez pas, vous êtes observé. Faites donc attention à bien être attentif à ce que disent les autres, et à prendre des notes quand ils parlent.

C) Il n'y a pas un seul comportement, mais des comportements

Première chose importante à comprendre, il n'existe pas un comportement type à avoir, il en existe toute une variété. En revanche, il existe clairement des comportements à éviter.

Commençons pas ceux-là car vous les connaissez déjà. À votre avis, qu'est ce qui peut faire que les relations se tendent et qu'un groupe ne fonctionne plus ? Sans en faire la liste exhaustive, voici quelques pistes :

- la principale sera probablement toujours le manque d'écoute de la part de certains ;
- un autre comportement fréquemment observable (voisin du premier) est celui d'une personne trop sûre d'elle-même et qui impose son avis ;
- même si c'est un peu moins évident, le manque d'intérêt ou de motivation peut expliquer l'échec d'un groupe.

Première conclusion, donc, écoutez les autres, prenez en compte leurs avis ou idées, montrez votre motivation pour faire avancer les choses et vous aurez déjà gagné des points

Mais deuxième conclusion, allez plus loin : interrogez-vous sur les attitudes que vous jugez déplacées et vérifiez qu'elles ne correspondent pas à certains comportements dont vous n'avez pas forcément conscience. Par exemple, en ce qui me concerne, je suis naturellement à l'écoute des autres. Néanmoins, j'ai réalisé que ma nature très impatiente ne laisse pas toujours aux autres l'opportunité de s'exprimer… je me soigne !

Par ailleurs, pour reprendre le titre de ce paragraphe, il n'y a pas un seul comportement, mais DES comportements possibles car nous avons tous des personnalités différentes. **C'est ce qui fait la richesse d'un groupe et il y a donc une place pour tous les profils en entreprise comme à l'école. Alors, pour vous sentir à l'aise, nous vous suggérons de comprendre quel est le rôle qui vous convient au mieux, fonction de votre personnalité.**

À ce propos, de nombreux psychologues ont développé des modèles pour faciliter notre compréhension de ces types de personnalités. Ces modèles sont, d'ailleurs, utilisés en entreprise pour permettre aux membres d'un groupe de mieux fonctionner ensemble ou pour permettre à un manager de diversifier les profils dans ses recrutements.

Si nous devons simplifier leur réflexion, je pourrais dessiner une matrice de type MBTI (MYERS-BRIGGS TYPE INDICATOR) ne comprenant que 2 axes pour différencier les individus : celui du rapport aux autres et celui du rapport au temps.

À partir de cette segmentation, des préférences cérébrales vont se dessiner :

	Rapide		
	Les faits Les chiffres La logique Le rationnel …	Les idées Les projets La nouveauté La créativité, le risque …	
Rationnel			**Relationnel**
	La rigueur L'organisation La stabilité La sécurité …	Les échanges La convivialité Les relations humaines …	
	Réfléchi		

Ces préférences correspondent à des qualités naturelles différentes :

		Rapide			
	Pragmatique	Concret	Stimulant	Énergique	
	Efficace	Direct	Enthousiaste	Passionné	
	Déterminé	Exigeant	...		
	...				
Rationnel					**Relationnel**
	Précis	Prévenant	Amical	Coopératif	
	Patient	Consciencieux	Prudent	Conciliant	
	Ponctuel	Pondéré	Ouvert	À l'écoute	
	Méthodique	Prudent	Attentif	Disponible	
	...				
		Réfléchi			

Elles expliquent des qualités naturelles en équipe, elles-mêmes différentes :

	Rapide		
	Agit et pense rapidement	Intuitif et empathique	
	Recherche action et résultat	Toujours partant, énergique	
	Prend des décisions rapidement	Communique facilement	
	Assume ses responsabilités	Motive les autres	
	Leader naturel	Usine à idées	
	Visionnaire	Préfère les nouveaux projets	
	Haut niveau d'intégrité	Aime prendre des risques	
	Excelle dans les négociations	Est ouvert aux autres	
Rationnel			**Relationnel**
	Aime donner des conseils	Très à l'écoute	
	Très méticuleux	Apprécié de tous	
	Juste et impartial	Ouvert et honnête	
	Prend des risques calculés	Encourage les autres	
	Aime la structure	Agit comme coach et mentor	
	Aime réfléchir en profondeur	Beaucoup de bonnes idées	
	Prend au sérieux l'apport d'autrui	Sens de l'humour	
	Excellent en suivi	Agit pour le groupe avant tout	
	Réfléchi		

On comprend donc immédiatement pourquoi :

- certains sont meilleurs pour proposer des idées, ou pour construire sur celles des autres ;
- d'autres ont des talents évidents d'analyse, qui permettent de mettre en évidence les points forts ou points faibles des solutions imaginées par les premiers ;

- d'autres, encore, sont imbattables pour faire la synthèse en fin réunion ;
- quand certains s'occupent de gérer le temps, pensent à mettre à la disposition du groupe les ressources nécessaires, vérifient que chacun participe dans de bonnes conditions, etc.

Et on comprend également que tous ces comportements sont essentiels au sein d'une entreprise : un bon manager, comme un bon directeur d'école, doit donc faire en sorte qu'ils soient tous présents dans sa structure.

Pour être à l'aise, dans le contexte de votre entretien, il est important que vous identifiiez ce qui vous est naturel et ce qui l'est moins. En ce qui concerne les comportements qui vous sont plus difficiles, certains pourront tenter d'y remédier mais il est déjà difficile de changer, encore plus en conditions de stress et dans un temps si court.

Personnellement, je pense plus réaliste de capitaliser sur vos points de force, sans tomber dans la caricature d'un comportement unique et systématique. Vous avez tous plusieurs cordes à votre arc, utilisez-les toutes et cette variété compensera les faiblesses que vous avez... comme tout le monde !

Ce qui est d'ailleurs particulièrement intéressant dans cet exercice est que vous pouvez tout à la fois :

- donner des idées et valoriser une idée donnée par un autre mais qui est passée inaperçue ;
- analyser chaque suggestion pour en comprendre forces et faiblesses et vérifier, aussi, que tout le monde participe ;
- prendre des notes, résumer les discussions et vous proposer pour présenter la recommandation du groupe ;
- être celui qui questionne tout en étant celui qui s'assure que le projet avance.

Il y a un temps pour toutes ces choses dans les entretiens de groupe. Cette richesse sera un toujours valorisée par un jury, qui rejette les stéréotypes, recherche la sincérité et la nuance

D) Quelques derniers conseils

Vous allez avoir dans ces entretiens collectifs une mission précise à réaliser, à plusieurs et dans un temps imparti.

Voici donc des éléments à garder en tête :

- comme dans toute équipe, je vous conseille de veiller à organiser le travail dès le début (les grandes étapes, qui fera quoi, dans quel timing) ;
- faites attention aux solutions trop rapides, elles permettent rarement à chacun de se dévoiler et le jury sera frustré ;
- ne cherchez pas à faire mieux que les autres mais soyez vous-même ;

- ayez en tête que tout le monde ne peut pas avoir le même avis, acceptez-le pour les autres et aussi pour vous (ne vous ralliez pas à un avis s'il ne vous convainc pas) ;
- pensez aux arguments des autres et anticipez vos réponses.

Et, pour terminer, pensez aux pires attitudes auxquelles vous pourrez être confrontées :

- quelqu'un qui ne participe pas ;
- quelqu'un qui ne fait que critiquer ;
- quelqu'un qui n'est pas d'accord avec vous ;
- quelqu'un qui ne vous écoute pas ;
- quelqu'un qui se comporte de manière impolie ;
- etc.

Il faut vous préparer à ces cas, c'est-à-dire vous demander quel devra être le comportement qui vous permettra de prendre votre place, mais sans écraser l'autre.

Chapitre 5
Les supports de l'entretien

Une partie des écoles de commerce, dont la liste constitue les sous-chapitres, propose au candidat de remplir et de donner au jury un support écrit. Il s'agit le plus souvent d'un questionnaire, à l'exception de SKEMA BS qui propose au candidat un exercice particulier, un CV projectif.

Avant d'entrer dans le détail de chaque questionnaire, je me permets d'insister sur le caractère éminemment décisif de celui-ci.

1) Le premier contact avec le jury

D'abord, il s'agit du premier contact, ni visuel ni physique mais contact tout de même, que vous aurez avec le jury. Et comme chaque première impression, celle-ci est décisive dans l'image qu'aura le jury de vous. Cela vous impose d'abord de présenter au jury un support parfaitement propre sur la forme, sans aucune faute d'orthographe, sans aucune rature, avec des phrases complètes dans la plupart des cas. La forme doit être absolument parfaite, car le jury se fera une opinion de vous d'abord en fonction de l'aspect visuel de votre support. N'oubliez pas que « la forme est le fond qui remonte à la surface » (V. Hugo). À ce titre, j'avais pris une année l'habitude de « noter » la qualité de la forme et du contenu des questionnaires ou des CV projectifs, avant de recevoir l'étudiant. Sur les dizaines de candidats concernés, personne n'a eu *in fine* plus ou moins deux points la note initiale attribuée. Un support de qualité annonce donc un candidat de qualité ; et vice versa. J'achève ce paragraphe en évoquant une anecdote vécue il y a quelques années dans une école. Un président de jury, avait annoncé à ses collègues à la lecture du questionnaire de l'étudiant et avant même de le recevoir : « Nous accepterons pour la forme ce candidat en entretien, mais il ne rentrera pas dans notre école. ».

Remettez lors de votre entrée un exemplaire à chaque membre de jury (préparez-en donc à minima trois). Aussi, je vous conseille de remplir vos questionnaires de manière manuscrite, et non à l'ordinateur (exception faite du CV projectif de Skema bien évidemment). La principale raison est que cela aide le jury à distinguer vos questions et vos réponses. Certains d'entre vous objecteront que vous pouvez ainsi écrire moins de choses, ce à quoi je réponds que ce n'est absolument pas l'objectif ici. Vous ne devez surtout pas être exhaustif ou trop précis, mais simplement tendre des perches au jury, susciter sa curiosité. L'exhaustivité ou la trop grande précision enlève l'envie au jury de vous questionner sur le sujet, et se révèle donc contre-productive. Ne perdez pas de vue votre objectif : inciter le jury à vous interroger sur vos réponses.

2) Son rôle

En premier lieu, il permet au jury de dresser un « portrait-robot » de vous avant de vous rencontrer, de connaître vos hobbies, vos passions, vos expériences principales, voire vos projets en école et en entreprise.

Puis, le support sert de source d'inspiration au jury pour formuler de nouvelles questions quand un sujet est épuisé. Vous comprenez donc l'importance de soigner vos réponses, qui constituent les perches que vous tendez au jury.

Vous l'aurez donc compris, l'exigence que requièrent ces supports, tant sur la forme que sur le fond, vous interdit totalement de vous y pencher la veille, ou dans le train pour vous rendre à l'entretien. D'ailleurs, dans des écoles telles que NEOMA BS, vous devez remettre le questionnaire au début de la demi-journée de passage de vos oraux.

Je vous propose au fil des pages suivantes des pistes de réflexion et des exemples (pas des modèles !) pour chaque questionnaire des écoles. Je détaille aussi les exigences du CV projectif de SKEMA BS. Je vous demande enfin d'être très attentifs aux évolutions de ces supports. Je me base, dans cet ouvrage, sur les versions 2017 de ces questionnaires accessibles sur internet. Gardez en tête qu'ils peuvent éventuellement évoluer, à la marge ou considérablement, chaque année.

1. ESCP Europe – Étudiants de classes préparatoires

L'ESCP offre l'opportunité au candidat de décoder son questionnaire, d'abord en présentant globalement l'esprit, puis en détaillant chaque de ses questions. Je n'inventerai bien sûr rien de plus, mais je vais quand même vous préciser ou reformuler chaque conseil donné dans ce questionnaire.

Présentation générale de l'ESCP : « *L'épreuve d'entretien doit permettre au jury de découvrir votre personnalité. ESCP Europe ne recherche pas un profil en particulier mais est attentive aux personnes ouvertes, curieuses, imaginatives et sachant communiquer leurs centres d'intérêt. Un entretien de personnalité se prépare à l'avance en réfléchissant sur soi, sa personnalité, ses aspirations et ses expériences. Ce questionnaire d'entretien a un double objectif : vous aider à préparer l'épreuve d'entretien et offrir des pistes de thèmes au jury pour mener l'entretien. Soyez bref / brève dans le questionnaire lui-même.* »

Mes précisions : La deuxième phrase de cette introduction est paradoxale et peut paraître contradictoire. D'abord l'ESCP précise qu'il ne cherche pas de profil type, mais donne ensuite ce qui peut justement paraître comme tel. Pour ne pas laisser planer le doute dans votre esprit, je vais tenter d'éclaircir ce point. Je considère que l'ESCP ne cherche bien évidemment pas à ce que vous rentriez dans un moule, mais vous tend des perches en citant quelques qualités (non exhaustives bien sûr) qui sont importantes dans la vie d'école et d'entreprise. Bien sûr, si vous ne les possédez pas toutes, pas d'affolement ! Mais stratégiquement, n'hésitez pas à mettre en avant dans l'entretien les quelques traits caractéristiques cités ci-dessus s'ils font partie de ces qualités. Répondre à ce questionnaire, raconter une expérience en entretien, répondre directement à une question sur vos qualités... Vous ne manquerez pas d'opportunités pour cela !

La suite du paragraphe introductif rédigé par l'ESCP ne fait rien d'autre que répéter ce que j'ai déjà dit plus haut (ouf !), tout en rappelant indirectement l'importance des trois temps en entretien, Passé Présent Futur, dans la phrase « *Un entretien de personnalité se prépare à l'avance en réfléchissant sur soi, sa personnalité, ses aspirations et ses expériences.* ».

Enfin, je termine en vous alertant sur le fait que la particularité du questionnaire de l'ESCP est de vous demander de citer des expériences dans presque l'intégralité des questions. Faites donc attention à ne pas vous répéter et à *proposer in fine* un panel d'expériences large et divers.

Passons maintenant aux six questions constitutives de ce questionnaire :

1) Quels sont vos centres d'intérêt ou activités extrascolaires ? Soyez concis(e) et précis(e) dans vos réponses.

Conseils de l'ESCP : « Donnez des exemples et des détails : depuis combien de temps, quelle fréquence, etc. »

Mes précisions : En premier lieu, je vous conseille de ne pas en citer plus de trois. L'idée est de tendre des perches sur ce qui vous intéresse vraiment. En mettre trop risque d'être contre-productif car le jury pourra vous interroger sur des activités plus anecdotiques et moins valorisantes pour vous. Attention, vous devez cependant être capable de parler de toutes vos expériences en entretien !

Ensuite, contextualisez les éléments portés à la connaissance du jury : précisions rapides ? depuis combien de temps ? fréquence de pratique ? compétitions ? titres ? capitanat ?

Enfin, essayez de varier les éléments de réponse. Ne parlez pas que de sports !

2) Citez un projet, une réalisation ou une prise de responsabilités dont vous êtes fier / fière.

Conseils de l'ESCP : Évoquez une expérience personnelle, aboutie ou non, succès ou échec, qui fasse preuve de votre engagement ou de votre capacité d'adaptation. Ce n'est pas l'expérience en elle-même qui est importante mais ce que vous en avez appris : vous pourrez éventuellement développer ces points lors de l'entretien.

Mes précisions : Faites très attention aux conseils de l'école, et privilégiez tout de même, si possible, une expérience au cours de laquelle vous avez fait preuve d'au moins une des qualités susdites. Ensuite, terminez vos quelques lignes de réponses par une perche (et non un développement) sur ce que vous en tirez. Votre réponse doit être succincte : citation de l'expérience + quelques mots de précisions/contextualisation + quelques mots de prise de recul (perche vers l'apport de l'expérience).

3) Avez-vous déjà travaillé, quelle expérience avez-vous du monde du travail ?

Conseils de l'ESCP : Vous pouvez évoquer des stages, des « jobs » ponctuels, des rencontres marquantes, des visites d'entreprises, etc. Donnez des précisions factuelles sur ces expériences (lieu, durée, etc.) et réfléchissez à ce que vous en avez retiré.

Mes précisions : Ici également, faites attention si vous avez eu la chance d'avoir beaucoup d'expériences, à ne pas trop en citer. Faites donc l'effort de bien les hiérarchiser tout en mettant éventuellement l'accent sur une d'entre elles par une expression valorisante, par exemple en utilisant une formule du type : « mon expérience la plus importante... ». Enfin, décrivez et contextualisez, en une phrase maximum, chaque réponse souhaitée.

4) Quelles sont vos expériences de différentes cultures ?

Conseils de l'ESCP : Les voyages ne sont pas la seule manière de montrer sa curiosité et son ouverture sur le monde. Vous pouvez bien sûr les évoquer ici, mais également mentionner des travaux scolaires, des rencontres avec des personnes de cultures différentes, des expositions, des lectures ou toute autre occasion qui vous aurait permis de découvrir une autre culture.

Mes précisions : Je m'inscris ici dans la continuité de ce que précise l'ESCP en insistant sur le fait que les voyages ne sont pas la seule réponse envisageable. Élargissez le champ des possibles ! Encore une fois, si vous avez la chance d'avoir plusieurs cordes à votre arc, choisissez avec soin les expériences et gardez les autres en « back-up » si besoin durant l'entretien.

5) Décrivez une expérience marquante. Que vous a-t-elle appris sur vous-même ?

Conseils de l'ESCP : Décrivez en quelques mots une expérience humaine, culturelle, sportive, scolaire etc. personnellement vécue et qui vous a marquée. Là encore, vous pourrez, si le jury le souhaite, expliquer au cours de l'entretien ce que vous en avez retiré et ce que cela vous a appris sur vous-même.

Mes précisions : Au risque de me répéter, je ne dis rien de plus que ce que j'ai évoqué dans les questions précédentes. Faites toutefois attention à bien répondre à la question et à ne choisir qu'une seule expérience. Scindez votre réponse en deux : annonce et description de l'expérience, puis prise de recul sur celle-ci.

6) Quelles autres informations souhaitez-vous communiquer au jury ?

Conseils de l'ESCP : Vous pouvez mentionner ici toute information que vous jugez utile de porter à la connaissance du jury.

Mes précisions : Profitez d'une question ne portant pas sur vos expériences pour diversifier le questionnaire. Vous pouvez évoquer les principaux atouts, à vos yeux, de l'ESCP, les projets que vous souhaitez y mener, votre projet professionnel ou un élément plus surprenant qui permettra au jury de se souvenir de vous (cf. dernière question du questionnaire de KEDGE), sans que cette liste soit exhaustive...

2. NEOMA BS – Étudiants de classes préparatoires et admissions parallèles

Le questionnaire de NEOMA s'appuie sur trois axes : Expériences, Personnalité, Valeurs/Engagements. Il est en ce sens plus varié que celui de l'ESCP. Chaque question propose cinq lignes de réponses, et il est fortement déconseillé d'en faire moins de quatre : vous serez forcément incomplet ! Voici mes recommandations pour chacune des questions.

1) Évoquez une ou plusieurs expériences significatives au sein d'une organisation : (entreprises, associations, projet associatif) – Quels apports en avez-vous tirés ?

Mes conseils : Dans la mesure du possible, essayez de varier les organisations, sans en évoquer plus de trois. Gardez pour chacune d'elles quelques mots sur l'apport principal, sans plus de précisions. Vous les réserverez pour l'échange avec le jury. Faites attention enfin à ne pas vous répéter avec votre réponse à la question suivante.

2) Développez une expérience dans laquelle vous vous êtes investi(e) et dont vous êtes particulièrement fier(e).

Mes conseils : Mes conseils sont les mêmes ici. Seul changement peut-être, ne travaillez qu'une expérience et expliquez en quoi celle-ci vous a rendu fier(e). Ce dernier point peut être une réalisation ou un succès final ou bien une qualité ou compétence développée.

3) Développez vos éventuelles expériences à l'étranger.

Mes conseils : Cette question, contrairement à celle de l'ESCP, porte uniquement sur les voyages. Mais attention, il existe plusieurs types de voyages : touristiques (collectifs ou individuels), linguistiques, sportifs, culturels... Si vous avez vécu plusieurs types de voyages, n'hésitez pas à le faire savoir au jury dans cette question.

Dans tous les cas, faites attention à bien sélectionner et hiérarchiser les éléments portés à la connaissance du jury.

4) Comment vous caractérise votre entourage ?

Mes conseils : Cette question est une manière déguisée de vous interroger sur vos qualités et vos défauts. En regardant la question suivante, vous constaterez qu'il est plus intelligent ici d'insister plus largement sur vos qualités. Je vous conseille de porter à la connaissance du jury vos deux principales qualités, en les justifiant ou en les contextualisant rapidement pour tendre des perches aux jurys.

5) Si vous en aviez la possibilité, quel trait de votre personnalité aimeriez-vous changer ?

Mes conseils : Cette question porte forcément sur ce qui pourrait constituer l'un de vos défauts. Choisissez-le avec soin, en le justifiant rapidement (une phrase maximum). Si vous en avez la possibilité, et que c'est le cas, expliquez comment vous travaillez sur ce défaut pour l'atténuer.

6) Sur quoi seriez-vous prêt(e) à vous mobiliser ?

Mes conseils : Cette question porte sur vos engagements et les causes qui vous tiennent à cœur. Je vous conseille de ne pas les multiplier mais de choisir ce qui vous tient le plus à cœur. Préparez-vous à en parler de manière développée au jury pendant l'entretien. Ces causes peuvent être sociales, économiques, médicales, humanitaires... Vous pouvez également vous y engager en école de commerce, qui propose des associations à vocation humanitaire, écologique, sociale, etc. Bien entendu, tout cela doit rester très sincère !

7) Quelle contribution pensez-vous apporter à votre école durant votre futur parcours ?

Mes conseils : La question est proche de « Que pensez-vous apporter à notre école ? » que j'ai traitée dans le chapitre des questions types. Choisissez un seul axe de réponse et développez-le. Il peut s'agir de création d'association, de développement ou de réalisation au sein de l'une d'entre elle, de création d'entreprise, de participation active à l'association des anciens... Vous l'aurez compris, vous ne pouvez faire l'économie de renseignements sur ce que propose NEOMA BS dans cette question !

8) À qui vous identifiez-vous en tant que futur manager ? Avez-vous un modèle ?

Mes conseils : Tout d'abord, pour que le jury puisse plus facilement vous suivre, citez si possible quelqu'un de connu. Laissez donc de côté votre oncle PDG. Ensuite, il s'agit de justifier cette identification. Celle-ci peut se faire via des qualités, des valeurs, des réalisations, une vision, un engagement, des actes... N'oubliez pas que l'objectif ici si le jury vous interroge est de revenir à vous en tant que futur manager !

9) Quels sont vos centres d'intérêt et vos loisirs ?

Mes conseils : Essayez d'abord, même si au départ les sujets sont différents, de ne pas vous répéter avec les deux premières questions de ce questionnaire. Ensuite, choisissez deux à trois éléments au maximum et contextualisez-les (fréquence, lieu, date de début...). N'hésitez pas encore une fois à mettre l'accent par l'utilisation de certains mots sur un seul si vous souhaitez tendre une perche au jury sur celui-ci (exemple : « mon centre d'intérêt qui se rapproche d'une passion » ; « mon principal loisir »).

3. KEDGE BS – Étudiants de classes préparatoires et d'admissions parallèles

Le questionnaire de KEDGE s'articule autour des trois valeurs fondamentales de l'école, CREATE, SHARE et CARE. Il est plus original dans ses questions que les autres questionnaires, mais ne vous inquiétez pas, c'est justement une belle opportunité pour les candidats qui auront travaillé !

Enfin, sa dernière particularité est de proposer un espace d'écriture relativement étroit. Soyez donc bref et efficace !

1) Quelles sont les réalisations importantes/marquantes de votre vie que vous souhaiteriez nous faire partager ? [SHARE]

Mes conseils : Le mot le plus important dans cette question est « réalisation ». Il ne s'agit donc pas simplement d'une expérience, mais bien d'un succès ou aboutissement. Choisissez-en deux ou trois en les contextualisant rapidement. Le manque d'espace vous oblige à garder les détails et la prise de recul pour l'échange oral avec le jury.

2) Vous êtes-vous déjà engagé : dans un projet, une association, une activité... ? Expliquez. [CARE]

Mes conseils : Il est possible de s'engager dans une cause (humanitaire, sociale...) et/ou dans un projet (sportif, culturel, académique...). Ici, choisissez l'un de vos engagements et détaillez-le en quelques lignes. Je vous conseille de tendre une perche au jury pour l'inviter à vous interroger dessus, du type « j'ai énormément appris au cours de... » ; « cela a modifié chez moi mon/ma... », tout en restant honnête bien entendu. Si le jury vous interroge dessus, cela revient à vous demander de raconter une expérience. Vous avez ainsi toutes les clés en vous référant au chapitre sur les questions types.

Enfin, si le jury vous demande de creuser cette réponse, préparez-vous à faire rapidement le lien à l'oral avec les engagements (associatifs, projets...) auxquels vous aspirez en école.

3) Si vous pouviez porter à la connaissance du monde entier un évènement qui est, selon vous, passé trop inaperçu dans les médias, lequel choisiriez-vous ? [CARE]

Mes conseils : J'aime cette question car elle prouve que les jurys, en vous interrogeant sur l'actualité, sont moins intéressés par votre connaissance des sujets redondants que par ceux moins connus qui vous touchent plus personnellement. Cette question pose des difficultés aux candidats qui font preuve d'un suivi de l'actualité et d'une curiosité à ce sujet trop légers. N'oubliez pas que cette question, en partant de l'actualité, n'est qu'un prétexte pour en apprendre plus sur vous. Je vous conseille ainsi avant de vous lancer dans la rédaction de la réponse de relire les questions d'actualité traitées dans un des chapitres de l'ouvrage.

4) Quel animal, monument ou personnage historique pourrait le mieux vous définir ? [CREATE]

Mes conseils : Encore une fois, la forme est originale mais le but reste le même : vous connaître. Ne vous laissez donc pas avoir par une question atypique qui n'est que de la poudre aux yeux. L'important ici est double : choisir un élément laudatif et pouvoir justifier sa réponse en faisant le lien entre l'animal, du monument, du personnage historique choisi et le(s) trait(s) de personnalité extrait(s). Je vous mets enfin en garde sur deux points :

- Ayez des connaissances sur l'animal, le monument ou le personnage historique que vous citez. Renseignez-vous sur sa signification, son histoire, ses réalisations, etc.
- Ne choisissez pas quelque chose ou quelqu'un qui ne vous met pas en valeur par sa symbolique ou son histoire.

5) Au regard de ce que vous connaissez ou imaginez du monde professionnel, quelles attitudes ou actions sont des références pour vous ? [SHARE]

Mes conseils : Cette question vous interroge sur vos valeurs professionnelles. Sachez justifier et renseigner votre réponse par des exemples que vous pourrez rapidement introduire. Préparez-vous aussi à justifier ce qui vous fait penser ou répondre cela (discussions, lectures, documentaires...). Je vous conseille de vous renseigner sur les différentes attitudes managériales et sur ce qui fait à vos yeux un bon manager. Ce n'est pas le seul axe de réponse, mais c'en est un pertinent. Vous pourrez ensuite facilement projeter le jury sur vos possibles actions ou attitudes référentes en entreprise.

6) Qu'imaginez-vous vivre dans notre école ? [CREATE]

Mes conseils : Ne vous fiez pas à la formulation de la question : vous devez vous renseigner en amont sur ce que l'école propose comme opportunités. Pour vous aider, j'aurais tendance à renommer la question « que souhaiteriez-vous vivre dans notre école ? ». Cette question est traitée dans le chapitre des questions types. Relisez la avant de vous pencher sur l'écriture de cette réponse. La différence est qu'ici, il vous faut simplement tendre vos perches de façon hiérarchisée sans rentrer dans le détail.

7) Qu'aimeriez-vous avoir accompli dans cinq ans ? [CREATE]

Mes conseils : Cette question est très proche de « Où vous voyez-vous dans 5 ans ? » traitée également dans cet ouvrage. Sachez illustrer la manière dont KEDGE pourra vous accompagner sur chacune de vos réalisations. Enfin, vos réalisations peuvent être personnelles comme professionnelles. Pour ces dernières, n'oubliez pas que dans 5 ans, vous serez jeune diplômé avec au maximum une seule année de carrière !

8) Que souhaiteriez-vous confier au jury qui lui permettra de se souvenir de vous ? [CREATE]

Mes conseils : Que de candidats perdus face à cette question qui ne fixe pourtant presque aucun cadre ! Votre unique objectif est de marquer l'esprit du jury afin qu'il puisse se dire en fin de journée : « Ah oui, c'est le candidat qui a écrit que... ». Surprenez-le, sortez-le de l'image qu'il a pu avoir de vous à la lecture du questionnaire ou qu'il pourra avoir de vous à la fin de l'entretien, livrez-lui une anecdote atypique... Vous avez un choix très large, profitez-en ! Bannissez simplement les éléments de réponse trop communs qui ne vous aident pas à vous distinguer d'un autre candidat.

4. Toulouse BS – Étudiants de classes préparatoires

1) Parmi les activités que vous avez pu réaliser, veuillez indiquer celles qui vous paraissent les plus significatives : activités associatives – sportives – culturelles (année, nom de l'association, lieu, durée, poste occupé ou niveau atteint) et/ou : expériences professionnelles (jobs d'été – emplois) en France et/ou à l'étranger (année, nom de l'entreprise, lieu, durée, poste occupé)

Mes conseils : Toulouse BS vous facilite la tâche en vous listant les éléments à introduire dans la description de vos activités. De plus, les cases du questionnaire dédiées aux activités personnelles et professionnelles sont suffisamment grandes pour en introduire au minimum trois par catégorie. Ici, vous pouvez exceptionnellement vous permettre de ne pas faire de phrases verbales.

2) Avez-vous un projet professionnel ? Sinon, par quelle activité ou par quel secteur êtes-vous attiré(e) ? Pourquoi ?

Mes conseils : Attention d'abord à bien répondre à la question sous l'angle du métier, puis du secteur d'activité. Malgré le « Sinon » de l'énoncé qui suggère un aspect facultatif, je vous conseille tout de même d'évoquer les secteurs d'activité qui vous attirent Par exemple, si vous souhaitez devenir chef de produit, n'hésitez pas à introduire un secteur d'activité (nouvelles technologies, agroalimentaire, banque) privilégié... Bien sûr, si vous n'en avez aucune idée à ce stade, alors abstenez-vous.

Ensuite, aidez-vous du chapitre sur le projet professionnel pour relier en quelques mots celui-ci avec vos qualités et vos expériences passées. Cela répondra à la dernière question « Pourquoi ? ».

Enfin, si et uniquement si la place vous le permet, finissez en tendant une perche sur l'école, et citez succinctement ce qu'elle peut concrètement vous apporter. Attention, il ne s'agit pas d'être exhaustif ici mais bien de tendre une perche au jury, de le frustrer pour qu'il vous interroge dessus.

3) Vous êtes l'élu(e) en charge des questions Jeunesse de votre ville, quelles sont les actions prioritaires que vous souhaitez mettre en place ?

Mes conseils : Cette question a d'abord comme objectif de tester votre capacité à vous projeter dans une fonction finalement assez éloignée des métiers après l'école de commerce. Mais, quoi qu'il en soit, la prise de décision soulignée dans cette question est une qualité indispensable à tout bon professionnel. Soyez donc imaginatif, tentez de sortir de l'ordinaire. Veillez à préciser pour chacune de vos décisions les objectifs poursuivis.

Ne multipliez pas forcément les actions mais travaillez bien chacune d'entre elles pour être capable d'en parler plus longuement le jour J. Je vous conseille pour cela de vous renseigner sur les actions publiques locales et nationales prises pour la jeunesse, vous y trouverez sûrement des sources d'inspiration, et cette curiosité dans la recherche sera bien sûr valorisée par le jury !

5. Toulouse BS – Étudiants d'admissions parallèles AST1

1) Quelle est la réalisation dont vous êtes le(la) plus fier(e) ? Laquelle et pourquoi ?

Mes conseils : Cette question est traitée dans cet ouvrage. Ici, soyez très bref : une première partie pour décrire l'expérience et la contextualiser, une seconde pour la justifier (difficultés surmontées, qualités développées...). L'objectif n'est pas d'être exhaustif mais de susciter la curiosité du jury !

2) De quelle façon abordez-vous les échecs ? Donnez un exemple vécu.

Mes conseils : Cette question est très classique et ne présente aucun piège. Le jury veut vérifier que vous savez surmonter les échecs en apprenant sur votre propre manière de le faire. Choisissez l'exemple avec soin car il est probable que ce soit le seul que vous citerez en entretien sur ce thème. En effet, si cela peut arriver (et signifie que vous devez être prêt), il est rare que le jury vous demande un deuxième exemple d'échec en entretien.

3) Y a-t-il une cause pour laquelle vous êtes capable de vous mobiliser ?

Mes conseils : NEOMA BS pose presque la même question et mes conseils ne varieront pas. Répondez à la question en prenant le soin de justifier votre réponse en quelques mots. Si vous avez pour ambition de vous mobiliser en école, via les associations notamment, je vous encourage à le souligner.

4) Décrivez l'entreprise ou l'organisation dans laquelle vous aimeriez travailler.

Mes conseils : Les noms ne sont pas forcément obligatoires ici. Cette question vous interroge surtout sur la structure de l'entreprise (taille ? type de management ? lieu ?), son activité (services ? biens ? industrie ? quel secteur ?) et ses valeurs. C'est l'occasion, en fin de réponse, de faire le lien avec vous, et de tendre des perches sur ce que peut proposer l'école (cours, échanges, associations) qui puisse vous aider à intégrer ensuite ce type de structures.

5) Quel est votre projet professionnel ? Si celui-ci n'est pas précisément défini, par quelle activité ou par quel secteur êtes-vous attiré(e) ? Pourquoi ?

Mes conseils : Question identique dans le questionnaire précédent.

6) Vous êtes l'élu(e) en charge des questions Jeunesse de votre ville, quelles sont les actions prioritaires que vous souhaitez mettre en place ?

Mes conseils : Question identique dans le questionnaire précédent.

6. Toulouse BS – Étudiants d'admissions parallèles AST2

1) Quelle est la réalisation dont vous êtes le(la) plus fier(e) ? Laquelle et pourquoi ?

Mes conseils : Question identique dans le questionnaire précédent.

2) De quelle façon abordez-vous les échecs ? Donnez un exemple vécu.

Mes conseils : Question identique dans le questionnaire précédent.

3) Y a-t-il une cause pour laquelle vous êtes capable de vous mobiliser ?

Mes conseils : Question identique dans le questionnaire précédent.

4) Comment percevez-vous le monde des affaires aujourd'hui ?

Mes conseils : Dans cette question, vous pouves vous questionner sur les rapports entre salariés, entre les différents niveaux hiérarchiques et sur l'évolution du salariat. Vous pouvez également réfléchir aux prérequis nécessaires à un travailleur ou à une entreprise pour réussir aujourd'hui. La réflexion sur les enjeux éthiques, sociaux, environnementaux et économiques constitue également un axe de développement intéressant. Dans tous les cas, deux échelles s'offrent à vous, celle du travailleur et celle de l'entreprise. À vous de choisir un thème qui vous intéresse !

Attention : ne perdez pas de vue qu'il vous faut répondre de manière directe à la question posée.

5) Quelle est votre définition de l'entreprise idéale ?

Mes conseils : Cette question est l'occasion idéale pour vous de tendre une perche vers vos valeurs, vos qualités, et si vous vous en sentez capables, votre projet professionnel. Inspirez-vous des conseils donnés à la question précédente.

6) Quel est votre projet professionnel ? Si celui-ci n'est pas précisément défini, par quelle activité ou par quel secteur êtes-vous attiré(e) ? Pourquoi ?

Mes conseils : Question identique dans le questionnaire précédent.

7) Vous êtes l'élu(e) en charge des questions Jeunesse de votre ville, quelles sont les actions prioritaires que vous souhaitez mettre en place ?

Mes conseils : Question identique dans le questionnaire précédent.

7. Rennes SB – Étudiants de classes préparatoires

Le questionnaire de Rennes SB pour les étudiants de classes préparatoires se divise en 3 parties : Activités, Expériences et Projet professionnel.

Activités

1) Activités associatives (précisez lesquelles).

Mes conseils : Étant donné le peu de place pour écrire (1,5 ligne), contentez-vous de citer le nom de l'association, votre rôle et, uniquement si vous le pouvez, la durée de votre investissement. Ne pas préciser l'objectif de l'association peut être une manière d'attirer l'attention du jury sur le sujet et de déclencher une réponse à laquelle vous aurez réfléchi.

2) Loisirs et sports.

Mes conseils : Vous avez moins d'une ligne pour cette question. Inscrivez donc uniquement la nature et la durée des activités pratiquées.

3) Séjours/Vacances à l'étranger (précisez les pays, l'année, la durée).

Mes conseils : Ici, l'école vous mâche le travail en vous donnant les éléments attendus. Si vous le pouvez, précisez également le type de séjour à l'étranger (touristique, linguistique / seul, en famille, avec des amis...).

Expériences

4) Avez-vous eu une expérience marquante ? Si oui, laquelle ?

Mes conseils : Choisissez avec soin l'expérience car le jury reviendra forcément dessus. Profitez des deux lignes que vous avez pour la décrire rapidement et expliquer en quelques mots en quoi elle a été importante. Suscitez la curiosité du jury !

5) Expériences professionnelles.

Mes conseils : Listez en les contextualisant rapidement vos expériences professionnelles. Eu égard de l'espace restreint dont vous bénéficiez, n'écrivez pas forcément des phrases complètes. Enfin, n'oubliez pas qu'un stage en 3e est déjà une (petite) expérience professionnelle, comme toute expérience en entreprise non rémunérée !

Projet professionnel

6) Avez-vous un projet professionnel ? Si oui, lequel ?

Mes conseils : Vous pouvez ne pas être certains de vous, mais vous ne pouvez pas répondre « non » ici. Citez les appétences professionnelles qui vous amènent à l'instant t à postuler en école de commerce. Vous pouvez évoquer des métiers précis, des domaines de métiers et/ou des secteurs d'activités.

7) Où vous voyez-vous dans 5 ans ? Dans 10 ans ?

Mes conseils : Répondez à chacune de ces deux questions en une phrase. Pour cela, référez-vous au chapitre traitant des questions types dans lequel elles sont toutes les deux analysées. Encore une fois, ne visez pas l'exhaustivité.

8) Précisez en quelques mots vos motivations pour Rennes School of Business.

Mes conseils : Dans cette question qui est synonyme de « Pourquoi notre école de commerce ? », faites l'effort d'être très concret dans votre réponse, et de hiérarchiser vos arguments. Commencez par le programme académique et les éventuelles spécialisations, pour finir sur des choses importantes mais moins essentielles comme une association ou un échange dans une université partenaire.

8. Rennes SB – Étudiants d'admissions parallèles

Le questionnaire de Rennes SB pour les étudiants d'admissions parallèles se divise en 3 parties : Activités, Expériences et Projet professionnel.

Expériences

1) Préciser la nature de l'emploi / stages, emplois temporaires, jobs d'été,...

Mes conseils : Il s'agit ici d'un tableau à remplir. Pas de phrase donc, et l'obligation d'être clair et efficace.

2) Décrivez une de vos expériences les plus marquantes (associative, familiale, scolaire, professionnelle, etc.) et indiquez pourquoi vous la jugez importante.

Mes conseils : Cette question est traitée dans cet ouvrage. Ici, soyez très bref : une première partie pour décrire l'expérience et la contextualiser, et une seconde pour justifier son importance. L'objectif n'est pas d'être exhaustif mais de susciter la curiosité du jury !

3) Vous avez eu d'autres expériences marquantes. Quelle analyse faites-vous de ces expériences ? Qu'avez-vous retiré des succès (ou des difficultés) rencontrés au cours de ces expériences et qui vous permet de témoigner de vos capacités à prendre des responsabilités, à gérer un projet, à travailler en équipe ou à résoudre des problèmes ?

Mes conseils : Cette question est piégeuse car vous n'avez que très peu de place pour répondre. Pour éviter cet écueil, je vous conseille de n'évoquer qu'une ou deux (grand maximum !) expériences marquantes et de dire ce que vous en avez tiré. Pour cette dernière exigence, essayez de dégager si possible des bénéfices proches de ceux qui sont cités dans la question.

Activités

4) Quels sont vos principaux centres d'intérêt (sportifs, culturels, etc.) et votre niveau d'engagement. Pourquoi pratiquer ces activités ? Que vous apportent-elles ?

Mes conseils : Pour pouvoir tenir sur les 3,5 lignes proposées, choisissez vos deux activités principales et répondez aux questions posées. Si vous avez la place, évoquez la possibilité de poursuivre votre pratique en école, cela montrera que vous vous êtes renseigné et que vous êtes disposé à faire profiter l'école de vos talents !

Voyages, séjours à l'étranger

5) Indiquez les pays dans lesquels vous êtes allé(e), la durée, la raison et l'objet du voyage.

Mes conseils : Si vous avez la chance d'avoir beaucoup voyagé, choisissez avec soin ceux que vous citez, tout en faisant attention de varier les expériences.

Projet professionnel

6) Avez-vous un projet professionnel ? Si oui, lequel ?

Mes conseils : Question identique dans le questionnaire précédent.

7) Où vous voyez-vous dans 5 ans ? dans 10 ans ? Précisez à partir de maintenant ou après le diplôme

Mes conseils : Question (presque) identique dans le questionnaire précédent.

Motivations

8) Précisez en quelques mots vos motivations pour Rennes School of Business.

Mes conseils : Question identique dans le questionnaire précédent.

9) Veuillez indiquer ici toute autre information qu'il vous semble intéressant de communiquer au jury.

Mes conseils : Vous pouvez utiliser cette question très large pour tendre une perche au jury sur un élément essentiel de votre candidature. Vous pouvez également en profiter pour surprendre le jury, dans l'esprit de la dernière question du questionnaire de Kedge BS.

9. EM Strasbourg – Étudiants de classes préparatoires et d'admissions parallèles

Le début du questionnaire de l'EM Strasbourg vous demande de citer vos expériences professionnelles et vos voyages sous forme de tableau. Ma seule valeur ajoutée sera donc de vous rappeler de penser à varier vos expériences citées.

Je vais donc m'attarder sur les questions qui suivent ces tableaux.

1) Veuillez indiquer toutes les activités pratiquées (sportives, culturelles, associatives...).

Mes conseils : Choisissez les principales et contextualisez-les rapidement. Ne prenez pas encore de recul sur ces expériences, ne dites pas les apports de celles-ci, gardez cela pour l'échange avec le jury.

2) Vos qualités (3 qualités à citer avec une ligne de réponse pour chacune d'entre elles).

Mes conseils : Pour cette question classique, contentez-vous de citer chaque qualité accompagnée d'une situation dans laquelle vous en avez fait preuve. Gardez les projections de ces qualités en école et en entreprise pour l'échange avec le jury.

3) Vos défauts (3 défauts à citer avec une ligne de réponse pour chacune d'entre elles).

Mes conseils : Faites simple : citez les trois défauts, mais plutôt que d'enchaîner sur une illustration de celui-ci, expliquez rapidement comment vous les corrigez.

4) Votre projet professionnel.

Mes conseils : Annoncez vos envies professionnelles sous l'angle des métiers et/ou des secteurs d'activités.

5) Si vous êtes admis à l'EM Strasbourg Business School, ou iriez-vous passer votre année à l'étranger ?

Mes conseils : C'est l'occasion de montrer que vous vous êtes renseigné sur les échanges académiques de l'école ! Profitez-en pour commencer à expliquer votre choix très succinctement.

6) Les expériences que vous aimeriez vivre.

Mes conseils : Montrez que vous vous êtes renseigné sur l'école et sur les opportunités qu'elle offre. On peut parler de rencontres, de voyages, d'associations, de conférences, de stages... Imaginez-vous dans l'école ! Vous pouvez vous aider des questions sur l'école dans le chapitre traitant des questions classiques.

7) Votre positionnement sur l'actualité internationale : quels sont pour vous les 3 enjeux majeurs de ce siècle ?

Mes conseils : Cette question, qui sort du lot, vous demandera forcément des recherches et de la réflexion. Je dirais simplement que pour chacun de ces enjeux, vous devez vous renseigner sur des événements récents relatifs à ceux-ci. Sachez débattre avec le jury sur un ou plusieurs d'entre eux. Si vous en avez également l'occasion, n'hésitez pas à faire le lien avec vous en tendant des perches sur vos valeurs, vos engagements passés ou envisagés, vos expériences, vos projets...

10. Le questionnaire d'ICN – Étudiants de classes préparatoires et d'admissions parallèles

Le questionnaire de l'ICN tourne autour de 3 axes, votre dimension personnelle, votre dimension internationale et votre dimension professionnelle. Il nécessite, pour une bonne moitié des questions, de bien connaître ce que propose l'ICN en termes d'opportunités associatives, internationales ou académiques.

Votre dimension personnelle

1) Selon votre entourage, quels sont vos principaux traits de caractère ?

Mes conseils : C'est le moment de présenter vos principales qualités. Vous pouvez aussi en profiter pour tendre des perches sur certaines de vos expériences dans lesquelles ces traits de caractère se manifestent. Ce n'est pas la peine d'introduire des défauts, la question 2 s'en charge pour vous !

2) Quel trait de votre personnalité souhaiteriez-vous améliorer, le cas échéant ?

Mes conseils : Mettez ici en exergue votre défaut principal, en commençant à énoncer de quelle manière vous tentez concrètement de l'améliorer.

3) Quels sont vos centres d'intérêts et vos principaux loisirs ?

Mes conseils : Mettez en avant les 3 ou 4 hobbies principaux. Tentez de varier ceux que vous citez : pas uniquement des sports ! Il n'est pas utile d'introduire les qualités développées grâce à ces loisirs. Vous avez pu en parler avant et l'échange avec le jury permettra d'en introduire d'autres si besoin.

Votre dimension internationale

4) Avez-vous déjà voyagé à l'étranger ? Si oui, dans quel pays et à quelle(s) occasion(s) ? (Séjour linguistique, tourisme, activité professionnelle...)

Mes conseils : Dans cette question, inutile de trop réfléchir à ce que vous allez écrire. Listez, en prenant soin de les hiérarchiser, les expériences internationales vécues. Proposez, si vous le ? ? ?, différents types de voyages parmi ceux cités.

5) À ICN, les opportunités d'expériences internationales sont multiples. Qu'envisagez-vous de réaliser dans ce domaine.

Mes conseils : Les expériences internationales peuvent être des échanges universitaires, des double-diplômes, des stages à l'étranger (dans des entreprises partenaires par exemple) ou bien des voyages à travers une association (humanitaire notamment). Voyez large et loin !

Votre dimension professionnelle

6) Parlez-nous d'une expérience dans laquelle vous vous êtes investi et dont vous êtes particulièrement fier ?

Mes conseils : Essayez d'abord de ne pas répéter des éléments déjà évoqués en question 3. Commencez par décrire l'expérience vécue puis utilisez la dernière phrase pour exprimer ce que vous en avez retiré.

7) Dans le cadre de vos études à ICN, quel engagement associatif pourrait vous intéresser ?

Mes conseils : Montrez que vous connaissez les associations proposées ! Prenez soin de justifier votre choix en quelques mots. C'est le moment également de tendre des perches vers vos passions, expériences passées ou projets futurs.

8) À ICN, quels enseignements ou activités pourraient nourrir vos ambitions ?

Mes conseils : Montrez encore une fois que vous connaissez ce que propose l'ICN. Et n'oubliez pas de dire ce que ces enseignements ou activité vont apporter à vos ambitions, en les éclairant et en disant de quelles ambitions il s'agit ! Je vous conseille pour cela de partir de vos envies et de lister les cours, projets associatifs, échanges universitaires et entreprises partenaires proposées par l'ICN qui vous apporteraient les clés nécessaires à la réalisation de vos ambitions. Par exemple, si celle-ci est de devenir chef de produit dans le secteur du Luxe à Singapour, peut-être que l'ICN peut vous proposer un échange à Singapour, une LV3 chinois, un parcours spécialisé dans le Luxe, un partenariat avec une entreprise du secteur du luxe... À vous de chercher !

11. Le CV projectif de SKEMA BS – Étudiants de classes préparatoires et d'admissions parallèles

L'entretien de SKEMA BS, classique sur la forme, se distingue par le support que doit présenter le candidat au jury. Il ne s'agit pas d'un questionnaire, mais d'un CV dans lequel le candidat exprimera son parcours, tel qu'il l'imagine ou le souhaite, au sein et après SKEMA BS et après sa remise de diplôme dans les dix années à venir. Les éléments du futur sur le CV doivent se distinguer des éléments réels, le plus souvent en choisissant une couleur particulière.

Ce support est une excellente manière pour le jury de juger vos souhaits académiques, personnels et professionnels, dans le futur. Pour vous, c'est surtout un moyen extrêmement efficace d'approfondir votre réflexion sur ces points essentiels à tout entretien de motivation. Par ailleurs, le fait de devoir les coucher sur papier vous oblige à entrer suffisamment dans le détail et à vous renseigner sur ce que vous écrivez. Qui oserait, sans honte, présenter un CV projectif sans le nom du Master souhaité à SKEMA BS ou sans pouvoir parler d'un métier qui y figure ? Pas vous sûrement ! C'est pourquoi je vous recommande le plus fortement du monde à créer votre CV projectif non seulement pour SKEMA BS, mais aussi pour toutes les écoles dont vous passez l'entretien. Ne le donnez bien sûr pas au jury, mais avoir fait l'exercice d'écrire votre futur académique, personnel et professionnel dans les 10 années à partir de votre entrée en école vous donnera une assurance et une précision dans vos propos que le jury ne pourra que valoriser. Autrement dit, élaborer un CV projectif force à bien travailler !

Cependant, si cet exercice est fécond, il n'en est pas moins exigeant et piégeux.

D'abord, bien travailler son CV projectif, c'est avoir l'obsession de la question « Pourquoi ? ». Avant d'insérer tout élément projectif sur votre CV, soyez certains de pouvoir répondre de manière cohérente à la question « Pourquoi souhaitez-vous vivre/faire cela ? ». J'ai remarqué au cours de mes nombreux entretiens en tant que jury à SKEMA BS que la grande majorité des questions sur les aspects projectifs du CV commençaient par « Pourquoi ». Ces exemples illustrent mes propos : « Pourquoi avoir choisi ce stage ? », « Pourquoi avoir changé de secteur d'activité après votre CDI ? », « Pourquoi avoir opté pour ce Master ? », « Pourquoi avoir choisi le campus de Belo Horizonte ? », « Pourquoi avoir mentionné votre pratique projective du judo ? », etc.

Ce type de questions révèle deux objectifs pour le jury. D'abord, la volonté sincère de vous connaître davantage à travers vos choix. Le fait de vous questionner sur votre parcours en école, vos stages et emplois souhaités, vos activités personnelles ou associatives envisagées sont un moyen pour le jury d'en apprendre davantage sur ce qui vous motive et sur vos qualités. En sachant comment vous avez construit brique par brique ce CV, le jury vous connaît ainsi mieux. Ensuite, ce CV projectif est pour le jury un outil pour mesurer la cohérence de votre parcours. En vous interrogeant sur les raisons qui vous ont poussées à envisager ce parcours en école et en entreprise, il va vérifier que :

- Le parcours en école (cours suivis, spécialisation...) est cohérent avec les métiers cités.
- L'évolution de vos stages et de vos premiers emplois est cohérente : on ne passe pas (souvent) d'assistant chef de projet à directeur marketing.
- La personnalité que vous mettez en avant lors de l'entretien est cohérente avec les métiers couchés sur le CV projectif.

Bien sûr, gardez en tête qu'il n'y a pas UN seul bon parcours pour vous mener au métier envisagé. Chaque parcours réfléchi est un parcours satisfaisant. Vous aurez le temps d'amender ! **Le CV projectif est surtout l'occasion pour le jury de vérifier que vous vous êtes renseigné et que vous avez su faire émerger des éléments cohérents avec votre projet professionnel.**

Si vous hésitez encore entre plusieurs projets professionnels, pas de panique, le CV projectif, s'il vous impose des choix, vous laisse quand même la possibilité d'introduire cette hésitation actuelle – et légitime. Je vous conseille de l'introduire en mettant en valeur deux options différentes pour les deux premiers stages de césure. Le jury est souvent curieux de savoir ce qui vous a amené à écrire deux expériences a priori sans beaucoup de points communs. Vous avez alors tout le loisir de lui expliquer votre choix de faire deux stages très différents. Pour la suite malheureusement, vous devez faire un choix entre vos deux options. Je vous conseille de ne développer qu'un seul des deux axes, par la spécialisation en Master et par votre poste en début de carrière, en justifiant votre choix. Gardez en tête que le choix effectué sur le CV projectif ne vous engage à rien !

Par ailleurs, outre cette exigence longuement abordée maintenant, le CV projectif de SKEMA BS peut se révéler piégeux pour vous à plusieurs égards :

- Si vous ne présentez au jury QUE des éléments projectifs, vous perdrez l'occasion de tendre des perches au jury sur vos expériences passées, que vous maîtrisez forcément plus ! Vous l'empêcherez de vous interroger dessus, et l'entretien risque rapidement de tourner uniquement sur vos projets personnels et professionnels, hors de vos zones de confort. Prenez donc soin d'insérer également des expériences passées. Si leur nombre est trop important, sélectionnez-les en faisant attention à varier celles citées.
- Beaucoup de candidats citent des métiers sans pouvoir en parler. Insérez des missions précises en dessous des métiers évoqués. Vous montrez ainsi que vous vous êtes renseigné, et vous serez plus à l'aise pour parler intelligemment de ces métiers en entretien.
- SKEMA BS met beaucoup l'accent sur la dimension internationale de son parcours... Ne mentionner que des expériences en France ne sera jamais éliminatoire mais pourra vous être reproché, ou à défaut fortement questionné.

- J'ai vu des très nombreux candidats souhaiter intégrer le campus de Lille tout en citant des associations ou des Masters… uniquement présentes à Sophia-Antipolis ! De la même manière, un étudiant a un jour indiqué en projectif son souhait d'être bilingue en portugais… tout en préférant le campus de Raleigh à celui de Belo, et en ne choisissant aucune expérience future dans un pays parlant la langue. Faites attention, ces erreurs idiotes témoignent souvent d'un manque de recherches de votre part, dont le jury ne peut que vous tenir rigueur.
- De même, faites attention à ce que la connexion chronologique de votre parcours colle avec la structure des études à SKEMA BS. Un étudiant en CPGE qui s'était présenté face à nous lors de son oral souhaitait faire un stage de 6 mois dès sa rentrée prochaine ; ce que ne propose bien sûr pas SKEMA BS.
- SKEMA BS précise dans ses consignes officielles que vous devez « penser à connaître » et savoir parler des noms propres inscrits dans votre CV (ex : rue Jean Moulin : qui était Jean Moulin ?). Je pousserais de mon côté l'exigence plus loin. Vous devez être capable de parler de tous les sujets connexes aux éléments que vous mettez dans votre CV projectif. Vous évoquez un stage aux États-Unis ? Connaissez l'actualité du pays et ayez encore des éléments sur l'entreprise évoquée (taille, mission, CA, PDG, etc.). Vous souhaitez exercer votre premier emploi dans le secteur du Luxe ? Connaissez des entreprises, sachez parler de celle que vous mentionnez, renseignez-vous sur les spécificités du Luxe, etc. Anticipez toutes les questions possibles !
- Quand je préparais mon entretien de SKEMA BS, j'avais écrit sur une feuille à part chaque question que le jury pouvait me poser. Non seulement des questions « Pourquoi… ? », mais aussi des questions de connaissances sur les pays, entreprises, secteurs que je citais.
- N'oubliez pas qu'un CV a toujours un titre et que dans votre cas, il s'agira de votre poste « en cours ».
- Votre adresse email changera également dans les 10 prochaines années. On oublie donc le @gmail.com pour passer au @lentreprise.com. De la même manière, votre numéro de téléphone et votre adresse postale seront ceux du pays dans lequel vous exercerez !

Pour étayer l'ensemble de mes conseils, vous trouverez dans les pages suivantes deux exemples de CV projectifs d'étudiants ayant eu plus de 18/20 à leur entretien de Skema. Ces exemples ne sont évidemment pas parfaits mais témoignent d'un vrai travail de recherche et de cohérence de la part de ces étudiants.

Photo

Prénom NOM

AREA MANAGER ZONE EMEA – GROUPE LVMH

NÉ LE 24/03/1997 (31 ANS) **PERMIS A2 & B**

90 AVENUE LOUIS DUROY **PRENOM.NOM@LVMH.COM**

92200 NEUILLY-SUR-SEINE **07-58-39-43-28**

LANGUES

- Anglais : C1 (TOEIC 980/990)
- Espagnol : B2
- Italien : C1

INFORMATIQUE

- Maitrise complète du Pack Office
- Panel IRI, A3 Distrib, Saphir, Nielsen, Kantar, SAP, OSA, TVS
- Photoshop, Illustrator, Indesign

VIE ASSOCIATIVE

- Membre actif de l'association Skema Allumni
- Trésorier du **BDE Général** de l'IUT Paris Descartes
- Elu au **Conseil de Gestion et d'Administration** de l'IUT Paris Descartes
- Elu en commission **FSDIE** de l'Université Paris Descartes

INFORMATIONS COMPLEMENTAIRES

- Pratique du Karting en compétition
- Pratique de la moto (tourisme et circuit)
- Participation à une conférence Ted Talks autour du thème « Le 6ème continent »
- Professeur vacataire en marketing du point de vente et commerce international Programme Grande Ecole Skema Business School
- **Voyages :** Espagne, Suisse, Tunisie, Angleterre, Italie, Etats Unis

FORMATION

2017-2020 : Programme Grande Ecole › Skema Business School
- **Master 1** : Campus de Lille (France) puis Raleigh (Etats-Unis)
- **Stages de césure :** Marketing Opérationnel (LVMH) et Trade Marketing (Unilever)
- **Master 2** : Management de Projet & Marketing Digital en alternance campus de Lille

2016-2017 : **Licence Professionnelle Management Des Activités Commerciales** › IUT Paris Descartes

2014-2016 : **DUT Techniques de commercialisation** › IUT Paris Descartes

2013-2014 : **Bac STMG Marketing Mention Très Bien** › Lycée Carcado - Saisseval

PARCOURS PROFESSIONNEL

DEPUIS JANV 2027 › **AREA MANAGER** › Milan, Italie
LVMH Luxe- PARFUMS & COSMÉTIQUES – TRAVEL RETAIL EMEA ZONE LAGARDÈRE
- Gestion d'un portefeuille de 9 marques au sein des aéroports de 12 pays en Europe
- Définition d'un stratégie commerciale afin d'améliorer la performance des marques
- Management d'une équipe commerciale composée de 3 responsables régionaux

OCT. 2024 – DEC.2026 › **DIRECTEUR D'ENSEIGNE** › *Milan* , Italie
L'Oréal Luxe – YVES SAINT LAURENT BEAUTÉ – E-COMMERCE & PARFUMERIES
- Négociation nationale des enseignes Marionnaud et Sephora (budget : 2 millions d'euros)
- Elaboration et pilotage des stratégies d'assortiment, merchandising et trade marketing
- Encadrement d'un responsable marketing et d'un stagiaire commercial

AOUT. 2022 – SEPT.2024 › **RESPONSABLE MARKETING ENSEIGNE** › *Paris, France*
L'Oréal Produits Grand Public – MAYBELLINE – INCAA (Monoprix, Intermarché, Casino)
- Gestion de l'assortiment et des opérations promotionnelles pour INCAA
- Analyse des performances commerciales de la marque via les panels
- Mise en marché des lancements (référencement, prévisions des ventes, construction...)

SEPT. 2020 – JUIL.2022 › **REPRÉSENTANT – PÉPINIÈRE COMMERCIALE** › *Paris, France*
L'Oréal Produits Grand Public – L'ORÉAL PARIS - HYPER & SUPER MARCHÉS
- Négociations d'opérations promotionnelles en magasin pour la marque L'Oréal Paris
- Mise en œuvre de la politique commerciale (référencement, merchandising...)
- Réimplantation des rayons et montage d'événements en magasins

SEPT. 2019 – SEPT.2020 › **ASSISTANT AREA MANAGER** › *Levallois-Perret, France*
L'Oréal Luxe - LANCOME – TRAVEL RETAIL ZONE EMEA - APPRENTISSAGE
- Mise en place d'outils de suivi par axe et par marque sur la zone EMEA
- Suivi des indicateurs de performance des marques sur la zone (Sell-Out, Promotions...)
- Participation au développement et à l'ouverture de nouveaux marchés

SEPT. 2016 – SEPT.2017 › **ASSISTANT COMPTE CLÉ** › *Levallois-Perret, France*
L'Oréal Division Produits Grand Public – LASCAD (MIXA, CADUM, PUMA...) – APPRENTISSAGE
- Gestion des comptes clients Amazon, Lidl, Aldi, Grossistes Ethniques et Pharmacies
- Suivi et analyse des indicateurs clés de performance des enseignes et du marché
- Réalisation d'un audit commercial sur la marque Softsheen & Carson

AVRIL – JUIN 2016 › **RESPONSABLE DE COMPTE JUNIOR** › *Paris, France*
Alliance Événement - STAGE
- Gestion et développement d'un portefeuille clients (conquête de 7 nouveaux clients)
- Animation, mise en concurrence et négociation avec les prestataires

CHEF DE PRODUIT

PRENOM
NOM

16/09/1996

37 WAVERLEY ROAD,
TORONTO, CANADA

+1 450-552-1189
prenom.com@UNILEVER.COM

COMPÉTENCES TECHNIQUES

- **ANGLAIS** (TOEIC 960/990, TOEFL 105/120)
- **ESPAGNOL** (C1, PROFESSIONNEL)
- **INFORMATIQUE : PACK OFFICE,** PHOTOSHOP, ASANA

ASSOCIATIF

- **RESTAURANTS DU CŒUR - BÉNÉVOLAT ; COLLECTES ALIMENTAIRES**
- **BDE IUT DE ROANNE (150 ÉTUDIANTS) - SECRÉTAIRE**
- S'KONNECTION DE SKEMA BS - PÔLE ÉVÉNEMENTIEL : CRÉATION D'ÉVÉNEMENTS (SOIRÉES, REPAS ET ATELIERS DÉCOUVERTE)

CENTRES D'INTERÊT

- **VOYAGES**
- **DANSE (12 ANS)**
- **PHOTOGRAPHIE** (15 ANS)

EXPERIENCES

CHEF DE PRODUIT
UNILEVER - TORONTO, CANADA | DEPUIS AOUT 2024

- Développement et lancement de nouveaux produits

CHEF DE PRODUIT JUNIOR
UNILEVER - PARIS | OCTOBRE 2021 - JUIN 2024

- Suivi des performances des marques (Knorr), rénovations des gammes et assurer une communication de marque efficace

STAGIAIRE ASSISTANTE CHEF DE PRODUIT
CARREFOUR - MADRID, ESPAGNE | JUILLET 2019 - DECEMBRE 2019

- Développement de la stratégie Fidélité Carrefour Bonus Card et planification de la communication événementielle 2022

STAGIAIRE ASSISTANT CONSUMER MARKET MANAGER
DANONE - BOUCHERVILLE, CANADA | JANVIER 2019 - JUILLET 2019

- Identification des consommateurs, développement de portefeuille, tarification, distribution et mise en place de promotions

STAGIAIRE ASSISTANTE MARKETING
AUCHAN / SIMPLY MARKET - COURNON D AUVERGNE | MAI-JUIN 2018

- Elaboration des gammes et des promotions régionales

STAGIAIRE ASSISTANTE COMMERCIALE
HOME MAISON - NEULISE | AVRIL-JUIN 2016 (10 SEMAINES)

- **SAV, gestion d'Instagram, gestion des retours et du statut des commandes, création de fiches produits pour le site, référencement**

ORGANISATRICE D'ÉVÉNEMENT
LES NEZ ROUGES, IUT DE ROANNE - ROANNE | 2015-2016

- **Diffusion de la communication, gestion de 30 bénévoles, accueil et animation de 500 personnes-bénéfices de 1500 €**

RÉALISATRICE DE SUPPORTS DE COMMUNICATION
AMOUR ET CHOCOLAT, IUT DE ROANNE - ROANNE | 2014-2015

- **Création et réalisation d'un spot vidéo, radio et affiche**

HÔTESSE DE VENTE
CASA - GILLY-SUR-ISÈRE | AOUT 2015 (3 SEMAINES)

STAGIAIRE HÔTESSE DE VENTE
CASA - GILLY-SUR-ISÈRE | DÉCEMBRE 2014 (2 SEMAINES)

EDUCATION

PROGRAMME GRANDE ECOLE - MSC INTERNATIONAL MARKETING AND BUSINESS DEVELOPMENT
SKEMA BUSINESS SCHOOL - LILLE | SEPTEMBRE 2017 - JUIN 2021

- Semestre 1, 2 & 3 : Campus de Lille et membre du Pôle événementiel de l'association S'Konnection
- Semestre 4 : Master in Management General, spécialisation Marketing - The University of Melbourne - Melbourne Business School
- Semestre 5 & 6 : Campus de Lille - MSc International Marketing and Business Development

DUETI / BACHELOR OF BUSINESS
IT SLIGO / IUT ROANNE - SLIGO, IRLANDE | 2016 - 2017

DUT TECHNIQUES DE COMMERCIALISATION
IUT ROANNE, UNIVERSITÉ JEAN MONNET, ROANNE | 2014-2016

BACCALAURÉAT ES SPÉCIALITÉ MATHÉMATIQUES
LYCÉE JEANNE D'ARC, ALBERTVILLE | 2014

Chapitre 6

Les écoles de commerce et leurs débouchés

1. Fiches descriptives d'écoles de commerce

Vous trouverez dans cette partie de l'ouvrage des fiches sur un nombre important d'écoles de commerce. Ces fiches ne sont en aucun cas exhaustives et constituent une aide pour vous diriger dans vos recherches. Elles sont génériques et en aucun cas personnalisées aux envies et aux projets de chacun d'entre vous. De la même manière, ces fiches n'incluent pas de données sur la ville.

Enfin, il vous faudra compléter les informations que vous glanerez sur les écoles dans ces fiches avec les fruits de vos discussions avec les actuels ou anciens étudiants de l'école.

Il vous faut maintenant vous constituer vos propres fiches métiers !

NB : Attention, les écoles mettent régulièrement à jour leur site. Il est malheureusement possible que certains QR codes ne marchent pas pour cette raison.

A)	HEC	N)	EM Strasbourg
B)	ESSEC BS	H)	NEOMA BS
C)	ESCP Europe	I)	Toulouse BS
D)	emlyon BS	J)	SKEMA BS
E)	EDHEC BS	K)	KEDGE BS
F)	Audencia BS	L)	Montpellier BS
G)	Grenoble EM	M)	Rennes SB

A) HEC

Création : 1881

Directeur général : Peter Todd

Les campus : Jouy-en-Josas, à proximité de Paris et de Versailles, Qatar

→ **Les valeurs :**

La sélectivité

L'ouverture Internationale

L'esprit d'initiative et l'ouverture sociale

→ **Responsabilité sociale :**

Développer la recherche et les enseignements responsables

Encourager les engagements sociétaux

Financer la scolarité

→ **Les programmes :**

HEC Paris propose différentes formations à la gestion :

- Le programme « Grande École » – Master in Management
- Les mastères spécialisés
- Le MBA, (anciennement Institut supérieur des affaires)
- Le doctorat (PhD)
- Les Executive Masters Spécialisés
- L'Executive MBA

→ Les associations :

Associations Statutaires : Bureau des Elèves, Junior entreprises...
Associations d'entrepreneuriat : Start'HEC...
Associations Evènementielles : Prix Littéraire des Grandes Ecoles, Jump HEC ...
Associations Internationales : HEC Monde Arabe, HEC Israël
Associations Humanitaires : Solidarité France Népal, Mission Cambodge...
Associations Artistiques : Music'Addict, Making Of, ...
Associations de Loisirs : Trek, l'Amicale bouliste, Grand Cru ...
Associations Civiques : HEC ONU, Contre-Courant, Esp'R ...
Associations Sportives : Club Aviron, Foot HEC Filles, HE'swim ...

→ HEC Alumni :

Fondée en 1883, l'association des diplômés, HEC Alumni, est présidée par Emmanuel Chain (H.85). Karine Sanouillet (H.89) en est la Directrice Générale.

Ses missions principales sont d'animer le formidable réseau solidaire, amical et professionnel, en accompagnant les diplômés HEC à tout moment de leur carrière professionnelle, ainsi que de faire rayonner la marque HEC Paris, en France et dans le monde, grâce à l'organisation d'événements autour des sujets économiques, sociaux et intellectuels pertinents et enrichissants pour les diplômés.

→ Les « grands » anciens :

Jean-Paul AGON, PDG, L'Oréal
Emmanuel FABER, Directeur Général, Danone
François HOLLANDE, Président de la République française
Pierre KOSCIUSKO-MORIZET, Fondateur de PriceMinister
Pierre-Antoine GAILLY, Président de la Chambre de commerce de Paris Ile-de-France
Emmanuel FABER, Directeur Général, Danone
Stéphane RICHARD, PDG, Orange

➞ Personnalités ayant reçu le diplôme d'Honneur d'HEC :

Valéry Giscard d'Estaing, ancien Président de la République française
Bill Gates, co-fondateur et Chairman de Microsoft
Romano Prodi, ancien Premier Ministre italien, ancien Président de la Commission européenne ; Abdoulaye Wade, ancien Président de la République du Sénégal
Jens Weidmann, Président de la Deutsche Bundesbank
Mikhaïl Gorbatchev, ancien Président de l'URSS
José Manuel Barroso, Président de la Commission européenne

B) ESSEC BS

Création : 1907

Directeur général : Vincenzo Esposito Vinzi

Les campus : Cergy Pontoise, Paris La Défense, Singapour

➞ Stratégies/ Missions/ Valeurs :

« ESSEC Business School, l'esprit pionnier »

Innovation
Implication
Internationalisation

L'ESSEC Business School se fixe pour mission de créer et de diffuser des savoirs de pointe, pour former et révéler des pionniers audacieux et des leaders influents mais aussi pour éclairer l'action des entreprises comme des organisations ainsi que l'évolution de la société.

« Par le savoir, vers la liberté »

Le blason de l'ESSEC, orné de la devise « per scientiam ad libertatem » exprime le goût de l'excellence, la force du savoir et l'audace auxquels est particulièrement attachée la communauté ESSEC. C'est aussi le sens de notre projet pédagogique : donner par la transmission des savoirs une autonomie toujours plus grande à nos étudiants.

➞ Le programme Grande Ecole :

13 domaines d'expertise parmi lesquels : Big Data, Finance, Droit des Affaires, Innovation, Management, Marketing, Digital, Immobilier-Urbanisme, Stratégie, Santé, etc.

➞ Objectifs pédagogiques :

1/ Transformer le savoir en action

2/ Gérer l'incertitude et la complexité à l'ère du numérique

3/ Faire preuve de leadership et d'esprit d'entreprise

4/ Œuvrer pour le long terme et exercer une influence positive sur la société

➞ Les associations :

Le site des associations de l'ESSEC :

L'ESSEC compte plus d'une cinquantaine d'associations. L'engagement associatif est un axe fort de la vie étudiante à l'ESSEC et des recrutements sont organisés tout au long de l'année. Assurez-vous d'avoir consulté la liste des assos et de vous êtres renseignés sur les projets que vous aimeriez porter avant votre entretien.

La liste des associations :

Attention : Toutes les associations ne recrutent pas, c'est pourquoi il ne faut pas hésiter à se renseigner directement auprès des étudiants qui profiteront des journées d'admissibilité pour vous présenter leurs projets.

➡ **Réseaux :**

1) Partenaires Académiques

26 double-diplômes avec des partenaires prestigieux comme Centrale-Supélec, l'ENSAE, l'Ecole du Louvre, l'Ecole Normale Supérieure, Saint-Cyr ou encore Mannheim Business School en Allemagne, Guanghua School of Management (Beijing University) en Chine, l'Indian Institute of Management Ahmedabad en Inde, etc.

176 accords de partenariat académique avec des universités prestigieuses sur les cinq continents : Chicago et Kellog aux USA, Instituto de Empresa ou Bocconi en Europe, Keio Business School, Guangua et Tsingua en Asie, l'Université de Queensland en Australie, etc.

2) Incubateur ESSEC Venture

L'ESSEC propose à ses étudiants souhaitant créer une entreprise de les accompagner via sa pépinière ESSEC Venture.

3) Alumni

Un réseau de 47 000 diplômés engagés partout dans le monde au service de l'école. L'Association des Diplômés du Groupe ESSEC (ADGE) a pour mission de représenter les 47 000 alumni de tous les programmes établis sur tous les continents, de les accompagner dans leur carrière professionnelle, de les informer et de fédérer la communauté autour des centres d'intérêt personnels ou professionnels. Avec des diplômés établis sur les cinq continents et une présence dans plus de 71 pays, l'action de l'ADGE s'inscrit aujourd'hui dans un cadre résolument international.

➡ **Les « grands » anciens :**

Dominique Reiniche, PDG Coca-Cola Europe
Pierre Nanterme, PDG Monde d'Accenture
Christian Balmes, PDG de Shell France
Stephane Bertrand, PDG d'AlloCiné
Philippe Sollers, écrivain

Par ailleurs, l'ancien directeur général de l'ESSEC, Jean-Michel Blanquer, est maintenant le ministre de l'Education Nationale de la république française.

C) ESCP Europe

Création : fondée en 1819 par un groupe d'économistes érudits et d'hommes d'affaires, parmi lesquels l'économiste de renom Jean-Baptiste Say et le célèbre négociant Vital Roux.

Directeur général : Frank Bournois

Les campus : Berlin, Londres, Madrid, Paris, Turin et Varsovie

→ **Missions, valeurs & chiffres clés :**

Diversité Sociale : la diversité est une richesse et que les origines sociales et les problèmes économiques ne doivent empêcher aucun talent de tenter sa chance

Développement Durable et RSE : Pénurie ou coûts très importants des énergies primaires à horizon 2040, réchauffement de la planète sous l'effet des Gaz à Effet de Serre, mondialisation des échanges de produits & services.

Face à ces enjeux : placer le ticket gagnant de la performance sur la scène du développement économique et de la compétition internationale devient essentiel pour les entreprises de toute taille et de tout secteur.

Chiffres Clés :

Plus de 100 partenariats académiques en Europe et dans le monde

4 000 étudiants dans l'ensemble des programmes diplômants, soit un total de 90 nationalités différentes, 5 000 participants de haut niveau aux programmes de formation continue,

Plus de 130 professeurs-chercheurs permanents présents sur les 6 campus et représentant plus de 20 nationalités, 80 professeurs affiliés, 40 professeurs visitants et plus de 700 professionnels et experts.

45 000 anciens élèves actifs dans plus de 150 pays dans le monde.

→ **Les programmes :**

Master in Management Grande Ecole : Classé au septième rang mondial dans le palmarès 2015 des Masters in Management publié par le Financial Times, le programme MIM de ESCP Europe est un véritable tournant pour tout étudiant soucieux de sa carrière et recherchant à la fois une identité européenne et une perspective mondiale.

Les Masters et Mastères Spécialisés (MS) : Les programmes Masters de troisième cycle à ESCP Europe couvrent une variété de domaines : des disciplines au cœur du métier de la finance, management international, marketing et stratégie ainsi que des sujets plus transversaux comme le management des médias, l'innovation et l'entrepreneuriat.

→ **Vie associative :**

L'ESCP Europe propose 6 catégorie d'associations : les Associations étudiantes, les Associations internationales, les Associations loisirs, les Associations professionnelles, les Associations culturelles et les Associations sportives.

Lien vers les associations étudiantes (cliquez sur le menu de droite pour accéder aux autres associations) :

→ **Alumni :**

Le réseau des anciens de l'école compte à ce jour 45 000 membres, représentant 200 nationalités et présents dans 150 pays.

→ **Les anciens :**

Christophe BARBIER, Directeur de la Rédaction, L'Express

Jean-Yves KACED, Directeur commercial, du développement et de la communication, à l'Opéra national de Paris, Opéra Bastille et Palais Garnier

Serge BROMBERG, Promo 1983, Président Directeur Général, Lobster Films, Directeur Artistique du Festival du Film d'Animation d'Annecy

Jean-Pierre Raffarin, Premier ministre français de 2002 à 2005, ex-sénateur de la Vienne

Augustin Paluel-Marmont, Fondateur de Michel et Augustin

D) Emlyon BS

Création : Créée en 1872, emlyon Business School est l'une des plus anciennes écoles de commerce en Europe.

Directeur général : Bernard BELLETANTE

Les campus (programme grande école) : Lyon, Paris, Shanghai, Casablanca

→ **Missions / Convictions / Valeurs :**

→ Les programmes :

1) *Le programme Grande Ecole (pour les étudiants de classes préparatoires et d'admissions parallèles)*

L'Emlyon BS est une école qui propose des **parcours à la carte** : l'étudiant est libre de choisir les cours qu'il souhaite, du moment qu'il a validé **les cours fondamentaux** (6 cours) et **les cours de base en sciences du management** (6 cours et le séminaire d'Introduction à la Création d'Entreprise).

Toutefois, afin d'aider les étudiants à mieux choisir leurs cours et à construire des parcours plus cohérents, l'Emlyon BS a mis en place des **parcours fléchés**.

On distingue :

- Les parcours fléchés initiaux (PFI)
- Les parcours fléchés avancés (PFA)

Certains parcours fléchés avancés nécessitent des prérequis (donc avoir suivi quelques cours ciblés avant) mais ce n'est pas le cas pour tous.

L'organisation générale de votre parcours à l'emlyon BS :

Les échanges académiques :

2) European Master in Management (pour les étudiants en admissions parallèles)

Ce triple diplôme est un parcours spécifique faisant partie intégrante du MSc in Management d'emlyon business school, développé et délivré par emlyon business school, LMU Munich et Lancaster University Management School.

➞ Les associations :

L'investissement associatif est un élément clé de la vie étudiante à l'emlyon BS. L'emlyon BS est l'une des rares écoles qui laissent la possibilité à ses admis sur titre de s'investir pleinement dans la vie associative. Cela est rendu possible grâce à l'individualisation des parcours, qui permet aux étudiants d'organiser son parcours comme il le souhaite (périodes à l'étranger / périodes de stage / périodes de cours etc.).

Les 29 associations étudiantes sont regroupées en 6 pôles : pôle Aventure – pôle Business – pôle Expression & Culture – pôle Hommes & Partage – pôle Médias et pôle School Spirit

Venez les découvrir ici :

➞ Les entreprises partenaires :

➞ Ils ont fait l'emlyon BS :

Voici une liste non exhaustive de quelques illustres anciens :

Roland Kastoun (ESC 1997), Partner et Managing Director du Boston Consulting Group USA

Éric Toulemonde (ESC 1995), directeur fusions acquisitions de Rothschild & CIE

Jean-Pascal Tricoire (IMBA 1986), PDG de Schneider Electric

Stéphane Bern (ESC 1985), journaliste, animateur de radio, présentateur de télévision et écrivain

Maxime Aiach (ESC 1985), PDG d'Acadomia

Geoffroy de La Bourdonnaye (ESC 1979), PDG de Chloé (Richemont)

Bernard Fornas (ESC 1970), président et CEO de Cartier International

E) EDHEC BS

Création : 1921

Directeur général : Emmanuel Métais

Les campus : Lille, Nice, Paris, Londres, Singapour

➡ **Les valeurs :**

Extrait du site internet : « *Le Groupe EDHEC s'est fixé cinq priorités stratégiques, dans lesquelles l'innovation, la pertinence et la responsabilité, qui constituent le socle des valeurs du Groupe, prennent tout leur sens.* »

Indépendance

Pragmatisme

Anticonformisme

Esprit d'entreprendre

Ouverture d'esprit

➡ **Le programme Grande Ecole :**

Les masters en finance et marketing font la renommée de l'Edhec. Il est cependant risqué d'orienter votre discours en ce sens si vous n'avez pas de solides arguments : **la majorité des candidats citeront ces programmes et vous devez vous démarquer !** L'Edhec met de plus en plus en avant ses filières en droit, entreprenariat ou management des organisation culturelles et à but non lucratif. Faites preuve de curiosité !

L'organisation de votre parcours à l'Edhec BS

1re année – Niveau L3 :

Il s'agit d'une première année généraliste d'enseignements fondamentaux. Tous les étudiants sont sur le campus de Lille. Il est possible, dès le second semestre, de partir en échange académique.

2e année – niveau M1 : Plusieurs choix de parcours s'offrent aux étudiants.

Parcours Business management – Campus de Lille

Parcours Business management – Campus de Lille

Parcours Financial Economics – Campus de Nice

Parcours Apprentissage Européen – Campus de Lille ou Nice, puis alternance à Paris

___ Année de césure OBLIGATOIRE ___

3e année – niveau M2 :

Parcours Business Management – Après leur année de césure, les étudiants ont le choix entre réaliser un master spécialisé (MSC) à Lille **OU** partir en échange académique dans l'une des 125 université partenaires.

NB : Les étudiants doivent OBLIGATOIREMENT valider 12 mois de stage et 6 mois à l'étranger dans l'ensemble de leur parcours à l'Edhec !

Parcours Financial Economics – année de spécialisation (MSC) sur le campus de Nice.

→ **Les échanges académiques :**

→ **Les universités partenaires :**

→ **Les associations :**

La vie associative est l'un des principaux « arguments de vente » de l'Edhec. Avec plus de soixante associations, dont la première association étudiante de France, la vie associative de l'Edhec est particulièrement riche et dynamique. **Rejoindre une association à l'Edhec représente un engagement fort.** Il est donc impensable de se présenter aux oraux sans s'être au préalable renseigné sur les projets associatifs.

La liste des associations :

Attention, cette liste n'est pas à jour : certaines assos ont été créées, d'autres ont disparu, toutes ont évolué. Rendez-vous directement sur les sites internet et les pages Facebook des associations pour une information exacte.

→ **Les entreprises partenaires :**

Les partenariats de l'Edhec sont liés à sa position géographique et à son réseau d'anciens. On retrouve ainsi parmi les principaux partenaires **les grandes entreprises du Nord** comme Auchan, Décathlon ou Leroy Merlin.

Principaux partenaires : Auchan, Décathlon, Leroy Merlin, l'Oréal, Vuitton, Carrefour, Dassault Systèmes, Air Liquide, Lagardère, Ubisoft, Microsoft, P&G, Saint-Gobain.

→ **Les anciens :**

L'association **EDHEC Alumni,** rassemble plus de 30 000 diplômés et futurs diplômés. Son rôle est d'assurer le lien entre les différentes communautés et générations d'Edhec et d'accompagner les diplômés tout au long de leur carrière. Vous pourrez vous appuyer sur ce réseau d'anciens pour vous aider dans votre recherche de stage et vous éclairer sur vos questions d'orientation ou de projet professionnel.

Voici une liste non exhaustive de quelques « illustres » anciens :

Sophie Bellon – Sodexo – Présidente – Première femme à diriger un groupe du CAC 40

Jean-Jacques Goldman (si si)

Hugo Kunetz – L'Oréal – President North America

Gérard Guillemot – Ubisoft – Co fondateur

Christophe Bonduelle – Bonduelle Group – Président et fondateur

Delphine Arnault – Dior – Directeur Général Adjoint

F) Audencia BS

Création : 1900

Directeur général : Emeric Peyredieu du Charlat

Les campus : Nantes, Paris

Devise : Never Stop daring

→ **Les valeurs :**

Innovation

Coopération

Responsabilité

→ **Les programmes :**

Découvrir l'offre de programmes d'Audencia Business School :

Les masters en audit/finance, en marketing digital et en management culturel font la renommée d'Audencia. Cependant, cela représente une minorité des masters proposés : ne vous focalisez donc pas uniquement sur ceux-ci. Sachez justifier votre choix (ou votre hésitation en deux) du master, en présentant une connaissance convenable de celui-ci : c'est cela qui comptera le jour J !

IMPORTANT : L'organisation générale de votre parcours à Audencia Business School :

→ **L'international à Audencia :**

Les universités partenaires :

→ **Les associations :**

Les étudiants intégrant Audencia en 1re année peuvent s'investir dès leur entrée dans l'école dans une association.

En entrant en 2e année à Audencia, et puisque vous n'y restez qu'un semestre avant votre départ en AIPM, vous ne pouvez intégrer une association. Cependant, vous pouvez vous investir pour quelques-unes d'entre elles, notamment dans l'organisation du fameux Triathlon de la Baule, dans la Comédie Musicale organisée par le BDA, ou pour des missions pour la Junior Entreprise.

Vous pouvez également soutenir une liste (BDE, BDA ou BDS) durant les campagnes en participant à la logistique de leur campagne.

Les 24 associations d'Audencia sont regroupées en 5 catégories : l'entreprise, l'animation, le sport, la culture et l'humanitaire.

La liste des associations :

→ **Les entreprises partenaires :**

Les partenariats d'Audencia Business School sont volontairement très variés. On retrouve des partenaires historiques comme le Crédit Agricole ou Auchan, mais également des « jeunes » sociétés en forte croissance comme Amazon.

Attention, en mentionnant les entreprises partenaires en entretien, il vous faut aussi savoir « en quoi » consiste le partenariat : présence au forum des entreprises ? financement d'une majeure ? organisation de conférences ?

La liste des entreprises partenaires d'Audencia Business School (en bas de la page) :

→ **Les « grands » anciens :**

L'association **Audencia Alumni,** rassemble plus de 15000 diplômés et 3000 futurs diplômés répartis partout dans le monde. Son rôle est d'assurer le lien entre les différentes communautés et générations d'Audencia Business School et d'accompagner les diplômés tout au long de leur carrière.

Vous pouvez feuilleter ce très beau recueil de témoignages laissant la parole à de brillants anciens.

Quelques mots sur Audencia Alumni :

Voici une liste non exhaustive de quelques illustres anciens :

Jean Arthuis, homme politique français, ancien Ministre de l'Économie et des Finances ;
Cyrille Duval, Président Directeur Général du magazine Le Point
Thomas Cailley, réalisateur, César 2014 du meilleur premier film (pourquoi le citer ici ? Pour montrer que rien n'est impossible suite à une école de commerce !)
Patrick Iliou (GE 93), Directeur général adjoint de l'Olympique Lyonnais
Erik Campanini (GE 96), Associé du cabinet BearingPoint
Alain Mitaux (GE 69), Fondateur d'Alinéa
Jérôme Pasquet (MBA 06), cofondateur de 10-vins

G) Grenoble EM

Création : 1984

Directeur Général : Loïck Roche

Grenoble : Grenoble est **classée 2e ville la plus innovante d'Europe** par la Commission européenne. Son économie très spécialisée, repose essentiellement sur les fonctions de conception-recherche. Grenoble rassemble tous les éléments propices **au développement des entreprises technologiques** : la présence de grands centres de recherche, d'universités, d'écoles supérieures et de grands groupes industriels.

Devise : Inspiring ideas and talent

→ **Valeurs et engagements :**

Intégrer la **Responsabilité Sociale** dans la pédagogie afin de former des managers qui prennent en compte **les conséquences humaines, sociales, environnementales et économiques** dans leurs processus de décision.

→ **Missions :**

Accompagner la performance des entreprises en leur fournissant des compétences, des connaissances et des talents adaptés aux enjeux économiques actuels et futurs.

Culture de l'innovation et de l'amélioration continue des connaissances.

Dynamisme international afin de répondre aux besoins de recrutement des entreprises et **donner une dimension multiculturelle aux étudiants**.

Les programmes :

L'EM Grenoble est spécialisée dans le management de la technologie et de l'innovation et forme les futurs collaborateurs des grandes entreprises du secteur high-tech. L'école propose des masters spécialisés en ce sens comme « management de la technologie et de l'innovation », « management et marketing de l'énergie », « management du secteur biotech ».

L'EM Grenoble est par ailleurs l'un des 8 membres fondateurs du campus d'innovation GIANT (Grenoble Innovation for Advanced New Technologies).

Le programme grande école :

1re année : Année généraliste. Apprentissage des fondamentaux du management et découverte de l'environnement global d'une entreprise. D'autres parcours en partenariat avec Grenoble Université sont également proposés

2e année : année de spécialisation à partir du second semestre (obligation de valider au minimum 10 cours de 27 heures chacun). Possibilité de partir en échange académique & possibilité d'alternance.

– Année de césure optionnelle avant la 3e année.

3e année : possibilité de suivre des cours de Master Spécialisés ou de MSc.

Les échanges académiques :

L'EM Grenoble a des accords de **partenariats avec plus de 125 universités. Des échanges de 6 mois à 1 an sont possibles dès la deuxième année.**

À SAVOIR – La géopolitique : Depuis 2007 l'établissement forme ses élèves à la géopolitique pour les trois années du Programme Grande École, afin de répondre aux demandes des entreprises. La géopolitique est devenue ainsi un cours de tronc commun à part entière pour les 3 années du Programme Grande Ecole.

L'école entretient également un partenariat privilégié avec l'Institut de relations internationales et stratégiques et organise depuis 2009 un festival de géopolitique et de géoéconomie

➡ **Les associations :**

L'EM Grenoble compte 23 associations. Un **parcours entrepreneur associatif** est proposé en deuxième année pour intégrer pleinement votre engagement associatif à votre cursus.

Les partenariats associatifs : Certaines associations sont partenaires de grands groupes.

- AMD (Association de marketing direct) et EY
- La Junior entreprise et Protect & Gamble

Découvrir la liste des associations :

→ **Les partenaires :**

Les entreprises :

Parmi les entreprises partenaires de l'EM Grenoble, on retrouve donc des entreprises de hautes technologie ou d'innovation mais pas seulement. On trouve aussi notamment Schneider Electrics, Michelin, HP, Société Générale, Hilti, groupe IBM, groupe SEB, et Dassault Systèmes.

Les partenaires académiques :

GEM a noué des partenariats académiques pour proposer à ses étudiants des formations de plus en plus polyvalentes avec des **possibilités de réaliser des doubles diplômes en France**.

Telecom Bretagne : Programme d'échanges pour les étudiants de 3e année de GEM et de Telecom Bretagne avec possibilité de **double diplôme ingénieur/manager**.

Strate Ecole de Design : Double diplôme **designer/manager**.

Mais aussi : École Nationale Supérieure de l'Electronique et de ses Applications (ENSEA), Ecole Internationale des Sciences du Traitement de l'Information (EISTI), Institut de Relations Internationales et Stratégiques (IRIS), etc.

Voici le détail des partenariats nationaux de l'école :

Par ailleurs, GEM propose aussi des échanges académiques avec des partenaires internationaux :

➞ Le réseau :

L'association des diplômés de l'EM Grenoble est le **GEM Graduate Network**. Le réseau d'Alumni vous permet de bénéficier d'un programme de suivi de carrière, de coaching personnalisé, de l'accès à des ateliers ou à des cycles de conférences. Les Alumnis sont également particulièrement actifs via le **GEM Career Center**.

H) NEOMA BS

Création : Née de la fusion de Reims Management School avec Rouen Business School

Directeur général : Delphine Manceau

Devise : Empowering management

Les campus : Rouen, Reims et Paris (Ce dernier est consacré à l'executive education (formation continue)

➞ Missions, Vision, Etat d'Esprit et Valeurs :

Missions : Eduquer et accompagner les managers et entrepreneurs de demain

Vision : une pédagogie innovante, pour la formation de leaders imaginatifs et responsables, qui sauront s'adapter en permanence à un contexte mondial en perpétuelle évolution...

Etat d'esprit : Bousculez les évidences, Ecoutez vos émotions, restez connecté

Valeurs : Ouverture ; Entrepreneuriat ; Respect et Excellence

➞ Les programmes :

BACHELORS : Bachelor in Business Administration ; Bachelor in Retail Management – ECAL ; BSc in International Business ; Cesem ; Manager de Rayon ECAL CORA ; Objectif Manager

PROGRAMME GRANDE ECOLE : devenez un manager de haut niveau, doté de solides compétences transversales et d'une spécialisation de pointe, capable de fédérer les individus et de bousculer les modèles dominants.

MASTERES SPECIALISES MS / MSC à temps plein
Le Mastère Spécialisé permet d'acquérir une double compétence et de dynamiser vos perspectives de carrière.
Le Master of Science vous forme à une spécialisation de haut niveau, dans un contexte international.
MASTERES SPECIALISES / MSC à temps partiel ou en alternance
Formation courte, professionnelle et intensive, le MS vous permet d'acquérir une double compétence, une expertise métier ou sectorielle reconnue sur le marché et de dynamiser vos perspectives de carrière.
MBAs – Formation Continue : Executive MBA ; MBA plein temps ; VAE.

→ **Entreprises partenaires :**

Vous trouverez dans ce lien la liste des entreprises partenaires de Neoma. Attention, cette liste date de 2015. Il est fort probable que la grande majorité des entreprises citées soient encore partenaires, mais tâchez tout de même de vérifier l'information concernant celle(s) qui vous intéresse(nt).

→ **Universités partenaires :**

La plupart des programmes proposés par NEOMA BS prévoient un séjour d'échange académique dans l'une de nos prestigieuses universités partenaires.

Outre le caractère inoubliable dans une vie étudiante d'une expérience d'immersion à l'international, ces échanges permettent à nos étudiants de :

- Développer une pensée multiculturelle
- Renforcer leurs compétences métiers via une approche différente, de nouvelles méthodes d'apprentissage et des cours de très haut niveau
- Améliorer leurs compétences linguistiques et mettre en pratique des compétences relationnelles dans des situations de communication inédites
- Elargir leurs opportunités de rencontres et de networking

➡ **Vie associative :**

Pôle Vie Etudiante : Culture Co' ; Open Maroc, etc.

Pôle Business : Reims Junior Conseil, Déclic'Entreprendre, Résolutions d'Avenir, etc.

Pôle Art, Culture et Multimédia : Cogito, Pulp'Vision, Rouen Battle of Style, Talents Aiguilles, Rouentatouille, Beecom', Conspir'action, etc.

Pôle Responsable et Solidaire : UN'versal, Ayuda Latina, Afro'ptimistes, Eduk'ids, Envie D'Sup, Handi, moi oui !, etc.

Pôle Sport et Aventure : Rouen Chelem, TiRouenPointe, Sailaway, Top Eight, etc.

➡ **NEOMA-Alumni :**

NEOMA Alumni a été créée en avril 2013. La force du Réseau NEOMA ALUMNI, c'est près de 44.000 diplômés ont reçus un diplôme de NEOMA Business School tous programmes et promotions compris.

Ce sont également plus de 8000 étudiants qui, dès rentrés à l'école, font partie du réseau.

Ce réseau de 52.000 membres se retrouve sur le site des diplômés, qui est le carrefour incontournable des échanges du réseau.

l) Toulouse BS

Création : 1903

Directeur Général : François BONVALET

Les Campus : Toulouse, Barcelone, Casablanca

Toulouse : la région de Toulouse est l'un des berceaux de l'aéronautique européenne. Son économie est principalement liée aux industries de pointe de l'aéronautique et du spatial. La ville abrite ainsi de nombreuses écoles d'ingénieurs et sièges sociaux, dont celui **d'Airbus** qui emploie près de 4 500 personnes dans des fonctions centrales. TBS propose donc notamment des enseignements orientés vers le secteur aéronautique et spatial (ex : option professionnelle Aerospace Management).

➡ Missions et valeurs :

Une double mission :

Former les cadres et les dirigeants des organisations de demain d'où qu'ils viennent et où qu'ils exercent demain leurs responsabilités

Produire de la Connaissance dans les grandes disciplines de gestion en vue d'améliorer le management des organisations.

Les 4 valeurs portées par l'école :

- **L'audace** : relever des défis, sortir des sentiers battus, prendre des risques et faire preuve d'esprit critique. Apprendre à oser.
- **L'enthousiasme** : encourager le sens de l'écoute, le partage, la solidarité générationnelle pour développer une capacité à s'émerveiller de tout et d'avoir l'envie de se dépasser.
- **L'éthique** : Intégrer l'éthique dans tous les cursus pédagogiques afin de former des managers capables de faire face à des dilemmes éthiques et à des conflits d'intérêt.
- **L'ouverture** : encourager la différence des opinions, la singularité des parcours, le débat contradictoire et la multiplicité des expériences.

➞ **Le programme Grande Ecole :**

L'organisation générale de votre cursus à Toulouse BS :

Les universités partenaires :

TBS compte 103 universités partenaires dont certaines peuvent donner accès à un double diplôme.

➞ **Les associations :**

Le programme TBS grande école compte une vingtaine d'associations qui vous permettrons de faire vivre le campus et d'acquérir une expérience professionnelle solide à l'épreuve des réalités du terrain.

Les projets associatifs de TBS sont très reconnus, en particulier son BDE et la **Junior Entreprise**, élue meilleure Junior Entreprise de France et d'Europe en 2014, label « Commercial » et « prix d'Excellence » en 2015.

Découvrir les associations :

➞ Les réseaux :

Les entreprises partenaires : TBS a tissé des partenariats avec de nombreuses entreprises dont l'une des principales est Airbus. Ces partenaires représentent autant d'opportunité d'aller à la rencontre des recruteurs lors de forums, séminaires ou via le Career Center.

La liste des entreprises partenaires :

Les institutions partenaires : Sciences Po Toulouse, ENAC (Ecole Nationale de l'Aviation Civile), Université de Toulouse, INSA (Institut National des Sciences Appliquées), etc.

Les anciens : le réseau d'anciens de TBS est composé de 30 000 diplômés qui participent au recrutement et à l'orientation des étudiants actuels. Ils sont organisés au sein de l'association TBS Alumni.

Quelques « illustres » anciens :

Jacques Alonso – American Airlines France – Président-directeur général

Eric Cuenot – Nike France – Directeur Général

Michael Delaney – Boeing Commercial Aiplanes – Vice-président Engineering

Elisabeth Ourliac – Groupe Airbus – Vice President Corporate Strategy

➞ Pour aller plus loin :

« Dans la peau d'un admissible », le documentaire sur les coulisses des oraux de Toulouse BS

J) SKEMA BS

Création : Né en 2009 de la fusion entre l'ESC Lille et le CERAM Business School.

Directrice générale : Alice Guilhon

Les campus : en France (Lille, Paris, Sophia Antipolis), en Chine (Suzhou), aux USA (Raleigh, Caroline du Nord), au Brésil Belo Horizonte, Capitale de l'Etat du Minas Gerais)

→ **Visions, missions & centres d'expertise SKEMA :**

→ **Le programme Grande Ecole :**

Recrutement d'étudiants de classes préparatoires aux Grandes Écoles de Commerce ou en admissions parallèles 1re année pour les titulaires d'un bac+2 et en 2e année pour les titulaires d'un bac +3/+4.

Découvrez en détail le programme Grande Ecole de SKEMA BS :

Par ailleurs, SKEMA BS dispose de plus de 100 partenariats internationaux et de 12 double-diplômes en plus de ses 3 campus à l'étranger.

Et :

➞ Vie associative :

SKEMA BS propose 9 catégories d'associations parmi ses 3 campus : Art de la table, Business, Culture et Art de la scène, Humanitaire, Média et digital, Mode, Musique et Cinéma, Sport, Vie étudiante.

➞ Entreprises partenaires

Découvrez dans ce lien la liste des entreprises partenaires de SKEMA BS.

➞ SKEMA Alumni :

Un réseau de plus de 32 000 membres qui occupent aujourd'hui des postes clés sur les cinq continents.

L'association des diplômés œuvre à :

- Favoriser les rencontres et les échanges entre ses membres dans le monde entier,
- Proposer un ensemble de services et accompagner ses membres tout au long de leurs carrières,
- Accroître la réputation de notre école et promouvoir ses diplômes.

Quelques anciens :

M'Hamed Tazi, Communication Director –Renault Morocco ;

Julien Codorniou, Directeur des partenariats, plate-forme mondiale Facebook ;

Jean Philippe Courtois, Président de Microsoft International ;

Jean-Claude Blanc, Directeur Général Délégué du Paris Saint-Germain.

K) KEDGE BS

Création : 2013 (née de la fusion de Bordeaux Ecole de Management (1874) et Euromed Marseille (1872))

Directeur général : José Milano

Les campus : Bordeaux, Marseille, Paris, Toulon, Suzhou, Dakar

➡ Les valeurs :

Extrait du site internet : « *Les missions principales de KEDGE Business School sont soutenues par sa signature de marque :* ***Create, Share, Care***

Créer *de nouveaux modes d'apprentissage et de développement des compétences via les innovations pédagogiques, le distance learning, l'action learning, le gaming, le développement personnel et professionnel.*

Développer *ses activités sur les marchés émergents en particulier en Asie et en Afrique.*

Connecter *des communautés à travers le monde pour partager les savoirs, les pratiques, les recherches, les idées.*

Encourager *et stimuler les pratiques responsables et l'engagement sociétal.* »

➡ Le programme Grande Ecole :

Découvrir l'offre de programmes de Kedge BS :

Le programme Grande Ecole de Kedge Business School est assez singulier. En L3, le « Kedger » suit un tronc commun généraliste et non optionnel. En Master, il a le choix entre plusieurs parcours bien différents.

L'organisation de votre parcours à Kedge :

1re année – Niveau L3 :

Il s'agit d'une première année généraliste d'enseignements fondamentaux. Tous les étudiants sont sur les campus de Bordeaux et Marseille. Ils doivent également valider une « mission terrain » dans le cadre d'un cours « Entreprise ».

2e et 3e années – Grade Master : Plusieurs choix de parcours s'offrent aux étudiants.

Parcours « À la carte » – Campus de Bordeaux et/ou Marseille : l'étudiant doit choisir et valider un certain nombre de cours de gestion et de langues sur les deux ans de Master.

Parcours Métiers – Campus de Bordeaux et Marseille : pour les étudiants ayant projet professionnel bien précis, possibilité de choisir ce parcours qui propose des cours dans un domaine ciblé.

Parcours d'Excellence : 7 parcours proposés, pour environ 30 à 40 places chacun.

Parcours Professionnalisant : possibilité de suivre un cursus en apprentissage (150 places à Marseille et 150 places à Bordeaux), en Double Diplôme ou à l'International.

___Possibilité de faire une Année de césure entre le M1 et le M2 ___

NB : Les étudiants doivent OBLIGATOIREMENT valider 6 mois de stage et 6 mois à l'étranger dans l'ensemble de leur parcours à Kedge !

Les universités partenaires :

→ **Les associations :**

Kedge Business School possède plus de 60 associations. La plupart sont issues des ex-groupes BEM et Euromed mais on observe la création de nombreuses associations depuis la fusion de 2013. Chaque année est notamment organisé un « Kick Start Week-end » réunissant les associations des campus de Bordeaux et de Marseille. Lors de ce week-end (organisé à Bordeaux ou à Marseille), les associations travaillent en binômes, et de nombreux projets de création sont présentés.

La liste des associations :

Deux exemples d'associations particulièrement connues de Kedge BS :

AOC – Bordeaux : le plus grand club étudiant œnologique de France. Cette association organise toute l'année de nombreuses visites des plus grands vignobles (Château d'Yquem, Château Rothschild, Cheval Blanc), des conférences, dégustations et ventes à prix cassés. L'événement-phare de l'association a lieu au mois de mai, c'est le Rallye des Vin'4 Heures du Vin.

Le Citadingue – Marseille : équivalent du « Carnet d'adresses » à Bordeaux, cette association propose un guide étudiant répertoriant les meilleurs endroits de Marseille

N'hésitez pas à faire un tour sur les pages Facebook des associations qui vous intéressent le plus !

➡ **Les entreprises partenaires :**

Chaque année, Kedge organise un forum entreprise sur les campus marseillais et bordelais. Une soixantaine d'entreprises sont présentes lors de ces forums, dont certaines multinationales (Apple, Coca Cola, Mars...).

Le site internet du forum entreprise de Bordeaux 2016, qui met en avant des entreprises proches de l'école :

Kedge est partenaire de plus de 500 entreprises, dont par exemple des groupes de la zone géographique de ses différents campus : Cdiscount et Hilti à Bordeaux, Haribo et Airbus à Marseille...

➡ **Les anciens :**

L'association des anciens de Kedge s'appelle « Kedge Alumni ». Elle rassemble aussi bien les anciens de Kedge que des anciennes BEM et Euromed. Au total, l'association répertorie plus de 50 000 diplômés.

Il existe également une page Facebook qui communique sur les différents événements organisés par l'association, ou qui met en lumière chaque semaine un diplômé ayant particulièrement réussi.

Site internet :

Quelques « illustres » anciens :

Xavier Rolet – CEO de la Bourse de Londres

Daniel Carasso – Fondateur de Danone

Richard Caillat – Dirigeant d'HighCo

L) Montpellier BS

Création : 1897

Directeur général : Didier Jourdan

Campus : Montpellier

En 2014, le Groupe Sup de Co Montpellier Business School change de nom et devient Montpellier Business School.

→ **Les valeurs :**

Ethique

Ouverture et diversité

Responsabilité et performance globales

→ **Les programmes :**

L'alternance

La spécificité de Montpellier Business School est la possibilité de faire **une partie ou l'intégralité du cursus en alternance**.

Le rythme est une semaine en cours / trois semaines en entreprise, partout en France ou à l'étranger.

Montpellier Business School est la **1ère Grande Ecole de Management en France pour l'apprentissage** qui permet à l'étudiant d'être dispensé des droits de scolarité et de percevoir une rémunération. **35 % des étudiants n'acquittent aucun droit de scolarité.**

Pour plus d'informations sur la voie de l'apprentissage :

L'organisation générale de votre parcours à Montpellier Business School :

Créer son entreprise avec le cursus Entrepreneur J :

Chaque élève du Programme Master Grande Ecole – ESC Montpellier, porteur d'un projet de création d'entreprise peut à tout moment de sa scolarité, en France ou à l'étranger, intégrer le cursus Entrepreneur J. Il trouve alors dans l'école une organisation destinée à l'aider dans son aventure entrepreneuriale, en parallèle de sa scolarité.

Le cursus Entrepreneur J poursuit un triple objectif :

- amener chaque élève à la découverte de la création ou de la reprise d'entreprise
- aider à la naissance de projets de création ou de la reprise d'entreprise
- accompagner les créateurs en herbe jusqu'au stade de la création ou de la reprise d'entreprise.

➞ **Les échanges académiques :**

Montpellier Business School bénéficie de plus de 150 universités partenaires, que vous trouverez ici :

➞ **Les associations :**

Il existe 16 associations sportives, culturelles ou de solidarité et d'échanges qui portent plus de 60 projets par an.

Vous pourrez les retrouver sur leur site internet dédié :

➡ **Les entreprises partenaires :**

Liste des entreprises partenaires :

ADECCO
ADREXO
AUCHAN
BNP PARIBAS
BOSE
CAISSE D'EPARGNE LR
CAISSE DES DEPOTS
CRIT INTERIM
DECATHLON
DELL
DP WORLD
EMINENCE
FDI GROUPE
GDF SUEZ
GROUPAMA MEDITERRANEE
GROUPE SEB
HARIBO
LA POSTE
LANGUEDOC MUTUALITE
LEROY MERLIN
L'OREAL
NESTLE WATERS
ORACLE
ORANGE
ORCHESTRA
POINT P
ROYAL CANIN
SANOFI

SNCF

SNCF RESEAU

SOCIETE GENERALE

SODEXO

SYNERGIE

VOLKSWAGEN GROUP France

Les entreprises de la convention « Grands partenaires » :

Les entreprises partenaires prennent part au quotidien à de nombreuses activités sur le campus de Montpellier Business School :

Conférences et interventions

Participation aux instances pédagogiques

Présentations métiers et recrutement

Odyssée de la diversité

Tables rondes

➡ **Les anciens étudiants :**

Montpellier BS dispose d'un réseau à travers le Monde de plus de 11000 anciens. Retrouvez le détail ici :

Quelques grands anciens :

Éric Besson (ESC 1979) : ministre chargé de l'Industrie, de l'Énergie et de l'Économie numérique du gouvernement François Fillon III

Frank-Emmanuel Schlöder : Directeur Marketing de BMW France

Georges Augué (MBS 1991) : Directeur du pôle Measurement de Facebook France

M) Rennes SB

Rennes School of Business est une École internationale de management située en Ille-et-Vilaine, en Bretagne, une région qui a su développer une économie industrielle et tertiaire performante. L'énergie du tissu industriel régional a permis le développement de nombreux pôles d'excellence et centres de compétitivité mondiaux : automobile, agro-alimentaire, transport, logistique, télécoms, nouvelles technologies, tourisme et services...

Création : Crée en 1990, l'ESC Rennes devient par la suite Rennes School of Business.

Directeur général : Thomas Froehlicher

→ **Missions, Vision, Etat d'Esprit et Valeurs :**

Mission : préparer, par l'enseignement et la recherche, des managers responsables et innovants à agir efficacement dans un environnement globalisé

Vision : Devenir l'une des Business School les plus novatrices et interculturelles en Europe

Valeurs : Agilité interculturelle, Responsabilité, Sensibilisation

Spécificité : résolument tournée vers l'international : plus de 72 % des diplômés de l'ESC Rennes travaillent dans des fonctions en lien avec l'international (stratégie internationale, marketing international, développement international...) et 33 % d'entre eux sont installés à l'étranger.

→ **Les programmes :**

Programme Grande Ecole : Le concept « GRP » (Global, Pioneer, Responsible) fait partie intégrante de la pédagogie. Il est développé tout au long du programme et appliqué au quotidien tout au long du cursus. Le programme grande école forme ses étudiants à :

- être capable d'agir dans des contextes culturels variés : être et penser GLOBAL.
- développer de nouvelles activités grâce à l'innovation : être et penser PIONEER.
- être conscient(e) des conséquences de ses décisions sur la société et l'environnement : être et penser RESPONSIBLE.

Rennes SB se caractérise par des programmes internationaux et des cours dispensés en anglais, langue fédératrice d'une faculté multiculturelle

Masters spécialisés (MSc) : Les MSC de Rennes School of Business forment des diplômés destinés à réaliser des parcours professionnels internationaux épanouissants. La gestion de la diversité figure parmi les thèmes stratégiques fondamentaux de Rennes SB. Les 16 Masters of Sciences se déclinent en 16 mois d'études incluant au moins 4 mois de stages (selon les programmes) et un *Graduating project*.

MBAs

→ **Entreprises partenaires :**

Retrouvez les nombreuses entreprises partenaire de Rennes SB en suivant le QR code.

→ **Les universités partenaires :**

Rennes School of Business permet l'accès à un réseau international de 260 universités partenaires majeures présentes sur les 5 continents. Retrouvez la liste complète sur la page dédiée en suivant le QR code.

→ **Vie associative :**

Les 24 associations se répartissent en cinq pôles d'activités et le choix des projets est vaste : service aux entreprises, entrepreneuriat, développement durable, finance, projets humanitaires, sportifs, événements artistiques, culturels, service aux étudiants...

- Pôle art et culture : **Apogée (oeunologie), Le bureau des arts, Descibel...)**
- Pôle Business : **Breizh Investors (découverte de la finance), Bretagne Conseil (junior entreprise), Start You Up...**
- Pôle Humanitaire et social : **Well'come (accueil des étudiants étrangers), Ter'n'co (sensibilisation au développement durable), Sup de Coeur (projets humanitaires)...**
- Pôle Sport : 4L Trophy, BDS, **Oceania (sports nautiques)...**
- Pôle Vie Étudiante : BDE, **Com'Unity...**

➞ Alumni :

Le réseau de Rennes School of Business Alumni représente aujourd'hui :

- Plus de 15 500 membres (Français & internationaux) dont 11 000 diplômés répartis dans une centaine de pays
- Quelque 80 événements organisés chaque année
- Plus de 26 000 offres d'emploi (et de stage) proposés en 2016

N) EM Strasbourg

Création : L'EM Strasbourg est née en octobre 2007 de la fusion de l'IECS (1919) et de l'IAE Strasbourg (1956).

Directeur Général : Herbert Casteran

Devise : Be Distinctive

➞ Valeurs :

Ethique

Diversité

Développement durable

➞ Alumni :

Fondée en 2008, l'association des diplômés, EM Strasbourg Alumni a vocation d'animer la communauté des diplômés et étudiants de l'EM Strasbourg Business School. Le réseau EM Strasbourg Alumni compte 16 000 diplômés et 21 antennes dans le monde.

➞ Le programme Grande Ecole

Les objectifs du programme grande école de l'EM Strasbourg sont :

- de former des cadres responsables maîtrisant des compétences professionnelles spécialisées ;
- de promouvoir la mobilité internationale des étudiants ;
- d'encourager l'esprit entrepreneurial et d'innovation pour contribuer au développement des entreprises.

Le programme de l'EM Strasbourg se différencie par sa dimension internationale et s'articule autour de trois objectifs pédagogiques :

- l'acquisition de solides compétences dans les différents métiers de gestion,
- la maîtrise de véritables capacités managériale et entrepreneuriale à l'international,
- la prise en compte de la responsabilité sociétale et environnementale des managers.

Première année : tronc commun avec parcours optionnels (engagement associatif, parcours franco-allemand, parcours franco-anglais)

Deuxième année : effectuée à Strasbourg ou à l'étranger. Management général + choix d'une majeure (Finance-comptabilité, Management, Ressources humaines et management interculturel, Management des systèmes d'information, Supply Chain management, Marketing-vente)

Troisième année : Spécialisation. Possibilité de double diplôme en France ou à l'étranger, possibilité d'apprentissage, possibilité d'échange académique.

Quatrième année optionnelle : en entreprise, à l'étranger (MBA ou double diplôme),

➞ Universités partenaires :

L'EM Strasbourg a noué plus de 200 partenariats avec des universités étrangères, dans 55 pays différents. Parmi ces partenariats, 190 concernent le programme Grande École en 2015-2016.

➞ Les associations :

En 2016 l'école comptait 16 associations étudiantes, toutes coordonnées par l'EM Spirit, l'association mère de l'école.

2. Les grands corps de métiers accessibles après une école de commerce

Cette partie de l'ouvrage est dédiée aux métiers auxquels forment principalement les écoles de commerce. Bien entendu, la liste ici est non exhaustive. Cependant, vous y trouverez des premiers éléments pour vous construire une connaissance des métiers à la sortie de l'école. Bien entendu, ne vous satisfaites pas de ces petites fiches. Elles ne remplacent pas, pour le(s) métier(s) dont vous parlerez en entretien, une étude plus poussée ou des discussions avec des professionnels. Elles peuvent cependant vous aider à identifier ou valider des préférences.

Vous trouverez dans cette partie :

- Une revue globale des principales fonctions dans une entreprise et les profils correspondants.
- Un cas fictif d'un lancement de produit pour comprendre comment les liens entre ces différentes fonctions.
- Des fiches sur les métiers les plus prisés par les étudiants.

A) Les principales fonctions dans une entreprise

Les fonctions de l'entreprise sont souvent classées selon 2 grands types :

- Les fonctions opérationnelles, orientées vers l'action : le marketing qui innove, la communication qui communique, le commercial qui développe le chiffre d'affaire, la production qui produit.
- Les fonctions supports, nécessaires à la réalisation de ces actions : finance, logistique, ressources humaines, informatique, services généraux.

Vous pouvez facilement comprendre que, selon les cas, la nature des activités n'est pas la même, ni les conditions de travail (centré sur un objectif / centré sur les autres, soumis à une forte pression du temps ou avec des échéances à plus long terme, intéressé par le « faire » / intéressé par l'analyse, etc.).

Il est, ici, opportun de se remémorer le modèle du RIASEC, que nous avons vu dans la partie traitant des entretiens collectifs. Rappelez-vous, Holland a écrit que le choix d'une carrière exprime la personnalité d'un individu, elle-même étant l'association de plusieurs types. On peut réfléchir à l'inverse et réaliser que chaque fonction correspond, elle aussi, à des types différents

1) Les fonctions le plus souvent internes à l'entreprise

La fonction Marketing

→ **Rôle :**

- Analyser les attentes et les besoins et clients (actuels et potentiels) par des outils tels que les études de marché, les études de consommations, les tests produit, les focus groupe...
- À partir de ces besoins, définir des opportunités de croissance.
- Bâtir une stratégie autour du produit, notamment en travaillant les 4P (Produit, Prix, Promotion, Distribution) pour satisfaire les besoins identifiés.
- Définir et enrichir la plateforme de marque (positionnement, ADN, mission, valeurs, etc.) et bâtir le plan de communication produit (Court Terme) et marque (Long Terme).
- Être garant du P&L (Profil & Loss) de son activité.

→ **Qualités requises :**

- Créativité.
- Goût pour les chiffres.
- Sens de la communication.
- Observation et curiosité.
- Pragmatisme (eh oui !).
- Sens de l'organisation.

La fonction Commerciale

→ **Rôle :**

- Développer le chiffre d'affaires d'une entreprise en étant responsable d'un portefeuille client.
- Analyser les spécificités et les évolutions du marché (clients, besoins, concurrence, évolutions technologiques...).
- Participation à la définition des orientations stratégiques (développement du marché existant, positionnement sur un nouveau marché, création d'une nouvelle clientèle...).
- Animer les équipes commerciales pour assurer les objectifs.
- Participer à la politique de formation et de rémunération (variable) des commerciaux.
- Être garant du P&L (profit and loss) de ses clients.

→ **Qualités requises :**

- Écoute.
- Esprit d'analyse.
- Résistance à la pression.
- Qualités de négociation.
- Manager centré sur l'animation et la motivation.

La fonction de Comptabilité

→ **Rôle :**

- Effectuer ou superviser la comptabilité de l'entreprise.
- Collecter les données comptables et financières.
- Établir les documents annuels (bilan et compte de résultats).
- Réaliser les déclarations fiscales et sociales.
- Mettre en place et vérifier les procédures comptables et financières.
- Conseiller éventuellement la direction financière et les contrôleurs de gestion.

→ **Qualités requises :**

- Rigueur et organisation.
- Goût et maîtrise des chiffres.
- Parfaite connaissance de l'organisation d'une entreprise.
- Discrétion.
- Indépendance.

La fonction du Contrôle de Gestion

→ **Rôle :**

- Déterminer puis mettre en place des indicateurs pertinents au pilotage de l'activité de l'entreprise (ex : croissance par département, rentabilité par activité, ventilation des coûts par nature, etc.).
- Mesurer les réalisations et les comparer aux objectifs du plan.
- Analyser l'origine des écarts pour ensuite améliorer la performance.
- Fournir aux dirigeants et responsables opérationnels des données chiffrées afin d'aider au pilotage de l'activité.
- Élaborer le Business Plan et le budget à 1, 3 ou 5 ans avec la direction.
- Reporting vers la hiérarchie.

➞ **Qualités requises :**

- Maîtrise des outils comptables des entreprises.
- Rigueur et organisation.
- Goût et maîtrise des chiffres.
- Esprit d'analyse et de synthèse.
- Compréhension de l'activité de l'entreprise dans laquelle il exerce.

La fonction Finance

➞ **Rôle :**

- Établir et piloter la politique financière (pôles prioritaires de croissance, budgets, investissements) de l'entreprise en collaboration avec la comptabilité et le contrôle de gestion.
- Déterminer l'impact financier des décisions.
- Optimiser la trésorerie et la rentabilité de l'entreprise.
- Surveiller le niveau des créances clients, des stocks et des dettes;
- Participer aux choix d'investissements.
- Valider les documents annuels (bilan et compte de résultats).
- Valider le Business Plan et le budget.

➞ **Qualités requises :**

- Maîtrise des techniques comptables et financières.
- Sens de l'organisation.
- Rigueur.
- Goût et maîtrise des chiffres.
- Maîtrise des outils informatiques de gestion.

La fonction Ressources Humaines

➞ **Rôle :**

- Définir la politique de gestion des RH et la mettre en œuvre (plan de recrutement, plan de formation, rémunération).
- Superviser le suivi administratif des salariés (congés, formation, paie, embauche...).
- Définir et mettre en œuvre la politique de recrutement de l'entreprise.
- Favoriser la communication interne et faciliter la circulation de l'information.
- Définir les besoins à moyen et long terme de l'entreprise en matière d'emploi et de qualification. Mettre en œuvre les moyens pour adapter le personnel à cette évolution.

➡ **Qualités requises :**

- Bon sens du relationnel et de la communication.
- Sens de la négociation.
- Écoute.
- Connaissances en droit.

La fonction Achats

➡ **Rôle :**

- Proposer aux différents services d'une entreprise les produits ou services qu'ils attendent, dans les meilleures conditions de prix, délais, qualité.
- Prospecter et rencontrer les fournisseurs puis les sélectionner.
- Négocier les contrats et assurer le suivi.

➡ **Qualités requises :**

- Parfaite connaissance des services de l'entreprise et de leurs besoins.
- Bon négociateur.
- Maîtrise des techniques de vente.

2) Les fonctions externes à l'entreprise

La fonction Audit

➡ **Rôle :**

- Mesurer la qualité des process dans une entreprise et diagnostiquer d'éventuels dysfonctionnements.
- Contrôler les comptes et les procédures financières.
- Vérifier la fiabilité et la conformité légale de l'information financière donnée par l'entreprise (valider les comptes).
- Apporter des recommandations d'amélioration en fonction d'impératifs légaux ou de performances.

➡ **Qualités requises :**

- Indépendance.
- Rigueur et sens de l'organisation.
- Capacité d'adaptation.
- Esprit de synthèse.
- Sens de la confidentialité.

La fonction Conseil

➡ **Rôle :**

- Observer, identifier, analyser un mode opératoire.
- Rechercher, proposer des solutions.
- Accompagner la mise en œuvre des recommandations.

➡ **Qualités requises :**

- Rigueur.
- Organisation.
- Sens du relationnel (le consultant peut être mal vu par les équipes de l'entreprise dans laquelle il effectue sa mission) et de la pédagogie.
- Esprit d'analyse et de synthèse.
- Qualités d'argumentation écrite et orale.

B) Les liens entre les fonctions dans une entreprise

La plupart des entreprises, sauf les TPE, sont dirigées par un Président et (ou) un Directeur général, secondés par les directeurs de chacun des principaux départements. Ce groupe constitue le comité de direction. Ces directions comprennent habituellement la direction marketing et communication, la direction commerciale, la direction de la production, la direction des ressources humaines, la direction financière et administrative (regroupant elle-même finance/compta/gestion, mais aussi achats, logistique, informatique et services généraux). Les écoles de commerce vous préparent aux métiers que l'on trouve dans toutes ces directions à l'exception de la production.

Vous allez découvrir (mais vous le savez peut-être déjà) que tous les services sont interdépendants et travaillent en étroite collaboration. Ils ont tous, également, des prestataires extérieurs qui leur sont spécifiques, qui sont plus ou moins nombreux selon les activités et avec lesquels ils travaillent de manière plus ou moins régulière (certains départements sont en relation constante avec l'extérieur de l'entreprise, d'autres sont clairement plus centrés sur l'interne).

Enfin, vous pourrez prendre conscience que les activités s'organisent toujours selon un même cycle

1) On commence par définir une stratégie.

2) On se charge de sa mise en œuvre.

3) On suit les résultats obtenus et, si nécessaire, on propose des actions correctives.

Pour faciliter ce tour d'horizon, et en particulier rendre nos descriptions plus concrètes, nous avons décidé de nous inspirer d'un (faux) cas d'entreprise.

Ce cas est purement imaginaire mais totalement réaliste dans les actions et missions suggérées

Imaginons donc que nous travaillons pour le compte d'une société fabriquant des vêtements et chaussures de sport, que nous appellerons Victory.

Suite à l'analyse des ventes menée conjointement par le **service marketing** (qui a étudié les achats des clients, leurs attentes, mais aussi l'offre de la concurrence) et par le **service commercial** (qui s'est intéressé aux ventes réalisées à la fois dans les magasins de la marque Victory, et dans les magasins de sport multimarques), l'entreprise a pris conscience de la nécessité de renforcer son offre de « chaussures de basket pour homme ».

En effet, les ventes sur ce segment sont faibles dans tous les points de ventes. Qui plus est, chez les distributeurs multimarques, les concurrents vendent plus de chaussures de basket que Victory. Selon les études menées par le marketing, les consommateurs confirment leur intérêt pour ce genre de chaussures, tout en indiquant qu'ils trouvent que le prix de celles de Victory est trop élevé.

Il existe donc une opportunité pour le lancement d'un nouveau produit, d'autant plus, qu'il va y avoir une actualité forte autour du basket, à l'occasion des championnats qui vont se tenir l'année prochaine.

Dans ce contexte, le **service marketing** va être responsable de concevoir, tester et développer cette nouvelle gamme de chaussures autour des éléments suivants :

- **Le nom** : voulant toucher une cible masculine âgée de 20 à 25 ans, le nom choisi sera celui du meilleur joueur actuel Jean Le Brun qui accumule de nombreux records de précocité (pour cela, il faudra négocier un contrat avec ce joueur mais la notoriété de Victory devrait pouvoir le permettre).
- **Le service à offrir** : par exemple un meilleur maintien de la cheville, une semelle antidérapante et un look très « mode ».
- **Le prix** : toutes les chaussures de Victory se situent entre 150 et 200 euros, la décision est donc de positionner ce lancement en entrée de gamme, à 140 euros puisque les études ont montré un problème de prix.
- **La stratégie de diffusion** : il est décidé de se restreindre aux magasins multimarques pour y lutter contre la concurrence (dans les magasins Victory, l'offre est plus « haut de gamme » et il n'y a pas de concurrence) + le site internet qui permettra d'atteindre les jeunes « afficionados » de la marque, cible prioritaire pour ce lancement.

En interne, le **service marketing** va travailler en étroite collaboration avec :

- Le **service développement** pour mettre au point les caractéristiques techniques des nouvelles chaussures.
- Le **contrôle de gestion** pour établir les coûts de production, de distribution et de communication de cette nouvelle gamme et donc son prix. Ensemble, ils construiront le Business Plan (prévisions de CA et total des coûts) sur 5 ans et s'assureront que le niveau de rentabilité est en ligne avec les normes de

l'entreprise, que Victory pourra escompter un « retour sur investissement » dans les 4 ans.

- Le **service commercial** pour définir les objectifs de ventes par point de ventes et rédiger l'argumentaire qui servira aux vendeurs lors de leurs présentations du produit à leurs magasins.
- L'usine, les achats et le **service logistique** pour leur fournir les prévisions de ventes afin qu'ils organisent la production et la livraison à la distribution.

Le **service du webmarketing** de son côté, va se charger de réaliser le site du lancement.

Il va en définir le contenu, les informations qu'il contiendra sur le produit mais aussi sur le joueur vedette qui va donner son nom aux chaussures, sur les résultats en championnat, etc. De même, il réfléchira aux fonctionnalités qu'il devra avoir, par exemple la vente en ligne, le moteur de recherche sur des évènements sportifs pour augmenter le nombre de visites, etc.

Il devra ensuite briefer les créatifs de son agence digitale, qui lui proposeront une maquette du site (des dessins représentant les pages principales) et les développeurs qui se chargeront de réaliser le site. Il suivra attentivement le travail de ces derniers, en particulier au moment des tests finaux avant la mise en ligne. Il sera également en charge de développer la visibilité de ce mini-site, que ce soit grâce à des actions de référencement sur Google, des bannières sur des sites partenaires (par exemple des sites sportifs), ou les réseaux sociaux. Il suivra quotidiennement les ventes en ligne et veillera à optimiser la transformation du site, à savoir le nombre de visiteurs qui finalisent l'achat d'une paire de chaussures. Pour cela, il mettra en place toutes les actions de promotions nécessaires

De son côté, le **service communication** à travers son suivi de l'image de la société avait identifié le besoin de se rapprocher de la cible des jeunes hommes. Alors que ceux-ci ont longtemps été des fans inconditionnels de Victory, ils semblent avoir de plus en plus de préférence pour son concurrent direct. Ce lancement est une bonne opportunité pour reprendre la parole et améliorer l'image de la marque auprès de cette cible

Pour commencer, le **service communication** va se rapprocher du joueur vedette identifié et négocier avec lui les termes de son partenariat avec la société Victory. Ensuite, sa mission sera de définir, avec son agence, un thème pour prendre la parole qui intéressera la cible tout en renforçant sa proximité avec la marque Victory. Une signature a été proposée par l'agence : « le courage ne connaît pas de limite : dépassez-vous ! » Cette signature a été acceptée car elle correspond bien à l'état d'esprit de Victory, ainsi qu'à la personnalité de Jean Le Brun.

Le **service communication** va donc demander à son agence de décliner ce thème sur les supports qui ont été retenus :

- Un film dédié aux salles de cinéma car son format plus long permet de tirer au mieux profit de l'association entre Victory et Jean Le brun pour valoriser la marque.
- Des campagnes on line renvoyant sur le site marchand.

- Des campagnes de sponsoring du championnat et des actions auprès des journalistes.

Le **service communication** sera responsable du suivi de la réalisation de ces différentes actions (brief aux agences, suivi de l'avancement de la production, respect du budget, validation des films réalisés, choix des salles dans lesquelles le film sera projeté, relecture des articles écrits...).

Enfin, il aura à sa charge le difficile exercice d'analyser les retombées de chacune de ces actions, en termes d'image mais aussi en termes de ventes suscitées

De son côté, **le service Ressources Humaines** a identifié, au travers de questionnaires internes, une légère démotivation des équipes. L'entreprise est perçue comme moins innovante, moins leader, moins emblématique, l'ambiance en pâtit et l'absentéisme devient plus important.

Il se rapproche donc du **service communication** car ce lancement va être l'occasion de mener des actions de communication en interne. Le **service communication** propose au **service Ressources Humaines** d'organiser des tournois de basket en interne, sur chacun des 3 sites de l'entreprise, auxquels participeront tous les membres du comité de direction. Les vainqueurs seront invités au championnat et auront l'occasion participer à un entraînement de Jean le Brun et de son équipe.

Comme précédemment, une fois la stratégie définie, les **services Ressources Humaines et communication** suivront la mise en œuvre, puis en analyseront les retombées (nombre de participants, avis sur l'évènement et nouveau questionnaire pour évaluer la motivation des équipes).

Le **service communication** va travailler avec le **service marketing** pour les actions de communication externe et avec le **service Ressources Humaines** pour les actions de communication interne.

Les **services marketing, webmarketing et communication** ont l'habitude de faire appel à de très nombreux prestataires comme les agences de packaging ou de design, agences spécialisées en nom de marque, les instituts d'études (études de marché, études d'efficacité de la communication), les agences de communication, agences média, agences de RP, agences digitales, etc.

À ce titre, ce sont des métiers ayant un rôle essentiel de coordination à la fois en interne et avec les prestataires externes, afin que les actions décidées soient finalisées en temps et heure (NB : selon les entreprises, ces 3 différentes missions pourront être tenues par la même personne).

Le **service commercial** va se charger d'assurer le développement des ventes dans les magasins sélectionnés. En collaboration avec le **service marketing**, il va estimer le potentiel de CA de cette nouvelle gamme de chaussures par rapport au reste du portefeuille de Victory, déterminer les points de ventes prioritaires en fonction des caractéristiques de leur clientèle ainsi que de la concurrence actuellement présente.

D'abord globaux, ces objectifs seront ensuite fixés par magasin et ainsi répartis par vendeur. Chaque vendeur aura son propre objectif de CA à développer dans les magasins dont il s'occupe.

Pour cela, il devra présenter et faire référencer la nouvelle gamme soit au service achat national (certains magasins multimarques ont des services d'achat centralisés), soit aux responsables de chaque magasin. Ensuite, il faudra déterminer un calendrier d'animation (mise en avant, promotions, actions catalogues) destinées à faire connaître ce nouveau produit et susciter le premier achat.

Le **service commercial** va ensuite suivre les rotations chaque semaine ou chaque mois et proposer de nouvelles actions de promotions si elles s'avèrent nécessaires ou informer le **service marketing** s'il pense qu'il faut renforcer les actions de communication nationales. Les analyses qu'il va mener, en particulier en comparant les magasins entre eux, lui permettront de mettre en lumière les variables explicatives des bons résultats dans certains magasins / des mauvais résultats dans d'autres. C'est grâce à ces analyses qu'il développe une relation de confiance et de conseil avec ses clients, auxquels il est fréquent qu'il propose des actions d'amélioration de leurs performances qui vont au-delà des seuls intérêts de Victory (analyse de l'assortiment, du plan du magasin par exemple).

Il travaille en étroite collaboration avec :

- Le marketing pour bien comprendre les atouts du nouveau produit et améliorer les actions de communication post-lancement.
- Le contrôle de gestion pour définir les budgets promotionnels et suivre la marge de chacun de ses clients (si le marketing est responsable du compte d'exploitation de son produit, le commercial est responsable de la marge dégagée par chacun de ses clients).
- Les clients, à l'échelle du magasin ou à l'échelle national (parfois à l'échelle internationale pour des enseignes ayant une présence internationale).
- Les prestataires, qui sont des sociétés de relevés de linéaires (relevés des produits présentés dans un rayon et de leur prix), forces de vente supplétives par exemple.

Le **service commercial** est un service totalement tourné vers ses clients. La qualité des relations est essentielle pour développer les ventes de l'entreprise mais également pour récupérer des informations sur le marché et les concurrents. Le service commercial est aussi l'oreille de l'entreprise sur son marché.

Le **service business development** va, lui aussi, utiliser ce lancement pour introduire l'entreprise en Côte d'Ivoire, marché sur lequel Victory n'est pas encore présent

Il y a, dans ce pays, des populations séduites par le modèle américain qu'illustrent bien le basket, son championnat et ses stars. À titre de preuve, on observe, depuis 5 ans, un réel développement de la pratique du basket parmi les jeunes de 15 à 25 ans

Le **service business development** va donc mener des études de marché pour mieux comprendre les attentes et centres d'intérêt des futurs clients, les modèles qui pourraient les intéresser, le prix qu'ils sont susceptibles de payer, les messages qui pourraient les convaincre. Il va aussi soigneusement analyser la présence et les points de force des concurrents présents, locaux ou internationaux.

À partir de ces éléments, avec l'aide du **service marketing** et du **service communication**, il va préciser les modalités du lancement dont il va ensuite prendre la responsabilité localement. Il devra déterminer les conditions de faisabilité et de mise en œuvre de ce lancement, en termes de production (quel site de production), de logistique, mais aussi de distribution (quels magasins) et de communication (quelles actions de communication). Il suivra la mise en œuvre de la stratégie définie : liaison avec les usines, suivi de la livraison, suivi de la mise en place dans les points de ventes, du respect des animations prévues

À noter que la distance avec la maison mère rendra cette mission à la fois vitale (plus difficile de rattraper une erreur de livraison à des milliers de kilomètres qu'à proximité de l'usine !) et plus compliquée que sur le territoire français (tracasseries des douanes, pratiques locales différentes, etc.)

C'est ce côté « aventurier » et cette nécessité à « se débrouiller » qui est l'un des charmes principaux du **business development**. Rien ne se passe jamais réellement comme prévu et il faut donc d'excellentes facultés d'adaptation et de réactivité.

Pour terminer, n'oublions pas de préciser que le **business developpeur** est LE représentant de l'entreprise Victory sur place, auprès des administrations, des banques, et de tous les interlocuteurs. Ce rôle est tout aussi fondamental pour garantir le développement de l'entreprise sur place.

Comme chacun, il suivra et rendra compte à la maison mère de l'avancement du projet, puis des résultats obtenus

Le **service Ressources Humaines** va se charger de mettre en place les moyens humains nécessaires au lancement de cette nouvelle gamme de chaussures.

Une nouvelle ligne de production devant être construite à l'usine et il faut recruter l'équipe de 3 personnes (un contremaître et 2 ouvriers) qui va la faire fonctionner.

Avec le responsable de l'usine, le **service Ressources Humaines** va rédiger la définition des postes, en précisant pour chacun, les fonctions à tenir et les compétences nécessaires. Selon la taille de l'entreprise et selon la nature du recrutement, il pourra ensuite se charger de l'ensemble du process de recrutement (réception et choix des CV, rencontre des candidats) ou bien le déléguer au service concerné (ici le **service production**).

Ce lancement pourra aussi nécessiter des actions de formations, par exemple auprès de la force de vente qui devra se familiariser avec les caractéristiques techniques très particulières des nouvelles chaussures. En effet, pour assurer une parfaite souplesse de la semelle tout en garantissant des qualités antidérapantes encore jamais réalisées, le service développement a mis au point une matière nouvelle qui sera un argument clé pour convaincre les distributeurs. Nos vendeurs ont donc besoin d'un rappel de quelques basiques en chimie.

C'est le **service Ressources Humaines** qui a la charge de mettre en place ces actions de formations, en règle générale en s'appuyant sur des organismes reconnus

Il est aussi envisageable que ce lancement soit l'occasion de proposer une promotion à un jeune responsable de secteur prometteur : devenir l'assistant du business développeur en Côte d'Ivoire. En partenariat avec le **service commercial**, le **service Ressources Humaines** validera cette idée, en précisera les modalités (qui, quelle mission exacte, quand, dans quelles conditions) et se chargera de sa mise en œuvre.

Enfin, un tel lancement sera une occasion en or pour améliorer l'image de Victory auprès des jeunes diplômés et les convaincre de postuler dans l'entreprise à leur sortie d'école. Pour se rapprocher des business schools que l'entreprise cible en priorité, le **service Ressources Humaines** va développer un serious game complet autour de ce lancement. Accompagné d'un représentant du marketing ou de la communication, il animera ce jeu dans 3 ou 4 écoles dès l'année prochaine.

Le **service Ressources Humaines** travaille en étroite collaboration avec tous les services en interne, en particulier la Présidence. Il doit s'assurer que les ressources humaines sont optimales, ce qui passe par une variété d'actions, depuis le recrutement, la formation, la politique de rémunération, de promotion mais aussi tous les autres facteurs de motivation. On peut le considérer comme le cœur qui mobilise les énergies humaines de l'entreprise. Il a ses propres prestataires, sociétés de recrutement ou de formation par exemple. Il est également très proche des écoles d'où sont issus les jeunes diplômés que l'entreprise désire recruter

Dans un premier temps, le **service contrôle de gestion** va valider que les opportunités de chiffre d'affaires sont bien réelles, que les budgets sont réalistes pour obtenir un ROI (retour sur investissement) suffisant et préserver la santé financière de l'entreprise. Avec le directeur financier, **service contrôle de gestion** va valider le projet de lancement du marketing, les prévisions de ventes des commerciaux, les investissements nécessaires à l'usine, les coûts des matières premières, de la distribution.

Une fois les plans validés (le BP : business plan pour la rédaction duquel le service marketing est fortement associé) le **contrôle de gestion** va mettre en place le reporting (ou tableaux de bord) pour suivre l'ensemble des indicateurs clés. Ceux-ci seront différents d'une activité à l'autre. Dans le contexte de ce lancement, une nouvelle ligne de production va être nécessaire. On peut penser qu'il sera important d'en suivre les performances lors de son démarrage (consommation en électricité, en matières premières, « temps homme » pour fabriquer un lot de chaussures, etc.). Plus classiquement, le reporting concernera les dépenses de communication et promotion afin de vérifier qu'elles respectent l'enveloppe budgétaire initialement prévue.

Chaque mois, le **service contrôle de gestion** collecte et étudie ces informations. Régulièrement, les analyses qu'il va mener avec chaque service concerné (l'usine, la logistique, le marketing, le commercial) amèneront à mettre en place des actions « correctives » afin de booster les ventes, ou d'améliorer la rentabilité de l'activité. S'il n'est pas dans l'opérationnel, le **contrôle de gestion** est un garde-fou vital, garant de la bonne santé financière, donc de la pérennité de son entreprise

C) Les métiers souvent cités en entretien : Fiches Métiers

1) Chef de produit

L'objectif du chef de produit et de développer un produit ou une ligne de produit. Cela va de sa conception jusqu'à sa commercialisation, sur un marché qu'il aura analysé en amont.

En accord avec la politique Marketing définie par l'entreprise, il met en place une stratégie et s'assure de son application et de son efficacité. Il est responsable du P&L de son/ses produit(s)

Pour réussir sa mission, il a recours aux études de marché, mais il n'est pas obligatoirement un chargé d'études marketing. Il peut sous-traiter (en interne ou en externe) cette partie du travail.

Il est à l'initiative de la communication pour laquelle il peut également avoir recours à des agences de communication externes.

→ **Activités principales :**

- Le chef de produit recueille les informations à propos du produit (concurrence, évolution des consommateurs et de leur comportement, attentes et besoins, etc.).
- Les actions marketing qu'il initie concernent principalement les différents éléments du mix produit qu'il doit définir et optimiser : produit ou service, conditionnement, prix et promotion.
- Il propose des axes de développement, conçoit les gammes de produits en collaboration avec les services concernés (fabrication, innovation) et assure les relations avec les services internes (communication, commercial) et les prestataires (agences de publicité, de relations publiques, de promotion des ventes, sociétés d'études, cabinets de conseil en marketing, etc.).
- Après avoir conçu le produit, il définit et prépare les actions de promotion à entreprendre, propose ou effectue des ajustements sur la politique de tarification. Il définit le plan média le mieux adapté (campagne publicitaire ou promotion sur le lieu de vente, télévision ou presse écrite...).
- Il prépare et réalise des offres spéciales modifiant les éléments du mix, afin de séduire une frange spécifique de la clientèle sur une période donnée (fêtes, soldes, promotions...). Il mène également directement ou par l'intermédiaire de spécialistes, des actions de marketing direct, afin de fidéliser ou de recruter de nouveaux clients et/ou de nouveaux producteurs.
- Il accompagne la force de vente et ajuste la promotion du produit sur le terrain.
- Il établit les prévisions de vente et suit les performances de ses produits, tant quantitativement que qualitativement. Il définit et pilote son budget. En

fonction des résultats, il peut être amené à réviser sa stratégie, notamment quand les objectifs de ventes ne sont pas atteints.

- Enfin, il participe à des salons professionnels, des expositions, des congrès... et effectue une veille permanente afin de se tenir informé des nouveautés et des tendances du marché.

→ **Qualités requises :**

- Capacité de synthèse et d'analyse.
- Anticipation (des besoins des consommateurs notamment).
- Autonomie et rigueur.
- Qualités relationnelles.

2) Auditeur

En cabinet comme en entreprise, l'auditeur réalise des études spécifiques sur la situation financière, comptable et administrative de l'établissement en ayant pour objectif de vérifier les procédures et détecter les anomalies. Le but de l'auditeur est de remédier aux dysfonctionnements en proposant des informations, des analyses, des mesures correctives et des recommandations concernant les activités examinées. Auparavant limitée à l'audit comptable, financier et administratif, sa mission s'étend aujourd'hui à l'ensemble des fonctions opérationnelles de l'entreprise : on parle « d'audit opérationnel » dans le cadre d'une demande d'expertise plus ciblée sur les activités (gestion, informatique, technique, commercial, organisationnel, marketing). L'ampleur des missions et les responsabilités qui en découlent nécessitent, pour un débutant à ce poste, d'être intégré dans une équipe d'auditeurs dirigée par un responsable d'audit (ou chef de mission) qui pourra l'initier aux étapes et aux méthodes de travail.

→ **Activités principales :**

L'objectif d'un audit est de répondre à des questions précises. Pour cela, l'auditeur met en œuvre une méthodologie qui peut se dérouler en 3 phases :

- Phase de préparation et d'identification ;
- Phase d'observation sur le terrain ;
- Phase de conseil et de préconisations avec remise d'un rapport de synthèse des informations et recommandations.

L'auditeur junior intervient sur tout ou partie des étapes du travail, et avec plus ou moins de responsabilités.

Selon les missions confiées, il :

- Contrôle l'application des normes et procédures de l'entreprise ;
- Vérifie le bon fonctionnement des flux d'informations et l'exactitude des données et l'efficacité des procédures de travail ;
- Détecte les anomalies et les zones de risques ;

- Analyse les effets, diagnostique les causes des dysfonctionnements ;
- Rédige un rapport d'observation ;
- Participe à la rédaction du rapport final ;
- Réalise des entretiens ;
- Assure une veille en matière de législation, de normes et de pratiques comptables et financières (nationales et internationales). En effet, les tâches des auditeurs se complexifient avec de nouvelles règles internes à la profession (code de déontologie notamment) et externes (normes IFRS, Sarbannes Oxley aux États-Unis).

Pour l'audit comptable, il :

- Participe aux recueils d'informations comptables et de gestion ;
- Revoit et consolide les comptes annuels.

Pour l'audit juridique, il revoit et contrôle les documents juridiques.

→ **Activités annexes (phase conseil et préconisation) :**

- Propose des améliorations.
- Préconise un plan d'action.
- Propose des recommandations sur l'organisation, les procédures de gestion, les systèmes d'information.
- Prend en charge des audits opérationnels.

→ **Les variantes selon l'employeur :**

Si l'auditeur interne exerce en entreprise, il est rattaché, dans les 3/4 des cas, à la direction générale, ceci est censé garantir l'indépendance de sa mission. Lorsqu'il est rattaché hiérarchiquement à la direction financière, il reste en relation fonctionnelle avec la direction générale. De façon plus spécifique, l'auditeur interne travaille dans des très grandes structures où il est garant du bon fonctionnement des systèmes de contrôle interne à l'entreprise. Il veille au respect de l'application des règles financières et comptables. Si besoin est, il peut intervenir dans toutes les fonctions de l'entreprise.

Si l'auditeur externe exerce dans un cabinet d'audit et de conseils (cas le plus fréquent pour un auditeur junior), il est détaché chez l'entreprise cliente pour effectuer soit des missions de pur contrôle (audit légal et commissariat aux comptes), soit des missions de contrôle et de conseil.

Les auditeurs externes juniors sont très souvent amenés à suivre une formation interne pour appréhender les méthodes de travail propres au cabinet recruteur. Dans l'ensemble, ses missions sont proches de celles de l'auditeur interne, à ceci près que la fonction de conseil est plus développée. Une autre différence tient au fait qu'il doit prendre connaissance de la réalité de l'entreprise cliente dans son ensemble, quelle que soit l'ampleur de sa mission.

→ **Qualités requises :**

- Rigueur.
- À l'écoute et Curieux.
- Sens critique.
- Travail en équipe.
- Esprit d'initiative.

3) Consultant

→ **Rôle :**

Le consultant intervient auprès des entreprises pour y analyser et résoudre des problèmes ponctuels ou alors pour les accompagner dans la mise en place d'un projet. Il peut opérer dans des domaines très variés. C'est un prestataire extérieur qui travaille généralement au sein d'un cabinet mais qui peut également officier comme indépendant.

Missionné auprès des entreprises, le consultant a pour objectif d'améliorer leur fonctionnement dans un domaine en particulier. Il conseille leur direction générale sur des améliorations à apporter dans le secteur des ressources humaines, de la finance, de la relation client ou bien dans l'organisation générale. Il analyse leurs problèmes, prescrit des solutions adaptées et accompagne éventuellement leur mise en place.

Un consultant peut être généraliste ou spécialisé dans un domaine particulier. Toutefois, il agit toujours selon un processus d'expertise répondant à des normes précises.

→ **Activités principales :**

- Analyser les besoins et les attentes de son client par l'écoute et la réalisation d'études.
- Réaliser un pré-diagnostic afin d'évaluer la faisabilité et l'opportunité de sa mission.
- Définir les moyens financiers et humains nécessaires au bon déroulement de sa mission.
- Mettre en place des méthodes de travail en organisant un comité de pilotage et des groupes de travail.
- Définir des indicateurs afin d'assurer le suivi de sa mission.
- Analyser la situation existante au sein de l'entreprise.
- Élaborer différents scénarii répondant au problème pour lequel il a été missionné, et les présenter à son client.
- Planifier et mettre en place le scénario choisi.

- Réaliser une étude sur sa mission en vue de permettre le meilleur retour d'expérience possible.

→ **Qualités requises :**

- Le consultant n'est pas toujours bien accueilli dans les entreprises. C'est notamment le cas dans les services qu'il vient restructurer. Il doit ainsi faire preuve d'excellentes qualités humaines mais également de pédagogie. Il doit être un bon communicant pour faire passer au mieux ses idées.
- Pour bien cerner les problèmes d'une entreprise, le consultant doit savoir écouter ses interlocuteurs. Curieux et réactif, il sait poser les bonnes questions permettant de définir au mieux sa mission. Avoir un esprit d'analyse et de synthèse est primordial pour comprendre et retranscrire ses objectifs.
- Enfin, le consultant doit savoir s'imposer avec diplomatie auprès des dirigeants d'entreprises qui n'ont que peu de temps pour lui. Il doit souvent agir seul et faire preuve d'un fort esprit d'initiative. Sa rigueur et sa créativité lui permettent d'affronter des situations sans cesse nouvelles et d'y trouver des solutions adaptées.

4) Responsable évènementiel

→ **Rôle :**

- **Concevoir l'évènement** : En agence de communication, le chargé de projet événementiel conçoit l'événement qui répondra le mieux à la demande d'un client. Il négocie avec lui le budget de l'opération. Si le client veut un événement spectaculaire, il doit alors trouver l'idée originale qui retiendra son attention. En entreprise, son quotidien est plutôt d'organiser des formations, des colloques, des séminaires, des sorties de groupes, etc.
- **Suivre le budget et piloter la logistique** : Il élabore le planning des actions à mener et suit le budget. Il gère et organise sur le terrain toute la logistique du projet : installation, agencement de l'espace, transport de matériel, etc. Il rédige les supports de communication (communiqués de presse, invitations, programmes). Il choisit les prestataires, les fournisseurs, les intervenants (traiteurs, cameramen, artistes, techniciens...). Au quotidien, il fait face à des impératifs divers (location de salles, de voitures, réservation d'hôtels, conférences de presse).
- **Coordonner toutes les étapes de la mise en œuvre** : Il est l'interface entre le client et les équipes qui vont réaliser l'événement. Prendre contact avec les multiples collaborateurs, analyser ce qu'ils proposent, faire des choix, coordonner toutes les étapes, les faire valider par le client fait partie de ses missions.
- **Analyser l'efficacité au regard des objectifs fixés.**

- **Activités principales :**

  Pour la création d'un événement :

  - Élaboration d'un brief (Qui, quoi, ou, quand, comment...).
  - Cherche de prestataires, de lieux, de financement.
  - Élaboration de stratégies (Stratégie de communication (choix des cibles, analyse du marché...), de moyen, et créative).
  - Rédaction d'un plan de communication, de rétro-planning des tâches...
  - Établir et suivre un budget.
  - Gestion de l'événement, des équipes.
  - Suivi de projet.
  - Analyse de retombées.

- **Qualités requises :**

  - **Créativité et originalité** : Le chargé de projet événementiel doit faire preuve de créativité et d'originalité dans ses propositions, pour retenir l'attention de son client et pour marquer les esprits lors de l'événement.
  - **Réactivité** : Avoir du sang-froid pour gérer les nombreux imprévus de dernière minute est nécessaire. Être débrouillard est aussi bien utile car, parfois, il dispose d'un petit budget pour réaliser son projet. Ce métier nécessite une bonne résistance au stress.
  - **Qualités relationnelles et rédactionnelles** : Savoir échanger, composer et faire travailler ensemble des personnes de milieux professionnels très différents. Un bon relationnel est indispensable. De solides qualités rédactionnelles sont aussi primordiales car il est responsable de la communication autour de l'événement.
  - **Rigueur et sens du détail** : Le rendu de l'événement doit être impeccable et adapté à la vision du client. L'image de l'entreprise en dépend. Il faut donc être rigoureux, prévoyant, penser au moindre détail. De même, il doit avoir le sens des priorités et savoir bien optimiser son temps et ses actions.

5) Responsable commercial

Le métier s'exerce dans les entreprises de taille importante. Dans les entreprises moyennes ou petites, la fonction est le plus souvent prise en charge par le chef d'entreprise ou par la personne qui assure l'ensemble des activités commerciales de l'entreprise. Généralement, l'activité suppose de faire partie du comité de direction et de travailler en relation constante avec les directeurs financiers, technique (ou de production) et des ressources humaines. L'emploi/métier implique un rôle de représentation de l'entreprise à l'extérieur, et des déplacements de fréquence variable en France et à l'étranger.

Il est le garant du chiffre d'affaires et de la marge commerciale sur le périmètre qui lui est alloué. Il peut participer à la définition de la stratégie commerciale et a la responsabilité de la conduire. Il fixe les objectifs et les axes prioritaires des actions commerciales

Il est responsable d'un portefeuille client.

➞ **Activités principales :**

- Élabore et propose à la direction générale la politique commerciale de l'entreprise.
- Détermine les orientations stratégiques, les objectifs à atteindre et les moyens à mettre en place, après analyse et évaluation des différentes composantes du marché.
- Anime, coordonne et contrôle, avec ses collaborateurs, les activités de conception et de mise en œuvre nécessaires au développement sur le marché des biens ou des services proposés par l'entreprise.

➞ **Qualités requises :**

- Écoute.
- Persévérance.
- Communication.
- Animation d'équipe.
- Esprit d'initiative.
- Sens de la négociation.

6) Entrepreneur / créateur d'entreprise

D'évidence, l'entrepreneur se définit par le projet qu'il porte et qu'il a à cœur de mener à bien. Autrement formulé, il n'y a pas d'entrepreneur sans un projet défini qui « l'habite » entièrement

Il existe aussi une certaine forme moins connue d'entreprenariat en entreprise parfois nommée « intraprenariat ». En effet, il est tout à fait possible de créer puis développer un projet, une nouvelle activité dans le cadre de son entreprise et de le faire de manière assez autonome si ce projet ne correspond pas à l'activité habituelle de cette entreprise.

➞ **Activités principales :**

- Conçoit une idée d'activité.
- Définit une stratégie de lancement puis de croissance.
- Détermine la rentabilité envisageable : clients et potentiel de revenu, investissements nécessaires pour le démarrage, moyens à mettre à disposition chaque année d'exploitation.

- Trouve le financement nécessaire (banque, fonds d'investissement, business angels, réseau amical et familial).
- Constitue l'équipe qui va lui permettre la mise au point de son idée et supervise cette mise au point et le lancement (un intervenant pour la partie technique, un autre pour la partie commerciale/communication et un intervenant pour valider la partie financière, un juriste pour constituer les statuts de l'entreprise, rédiger les contrats nécessaires).
- Supervise ensuite le quotidien sous tous ses aspects (services généraux, administratif, commercial, communication) Pour certains points un peu techniques, il pourra trouver un renfort au sein de ses proches sous forme de prestations « amicales » (un comptable, un avocat par exemple).
- Établit et présente le reporting de son activité à ses partenaires financiers.
- Accompagne la croissance en mettant en place la structure adéquate à chaque phase de développement.

➞ **Qualités requises :**

- Autonomie car il est souvent seul au démarrage.
- Polyvalence car il devra souvent savoir tout faire.
- Sens des responsabilités car son idée et son action engendrent des risques qui peuvent être significatifs, d'un point de vue financier d'abord, mais aussi pour les équipes qui vont l'accompagner.
- Sens du client très aiguisé pour faire réussir son idée, l'adapter si nécessaire.
- Organisation.
- Forte réactivité et sens de l'urgence.
- Forte capacité de travail.
- Résistance au stress, car lancer une activité est loin d'être un long fleuve tranquille.
- Persévérance.

7) Business développeur

Au sein de sa structure, il a pour mission de trouver de nouvelles opportunités de croissance. C'est une fonction assez large, à la croisée du « stratège » et du « commercial », que l'on retrouve dans les petites structures du web, comme dans des entreprises plus traditionnelles. Il doit ne pas avoir peur d'innover, de « défricher » des territoires inconnus et donc de prendre certains risques.

Il est un bon exemple de ce que nous citions plus haut : un « intrapreneur » dans sa structure.

→ **Activités principales :**

- Analyser le marché pour en identifier des opportunités nouvelles.
- Étudier, avec l'ensemble des départements de son entreprise, la faisabilité de son projet et les impacts en interne (dont les investissements nécessaires, les besoins de réorganisation, etc.).
- Assurer toutes les présentations pour convaincre les parties prenantes, tant en interne (la direction de l'entreprise) qu'à l'extérieur de l'entreprise (partenaires possibles par exemple).
- Organiser la communication et le développement commercial du projet.
- Garantir l'atteinte des objectifs, mettre en place le reporting et les actions correctives si nécessaires.

→ **Qualités requises :**

- Qualités d'analyse.
- Capacités d'anticipation et de créativité.
- Force de conviction et de négociation.
- Ténacité.
- Excellentes qualités relationnelles (contact facile, communication claire).

8) Chargé d'affaires en fusion-acquisition

→ **Activités principales :**

- Recherche de cibles par études de bases de données, grâce à internet et contacts directs.
- Mise en relation des cibles potentielles et du client à la recherche d'un investissement.
- Récupération et analyse des premières informations comptables et juridiques
- Rédaction de la lettre d'intérêt puis de la LOI.
- Élaboration du Business Plan sur 5 ans.
- Rédaction du mémo de présentation pour les financiers (banques et fonds).
- Recherche des financiers.
- Organisation et participation des rendez-vous avec le client, réponses aux questions des financiers.
- Suivi des étapes préparatoires au closing du point de vue financier et juridique.

→ **Qualités requises :**

- Rigueur.
- Patience.

- Sens relationnel.
- Sens de l'entreprise.
- Organisation.

9) Contrôleur de gestion

Selon la taille de son entreprise, il peut intervenir à plusieurs niveaux :

- Sur le suivi d'une activité en particulier ou d'un pôle (par exemple les achats) au sein d'une entreprise.
- Au niveau de l'entreprise elle-même.
- Lors de l'étude d'un nouveau projet pour en valider les performances économiques.

→ **Activités principales :**

- Élaboration des budgets prévisionnels (objectifs et moyens).Définition des indicateurs pour suivre la performance et constitution des tableaux de bord.
- Récupération régulière (souvent mensuelle) des informations.
- Reporting à la direction avec analyse des données reçues.
- Discussion avec les parties prenantes des actions correctrices parfois nécessaires.
- Participation aux actions d'amélioration des performances de l'entreprise.
- Élaboration du business plan dans le cadre d'un nouveau projet.
- Supervision des arrêtés comptables.

→ **Qualités requises :**

- Analyse et rigueur.
- Qualités relationnelles.
- Capacité d'anticipation.
- Curiosité et esprit critique.

Chapitre 7
Derniers conseils

À ce stade, vous avez maintenant toutes les cartes en main pour réussir l'ensemble de vos entretiens de motivation. Je consacre donc ce dernier chapitre à des conseils divers, provenant d'étudiants ou de membres de jury, et sur l'épreuve de langues. Je vous donne également quelques tuyaux sur votre tour de France, dont la préparation méticuleuse est un prérequis essentiel à la réussite de vos entretiens.

1. Laissons la parole à...

Cette première partie donne la parole à deux catégories de personnes. D'abord des anciens étudiants que j'ai eu la chance de préparer à l'entretien. Tous présentaient un profil susceptible d'intéresser une majorité d'entre vous. Tous ont également réussi à dépasser leurs difficultés ou les pièges inhérents à leur parcours pour réussir l'ensemble de leurs entretiens.

Ensuite, je porte à votre connaissance des échanges avec plusieurs membres de jurys de concours, qui forment également chaque année des étudiants à l'entretien. Avec leur expérience personnelle ainsi leur sensibilité propre, ils vous expliquent leur manière d'appréhender un entretien et de juger un candidat. Vous pourrez ainsi entrer l'esprit d'un membre de jury !

A) Des étudiants

Martin : justifier un projet professionnel original

Martin avait, avant d'entrer en école de commerce un projet professionnel peu prisé des candidats : être journaliste. Ce métier ne fait pas partie de ceux auxquels les écoles de commerce préparent directement. Cependant, Martin est entré à l'emlyon en évoquant ce projet dans son entretien. Tout son art a été de montrer en quoi l'école de commerce allait être une étape essentielle de son parcours pour son projet.

Raconte-nous d'abord comment tu as décidé de passer les concours des écoles de commerce ?

On doit beaucoup aux atavismes. Mes parents sont tous deux diplômés de l'ESC Lille et je crois que les écoles de commerce ont toujours été une sorte de référence pour eux.

Au lycée, j'avais plutôt un profil de bon élève, sans être pour autant excellent (j'ai eu mention Bien au bac). Je n'étais alors que peu investi dans mes études. Comme beaucoup, il m'était difficile de faire des choix et de m'y tenir. J'avais de nombreux projets d'adolescent, assez éloignés du monde académique, notamment dans la musique. J'ai suivi conseils de mes parents et de mes professeurs de lycée, et j'ai choisi de préparer une licence d'économie à la Catho de Lille, sans tellement y croire vraiment à l'époque. Après un redoublement en première année et une L2 poussive, je suis parti en échange Erasmus en Allemagne en troisième année. À l'étranger, j'ai pris conscience que je devais avancer dans mon parcours d'études et j'ai préparé plusieurs concours, dont ceux des écoles de commerce et une école de journalisme.

Que voulais-tu faire à l'époque ?

J'étais (et je suis toujours) un peu « drogué » à l'actu. Je voulais par-dessus tout travailler dans les métiers de l'information, dans le monde des médias. Pour diverses raisons, je ne pensais pas vraiment pouvoir en faire un métier. On m'avait toujours parlé du journalisme comme un monde tout à fait précaire, prétentieux, déconnecté de la réalité, énuméré tous les préjugés sur la profession. Bien considérées par mon entourage, les écoles de commerce offraient par ailleurs une formation plutôt généraliste, permettant d'entreprendre une carrière dans tous types d'activités. J'ai donc fait ce pari finalement assez peu risqué de postuler à ces écoles. Je gardais toutefois en tête l'idée de devenir journaliste après mon passage en école de commerce.

Donc si je comprends bien, tu as voulu intégrer une école de commerce... pour être journaliste ?!

En quelque sorte. C'est en tout cas le projet professionnel que j'ai défendu à l'oral de l'emlyon, école dont je suis aujourd'hui diplômé. À l'entretien de motivation, je dois avouer j'ai été quelque peu gagné par le stress, car cette école était la mieux classée parmi celles que je présentais. Aussi, j'ai dit la vérité, toute la vérité, et... rien que la vérité. Inutile de le cacher, mon rêve était de devenir journaliste. Le journalisme, c'est ma passion, ça l'a – je le crois – toujours été. À 21 ans, en pleine introspection et grâce à plusieurs rencontres déterminantes pendant la préparation de mes concours à PGE-PGO, j'ai réalisé que je pouvais faire de cette passion un métier. J'ai compris que les écoles de commerces accueilleraient volontiers un profil atypique comme le mien. Mon projet pouvait sembler inhabituel aux yeux du jury d'admission d'une grande école de commerce comme celui de l'em, qui forme habituellement des entrepreneurs et des cadres du secteur privé, de la finance au marketing, en passant par le conseil. J'ai pourtant défendu une carrière dans le secteur des médias, et – déjà à l'époque – assez précisément le métier de journaliste. Ce projet atypique, lié à la conviction qui était alors la mienne de rendre indispensable un passage à l'emlyon, m'a permis de convaincre le jury de l'école et d'y être admis à la rentrée de septembre 2013.

Comment s'est déroulé ton entretien ? T'ont-ils embêté là-dessus ?

Mon entretien s'est plutôt bien déroulé, même si je n'ai pas eu ma meilleure note à Lyon. La concurrence est élevée dans cette école. Le jury m'a laissé beaucoup parler, ce qui m'a permis de le mener vers un domaine dans lequel j'étais à l'aise. L'élément-clé de l'actualité de cette semaine était la révélation du scandale de la NSA par Edward Snowden. Le sujet me passionnait et j'ai pu montrer au jury que le suivi de l'actualité était essentiel à mon projet professionnel. Je crois que ce qui les a convaincus, n'a pas été mes explications sur le projet mais plutôt le débat que nous avions eu sur le scandale Snowden. Je me souviens que nos points de vue étaient très différents, que les échanges étaient parfois houleux, mais si l'on assume ses propos et qu'ils ont du sens, ça fonctionne.

Parle-nous de ton parcours maintenant... Comment mènes-tu ta carrière de journaliste ?

Je n'ai pas encore ma carte de presse. À vrai dire, je suis encore étudiant. Après l'emlyon, j'ai choisi de continuer mes études et de faire un master en journalisme. Je suis alors retourné sur les bancs de PGE-PGO pour préparer le concours de Sciences Po Paris. J'ai eu la chance d'être admis dans toutes les écoles de journalisme reconnues par la profession et j'ai finalement choisi d'intégrer l'École de journalisme de Sciences Po. Le double-diplôme avec l'Université Columbia à New York proposé par cette école a en grande partie motivé ce choix. Un an plus tard, je suis aujourd'hui étudiant dans cette université américaine et mesure chaque jour la chance qui est la mienne d'apprendre auprès des plus grands journalistes du monde. Je souhaite m'orienter vers le grand reportage international, plus précisément dans la vidéo moyen et long format. En ce qui concerne les stages, je viens de passer un été complet comme journaliste politique. Après un mois comme journaliste reporter d'images pour l'émission C Politique (France 5), j'ai couvert l'Assemblée nationale et son récent renouvellement au sein du service politique de la radio France Info.

Quel a été le rôle de l'école de commerce dans ta formation de journaliste ?

Si j'avoue avoir rejoint une école de commerce un peu « par hasard », je reconnais aujourd'hui volontiers que mon passage à l'emlyon a été déterminant dans la construction de mon parcours. Les opportunités proposées par les écoles de commerce sont assez exceptionnelles. J'ai pu réaliser 12 mois de stages au sein de plusieurs rédactions (9 mois chez iTélé, 3 mois à Bangkok pour LePetitJournal.com). J'ai pu aussi passer près d'un an en Asie, notamment sur le campus de Shanghai en

2015. Un an à la rencontre de nouvelles cultures mais aussi à essayer de comprendre comment ces sociétés tracent leur route dans l'histoire de la mondialisation. Je me rappelle que j'appelais mes parents toutes les semaines pour leur raconter mon expérience, un peu à la manière d'un journaliste radio. Ainsi, je dirais que cette année asiatique m'a conforté dans l'idée de devenir grand reporter.

Par ailleurs, peu de candidats aux concours des écoles de journalisme avaient autant d'expériences à la fois professionnelles et à l'étranger. C'est grâce à ces expériences que j'ai pu faire la différence aux concours. Je crois que sans l'em, je n'aurais jamais été admis à Sciences Po. L'école de commerce est aussi une formation au monde de l'entreprise, elle ouvre un réseau. Cette formation m'est utile pour comprendre les sujets économiques et liés à la vie des entreprises, mais aussi dans la manière avec laquelle j'appréhende ma carrière de journaliste et ses évolutions.

Finalement, que conseillerais-tu à des étudiants ayant un projet professionnel atypique pour un entretien d'entrée dans une école de commerce ?

Je crois qu'il faut assumer sa différence. Le jury voit défiler des centaines de candidats aux discours stéréotypés, souvent parce qu'ils n'osent pas révéler leur vraie passion, et donc leurs vrais traits de caractères. Les écoles de commerce forment des cadres, des « managers ». Elles préparent des professionnels capables de prendre des décisions, de mener des équipes et de travailler sur les projets d'envergure. Ces qualités vous permettront de donner une dimension considérable à votre carrière. Peu importe votre projet professionnel, l'école vous aidera. Les connaissances en marketing, en finance ou en entrepreneuriat vous seront toujours utiles pour évoluer dans le marché du travail actuel, peu importe la teneur de votre projet. Ainsi, si vous avez un profil atypique, creusez-le, cultivez-le, apportez-y de la densité et du caractère. Les compétences que vous apprendrez en école de commerce renforceront votre profil. C'est en assumant vos choix, en devenant passionné, que vous serez passionnant et réussirez vos entretiens.

■■■

Tiphanie : dépasser une timidité

Lorsque j'ai préparé Tiphanie à l'entretien de motivation, cette étudiante en classes préparatoires ne parvenait pas à dépasser sa timidité en entretien. Cette bonne étudiante avait en fait peur de mal faire. En comprenant l'esprit d'un entretien, elle a dépassé cette difficulté pour réussir l'ensemble de ses oraux. Finalement, elle est la preuve que le meilleur moyen d'améliorer la forme est d'abord de travailler le fond !

Présente-toi au lecteur en quelques mots.

Je m'appelle Tiphanie, j'ai 21 ans. J'ai passé mon bac à Paris (lycée Charlemagne), mais j'ai effectué toute ma scolarité en Bretagne (Lycée Dupuy de Lôme à Lorient). J'ai intégré l'ESCP après avoir fait deux ans de prépa ECE à IPESUP à Paris. Je suis actuellement en Master 1 à l'ESCP sur le campus de Paris et membre de la Junior Entreprise de l'ESCP.

Quel était ton principal souci lorsque tu préparais tes entretiens ?

Mon principal problème était mon manque de confiance en moi. Comme je ne me connaissais pas suffisamment et que je ne savais pas bien mettre en valeur ce que j'avais fait, ce que j'appellerai « mes expériences » (je croyais ne pas en avoir suffisamment d'ailleurs), j'avais l'impression de faire moins bien que les autres. Cela générait du stress et se traduisait aussi par un problème de forme. Par exemple, je parlais trop vite, je ne regardais pas le jury dans les yeux...

Comment as-tu comblé cela ? Sur quoi as-tu travaillé ?

C'est idiot à dire, mais j'ai d'abord appris à me connaître, tant concernant ce que j'avais fait auparavant – mes « expériences » – qu'au niveau de ma personnalité – mes qualités. J'ai réfléchi à chacune de mes expériences en profondeur. Je me disais qu'il fallait que je raconte chaque expérience en mettant en évidence une (ou plusieurs) qualité(s). J'ai donc arrêté de me dire que je n'avais pas d'expériences à raconter, mais que je devais tirer le maximum de ce que j'avais et cela m'a donné plus d'assurance.

Concrètement qu'as-tu fait ?

J'avais donc deux méthodes :

- soit partir d'une expérience (un voyage, un sport, une difficulté rencontrée, une passion – tout peut se vendre !) ;
- soit partir d'une qualité : une qualité que vous avez réellement, ou une qualité que vous devrez avoir par la suite... Car, oui, il y a des qualités qu'il est important de valoriser pour intégrer une école de commerce (travail d'équipe notamment) – et que je pensais personnellement ne pas avoir.

Bref, soit vous partez de l'expérience et vous la raconter de manière précise. Essayez de chiffrer au maximum, car à la fin de la journée le jury doit se souvenir de vous : il ne va pas se souvenir que vous avez fait le marathon de Paris, mais il va se souvenir que vous avez fait les 7 kms de Dijon en 1h48 et qu'il faisait 3° et que vous êtes fier(e), car vous avez fini 3e ex aequo.

Sinon, quand vous pensez avoir une qualité, mais que vous ne savez pas comment la mettre en évidence au travers d'une expérience... réfléchissez encore. N'hésitez pas à vous valoriser au maximum. Il ne s'agit pas d'en rajouter des tonnes mais mettez-vous vraiment en valeur. Par exemple, vous savez que vous êtes quelqu'un de très déterminé, mais vous n'avez pas d'expérience hormis la prépa. Alors, reprenez l'exemple de la course : vous êtes très déterminé, par exemple, vous vous étiez fixé comme objectif de faire la course de Dijon en 1h52, alors vous vous êtes levée tous les week-ends 1h plus tôt qu'à votre habitude, vous vouliez absolument réussir cet objectif, 7km en 1h52, c'était l'hiver, blablabla...

Concernant les qualités qui sont utiles en école, mais que vous pensez ne pas avoir totalement... C'est un peu plus difficile, car il va falloir vous convaincre, que vous possédez cette qualité, peut-être à un degré moindre ou bien en avez fait preuve un jour. Prenons le travail de groupe. Vous êtes persuadé de ne pas être fait pour travailler en groupe : vous préférez courir seul, les sports d'équipe ne vous ont jamais plus, votre TPE en seconde s'était mal passé. Bref, c'est sûr, ce n'est pas fait pour vous. Et bien si. La course par exemple : il y a bien une fois ou vous êtes allés courir avec quelqu'un, quelqu'un qui était moins bon que vous, mais que vous avez encouragé, que vous avez soutenu, et qui a fini la course avec vous, quelqu'un qui s'est surpassé grâce à votre soutien. Cette personne c'est aussi celle que vous avez motivée pour vous accompagner lors du marathon de 7km à Dijon. Finalement vous préférez dans certains cas faire les choses en groupe.

Finalement mes deux conseils : connaissez toutes tes expériences en détail et valorisez-vous sans mentir ni en faire des tonnes.

C'est ce travail de fond qui m'a permis de gagner confiance en moi et finalement d'améliorer la forme (mon aisance à l'oral).

Raconte-nous comment se sont déroulés tes entretiens ? As-tu pu maîtriser tes défauts constatés ?

Tous se sont incroyablement bien déroulés. Je me souviens être sortie de mon premier entretien (EDHEC) avec un immense sourire et d'avoir dit : « c'est bon, l'entretien c'est ma matière préférée ! ». Et pourtant, c'était encore au moment où l'EDHEC proposait un entretien très long de 45 minutes.

Pour tous mes entretiens, une chose m'a particulièrement marquée. J'étais confiante, car j'avais plein de choses à dire au jury et j'avais l'impression de maîtriser/d'orienter l'entretien et les questions du jury. C'est ce que je n'arrivais pas à faire avant. Je répondais de manière à ce qu'ils rebondissent sur un autre sujet (que j'avais déjà souvent préparé et anticipé aussi). Bref j'étais préparée, sincère, enjouée, et je pense que c'est cela qu'ils ont apprécié. J'ai passé mes entretiens à l'EDHEC (16), à l'Emlyon BS (15) et à l'ESCP (15).

Quels conseils et messages aimerais-tu donner aux lecteurs qui sont peut-être dans le même cas que toi en préparant leur entretien ?

Outre mes conseils « méthodologiques » précédents. Mon conseil principal est le suivant : entraînez-vous ! Avec des professionnels, avec votre famille, des amis de vos parents, des gens différents, qui sauront percevoir des défauts différents. Préférez bien entendu les adultes dans vos entraînements. Acceptez les remarques et les critiques, prenez sur vous et dites-vous que tout vous fera progresser. Parallèlement, entraînez-vous seul – à quelques jours des oraux dans ma chambre je parlais de mes expériences à mon ordinateur...

Dernier conseil : projetez-vous au maximum. Les examinateurs veulent certes voir un potentiel futur élève correspondant à l'esprit de l'école, mais ils veulent surtout voir si en entretien d'embauche (pas longtemps après l'intégration), votre recruteur sera convaincu que vous êtes la personne à recruter. Toutes ces qualités que vous vous êtes trouvées, vous les remettrez en évidence dans vos futurs entretiens.

Pour récapituler :

- Réfléchissez à vos qualités.
- Réfléchissez à la manière dont vous pouvez améliorer vos défauts.
- Trouvez une expérience passée en soulignant en permanence (subtilement). cette qualité et en étant précis.
- Entraînez-vous à l'oral jusqu'à ce que vous soyez naturel (sans vous enfermer dans un seul discours).
- Entraînez-vous à nouveau !

■■■

Nora : justifier une réorientation

Nora fait partie de ces candidats en admissions parallèles qui ont un parcours d'études initiales éloigné des métiers du commerce. Tout le travail a donc été de savoir justifier ce choix de réorientation en école de commerce, et de faire de ses études passées une force.

Raconte-nous ton parcours avant d'intégrer une ESC.

Bachelière en Sciences économiques et sociales avec mention TB, je me suis initialement orientée vers une licence en éco-gestion. Acceptée sur dossier à l'université d'Assas Paris 2, j'ai également souhaité compléter ma licence par un Diplôme Universitaire d'ingénierie en Analyse économique. Sans me poser trop de questions sur mon avenir j'avais décidé de me diriger vers du M&A.

Cependant, dès la 1re année, je me suis lassée du système universitaire, des cours magistraux avec des amphis de 600 élèves ou plus, des matières redondantes, de l'ambiance que je jugeais compétitrice. Aussi, le fait de passer d'un lycée avec un accompagnement très fort à l'université où globalement on se retrouve seul avec son avenir entre les mains et très peu d'accompagnement, m'a vite découragé. J'ai accumulé le retard dans chaque matière et finalement, je n'ai pas validé mon année.

Je me suis finalement inscrite à Diderot-Paris 7 en LLCE (langues, littératures et civilisations étrangères) de Coréen. Très vite, j'ai malheureusement compris que les seuls débouchés qui s'offraient à moi tenaient à la traduction, le tourisme et l'enseignement (encore très incertain à l'époque pour cette langue). Pour ma 2e année, j'ai donc postulé à l'INALCO (Institut national des langues et civilisations orientales) Paris pour compléter mon parcours : LLCE Coréen-HEI (Hautes études internationales, i.e. Sciences Politiques et relations internationales).

Original ! Qu'est ce qui donc t'a donné envie d'intégrer une école de commerce ?

Bien que m'attirant beaucoup, les « bons » débouchés en Relations Internationales n'étaient globalement accessibles que via un master de l'école Sciences Po Paris. Résultat, par choix du « moins pire », je me suis réorientée vers les écoles de commerce et la finance pour mon master (le choix du bac S quand on est n'est pas mauvais à l'école mais qu'on ne sait pas trop quoi faire).

J'ai présenté les écoles de Tremplin 2 (équivalent d'Ecricome pour les admissions parallèles), Audencia et Skema et ai été admissible aux écoles de Tremplin 2 et à Skema. Acceptée à toutes les écoles j'avais choisi Skema. Malheureusement, n'ayant pas validé ma dernière année de licence, je suis retournée à l'Inalco (2014-2015).

J'ai repréparé les concours finalement l'année suivante. Avec de meilleurs résultats à l'écrit, j'ai été admissible aux oraux de toutes les écoles. Finalement j'ai intégré Audencia Business School à l'été 2015.

Comment t'étais-tu préparé à justifier cette réorientation cette fois-ci ?

Pour cette deuxième année de concours, j'avais abordé le sujet différemment. Bien exprimé, mon parcours pouvait devenir un atout. Dans un premier temps, j'ai réécrit tous les mots qui me venaient à l'esprit au sujet de mon parcours antérieur. Cette étape m'a pris plusieurs jours, chaque idée devait être retranscrite en un mot. Puis je les ai ordonnés « du plus négatif au plus positif ». Enfin, j'ai découpé la liste en 5 sous parties : très négatif (ex-échec), plutôt négatif (ex-*retard*), neutre (ex : *orientation*), plutôt positif (ex-*expériences*) et très positif (ex-*maturité*). Ayant posé des mots sur mon parcours, j'ai rédigé plusieurs versions de ma présentation jusqu'à en être totalement satisfaite.

As-tu eu à le justifier en entretien ?

Tout à fait. Finalement, en entretien, le stress et la spontanéité ont pris le dessus mais j'avais en réalité intégré mon discours et même si je ne le suivais pas spécialement, il restait fondamentalement le même. J'avais fait de mon parcours un avantage, mettant en valeur les points positifs et anticipant les remarques négatives. Par exemple, j'expliquais mon emploi saisonnier en Recherche Clinique à l'APHP, expérience très instructive et enrichissante à laquelle je n'aurais pas eu accès en suivant un parcours classique. Ou encore en expliquant que j'avais certes eu besoin de plus de temps pour définir mon projet professionnel, mais que j'en étais désormais sûre car il avait mûri avec moi. Aussi, ayant beaucoup de choses à dire dessus, j'ai pu éviter le plus souvent toutes les questions techniques auxquelles on se prépare pour les entretiens, par exemple les questions d'actualité. À Kedge Bordeaux, j'ai exprimé mon envie de tout connaître et ma difficulté à m'orienter. J'ai expliqué que j'avais conscience qu'une carrière ne suivrait pas 40 ans le même chemin et que donc je cherchais simplement à m'épanouir dans un domaine intéressant et pour lequel j'étais douée. À Skema, je suis tombée sur un jury, anciennement expert-comptable puis reconverti assistant social pour la Croix Rouge, qui connaissait donc les problématiques de réorientation. Pour ces deux oraux, j'ai obtenu la note de 20, car finalement, je me suis retrouvée avec des interlocuteurs qui comprenaient ma position et mon changement de parcours.

Pour mon oral d'Audencia en revanche, cela a été plus chaotique. En effet, l'épreuve consistait d'abord en un mini-exposé (sujet sur tirage au sort) préparé 30 min avant, puis d'une présentation de son parcours. Il fallait donc que j'élimine dans cette dernière tout doute sur mes motivations avant même qu'il n'apparaisse dans l'esprit de mon jury l'exposé. Le but de cet exposé était de montrer ses aptitudes analytiques, de synthèse et de proposition. Malheureusement pour moi, d'entrée de jeu mon jury a cherché à me déstabiliser. Ne concluant même pas sur mon exposé, la première question a été de présenter mon parcours. Prise au dépourvu et vexée, j'ai été honnête et ai répondu au défi du jury. Finalement je ne souhaitais plus attendre leurs interrogations, mais je les anticipais afin de leur montrer directement que j'assumais mon parcours et que j'étais fière de ce qu'il m'avait apporté. Je dois dire que cet entretien a été une vraie confrontation de 40 min. Celui qui semblait être le leader de mon jury de 4 s'était mis en tête de me contredire sur tous les points et la question de l'âge et du parcours pré-master s'est enfin posée. Me reprochant d'être instable, irrégulière et un peu âgée pour un master de 3 ans (+césure), il semblait persuadé que je ne correspondrai pas à l'école. J'ai donc mis en avant ma maturité, le fait d'avoir pris mon temps mais d'être sûre de mon orientation, le temps que j'avais eu pour mes expériences extra-scolaires aussi (emploi saisonnier en recherche clinique, nombreux voyages, etc.) et j'ai également assumé que mon parcours avait forgé ma culture générale et me permettait d'avoir un réel apport vis-à-vis d'étudiants au parcours dit classique d'écoles de commerce. Finalement j'ai eu 17 à mon oral et ai remonté une soixantaine de places au classement !

Quels conseils et messages aimerais-tu donner aux lecteurs qui sont peut-être dans le même cas que toi ?

Le seul conseil qui pour moi ressort de cette expérience est qu'il faut accepter son parcours car il fait notre force et est un réel atout. Il est, à 90 %, à l'origine de notre présence face au jury et, soit il nous a portés directement à ces écoles, soit il nous a servis d'expérience et de prise de conscience. Dans tous les cas, un parcours, quel qu'il soit, est une partie intégrante d'un candidat et représente ses premiers pas dans la vie active. Bien que ces années aient été très difficiles pour moi car je vivais mon premier « échec scolaire », je suis aujourd'hui rassurée et même fière de mon parcours. Enfin, l'honnêteté en entretien est très importante car elle permet de rester en position supérieure ou en tout cas sécurisée face au jury et ses techniques parfois très déstabilisantes.

■■■

Bérénice : justifier une réorientation

Bérénice, à l'instar de Nora, avait débuté après le baccalauréat des études loin du commerce. Après un DUT scientifique, elle a fait le pari de rejoindre une école de commerce. Ses raisons étaient les bonnes, le jury l'a accepté sans difficulté.

Peux-tu présenter au lecteur ton parcours initial ?

À l'issue d'un Bac S, je souhaitais m'orienter dans les nouvelles technologies. J'ai alors hésité entre une prépa scientifique ou un DUT Génie Mécanique et Productique (GMP). J'ai choisi le DUT GMP car je voulais une approche plus concrète et pratique de ce milieu. En effet, ce DUT est très orienté science de l'ingénieur et il m'a permis de réaliser un stage en tant que technicienne d'atelier chez IZI'TEACH une entreprise sous-traitante de FANUC, BCG dans le secteur de la robotique et de la mécanique.

Qu'est-ce qui t'a donc amené vers une école de commerce ?

Lors de ce DUT j'ai pu effectuer de nombreux projets de groupe au cours desquels je me suis rendue compte que j'étais davantage portée sur la communication et la vente d'un produit que par son aspect technique. C'est lors de mon stage que j'ai eu le déclic pour le marketing. En effet j'étais intéressée par la communication de l'entreprise c'est alors que j'ai décidé de m'orienter vers du marketing de nouvelles technologies. Pour cela, il fallait que j'acquière des compétences en marketing et en commercialisation. Je me suis donc portée sur une formation en ESC très professionnalisante. Rejoindre une école de commerce me permettait d'avoir les compétences nécessaires pour mon projet professionnel ainsi que d'avoir accès à un réseau d'entreprises partenaires pour les stages. J'ai aussi été séduite par l'aspect polyvalent des écoles de commerce et que si mon projet professionnel évoluait une école de commerce offrait une diversité de débouchés suffisamment variée pour que je puisse m'y développer.

Comment t'étais-tu préparée à justifier cette réorientation ?

Je me suis beaucoup renseignée sur les programmes que proposaient les écoles de commerce. J'ai fait de mon DUT mon point fort, c'est-à-dire que j'ai montré que mes compétences techniques pouvaient être un avantage dans le milieu professionnel et que je cherchais à compléter mes compétences en entrant en école de commerce. En effet pour travailler dans le marketing de nouvelles technologies il faut des compétences en marketing mais des compétences techniques seraient un avantage par exemple pour communiquer plus facilement avec les ingénieurs et davantage comprendre les intérêts de certaines innovations techniques.

Que voulait savoir le jury ?

J'ai dû justifier ce changement de parcours à tous les entretiens et c'en était même le sujet principal. D'abord le jury voulait savoir quelles étaient mes motivations à rejoindre une école de commerce. Il voulait être certain que j'étais bien renseignée sur les formations et débouchés que proposait une école de commerce. Il cherchait à comprendre mes motivations pour vérifier qu'une école de commerce était bien la poursuite d'études adaptée à mon projet professionnel. C'était le sujet le plus abordé dans tous les entretiens et sur quasiment la totalité de la durée de l'entretien.

Finalement, as-tu réussi à les convaincre ?

Au début, le jury était perplexe car je n'exprimais pas avec les bons mots mon projet professionnel. Je parlais de management de projet dans les nouvelles technologies alors qu'il s'agissait de communication et de commercialisation de nouvelles technologies. Le jury se demandait alors pourquoi je n'entrais pas en école d'ingénieur, cursus qui leur apparaissait davantage logique pour faire du management technologique. Je leur disais que je souhaitais gérer des projets alors que je pensais à gérer la partie marketing d'un projet. Cela rendait mon discours un peu confus mais par la suite en employant les bons mots j'ai réussi à les convaincre qu'une école de commerce était une poursuite d'études cohérente pour mon projet professionnel, en effet, j'ai pu intégrer Neoma BS.

Quels conseils et messages aimerais-tu donner aux lecteurs qui sont peut-être dans le même cas que toi ?

Il faut bien se renseigner sur les formations proposées en école de commerce, savoir définir les termes que l'on emploie, et montrer clairement que cette décision d'orientation est justifiée. Il faut expliciter ses raisons et motivations à intégrer une école. Il faut montrer que l'on a appris de son premier diplôme et mûri et que l'école de commerce est davantage une poursuite d'études qu'une réorientation nécessaire à notre projet professionnel. Enfin mon conseil serait vraiment de ne pas se laisser décourager parce que l'on a un parcours atypique car avec du travail, entrer en école de commerce est parfaitement possible !

■■■

Jean-Corentin : valoriser un parcours académique chaotique

Jean-Corentin fait partie des nombreux étudiants qui n'ont pas tout de suite trouvé leur voie après le baccalauréat. Malgré tout, il a su compenser ses hésitations et ses redoublements par d'autres expériences. Tout l'art ensuite était pour lui de rassurer le jury sur son choix d'une école de commerce !

Raconte-nous ton parcours avant d'intégrer une ESC.

En sortant du BAC je me suis orienté vers des études de Droit. Très vite je me suis investi énormément dans les associations étudiantes jusqu'à intégrer le bureau d'une fédération nationale. Se faisant j'ai quelque peu délaissé mes études et ai donc mis 5 ans pour valider mes 2 premières années avant de me tourner vers les ESC.

Chaotique ! Comment l'idée de passer les concours des écoles de commerce a-t-elle émergé ?

M'étant bien rendu compte que le Droit et les méthodes d'enseignement des facultés ne me correspondaient pas j'ai voulu intégrer une école de commerce pour me tourner vers des métiers qui me permettraient de mettre en application les compétences que j'avais acquises dans ma vie associative. De plus les méthodes de travail et d'apprentissage qui y sont appliquées correspondent plus à mon caractère puisqu'elles mettent généralement l'accent sur la pratique. Par exemple en finance on nous demandera généralement de préparer un bilan financier sur des cas imposés ou imaginés nous-mêmes, en marketing il nous est souvent demandé d'imaginer un produit ou un service et de préparer un plan marketing, etc. Ce type de réflexion qui mélange à la fois l'aspect pratique, la créativité et l'application de grands concepts est très motivant. Toutes ces formations et ces exercices m'ont permis de développer une créativité organisée qui était essentielle pour le projet professionnel que je m'étais fixé, à savoir développer une société d'événementiel politique. Entre-temps mon projet a évolué et je suis maintenant en double diplôme SKEMA-IEP d'Aix-en-Provence où je suis une formation pour devenir conseiller en affaires publiques.

J'imagine que tu as travaillé sur le point précis de tes échecs à l'université pour préparer tes entretiens ?

Je savais que lors des entretiens de motivation, la question de mes redoublements allait souvent m'être posée. J'ai donc pris grand soin de l'anticiper et d'être prêt à justifier cela. Ainsi dans mon cas, j'ai insisté sur les expériences associatives et les qualités qu'elles m'avaient permis d'acquérir : l'autonomie, l'esprit d'initiative, la capacité à travailler en groupe, etc. Le but est de présenter des qualités qui intéressent les entreprises afin que l'école puisse voir en moi un futur représentant de sa formation dans le monde professionnel. La meilleure méthode en réalité est de présenter ce que nous a apporté notre parcours même s'il a été difficile. Par exemple j'ai souvent mis en avant mon expérience dans le bureau d'une fédération nationale et tout ce que cela m'a permis de développer en termes d'organisation puisque les membres du bureau étaient installés partout en France ou encore la capacité à rédiger des notes présentables à des ministres.

Les jurys t'ont-ils finalement beaucoup interrogé sur ce thème ?

La question m'a effectivement été posée 2 fois en entretien à Neoma (j'avais passé l'entretien à Reims) et à Kedge (à Marseille) mais j'ai généralement pu l'éviter en apprenant à mener l'entretien vers les éléments de mon CV les plus valorisants. La question que me posait le jury était de comprendre pourquoi j'avais mis si longtemps à valider ces 2 années. En répondant de manière positive et en soulignant les compétences et les expériences acquises pendant ces 5 années, je n'ai jamais été mis en difficulté. Pour cela j'ai toujours évité d'utiliser des termes qui semblent négatifs tels que redoublement. J'ai parlé de prendre du temps dans mes études pour m'investir dans les associations et j'en profitais pour rappeler mon parcours associatif ce qui encourageait les jurés à orienter leurs questions sur ces expériences qui étaient éclairement ma zone de confort.

Sur les 2 entretiens où la question m'avait été posée, je n'ai pas eu moins de 18/20. Je pense donc que le jury a parfaitement compris que ces années n'avaient pas été perdues mais qu'elles m'avaient été utiles pour développer des compétences originales.

Quels conseils et messages aimerais-tu donner aux lecteurs qui sont peut-être dans le même cas que toi ?

Quoi qu'il arrive, ne craignez pas le jury. Il est là pour vous connaître et c'est à vous de lui montrer ce que vous valez. Soyez sûrs de vous-mêmes lorsque vous leur adresserez la parole, même s'ils évoquent ce que vous considérez comme un échec. Et dites-vous qu'il n'y a que ceux qui n'ont rien fait qui n'ont jamais échoué.

■■■

Ilyes : rattraper beaucoup de places après les oraux

Ilyes fait partie des étudiants brillants à l'oral, mais dont la qualité est le fruit d'un gros travail en amont. Et il le fallait, car Ilyes faisait partie des derniers admissibles ! Le récit d'Ilyes montre que l'entretien rebat les cartes et que de très bonnes notes permettent quasi-systématiquement de rattraper le retard et intégrer l'école.

Raconte-nous ta situation après les écrits. Tu étais mal parti. Combien de places avais-tu à rattraper ?

Après les écrits du concours Passerelle, je fus très déçu car je pointais alors à la 950e place sur 4 000 candidats pour environ 200 étudiants acceptés à la fin à Grenoble École de Management. Il me fallait alors remonter 750 places pour parvenir à intégrer GEM. À l'emlyon la situation était différente, j'étais ravi d'être admissible et de pouvoir enfin prouver, grâce à mon oral, ce que je valais. À l'issue de l'admission, j'ai su que je faisais partis des trois, quatre derniers admissibles et qu'il me fallait alors remonter 450 places.

Est-ce que tu le savais, et cela a-t-il joué dans ta préparation ?

Concernant GEM je le savais et cela à bien évidemment eu un impact sur ma préparation. Dans mon esprit, l'affaire était pliée et mon sort scellé. D'ailleurs, aucun de mes camarades de promotion ne croyait en une remontée fulgurante. C'est la raison pour laquelle je suis allé aux oraux de langues sans y croire et à l'oral de GEM pas préparé, du moins en ce qui concerne la connaissance de l'école. À l'emlyon, j'abordais les oraux sans connaître mon rang. Ce que je pensais être un désavantage s'est finalement révélé être une opportunité. L'opportunité pour moi de me donner à fond et ce peu importe l'issue. Peut-être me fallait-il préserver mon admission, ou au contraire aller la décrocher.

Comment as-tu abordé mentalement tes oraux ?

J'ai abordé les oraux de langue de GEM un peu à la légère au vu de mon faible niveau en langue et de mon classement. Il me fallait aller cherche des notes supérieures à

13/20... tout simplement impossible pour moi ! Je suis donc allé détendu. À l'oral de motivation la situation était tout autre. En effet, je passais mon oral le 12 juin à 13H30 et recevais les résultats d'admission de l'emlyon le même jour à midi. J'ai décidé de consulter les résultats au risque de me déconcentrer. Voyant que j'étais admis je me suis rendu à l'oral de GEM très serein avec l'envie de boucler la boucle. Pour les oraux de l'emlyon, j'y suis allé plus déterminé que jamais. Je m'étais bien préparé à PGE-PGO et il me fallait maintenant me confronter à la réalité. Il s'agissait de l'école que je visais en priorité. Le droit à l'échec n'existait pas dans une épreuve si coefficientée. Dans le train je relisais mes préparations, mes notes, mes anecdotes, mon projet professionnel. Comment faire comprendre au jury que l'on souhaite intégrer l'emlyon car on se destine à une carrière dans les ressources humaines ? Je savais que je devais tout miser sur l'entretien de motivation car l'oral d'anglais allait me faire perdre plusieurs places. Me concernant, c'était le 20/20 ou rien. Le soir dans ma chambre d'hôtel je cogitais et ai mis plusieurs heures à trouver le sommeil. Finalement je partais à l'oral le plus important de ma vie avec 3 h de sommeil...

Raconte-nous maintenant comment se sont déroulés tes oraux...

L'oral de GEM s'est magnifiquement déroulé. Sans pression, relâché, j'ai pu faire part de mes envies professionnelles tout en conversant sur mon parcours et mes expériences sociales, professionnelles ou sportives. Je n'avais jamais fait d'entretien en trois parties et je redoutais le moment où j'allais devoir interviewer un des membres du jury. Ils étaient trois et j'ai choisi celui qui jouait le rôle du « méchant », histoire de leur montrer que je n'étais pas impressionné. Concernant le sujet de créativité, je me suis lâché. Je me suis alors levé et ai pitché comme face à de futurs investisseurs, tout en jouant sur l'humour et le rattachement de l'objet à mon projet professionnel.

À l'emlyon je fus frustré car je trouvais que le jury ne me poussait pas suffisamment dans mes retranchements. Sans prétention, j'ai trouvé l'entretien facile pour une école d'un tel niveau. Sans doute avais-je été trop bien préparé. En effet, je connaissais la ville de Lyon et l'école comme ma poche, mais également les professeurs, le nom des associations qui m'intéressaient, des citations, les matières enseignées etc. Mais je sentais le jury satisfait quand il me disait : « ah il nous apprend des choses sur l'école », ou encore : « vous défendez tellement bien les ressources humaines qu'on a l'impression que l'emlyon est une école de RH » et pour finir : « dis donc vous avez dû fournir beaucoup de travail pour vous renseigner aussi précisément ». À la fin de l'entretien un des membres du jury est venu me trouver dehors pour converser avec moi. Il me dit qu'il a trouvé l'entretient brillant et qu'il s'est permis de me titiller pour voir ce que j'avais dans le ventre (ce que je n'ai pas ressenti). Concernant l'oral d'anglais... j'ai sauvé les meubles...

Quels ont été les résultats ? As-tu donc pu rattraper ton retard ?

J'ai obtenu les notes de 13/20 à l'oral d'anglais de GEM et 14/20 en espagnol. L'oral de motivation m'a valu la note de 19/20. Ce qui ne fut pas suffisant pour rattraper mon retard, à l'inverse d'un 20/20. J'ai tout de même remonté à la 700e place et étais à une vingtaine de places de réaliser « l'exploit ». Mon oral d'anglais lyonnais s'est concrétisé par un piètre 8/20, contre un 19/20 à l'entretien de motivation. Je passe ainsi de la 860e place (environ) à la 179e.

Quels conseils et messages aimerais-tu donner aux lecteurs qui sont peut-être dans le même cas que toi ?

Que tout est possible. Mais que pour cela il faut bien préparer ses entretiens. Après les écrits, on entre dans une deuxième phase complètement différente dans laquelle il faut faire abstraction des évènements antérieurs. Je dirais enfin à ses lecteurs que tant que le courrier ou mail de non-admission ou d'admission n'est pas reçu, rien n'est joué. C'est pourquoi il vous faudra fournir un ultime effort (sans doute le plus important) à l'oral, quel que soit votre rang, pour parvenir à vos fins et ainsi profiter, d'un repos bien mérité. Je suis la preuve vivante que rien n'est jamais perdu !

■■■

Warren : expliquer un échec en classes préparatoires

Warren est entré après le baccalauréat en classe préparatoire économique. Malheureusement, son passage en 2e année fut refusé et il tenta alors les concours via les admissions parallèles. Ce cas, s'il est de plus en plus fréquent, est toujours évoqué par les jurys en entretien. Les étudiants doivent donc justifier cet échec. Warren, en réfléchissant en amont aux raisons de cet échec, a su montrer au jury que peu importe la voie d'accès aux écoles, sa détermination et ses projets restaient inchangés.

Raconte-nous ton parcours avant d'intégrer une ESC.

J'ai un parcours assez classique au départ. J'ai fait un bac S obtenu avec la mention bien, et je voulais dès le lycée intégrer une grande école de commerce, je me suis donc naturellement tourné vers la prépa ECS. Le début s'est bien déroulé, mais au fur et à mesure de l'année mes difficultés en mathématiques me posaient problème et plombaient mes résultats. J'arrivais à être plutôt bon en général, j'étais dans le top 10 au premier semestre, mais les mathématiques posaient vraiment de trop gros problèmes, et malgré des efforts et des cours particuliers, je me rendais compte que les mathématiques ECS n'étaient pas pour moi. À la fin de cette même année, on m'annonçait que je n'allais pas pouvoir continuer l'aventure prépa. J'étais dépité, déboussolé, et je pensais que la grande école, au final, ce n'était pas pour moi. Puis j'ai entendu parler des concours AST, et j'ai voulu tenter ma chance. Je me suis inscrit en L2 d'économie gestion dans une fac de banlieue, et je préparais mes concours le week-end.

Au final, j'ai pu, grâce à la voie parallèle, intégrer l'EDHEC, qui était la meilleure que je pouvais avoir en AST1.

En fait, entrer par cette voie n'était pas ton idée première ? !

Du coup non, entrer par cette voie n'était pas mon idée première et loin de là : je n'avais jamais entendu parler des admissions parallèles au lycée, et je pense que beaucoup d'étudiants ont été dans le même cas.

Comment t'étais-tu préparé à justifier cette réorientation ?

Pour me préparer à justifier ma réorientation, j'ai juste gardé en tête le même objectif que j'avais en prépa : accéder à une grande école dans laquelle je me sentirai bien. Je me suis tout de même entraîné à répondre à la question après y avoir réfléchi. Et puis, en fin de compte, ayant vécu la réorientation, je me disais que je ne pouvais la justifier qu'en racontant en toute honnêteté les raisons de ma réorientation.

As-tu eu à le justifier en entretien ? Que voulait savoir le jury ?

Lors de mes entretiens dans différentes écoles, j'ai bien sûr expliqué mon parcours différent des autres, et j'ai eu le droit à la fameuse question : « Pourquoi n'avez-vous fait qu'un an de prépa ? Pourquoi les admissions parallèles ? ». À Grenoble EM, à Toulouse BS, ou encore à Kedge BS, on m'a posé cette fameuse question. J'ai été honnête mais en insistant sur les points positifs, c'est-à-dire que je leur ai répondu que sachant que mon objectif premier était d'intégrer une grande école, et qu'au final, l'admission parallèle était ce moyen d'y arriver pour moi. J'ai clairement dû expliquer que certes, j'ai vécu un échec, mais cet échec m'a permis une remise en question de mon parcours, et une affirmation de mes objectifs réels : entrer en grande école de commerce.

Finalement, as-tu réussi à les convaincre ?

Il me semble qu'ils étaient convaincus. Les notes étaient bonnes (notamment à Kedge avec 18,5 et TBS avec 17,5) et le jury satisfait, d'autant plus que quand on partage sa vision des choses et sa manière d'avoir vécu sa réorientation, le jury est tout de suite pris par notre histoire et va instinctivement s'intéresser à nous. Il va tout de suite se mettre à notre place, et en mettant l'accent sur la façon de se relever de son échec, on capte leur attention et leur sympathie, car ils voient directement en nous quelqu'un de motivé et prêt à tout. Grâce à ça, le jury peut reconnaître une certaine maturité, très appréciée en entretien.

Quels conseils et messages aimerais-tu donner aux lecteurs qui sont peut-être dans le même cas que toi ?

Au final, il faut se dire que l'échec en classes préparatoires n'est pas un point négatif de son parcours. Au contraire, il va permettre à son profil de se différencier, car nous avons tous des profils différents et c'est aussi ce que veulent les grandes écoles. Le jury aime l'honnêteté, et peu importe votre raison de réorientation, expliquez-la de manière positive même si elle résulte d'un échec, car cela montre votre détermination et met en avant votre personnalité. C'est aussi le moyen d'expliquer ce que vous avez appris et comment vous avez changé entre-temps ! Rien n'arrive par hasard, et sûrement pas lorsque vous êtes en face d'un jury de grande école de commerce ! Il faut croire en soi, et à sa volonté d'intégrer son école.

B) Des membres de jurys

Lisette Garrigue

Après une longue expérience en tant que responsable ressources humaines au sein du groupe Orange, Lisette assure depuis neuf ans des missions de consulting dans le domaine des ressources humaines : recrutement, audit managérial/organisationnel, accompagnement de jeunes diplômés dans leur recherche d'emploi. Je suis également enseignante dans la sphère universitaire. Elle est également membre de jurys de concours à Grenoble EM.

Quelles sont vos trois principales attentes en entretien de motivation ?

Mes principales attentes sont l'authenticité, la cohérence et la structure.

Ces trois qualités permettent un réel échange entre le jury et le candidat, et contribuent à atteindre un objectif exigeant, « le confort d'écoute ». Les bons candidats répondent à ces attentes.

Qu'entendez-vous par « authenticité » ?

Authenticité, car le candidat montre qu'il a su réfléchir sur lui et sur son avenir de façon tangible. Il étaye ses propos par des exemples pertinents et naturels, tirés de son parcours personnel, académique, et/ou professionnel. À travers ces exemples, le candidat révèle sincèrement qui il est, sa personnalité, et ce dont il a envie, sa ou ses motivations.

Prenons l'exemple du candidat qui pratique le football en compétition depuis l'âge de dix ans : il sait dire ce qu'il a retiré de la pratique de ce sport, au-delà de la performance physique ; l'entraînement long et régulier témoigne de sa pugnacité et de sa persévérance. Ce même exemple peut également être l'opportunité, pour le candidat, de montrer la capacité à analyser et à surmonter un échec en compétition, ou à gérer les tensions au sein de l'équipe. À partir de ce dernier point, le bon candidat peut poursuivre et faire le lien avec l'école, et rassurer le jury sur sa capacité à interagir avec les autres étudiants dans le cadre des projets académiques qui jalonneront la vie de l'école.

Le bon candidat dit ses qualités mais aussi ses défauts, en les expliquant ou en montrant qu'il travaille dessus.

Il avoue par exemple sa susceptibilité, qui s'est traduite, lors de son stage en entreprise en première année de DUT, par la difficulté à accepter, dans un premier temps, les critiques de son manager. Toutefois, il ajoute qu'il a très vite compris combien cette expérience l'a aidé à progresser et à devenir autonome. Il peut même tendre une perche au jury afin de donner sa vision concrète du « bon manager ».

À partir d'une expérience, le candidat peut donc atteindre plusieurs objectifs : souligner sa personnalité, montrer sa connaissance de l'école, donner l'image du professionnel qu'il sera. Mais cet exemple ne signifie en aucun cas que l'entretien est centré sur cette seule expérience, aussi importante soit-elle.

Tout jury mesure donc, en entendant le candidat se raconter, le gros effort d'introspection réalisé en amont ; le candidat a su prendre du recul et analyser son parcours dans sa globalité pour mieux se projeter. Le jury sait que cet exercice est exigeant, long, parfois compliqué ; il apprécie la maturité.

Vous avez aussi parlé de « cohérence ». C'est un aspect sur lequel j'insiste énormément moi-même. Comment l'évaluez-vous en entretien ?

En effet, le jury est très sensible à la cohérence, qu'il va mesurer sous deux angles.

- L'entretien peut être comparé à une démonstration : le candidat prouve que sa personnalité et sa motivation vont faire de lui étudiant épanoui au sein de l'école ; par ailleurs, cette école est un tremplin qui va lui permettre de préciser et de concrétiser son projet professionnel. J'insiste à nouveau sur un point fondamental : la cohérence se construit. Pour pouvoir présenter un projet qui lui ressemble, le candidat doit passer par un travail préalable d'analyse, de recherche et de compréhension.

  Ainsi, il ne se contente pas d'une approche « marketing » de l'école ; qu'il aborde le parcours spécifique proposé, l'échange qui l'intéresse réellement, l'entreprise partenaire où il pourra réaliser un stage long, le bon candidat, celui qui a réalisé ce travail, sait faire un lien solide entre chacun de ces atouts que proposent l'école et lui. Sur quoi s'appuie-t-il ? Consultation de sites, lecture de plaquettes, participation à des salons ne suffisent pas : le candidat doit échanger avec des étudiants de l'école.

  Il en va de même pour la projection vers son futur professionnel : le candidat ne se contente pas de consulter des sites d'emplois, ni de relever des intitulés de fonctions ; il s'efforce de comprendre la réalité de la vie professionnelle, pour faire le lien entre lui et les spécificités d'un métier. Là aussi, il ose interviewer un professionnel ; le jury sait que de tels interviews se préparent avec professionnalisme et rigueur, surtout lorsque cette démarche est une première.

- Par ailleurs, le jury repère très rapidement les incohérences dans les propos du candidat insuffisamment préparé ou qui s'invente des qualités.

  Prenons l'exemple d'un candidat qui met en avant sa curiosité ; or, il ignore l'actualité pourtant brûlante du dernier pays qu'il vient de visiter ; ou bien, il ne sait pas citer un partenaire majeur de l'école, alors que ce dernier est un acteur de poids dans la filière professionnelle que vise le candidat.

  De telles contradictions n'échappent pas à l'acuité du jury, et pénalisent à coup sûr le candidat.

Avez-vous un exemple de questions à travers lesquelles ces qualités sont particulièrement appréciées ?

L'authenticité et la cohérence peuvent être appréciées tout au long de l'entretien, quasiment après chaque réponse d'un candidat.

Certains candidats mettent en avant, dès les premières minutes de l'entretien, une passion pour un sport, un domaine artistique, un thème d'actualité ; le jury reviendra certainement, au cours de l'entretien, sur cette passion, et ne se satisfera pas d'une réponse superficielle, voire contradictoire.

Prenons l'exemple d'un candidat qui dit porter un vif intérêt au « Développement Durable ». Le jury note ce fort intérêt et choisit d'aborder l'accord sur le climat signé à Paris en décembre 2015 : le bon candidat saura dire de quoi il s'agit, parler des enjeux, élargir ce thème à des faits d'actualité plus récents, donc, apporter un éclairage et un point de vue argumentés, qui reflètent ses valeurs, voire son engagement au quotidien. Le cas échéant, il établit le lien entre ce thème et les valeurs de l'école, ou avec la spécialisation que propose celle-ci. Un bon candidat aura également repéré l'association au sein de laquelle il aura plaisir à s'engager ; il saura évoquer quelques réalisations de cette association, et, peut-être, citer le nom de son/sa Président(e).

Le troisième point que vous évoquez est la structure du discours. En quoi la structure d'un discours aide-t-elle à convaincre un jury ?

Le lien entre la structure de l'entretien et sa clarté est essentiel. Le jury évalue plusieurs candidats pendant une journée, parfois pendant plusieurs journées. Un entretien structuré, pendant lequel le candidat, de façon synthétique et claire, contextualise son expérience, et donne à entendre l'essentiel dès les premières phrases consacrées à un thème, permet au jury de mieux appréhender le message. Alors qu'un candidat qui se lance dans une longue diatribe sans contextualiser, va susciter plus d'interrogations qu'il n'apporte d'éclairages. Il risque par ailleurs d'agacer le jury.

Vous avez enfin évoqué le « confort d'écoute » : pouvez-vous préciser cette notion ?

Le jury souhaite que l'entretien soit un moment de partage avec le candidat : il souhaite que ce dernier, de façon claire, concrète et fluide, se dévoile et démontre en quoi cette école est un tremplin pour son avenir. Le jury sait apprécier la solidité de la préparation à travers la capacité du candidat à étayer ses propos, à répondre aux éventuelles objections avec tact et de façon argumentée.

Le jury perçoit la confiance née de ce travail de fond, confiance qui donne au bon candidat une réelle force de conviction. Là où un candidat insuffisamment préparé a tendance à minimiser son propos, à grand renfort de « petit, un peu, je crois, je n'ai pas... », le bon candidat sait, sans fébrilité ni excès de confiance, délivrer les messages qu'il veut faire passer avec les mots justes. Il répond directement aux questions, sans chercher à être « lisse », il ose la spontanéité.

Autre élément déterminant pour le confort d'écoute : la confiance rejaillit sur sa posture du candidat, son regard, son sourire, bref sa gestuelle, et sur son timbre de voix. L'entretien est vivant, le jury apprécie et ne voit pas le temps passer. Le candidat se distingue et fait réellement « fait entrer le jury dans son histoire ».

Finalement, comment distinguez-vous un bon candidat ?

Un bon candidat se distingue par sa forte présence durant l'entretien, sa sincérité et son enthousiasme, qu'il aborde son parcours, avec ses forces et ses fragilités, l'école ou son futur professionnel ; il marque le jury en étant lui-même, et le jury choisit « ce » candidat.

Le jury sait que la prestation du bon candidat n'est pas le fruit du hasard. Elle traduit toujours une solide préparation, ce qui lui plaît. Et sur ce dernier point, j'aime citer Antoine de Saint-Exupéry : « Pour ce qui est de l'avenir, il ne s'agit pas de le prévoir, mais de le rendre possible. »

■■■

Marie Mugler

Marie Mugler accueille les étudiants pour des séances de travail en face-à-face ; elle les accompagne dans la construction de leur projet professionnel ; elle les aide à structurer, à mettre en mot et à exposer leur présentation lors des oraux de concours. Elle a collaboré avec PGE-PGO sur la préparation des entretiens et la construction du projet professionnel. Elle intervient régulièrement à l'ESSEC dont elle est diplômée.

Les mots pour le dire – www.mariemugler.com

Comment travailler son entretien durant l'année ?

Ce n'est pas très facile de travailler les entretiens dès le début de l'année. Les oraux semblent si loin et il y a tant à faire. Certains cursus intègrent la préparation des entretiens : apportez-y le plus grand soin ; ce travail portera ses fruits. Et vous pourrez peaufiner et ajuster finement au 3° trimestre.

En accompagnement individuel, je recommande au moins une séance de préparation par trimestre avant d'accélérer quand on est en vue des concours. Mais en général, les étudiants se saisissent du sujet en février pour les plus organisés... et après les écrits pour les plus imprévoyants. Là, c'est vraiment un peu tard. Si on veut travailler au fond, il faut se donner du temps.

Apporter le plus grand soin à sa préparation, cela veut dire quoi ? D'abord, ne pensez pas que c'est annexe. Oui, vous avez des tas de matière à préparer, des livres à lire, des devoirs à rendre, des notes à améliorer. Ici rien de tel, pas de planning imposé, pas beaucoup de possibilité de mesurer votre progression, le sujet et l'objet du travail, c'est vous et vous pouvez avoir l'illusion – que vous ayant toujours sous la main, vous aurez bien le temps de vous occuper de ça plus tard et que ce n'est pas si difficile de se présenter.

Erreur ! C'est beaucoup plus difficile qu'apprendre des formules par cœur ou refaire un QCM. Dans ce domaine, la réponse est en vous. Personne d'autre que vous ne peut la formuler. Et si vous n'avez pas pris le temps de la faire émerger, de l'organiser, de la mettre en forme, vous allez au-devant de grandes déceptions.

Mais que faire concrètement ?

Si vous avez la chance de bénéficier d'un accompagnement individuel ou collectif, vous allez avoir des conseils, une méthode, des simulations d'entretien. Prenez-les au sérieux. Ce n'est pas « pour rire ». Suivez-les, vivez-les « pour de vrai ». Vous pouvez vous sentir mal à l'aise dans ce travail. Les moments d'introspection sont peu nombreux dans nos parcours. Nous sommes malhabiles et les premières explorations peuvent sembler stériles. Alors on s'invente une personnalité et des projets qu'on aimerait avoir, ou qui « font bien », ou qui plaisent à notre entourage ou qu'on imagine être les attentes du jury. Un avatar qui nous plaît et nous paraît beaucoup plus présentable que nous. Et oui… Mais non ! Cela ne marchera pas, ne résistera pas à l'analyse d'un jury, vous sonnerez faux et cela s'entendra. Vous ne ferez pas l'économie d'un peu de spéléologie au cœur de vous-même.

Voilà pourquoi, j'insiste pour commencer dès le début de l'année. Car tout cela prend du temps. Osez vous présenter même malhabilement au début, tel que vous êtes, avec vos creux et vos bosses, vos incertitudes et vos doutes ; au début, ce ne sera pas terrible. Et puis petit à petit, vous allez progresser ; éclairer d'autres aspects de vous-même ; ajuster les mots que vous choisissez ; organiser les différentes parties de votre exposé ; creuser et étoffer ce vers quoi vous vous allez après vos études. Et en fin d'année, au moment de finaliser la préparation de vos oraux, vous aurez tous les matériaux pour le faire, une habitude prise de parler de vous et de vos projets. Il ne restera plus qu'à travailler sur la fluidité du discours, sur le ton de votre voix, sur votre gestuelle, sur les exemples à choisir pour illustrer vos propos.

Quels sont les écueils dans lesquels tombent les candidats ?

Vouloir bien faire ! Vouloir montrer qu'on est parfait. C'est pour moi le principal écueil.

On vous en demande tant pendant la préparation des concours, on vous pousse à viser la perfection, on vous rappelle tous les matins que vous n'y êtes pas et qu'il faut continuer à progresser, on vous répète que seuls les meilleurs y parviendront.

Alors, quand on arrive en bout de parcours, un peu essoufflé, un peu fatigué, on mobilise ses forces pour montrer à quel point on est le meilleur :

- sérieux : « je choisirai la majeur en Finance » ;
- engagé : « c'est la junior entreprise qui m'intéresse le plus » ;
- cultivé : « Ah Don Carlos à Bastille dans la mise en scène de Warlikowski… » ;
- ouvert au monde : « j'ai passé le mois de juillet dernier dans la Napa Valley pour parfaire mon anglais » ;

- ambitieux : « mon projet professionnel c'est d'abord 5 ans en cabinet d'audit puis une direction financière ».

Et on ennuie tout le monde, parce que c'est uniquement une vitrine. Tout est lisse, tout est travaillé, aucune spontanéité, aucun souffle, aucune émotion. Croyez-moi, on n'a pas envie d'accueillir des candidats qui prétendent ne jamais faire la fête : soit ce sont des menteurs, soit cela fera une ambiance d'école bien tristoune s'ils sont tous comme ça.

Où est la vraie personne, de sang, d'humeurs et d'os ? Où est celui – celle qui a peur, qui s'enflamme, qui doute, qui vibre, qui raisonne, qui s'interroge, qui mesure tout ce qui lui reste à apprendre et à découvrir ? Où sont ses rêves, ses passions, ses victoires, ses échecs et les leçons qu'il ou elle en aura tiré ? Comment mesurer l'adéquation de la personne à son projet et à l'école, si ni la vraie personne, ni le vrai projet ne sont accessibles au jury ?

Je le répète il n'y a pas UNE réponse qui valide une candidature ; la réponse, c'est la vôtre. C'est exactement le contraire de ce qu'on attend de vous aux écrits. Et pour la faire émerger, et bien il faut travailler et prendre son temps.

On ne le redira jamais assez, les compétences académiques ont été validées par les épreuves écrites. Là, on veut vous rencontrer, voir comment vous réagissez au-delà du face-à-face avec votre énoncé et votre copie ; évaluer votre potentiel relationnel et émotionnel et l'impact qu'il a sur votre potentiel intellectuel. On veut voir si vous avez un peu « d'épaisseur » ou si vous êtes juste un(e) polard(e) qui a bien performé à l'écrit.

Alors bien sûr, il n'est pas question d'arriver en vrac, pas coiffé et en traînant ses converses de la saison passée.

Comment donc éviter ce piège ? Quel est selon vous le point essentiel pour bien préparer un entretien ?

Il faut se préparer mais en partant de son identité profonde, pas uniquement en surface. Cette préparation commence par une plongée au cœur de soi, pas par une plongée sur la boîte de maquillage. Et c'est un vrai travail, qui prend du temps, qui est exigeant.

Je suis frappée de voir à quel point la pression mise sur les étudiants les laisse un peu hébétés, à court d'idée, voire complètement « secs » lorsque je les rencontre pour la première dans les séances d'accompagnement en face-à-face que je propose. Ceux qui viennent de prépas ont le cerveau farci de formules et de connaissances académiques, ceux qui préparent les admissions parallèles ne savent pas toujours quel est leur objectif, à part trouver un emploi dans trois ans et les futurs bacheliers sont carrément dans un autre monde.

Tous ont bien sûr réfléchi au sujet : me présenter, mon projet, me projeter dans telle école ; les plus chanceux d'entre eux ont suivi des formations spécifiques de préparation aux oraux, qui leur donnent le cadre et les attendus dans chaque école. Ils ont reçu des orientations, fait parfois des simulations mais, sans évaluation intermédiaire, dans l'urgence de bien faire et de faire bonne figure, ils ont davantage tendance à construire une belle vitrine qu'à organiser une visite guidée de leur personnalité.

Le problème, c'est que cela prend du temps. Cela nécessite un arrêt sur image. Une pause introspective. Pas de Like, pas de Snapchat, pas d'interaction avec autrui, pas de devoir à rendre à date fixe, pas de note à attendre. Seul face à soi. Tranquillement. Oulala !

Mais alors pendant ce temps qu'on se donne, que faire ? Sur quoi travailler ?

Pour faire court, j'ai envie de dire, essayez de cerner ce qui vous rend unique. Ce qui fait que vous êtes « vous ». Ce n'est pas facile. Comment faire ? Vous n'avez aucune idée ? Demandez ! À vos amis, à votre famille : si tu devais me décrire en deux mots, tu dirais quoi ? D'accord ? Pas d'accord ? Intéressant de se confronter au regard de l'autre. Et de sonder ce que nous ressentons au fond de nous.

Entraînez-vous à raconter votre histoire dans ce qu'elle a de singulier et demandez-vous à partir de cette racine, ce qui vous ferait vraiment plaisir de réaliser dans votre vie. À partir de là, vous pouvez commencer à élaborer votre projet et à démontrer en quoi l'école que vous visez vous permettra d'avancer vers sa réalisation.

Ce sont vos aspérités qui vous typent. Les candidats avec lesquels je travaille ont souvent des parcours assez proches : de bons élèves, qui ne savaient pas trop quoi faire, ont démarré leurs études, se trouvent sur le pas de la porte d'une école sans s'être vraiment demandé ce qu'ils allaient y étudier, vers quelles activités / métiers cela pouvait les conduire ni en quoi cela correspondait à leur désir de vie.

Mais qui est derrière le bon élève ? Un passionné de manga et de film japonais ? Un fan de modélisme ou un bassiste amateur qui a dû renoncer à son groupe de rock amateur depuis deux ans ? Un petit dernier de famille nombreuse qui a eu bien du mal à en placer une pendant son enfance ou un enfant unique qui rêve d'aventures collectives et est incollable sur le code de la piraterie ?

Est-ce vraiment cela qui intéresse un jury ?

Directement peut-être pas, mais assurément pour ce que cela raconte de vous, surtout si vous réussissez à prendre appui sur ce qui vous rend unique pour y accrocher votre projet de vie. Je peux citer l'exemple de cette jeune fille, passionnée de Japon et de créateurs de mode qui s'est bâti un projet professionnel en osant rêver à voix haute d'apprendre le japonais en 3° langue, d'y faire ses stages et de créer une gamme de vêtements en repérant de jeunes créateurs japonais pour les faire connaître en Europe. Elle changera peut-être d'avis au cours de ses études mais en tout cas, son projet est cohérent et il lui ressemble. Mais la première fois qu'elle est venue me voir, elle n'avait aucune idée de projet. Et la dernière fois, quand elle parlait dc son projet, elle avait des étincelles plein les yeux. Elle est entrée dans l'école qu'elle voulait.

Aucune obligation bien sûr de lier passion et projet ; mais partir de ses préférences et de ses appétences « dans la vie » peut être un bon fil conducteur pour contacter ce qui nous fait vibrer et met une étincelle dans nos yeux quand on l'évoque.

Vous avez bien entendu toute licence pour vous présenter et présenter votre projet sans lien avec vos passions. Veillez simplement à avoir réellement réfléchi à ce métier qui vous plaît. Faire du marketing pour l'industrie du luxe ? Être ingénieur projet dans l'aéronautique ? Pourquoi pas, mais là aussi, allez au-delà de l'étiquette. Donnez-vous les moyens de comprendre les activités que cela implique, parlez-en avec des professionnels qui pourront vous faire toucher du doigt la réalité de leur métier, documentez-vous sur les entreprises qui interviennent sur ce secteur, sachez en parler et sachez dire pourquoi c'est une bonne idée pour la personne que vous êtes, personnellement. On ne vous laissera pas passer avec juste un embryon d'intitulé de poste. Le jury ne vous demande ni de vous engager à faire ce que vous annoncez (on en signe pas pour 10 ans, les études sont précisément là pour faire émerger la suite), ni d'avoir une idée archi-précise de ce que vous ferez ensuite. Mais assurément d'avoir réfléchi, de pouvoir le montrer et de ne pas être là juste par les hasards d'une orientation scolaire dictée par vos bonnes notes.

Qu'est ce qui, de votre expérience, distingue les bons candidats des autres ?

Les bons candidats sont ceux se sont renseignés sur l'école, qui ont réfléchi à ce qu'ils y feraient et ce qu'ils y apporteraient ; ni arrogants, ni obséquieux (ça va sans dire... mais... parfois...). Qui ne prétendent pas tout savoir, admettent pouvoir changer d'avis sur leur projet au gré de leur progression dans leurs études. Qui ont gardé une part de leur temps pour s'intéresser au monde dans lequel ils vivent et comprendre ses évolutions.

Les bons candidats sont ceux qui assument qui ils sont, avec leurs forces et leurs fragilités, qui se connaissent assez pour décrire en quoi ils seront à la bonne place dans cette école : pour eux – c'est-à-dire au vu de leurs projets et de leurs rêves – et pour les autres – c'est-à-dire conscients d'avoir aussi à apporter leur singularité, leur énergie et leur enthousiasme aux autres étudiants et à l'école qu'ils veulent rejoindre.

Qui ont envie et qui donnent envie de les suivre !

■■■

Frédéric Brossard

Diplômé de l'École Centrale de Paris (promo 90), Frédéric Brossard a travaillé durant 25 ans dans de grandes entreprises en tant que manager d'entités techniques au sein de domaines d'activités très variés allant de la conception électronique à l'optimisation de patrimoine immobilier. À 50 ans, il décide de quitter ce monde professionnel pour passer mon agrégation externe de mathématiques. Reçu, il a, cependant, fait le choix de ne pas rejoindre le public mais a répondu à l'appel de la prépa Intégrale et est devenu professeur de mathématiques en première année d'ECS et seconde année d'ECE.

Il a une expérience certaine des entretiens de personnalité, d'une part, pour avoir eu à embaucher de nombreux collaborateurs, d'autre part, parce qu'il a réalisé de nombreuses simulations dans plusieurs prépas et a également participé au jury de sélection de Skema BS en 2017.

Comment conseillez-vous de travailler son entretien durant l'année ?

La préparation spécifique à l'entretien ne figure pas à l'ordre du jour de la plupart des prépas qui ne proposent qu'un nombre trop restreint de simulations durant l'année. Aussi convient-il de prendre les dispositions pour s'y préparer seul au départ.

Cette préparation doit recouvrir deux aspects, l'un introspectif, l'autre relevant de l'expression.

Je conseille dès le début de la prépa, de prendre l'habitude de noter dans un cahier dédié, toute information susceptible d'être utilisée lors d'un entretien : expériences professionnelles ou personnelles, points de vue sur l'actualité, livres lus ou films vus et aimés sous un angle critique, projets d'avenir, même si ceux-ci peuvent être multiples...

D'autre part, il est fondamental de s'entraîner face à des tiers (parents, amis, professionnels) à parler de soi. Ce n'est jamais un exercice facile et le pratiquer, même dans un environnement connu et sécurisant est un incontournable.

Quels sont les défauts récurrents des candidats ?

Deux écueils classiques : le mensonge éhonté et l'absence de répondant. Le jury d'un concours n'est pas là pour « descendre » les candidats mais pour s'assurer que leur profil cadre avec les valeurs de l'École. Dans cette optique, le mensonge est à proscrire. Il vaut mieux avouer une absence d'expérience que d'en inventer une de toutes pièces dont l'absence de crédibilité sera rapidement mise en exergue par le jury. La sincérité paie car elle est à la base de rapports humains harmonieux. De plus, l'absence de répondant est une réelle lacune. Il faut être capable de proposer, ne serait-ce qu'une piste de réponse à toute question du jury. Si le sujet ne vous inspire pas ou qu'il est relatif, par exemple, à une question d'actualité que nous ne maîtrisez pas, puisez au fond de votre esprit critique pour offrir un point de vue.

Avez-vous une/des anecdotes à ce sujet ?

Je pense d'abord à un candidat évoquant une action humanitaire dans le pays de ces ancêtres sans être capable d'en expliquer les modalités pratiques, ce qui témoignait d'un mensonge évident que nous avons forcément sanctionné. Peut-être ne s'attendait-il pas à ce que nous creusions le sujet... Je pense aussi à un autre candidat disant qu'il n'avait aucun avis sur le problème de l'immigration

Comment donc éviter ce piège ? Quel est selon vous le point essentiel pour bien préparer un entretien ?

Il est impératif d'utiliser les 2 ans de prépa pour préparer cet entretien. Le cahier de notes est un réel atout. On peut l'organiser en plusieurs rubriques : soi, son avenir, les questions d'actualité, ce qu'on attend d'une école de management et y noter au fur et à mesure ses idées.

1) Soi : qu'est-ce qui fait que je suis le candidat qui est face à vous, qu'est-ce qui me construit, quelles sont mes valeurs, quelles sont mes passions, quelles sont mes envies, pourquoi ai-je choisi cette filière.

2) Son avenir : comment s'imagine-t-on dans 5 ans, 10 ans, 20 ans tant du point de vue professionnel que personnel ? Quelle trace veut-on laisser ? Quel savoir-être va-t-on déployer ? Dans quel type de structure sera-t-on le plus à même d'exploiter son potentiel et ses envies ? Il faut éviter de venir le jour J en n'ayant comme seule perspective à offrir que « devenir consultant pour voir tous les métiers de l'entreprise et faire son choix ensuite » (sic).

3) Les questions d'actualité : noter les thématiques importantes qui ont un impact pour nous, les creuser sous différents points de vue, y apporter sa réflexion personnelle quelle qu'elle soit.

4) Les écoles : se renseigner sur elles non pas la veille au soir de l'entretien mais au fur et à mesure des deux ans. Établir une fiche pour chaque école souhaitée : qui elle est, quelles sont ses valeurs, en quoi est-ce que son projet pédagogique est susceptible de répondre à mes aspirations...

Qu'est ce qui, de votre expérience, distingue les bons candidats des autres ?

La sincérité sans affect et la capacité à établir un réel dialogue avec le jury font un premier tri qui élimine d'emblée un certain nombre de candidats. Si l'on passe cette première barrière, il faut alors réussir à donner envie, non pas en surjouant artificiellement un enthousiasme mais en se montrant, en toute simplicité pour ce que l'on est et ce que l'on veut devenir grâce à l'école.

■■■

Hugo Billard

Hugo Billard est professeur d'histoire géographie et géopolitique en CPGE au lycée Saint-Michel-de-Picpus (Paris). Il est aussi éditeur et journaliste.

Vous préparez chaque année des dizaines d'étudiants de classe préparatoires économiques aux entretiens de motivation. Quel constat faites-vous sur leur compréhension initiale de l'épreuve à leur entrée en prépa ?

Au début de leurs années de classes prépa, ils présentent deux principaux problèmes face à cette épreuve. D'abord, beaucoup ne la comprennent pas, et n'arrivent pas à saisir les raisons de son existence dans le processus de sélection. En fait, ils se demandent à quoi elle sert ! Il n'y a pas de rejet, simplement un questionnement.

Enfin, les étudiants ont énormément de mal à parler d'eux, pendant 1 minute ou 5 minutes, quel que soit le sujet. Ils se disent même, pour reprendre leurs thèmes, « qu'ils n'ont rien fait de leur vie » !

Comment traitez-vous chacun de ces problèmes avec les étudiants, sans mettre de côté les révisions des épreuves écrites ?

D'abord, en regardant les coefficients des écoles qu'ils visent, ils se rendent compte de l'importance de l'entretien. Déjà, ça les calme ! Ensuite, nous avons mis en place un système fécond à Saint Michel de Picpus qui veut que les anciens de la prépa et les cubes viennent partager avec les 1re années leur expérience des oraux, comment cela fonctionne, ce qu'ils ont vécu... ce qui crédibilise notre formation aux oraux car ils se rendent compte qu'ils en ont besoin.

Concernant la difficulté à parler de soi, le déclic est d'abord psychologique. Il faut qu'ils apprennent à valoriser leur parcours et se rendre compte que ce qu'ils ont vécu a de la valeur.

Que voulez-vous dire par là ?

Je veux signifier que ce qu'ont fait les étudiants en amont importe peu. Il leur faut dans tous les cas bien valoriser leur parcours, quel qu'il soit. Il n'y a pas de parcours à problèmes, il n'y a que des bons parcours tant qu'ils sont sincères et bien travaillés.

Avez-vous un souvenir d'un ou une étudiante à ce sujet ?

Je me souviens d'une étudiante qui avait simplement comme expériences à proposer un voyage en Espagne en classe de 4e, puis 1 semaine en Terminale chez des amis de sa mère à Madrid. Quand je lui demandais ce qu'elle y avait fait, elle me répondait : « j'ai classé des archives dans une petite entreprise le matin. L'après-midi, je sortais avec les enfants de la famille. ». J'ai voulu creuser et lui ai demandé si elle avait échangé ou bien était restée passive. Elle me disait qu'elle avait d'abord observé, mais qu'à la fin, elle a pu communiquer. En tout cas, suffisamment pour pouvoir me dire qu'elle aimerait bien travailler en Espagne ensuite.

Et finalement, elle a compris que cette expérience montrait qu'elle n'était pas enfermée, mais bien ouverte. Cette prise de conscience de ses qualités a provoqué un déclic chez elle. Elle m'a raconté ensuite spontanément que les Espagnols sont venus à leur tour, et qu'elle leur a fait visiter Paris. Elle ne m'aurait jamais raconté ça avant.

Et comment avez-vous fait ensuite le lien avec l'école de commerce ?

Elle avait compris qu'elle avait par cette expérience des qualités pour s'ouvrir et s'adapter à une culture différente et à des personnes différentes. Cette qualité est essentielle pour discuter, échanger et se renseigner sur des potentiels collègues, clients ou partenaires. Quel que soit son métier. Il s'agit ensuite de tirer les fils des liens avec l'école (formations, expériences associatives, localisation des anciens) pour valoriser cette expérience initiale : même peu spectaculaire, elle a du sens, c'est ce qu'il faut montrer.

Finalement, selon vous, les qualités et les expériences sont au départ plus importantes à travailler que le projet ?

Oui, ce dernier vient après. On est parti de ses expériences et de ses qualités, pour les lier ensuite à l'école et à ses envies. Même si le projet n'est pas encore concret, les qualités mises en valeur peuvent se projeter dans la vie de l'école ou en entreprise. C'est finalement la suite du travail. Ils doivent utiliser ce qu'ils ont fait et ce qu'ils aiment pour donner une cohérence au futur. Par exemple, j'ai formé un étudiant qui était passionné par la culture du SkateBoard en Amérique du Nord. Finalement, il s'est rendu compte qu'il était possible pour lui de lier cette passion à des projets de création d'association dans l'école ou d'entreprise par la suite. Il nous avait en effet convaincus du potentiel d'une économie en Europe autour de cela. Une fois la question de l'adéquation culturelle avec l'école balayée, il était très à l'aise et très cohérent sur le sujet.

Quelle est la place alors du projet professionnel dans votre présentation ?

Nous le travaillons dès le milieu de 1re année chez les étudiants, quand ils savent ce qu'est un oral. Nous leur demandons d'abord ce qu'ils veulent faire dans une école, et pour quelle école. Cela permet déjà à ceux qui ne se sont jamais posés la question d'y réfléchir. Nous travaillons ensuite à mettre en parallèle leurs qualités, leur personnalité et leurs envies avec leurs objectifs. Nous les aidons en fait à lier le passé et le futur de manière cohérente.

Nous leur demandons d'avoir des notions sur le projet professionnel qu'ils défendent. Quoi de plus normal pour un entretien dans une institution qui va vous former à ce métier ? Quand vous rencontrez le maire d'une ville, vous vous renseignez sur celle-ci... Il ne s'agit pas de les pousser à inventer, ce serait idiot parce qu'artificiel, mais de partir du réel.

Parlons maintenant des entretiens ratés. Comment avez-vous analysé les entretiens auxquels vos étudiants ont échoué ?

Ces échecs sont souvent le fruit d'une lassitude et d'un épuisement des étudiants. Cet épuisement provient à la fois de deux à trois années éprouvantes, et d'un tour de France des oraux également énergivore. De plus, les mauvaises notes sont systématiques pour les étudiants qui commettent l'erreur de se survendre. Il n'y a rien de pire en entretien que l'immodestie.

Pour terminer, que conseillez-vous aux étudiants dans leurs révisions de cette épreuve ?

Je leur conseillerais de se mettre aussi en position de jury durant les simulations. À Saint-Michel, nous systématisons cet exercice dès la fin de la 1re année. Ils reconnaissent les attentes, se mettent à réfléchir comme un jury, à se mettre à leur place. Ils n'ont plus, après, le même rapport au jury et à l'entretien. Ils sont décomplexés.

■■■

Elora Beaulieu

Elora Beaulieu est diplômée de l'INALCO et de l'université Panthéon-Sorbonne. Elle a ensuite rejoint l'emlyon business school par les admissions parallèles. Sa spécialisation en conseil en management l'a naturellement amené vers le poste de consultante en management en en organisation que j'ai occupé pendant 1 an et demi. Passionnée par l'éducation et enseignante des cours « Techniques d'entretien » et « projet professionnel » à PGE-PGO elle est depuis quelques années la Directrice Pédagogique de PGE-PGO. Elle est par ailleurs membre de jurys pour Grenoble École de Management, NEOMA BS, SKEMA BS et Montpellier BS.

Vous avez un parcours qui semble, à première vue, atypique. Vous n'avez pas eu de mal à défendre votre candidature pour les écoles de commerce ?

Les étudiants me demandent d'ailleurs souvent comment valoriser un parcours qui « sort des clous ». Je leur réponds alors que ce qui compte c'est de prendre du recul par rapport à ce que leurs expériences leur ont apporté et c'est avec ce recul qu'on se rend compte du fil directeur qui guide notre parcours. Finalement, si l'on creuse, il y a toujours de la cohérence. Car chaque choix, chaque décision (de parcours, de cursus et même d'activités extra-scolaires) a été motivé par ce fil directeur. En ce qui me concerne, lors des entretiens, j'ai réussi à mettre en avant l'ouverture d'esprit et la capacité d'organisation que j'ai développées lors de ce double-cursus. En effet, les études approfondies sur la société sud asiatique (Inde et Pakistan) m'ont réellement permis de voir les choses sous un prisme différent et de m'éloigner du franco ou européocentrisme ! Par ailleurs, il était très difficile de jongler entre les différents cours (qui souvent se chevauchaient), le travail personnel exigé, les TD et les distances à parcourir entre mes deux universités. Cela m'a donc demandé à la fois une grande organisation mais également une réelle optimisation du temps. Pas une minute n'était gâchée !

Avez-vous des exemples tirés de tes années de jurys, convaincants ou moins, d'étudiants qui défendaient un parcours atypique ?

Oui ! J'en ai beaucoup. Ce sont souvent des étudiants qui viennent de cursus éloignés, souvent en santé. J'avais par exemple eu en entretien une étudiante qui avait suivi des études d'infirmières et qui était persuadée qu'elle n'avait pas sa place en école de management ! J'ai également eu des étudiants en Histoire médiévale, Lettres, PACES, géographie...

Finalement, quels seraient vos conseils pour ces étudiants ?

L'important c'est de relier ce que le cursus actuel leur a apporté, comment ils sont arrivés à la conclusion qu'il ne leur convenait pas et qu'est-ce que l'école de management peut apporter à leur parcours. Pour reprendre l'exemple de l'étudiante infirmière, elle avait à terme vocation à être Directrice des Ressources Humaines. Son parcours en santé a mis en évidence son goût pour le contact humain, son envie d'accompagner les autres et sa capacité à gérer des situations difficiles (avec des patients ou même managériales). Ce sont des qualités essentielles pour le métier de DRH, qu'elle pourra atteindre grâce aux cours de management, de gestion des ressources humaines et de droit du travail d'une école de management !

L'oral est-il uniquement un travail d'introspection ?

Non ! L'introspection est la condition nécessaire de l'oral. Mais elle n'est pas suffisante.

Un entretien se travaille. On pense souvent se connaître et arriver à parler de soi mais généralement ce qui sort naturellement n'est pas toujours pertinent et percutant.

Au-delà de la connaissance de soi, il est important de maîtriser quelques techniques d'entretiens. Ce sont ces techniques qui vont vous permettre d'être plus percutant et pertinent. Par exemple, toujours illustrer une qualité ou une compétence, sinon elle n'a aucune valeur. L'étudiant doit également arriver à mener subtilement l'entretien. Mener subtilement veut dire amener le jury sur les sujets sur lequel il (le candidat) se sent à l'aise sans que le jury s'en rende compte. Par exemple, lorsque j'ai moi-même passé mes entretiens, un jury m'a demandé si j'avais visité la ville de Marseille. J'ai répondu positivement et ai parlé de mon intérêt pour l'architecte le Corbusier qui a construit la cité Radieuse mais qui est également à l'origine de nombreuses constructions dans la ville de Chandigarh, en Inde, où j'avais passé deux mois. Le jury a immédiatement rebondi sur l'Inde, qui est un des sujets que je maîtrisais et sur lequel j'avais envie de parler.

Enfin, il n'y a pas de secret : pour acquérir ces techniques, il faut bien travailler son oral et s'entraîner !

Quelles sont les erreurs récurrentes chez les candidats selon vous ?

À mon sens il y en a deux, qui sont intimement liés : croire qu'il faut se vendre et survaloriser les mauvaises expériences. Trop de candidats ont en tête qu'ils sont là pour « se vendre ». Ce n'est pas vrai ! Ils sont là pour présenter leur parcours, ce qui les anime, leurs projets et montrer qu'ils sont en cohérence avec le projet pédagogique et les valeurs de l'école. Si ça ne marche pas, c'est qu'ils n'avaient pas leur place dans l'école !

Lors de mon entretien d'admission à l'emlyon, le jury a essayé de me déstabiliser et de me pousser dans mes retranchements. Je me rappelle notamment du rictus qu'ils ont eu lorsqu'ils m'ont demandé si mon intérêt pour l'Inde était lié au fait que je suis une baba cool qui fait du yoga et qui fume des substances ! ! J'ai expliqué à nouveau mon intérêt pour l'Inde (la culture, la société, les arts l'histoire, les religions) et lorsque je suis sortie de l'entretien j'étais fière d'être restée fidèle à ma personnalité. J'étais convaincue que si je n'avais pas été sélectionnée, ça aurait été sans regret : ma place aurait été ailleurs !

Par ailleurs, certains étudiants vont donner trop d'importance à des expériences un peu « bidon » mais qui font bien sur le CV au détriment d'expériences réellement constructives. Je donne toujours l'exemple d'un de mes étudiants qui a fait un stage dans un grand cabinet d'audit et qui m'a confié qu'il y allait une journée par semaine pour y réviser ses concours ! Aucune tâche ne lui était confiée ! À côté de ça, il avait été employé polyvalent dans une chaîne de restauration rapide. Qu'est-ce que lui a apporté son stage en audit ? Rien ! Qu'est-ce que lui a apporté son emploi d'employé polyvalent ? De la patience, de la résistance au stress, une capacité d'adaptation et un très bon sens du relationnel. Et ce sont ces qualités qui nous intéressent, pas le nom de l'employeur !

Qu'est ce qui, de votre expérience, distingue les bons candidats des autres ?

La préparation de son entretien et la sincérité.

La préparation car elle montre, à mon sens, un respect envers le jury. Arriver préparé, c'est respecter son auditoire. Les étudiants ont tendance à trop souvent oublier que les membres de jury sont là bénévolement et que la raison de leur présence est leur envie d'échanger avec les candidats. Et cet échange, on le veut fluide, simple, authentique et sincère.

La fluidité et la simplicité proviennent de la préparation en amont de l'entretien. L'authenticité et la sincérité doivent se retrouver dans le contenu du discours. On recherche des gens vrais et tout jury est conscient que nous avons tous des qualités... Et des défauts ! Inutile de chercher à les cacher : il faut les assumer, les illustrer et expliquer comment on travaille dessus.

Lorsque j'étais jury à Montpellier Business School en juin 2017, une jeune étudiante de CPGE nous a avoué, à la fin de son entretien, qu'elle n'avait pas du tout aimé la pression de la classe prépa et qu'elle n'avait qu'une hâte : intégrer l'école de son choix pour y faire des travaux pratiques, s'investir dans telle association, rencontrer des personnes de l'entreprise lors d'ateliers carrières, etc. Cette sincérité a payé puisque nous lui avons mis 20/20 !

2. Parlons des oraux de langues !

Les entretiens de motivation ne sont qu'une partie des épreuves orales en école de commerce. Toutes demandent également des entretiens de langues. Les coefficients de ces derniers sont toujours moins importants que ceux de l'entretien de motivation, mais ils peuvent faire la différence le jour J entre deux candidats de niveau équivalent. N'oubliez pas qu'il s'agit d'un concours, et donc d'être meilleur que l'autre ! Surtout, ces entretiens sont beaucoup plus une affaire d'entraînement et de méthode que de maîtrise de la langue.

Pour vous aider dans votre travail sur cette épreuve, j'ai laissé à parole à Paul Leitch, membre de jury d'anglais à HEC, qui présent le contenu et les exigences de cette épreuve.

■■■

Paul Leitch est d'origine anglaise. Il a fait des études de lettres et a consacré une thèse de doctorat à la poésie anglaise et française. Il enseigne depuis plus de 10 ans l'anglais en France. Il est ainsi professeur référent d'anglais à PGE-PGO depuis 8 ans et enseigne également à HEC et à l'ESSCA. Il est enfin membre du jury pour les concours d'entrée de ces écoles, et a en plus fait passer les oraux d'anglais à l'ESCP et à ESG, maintenant PSB.

En quoi consistent les entretiens de langues ?

L'épreuve typique se déroule en deux temps. Dans un premier temps le candidat doit étudier un article tiré de la presse anglo-saxonne récente et il doit préparer un commentaire portant dessus. Il peut arriver que le texte soit enregistré (c'est le cas notamment pour Passerelle et Tremplin 1).

Dans un deuxième temps se déroule l'entretien proprement dit. Le candidat doit présenter son texte en dix minutes. Il doit commencer par un résumé (2 minutes) et enchaîner sur un commentaire personnel (7-8 minutes) dans lequel il développera sa propre argumentation en utilisant ses propres exemples.

À la fin de la présentation, le professeur posera des questions sur le commentaire et les thèmes de l'article. S'ensuit éventuellement une conversation plus « libre » sur les motivations et intérêts du candidat. Le professeur peut diriger la conversation comme il le souhaite.

Comment bien se préparer en amont durant l'année ?

L'épreuve visant d'abord à tester votre niveau d'anglais, il faut donc tout simplement tâcher d'améliorer votre anglais. Il faut parler autant que possible pour développer votre « fluency ». Il convient également de bien travailler la grammaire et d'enrichir votre vocabulaire. Il est conseillé également de suivre l'actualité internationale.

Après, c'est une question de méthode. Faites des khôlles tout au long de l'année pour avoir l'habitude de présenter des articles en dix minutes. Vous trouverez des « annales » d'articles sur ce site : http ://eman.free.fr/prepa-colle/

Si vous présentez Tremplin 1 ou Passerelle, il est indispensable de s'entraîner sur les textes enregistrés.

Vous trouverez des annales sur le site d'ecricome (https ://www.ecricome.org/) ou sur le site http ://eman.free.fr/prepa-colle/.

Quelle « méthode » conseillez-vous ?

Il faut déjà savoir faire un résumé. Il s'agit de reconnaître les idées principales d'un texte. Vous trouverez souvent celles-ci dans des endroits stratégiques d'un article : le titre, le sous-titre, le premier paragraphe, et les premières phrases de chaque paragraphe suivant. Étoffez avec quelques exemples clés.

Ensuite, pendant le temps de préparation, ne passez pas tout votre temps sur le texte. Il est essentiel de prendre le temps de réfléchir et de faire un plan cohérent pour le commentaire personnel. N'oubliez pas que le résumé doit faire 2 minutes et le commentaire 8, donc accordez à ce dernier le temps nécessaire.

Pour le commentaire, tâchez de trouver une problématique intéressante en rapport avec le sujet de l'article, avec deux ou trois parties pour avoir une structure bien claire. Une autre possibilité, c'est de trouver deux ou trois thèmes intéressants dans le texte que vous pouvez développer avec vos propres idées et vos propres exemples.

Lors de votre présentation, balisez bien votre discours pour que la structure soit bien claire et la présentation facile à suivre. Utilisez des expressions du type : « The article is about... Let's begin with the summary... Moving onto my commentary the question I would like to discuss is... / There are three themes I would like to discuss... Firstly... Secondly... Finally... And so to conclude... »

Comment les écoles choisissent-elles les thèmes des textes qui sont donnés ?

Ce n'est jamais par hasard. Souvent il y a un lien avec le monde des écoles de commerce. Je conseille en effet de vous poser les questions suivantes : « Pourquoi m'ont-ils donné ce texte ? Quel est le rapport avec le monde des écoles de commerce ? En quoi cet article me concerne-t-il ? ». Des thèmes comme l'éducation, le commerce, le monde du travail, le recrutement, le « leadership », les relations internationales etc. reviennent souvent : il ne devrait donc pas être difficile de faire un pont entre l'article et votre propre expérience en tant que futur étudiant en école de commerce et futur cadre.

Sinon, cela peut-être n'importe quel thème de l'actualité, de l'ordre économique, politique, social ou culturel. Pour les meilleures écoles (par exemple HEC et ESCP) nous aimons parfois choisir des sujets « obscurs », comme l'exploration de l'espace par exemple, pour voir comment le candidat réagit. Il ne faut pas se laisser déstabiliser.

Comment le candidat peut-il réagir s'il a peu de connaissances sur le texte qu'il a tiré ?

Vous n'avez pas le droit de « ne pas être inspiré » par l'article. Toute personne ayant un minimum de culture générale et de curiosité pour ce monde trouvera toujours quelque chose à dire. Si vous avez du mal, essayez de trouver au moins un thème dans l'article que vous pouvez développer en vous appuyant sur vos propres connaissances. Ne vous sentez pas obligé de coller au sujet exact de l'article : vous pouvez aussi « élargir » le débat. Par exemple, si le sujet porte sur l'usage de Shakespeare dans un cours de « leadership » à Harvard (un sujet tombé l'année dernière), vous n'êtes pas obligé de parler de Shakespeare. Vous pouvez élargir en discutant de la valeur (ou pas) des arts dans les écoles de commerce et dans le monde des affaires en général, ou développer vos propres idées sur l'enseignement du « leadership » ou les qualités nécessaires pour être un « leader ». L'important, c'est de trouver quelque chose d'intelligent à dire par rapport à l'article.

Qu'est ce qui est attendu d'un candidat ?

Déjà, il faut être bon en anglais. Une note sur 10 est attribuée pour le niveau de la langue. Pour celle-ci, le critère le plus important, c'est l'aisance (« fluency »). Ensuite il y a la précision de la grammaire et la richesse du vocabulaire, et finalement l'accent.

Cependant, ce n'est pas tout. Il y a aussi une note sur 10 pour la présentation. Le jury attend une bonne compréhension du texte, une présentation bien structurée et une argumentation convaincante avec des idées et exemples tirés de la culture générale du candidat.

À l'inverse, qu'est ce qui est fortement sanctionné ?

Une mauvaise compréhension du texte, une présentation trop courte, la lecture systématique de ses notes (il faut parler et non lire une présentation entièrement écrite), un manque de structure et de cohérence dans la présentation, un manque d'idées, une voix monotone, un anglais approximatif, beaucoup de « Franglais », des erreurs idiotes de grammaire (par exemple aucun effort pour accorder les verbes : « the journalist say that », « last year I go », et une incapacité à distinguer le singulier du pluriel : « in many country »).

Faut-il se préparer à des questions sur soi ?

Oui, il le faut : elles feront souvent l'objet de la deuxième partie de l'entretien (sauf dans les écoles comme HEC et ESCP où il faut s'en tenir aux thèmes de l'article). Certains examinateurs préfèrent cette partie, car le sujet des textes les ennuie aussi ! Souvent, il est plus enrichissant pour nous de parler des intérêts et des projets du candidat. Il faut être prêt à répondre aux questions classiques en anglais, notamment « Why do you want to come to this school ? », « What is your career plan ? », « Have you had any work experience ? », « Do you have any passions or interests ? », et « Have you visited any foreign countries ? ».

Il est facile de préparer ces questions. Voici quelques conseils. Pour la question « why do you want to come to this school ? », étudiez le site web de l'école en changeant la langue en anglais, et prenez quelques notes. Pour les questions par rapport au travail, faites l'effort d'apprendre un peu de vocabulaire professionnel. (Si vous dites dans l'oral « I want to be a commercial » ou « I want to work in 'la mode' », cela ne fera pas une bonne impression). Quant à vos intérêts personnels, apprenez aussi un peu de vocabulaire spécifique et préparez des anecdotes ou une « success story » que vous pouvez raconter.

Que faire donc quand on est très mauvais dans la langue en question ?

Sachez tout d'abord que le coefficient de l'épreuve d'anglais n'est généralement pas très haut. Si vous avez une très bonne note dans votre entretien français, une note « moyenne » en anglais suffira. Il faut donc bien vous préparer pour être excellent dans l'entretien classique, et aussi pour ne pas avoir une note éliminatoire en anglais. Pour cela, il faut suivre un maximum de conseils que je donne dans cet entretien, regardez beaucoup de films en anglais dans les quinze jours précédant l'épreuve, ce qui va vous aider à « penser en anglais », et « jouer le jeu » lors de l'entretien en vous débrouillant avec les moyens que vous possédez et en restant positif et montrant votre motivation et envie d'apprendre.

Pour vous encourager, j'ai des étudiants dans mes classes à HEC cette année qui ont eu des notes de 9, 8 et même de 7 lors de leurs oraux d'anglais. Il est donc possible de se rattraper ailleurs.

À partir de quelle note peut-on considérer que le candidat prend de l'avance sur ses concurrents ?

Je dirais à partir de 14.

Pour finir, qu'est-ce qui distingue selon vous un bon candidat d'un moyen ? (question posée à toutes les personnes que j'interviewerai dans mon livre).

D'abord, je dirais qu'un bon candidat arrive en disant « Good morning » ou « good afternoon » (pas « bonjour »). Ensuite il ne dit pas « and errrrrrrr... » avant de commencer chaque phrase, il a une méthodologie solide pour la présentation, il a quelques connaissances sur la culture anglo-saxonne, une curiosité et un intérêt pour le monde qui l'entoure, il est motivé et enthousiaste et cela se voit, il sourit, il maîtrise le « present perfect », il a confiance en lui, il arrive à établir une relation humaine avec l'examinateur, et c'est un plaisir pour ce dernier de passer 15 minutes avec lui.

3. Réussir son Tour de France des oraux

La période entre les épreuves écrites et orales doit aussi être l'occasion pour vous de réfléchir à la manière dont vous allez négocier ce qui constitue une belle mais exigeante période : votre Tour de France des oraux. Il s'agit d'une période où vous commencez à ressentir la fatigue de toute une année (ou deux !) exigeantes tant physiquement qu'émotionnellement.

Vous allez passer entre deux et trois semaines à parcourir l'Hexagone, armé de vos bagages et de votre tenue d'entretien. Vous dormirez chez des étudiants ou dans des auberges, vous passerez un nombre important d'heures dans le train... Vous aurez en résumé un rythme de vie éreintant, et il est nécessaire de prendre le maximum de précaution en amont pour bien réussir vos entretiens de motivation.

D'abord, il est important de bien penser à l'ordre dans lequel vous passerez vos entretiens. Vous devez arriver prêt et reposé aux entretiens qui comptent le plus pour vous. Ainsi, dans l'idéal, et en fonction des créneaux d'entretiens qui sont ouverts par les écoles, je vous propose l'ordre suivant, qui vous permet de vous roder sans être épuisé à l'approche des échéances décisives :

- Entretien 1 : École souhaitée moyennement
- Entretien 2 : École souhaitée
- Entretien 3 : École visée en priorité
- Entretien 4 : École souhaitée
- Entretien 5 et plus : Écoles souhaitées moyennement ou peu

Par ailleurs, les prochaines phrases pourront paraître évidentes mais ne sont pas vides de sens. Vous devez prendre soin de vous durant ce Tour de France. Suivez-vous ces quelques règles :

- Assistez systématiquement à l'amphithéâtre de présentation de l'école et du cursus de début de journée. Vous apprendrez non seulement des choses sur le cursus de l'école et les opportunités qu'offre cette dernière, mais en plus cela vous permettra de sentir l'ambiance de l'école.
- Couchez-vous tôt les veilles d'entretien, de préférence dans un endroit calme (qui n'est jamais une colocation d'étudiants).
- Accordez-vous des sorties en soirée organisées par les écoles ou certains membres uniquement si votre prochain entretien est dans au moins deux jours.
- Essayez toujours d'arriver dans les écoles au moins la veille de votre entretien. Cela vous permettra de pouvoir vous reposer dans de bonnes conditions et de ne pas vous fatiguer d'un voyage de jour de votre entretien.
- Essayez de rentrer chez vous après 3 ou 4 entretiens maximum pour recharger le corps et l'esprit.
- Faites attention à votre alimentation durant toute la durée de votre tour de France. Privilégiez les aliments sains quand vous le pouvez, et éviter l'excès de sucre dévoreur d'énergie.
- Dans la journée ou la demi-journée de vos entretiens, gardez votre concentration et profitez des activités uniquement lorsque vos échéances sont passées.

Bien entendu, ces moments en écoles sont aussi l'occasion de les découvrir plus en profondeur, de parler aux étudiants, aux responsables de l'école, de visiter la ville. Ils sont finalement essentiels dans le choix final de votre école. Mais malgré cela, votre objectif principal reste d'avoir justement le choix final, et donc de réussir les entretiens de motivation lors de votre Tour de France. Ne vous trompez pas de priorités !

4. Comment choisir son école de commerce ?

Nombre d'étudiants se trouvent en fin d'année victime de leur bon travail et doivent ainsi se retrouver face à une situation dans laquelle ils ne s'étaient jamais projetés : le choix définitif de l'école intégrée. Finalement, ce qui n'était qu'un rêve ou qu'un espoir devient réalité et le devoir de choisir UNE école se révèle plus compliqué que prévu.

Il faut d'abord intégrer une chose : choisir, c'est renoncer. En privilégiant une école plutôt qu'une autre, vous faites un choix qui va guider vos 4 prochaines années et devez ainsi bien peser votre choix car vous renoncez en même temps à ce que peuvent proposer exclusivement d'autres écoles.

Pour vous aider dans votre choix, j'aurais tendance à prendre en compte les critères suivants, par ordre d'importance :

- Programme académique de l'école
- Entreprises partenaires de l'école
- Échanges académiques de l'école
- Vie associative
- Région et ville de l'école

Vous l'aurez peut-être remarqué, je n'ai pas évoqué les classements des écoles dans cette liste. À mon sens, ces derniers ne sont que les conséquences des points précédents. Si HEC truste la première place des classements, peut-être est-ce parce que son programme académique a plus d'atouts, qu'elle est la seule à proposer certains échanges académiques prestigieux, etc.

J'ajoute pour terminer un dernier élément que vous pourrez trouver paradoxal : ce choix est important mais pas décisif. Rassurez-vous, ce choix va changer le cours de vos 4 prochaines années mais son effet à long terme est plus nuancé. Vous aurez la carrière que vous méritez, quelle que soit votre école intégrée.

Ceci est finalement rassurant, ce n'est pas à 20 ans qu'une carrière se décide.

5. Pour aller plus loin : quelques vidéos utiles

Pour compléter les nombreux conseils de ce livre, j'ai compilé des vidéos disponibles sur internet qui pourront vous aider. Certains éclairent des points de l'ouvrage, d'autres les récapitulent mais tous ont un intérêt pédagogique dans la préparation de vos entretiens.

Bon visionnage !

A) Des vidéos d'entretiens complets

Entretien type Grenoble EM (1) :

Entretien type Grenoble EM (2) :

Entretien type Skema BS (1) :

Entretien type Skema BS (2) :

Entretien classique (1) :

Entretien classique (2) :

B) Vidéos de conseils

« Pourquoi l'entretien de motivation ? »

« Les 5 clés pour réussir un entretien de motivation »

Les 11 erreurs les plus fréquentes en entretien (1re partie) :

Les 11 erreurs les plus fréquentes en entretien (2e partie) :

Les 5 qualités d'un bon candidat en entretien :

C) Une émission de radio dédiée aux entretiens de motivation

Les oraux de concours : comment ça marche ?

D) Vidéos de conseils thématiques

Le projet professionnel :

Les (fameuses !) questions déstabilisantes :

Valoriser ses expériences :

Les oraux spécifiques des écoles :

À quoi servent les entretiens de motivation ?

E) Les présentations des écoles

Ces vidéos vous permettront de découvrir certains aspects du programme de certaines écoles. Passez plus rapidement sur la partie traitant des entretiens, tout est déjà dans cet ouvrage. Cependant, vous y trouverez de nombreuses informations utiles sur les opportunités diverses qu'offrent chaque école et qui vous serviront sans doute lors de votre entretien.
Certaines vidéos peuvent avoir plusieurs années d'existence. Prenez donc les informations avec prudence et vérifiez-les avant d'en utiliser certaines en entretien !
Dernière mise en garde : certaines vidéos se destinent plus à un public de préparationnaires, et d'autres aux candidats aux admissions parallèles.
Présentation de l'EM Grenoble :

Présentation de l'ESCP (2017) :

Présentation de SKEMA BS (2017) :

Présentation de Toulouse BS (2017) :

Présentation d'Audencia BS (2017) :

Présentation de l'emlyon BS :

Présentation de Kedge BS (2016) :

Présentation de l'EM Strasbourg (2016) :

Épilogue

En refermant cet ouvrage, vous avez toutes les cartes en mains pour réussir l'ensemble de vos entretiens de motivation. Vous êtes également sur une dynamique de réussite après vos épreuves écrites et vous trouvez maintenant à un pas de votre objectif. Il est donc inenvisageable d'échouer maintenant. Quel regret d'être refusé dans l'école de son choix après avoir visité le campus, parlé aux étudiants, imaginé son parcours en son sein, s'y être projeté !

Pour laisser les regrets de côté, une seule possibilité : travailler et vous entraîner encore et encore ! Rien ne remplace la pratique orale de l'entretien de motivation.

Pour finir, sachez que vous vivrez en école des moments qui deviendront des souvenirs gravés. Première réelle autonomie, premiers stages longs, engagements associatifs qui vous passionnent, rencontres avec des étudiant(e)s qui deviendront des amis, voyages de plusieurs mois ou plusieurs années... Les années d'écoles sont souvent des années heureuses ! La forte activité des associations d'anciens étudiants témoigne aussi d'une certaine nostalgie de cette période !

Je vous souhaite de vivre pleinement tout ce que vous devez vivre en école, et d'y engranger autant d'expériences que de souvenirs.

Mais il faut d'abord vous donner les moyens de vivre ces moments, qui valent bien quelques semaines de travail.

Bon courage, vous êtes les meilleurs, et vous réussirez vos entretiens de motivation.

En cas de questions sur l'ouvrage ou sur l'entretien, vous pouvez m'écrire à **robin.morth.entretien@gmail.com**.

Table des matières

Aubin Imprimeur - Ligugé, D.L. : avril 2018 / Impr. : 1802.0187